에듀윌과 함께 시작하면,
당신도 합격할 수 있습니다!

오랜 직장 생활을 마감하며 찾아온 앞날에 대한 막연한 두려움
에듀윌만 믿고 공부해 합격의 길에 올라선 50대 은퇴자

출산한지 얼마 안돼 독박 육아를 하며 시작한 도전!
새벽 2~3시까지 공부해 8개월 만에 동차 합격한 아기엄마

만년 가구기사 보조로 5년 넘게 일하다, 달리는 차 안에서도
포기하지 않고 공부해 이제는 새로운 일을 찾게 된 합격생

누구나 합격할 수 있습니다.
시작하겠다는 '다짐' 하나면 충분합니다.

마지막 페이지를 덮으면,

에듀윌과 함께
공인중개사 합격이 시작됩니다.

eduwill

14년간 베스트셀러 1위
에듀윌 공인중개사 교재

기초부터 확실하게 기초/기본 이론

기초입문서(2종)

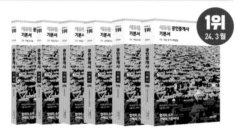

기본서(6종)

출제경향 파악 기출문제집

단원별 기출문제집(6종)

다양한 출제 유형 대비 문제집

기출응용 예상문제집(6종)

<이론/기출문제>를 단기에 단권으로 단단

단단(6종)

부족한 부분을 빠르게 보강하는 요약서/실전대비 교재

1차 핵심요약집+기출팩

임선정 그림 암기법
(공인중개사법령 및 중개실무)

오시훈 키워드 암기장
(부동산공법)

심정욱 합격패스 암기노트
(민법 및 민사특별법)

심정욱 핵심체크 OX
(민법 및 민사특별법)

합격을 위한 비법 대공개 합격서

이영방 합격서
부동산학개론

심정욱 합격서
민법 및 민사특별법

임선정 합격서
공인중개사법령 및 중개실무

김민석 합격서
부동산공시법

한영규 합격서
부동산세법

오시훈 합격서
부동산공법

신대운 합격서
쉬운 민법체계도

합격을 결정하는 파이널 교재

이영방 필살키

심정욱 필살키

임선정 필살키

오시훈 필살키

김민석 필살키

한영규 필살키

7일끝장 회차별 기출문제집
(2종)

실전모의고사 완성판
(2종)

더 많은
공인중개사 교재

공인중개사,
에듀윌을 선택해야 하는 이유

8년간 아무도 깨지 못한 기록
합격자 수 1위

합격을 위한 최강 라인업
1타 교수진

공인중개사

합격만 해도 연 최대 300만원 지급
에듀윌 앰배서더

업계 최대 규모의 전국구 네트워크
동문회

1위 에듀윌만의
체계적인 합격 커리큘럼

합격자 수가 선택의 기준, 완벽한 합격 노하우

온라인 강의

① 전 과목 최신 교재 제공
② 업계 최강 교수진의 전 강의 수강 가능
③ 합격에 최적화 된 1:1 맞춤 학습 서비스

쉽고 빠른 합격의 로드맵 합격필독서 무료 신청

최고의 학습 환경과 빈틈 없는 학습 관리

직영학원

① 현장 강의와 온라인 강의를 한번에
② 합격할 때까지 온라인 강의 평생 무제한 수강
③ 강의실, 자습실 등 프리미엄 호텔급 학원 시설

COUPON 당일 등록 회원
시크릿 할인 혜택

설명회 참석 당일 등록 시 특별 수강 할인권 제공

친구 추천 이벤트

"친구 추천하고 한 달 만에
920만원 받았어요"

친구 1명 추천할 때마다 현금 10만원 제공
추천 참여 횟수 무제한 반복 가능

※ *a*o*h**** 회원의 2021년 2월 실제 리워드 금액 기준
※ 해당 이벤트는 예고 없이 변경되거나 종료될 수 있습니다.

친구 추천 이벤트
바로가기

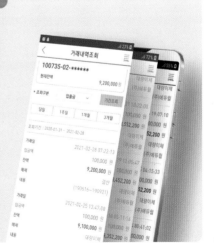

자세한 내용이 궁금하다면 1600-6700
* 2023 대한민국 브랜드만족도 공인중개사 교육 1위 (한경비즈니스)

합격자 수 1위 에듀윌
6만 5천 건이 넘는 후기

고○희 합격생

부알못, 육아맘도 딱 1년 만에 합격했어요.

저는 부동산에 관심이 전혀 없는 '부알못'이었는데, 부동산에 관심이 많은 남편의 권유로 공부를 시작했습니다. 남편 지인들이 에듀윌을 통해 많이 합격했고, '합격자 수 1위'라는 광고가 좋아 에듀윌을 선택하게 되었습니다. 교수님들이 커리큘럼대로만 하면 된다고 해서 믿고 따라갔는데 정말 반복 학습이 되더라고요. 아이 둘을 키우다 보니 낮에는 시간을 낼 수 없어서 밤에만 공부하는 게 쉽지 않아 포기하고 싶을 때도 있었지만 '에듀윌 지식인'을 통해 합격하신 선배님들과 함께 공부하는 동기들의 위로가 큰 힘이 되었습니다.

이○용 합격생

군복무 중에 에듀윌 커리큘럼만 믿고 공부해 합격

에듀윌이 합격자가 많기도 하고, 교수님이 많아 제가 원하는 강의를 고를 수 있는 점이 좋았습니다. 또, 커리큘럼이 잘 짜여 있어서 잘 따라만 가면 공부를 잘 할 수 있을 것 같아 에듀윌을 선택했습니다. 에듀윌의 커리큘럼대로 꾸준히 따라갔던 게 저만의 합격 비결인 것 같습니다.

안○원 합격생

5개월 만에 동차 합격, 낸 돈 그대로 돌려받았죠!

저는 야쿠르트 프레시매니저를 하다 60세에 도전하여 합격했습니다. 심화 과정부터 시작하다 보니 기본이 부족했는데, 교수님들이 하라는 대로 기본 과정과 책을 더 보면서 정리하며 따라갔던 게 주효했던 것 같습니다. 합격 후 100만 원 가까이 되는 큰 돈을 환급받아 남편이 주택관리사 공부를 한다고 해서 뒷받침해 줄 생각입니다. 저는 소공(소속 공인중개사)으로 활동을 하고 싶은 포부가 있어 최대 규모의 에듀윌 동문회 활동도 기대가 됩니다.

다음 합격의 주인공은 당신입니다!

더 많은
합격 비법

에듀윌이
너를
지지할게

ENERGY

세상을 움직이려면
먼저 나 자신을 움직여야 한다.

– 소크라테스(Socrates)

➕ 합격할 때까지 책임지는 개정법령 원스톱 서비스!

법령 개정이 잦은 공인중개사 시험. 일일이 찾아보지 마세요!
에듀윌에서는 필요한 개정법령만을 빠르게! 한번에! 제공해 드립니다.

에듀윌 도서몰 접속 (book.eduwill.net)	▶	우측 정오표 아이콘 클릭	▶	카테고리 공인중개사 설정 후 교재 검색

개정법령
확인하기

2024

에듀윌 공인중개사

기출응용 예상문제집 **1차**

부동산학개론

왜 기출응용 예상문제를 풀어야 할까요?

기출지문에만 익숙해지면 안 됩니다. 개념을 정확하게 이해했는지 예상문제를 풀어보면서 점검해야 완전히 내 것이 됩니다.

합격생A

응용문제와 고난도 문제를 반복적으로 충분히 연습하고 가시면 본 시험에서 문제없이 푸실 수 있습니다.

합격생B

그래서 에듀윌 기출응용 예상문제집은?

1 | 익숙한 기출문제를 기출응용문제로 새롭게 점검!

핵심 기출문제를 변형한 문제로 학습하면서 약점을 파악하고 응용력을 기를 수 있습니다.

제34회 부동산학개론 기출문제 ➡ 2024 에듀윌 기출응용 예상문제집 부동산학개론 p.209

22. 甲은 시장가치 5억원의 부동산을 인수하고자 한다. 해당 부동산의 부채감당률(DCR)은? (단, 모든 현금유출입은 연말에만 발생하며, 주어진 조건에 한함)

- 담보인정비율(LTV) : 시장가치의 50%
- 연간 저당상수 : 0.12
- 가능총소득(PGI) : 5,000만원
- 공실손실상당액 및 대손충당금 : 가능총소득의 10%
- 영업경비비율 : 유효총소득의 28%

① 1.08 ② 1.20
③ 1.50 ④ 1.67
⑤ 1.80

77. 甲은 시장가치 5억원의 부동산을 인수하고자 한다. 해당 부동산의 부채감당률(DCR)은? (단, 모든 현금유출입은 연말에만 발생하며, 주어진 조건에 한함)

- 담보인정비율(LTV) : 시장가치의 60%
- 연간 저당상수 : 0.1
- 가능총소득(PGI) : 6,000만원
- 공실손실상당액 및 대손충당금 : 가능총소득의 5%
- 영업경비비율 : 유효총소득의 40%

① 0.93 ② 1.05
③ 1.14 ④ 1.35
⑤ 1.56

완벽 응용

저는 문제를 많이 풀면서 모르는 문제, 처음보는 문제에 대한 두려움을 없애보고자 노력했던 것이 도움이 되었습니다.

합격생C

최근 단어나 말을 살짝 바꾼 함정문제가 나오는 과목도 있어 정확하게 연습하는 것이 중요합니다.

합격생D

2 | 실제 시험 유형 · 지문과 유사한 예상문제로 학습!

공인중개사 시험의 출제경향에 맞추어 실전감각을 키우는 연습이 가능합니다.

| 제34회 부동산학개론 기출문제 | 2023 에듀윌 기출응용 예상문제집
부동산학개론 p.119 |

09. 지대이론에 관한 설명으로 옳은 것은?

① 튀넨(J. H. von Thünen)의 위치지대설에 따르면, 비옥도 차이에 기초한 지대에 의해 비농업적 토지이용이 결정된다.

② 마샬(A. Marshall)의 준지대설에 따르면, 생산을 위하여 사람이 만든 기계나 기구들로부터 얻은 일시적인 소득은 준지대에 속한다.

③ 리카도(D. Ricardo)의 차액지대설에서 지대는 토지의 생산성과 운송비의 차이에 의해 결정된다.

④ 마르크스(K. Marx)의 절대지대설에 따르면, 최열등지에서는 지대가 발생하지 않는다. (×)

⑤ 헤이그(R. Haig)의 마찰비용이론에서 지대는 마찰비용과 교통비의 합으로 산정된다. (×)

29. 지대론에 관한 설명으로 틀린 것은?

① 차액지대설에서 지대가 발생하는 이유는 비옥한 토지의 양이 상대적으로 희소하고, 토지에 수확체감현상이 있기 때문이다.

② 절대지대설에 따르면 최열등지에 대해서도 토지소유자의 요구로 지대가 발생한다.

③ 마찰비용이론에 의하면 교통수단이 좋을수록 공간의 마찰이 적어지며, 이때 토지이용자는 마찰비용으로 교통비와 지대를 지불한다고 본다.

④ 위치지대설에서 지대는 생산물의 가격과 생산비와는 관계없이 수송비에 의해서 결정된다.

⑤ 입찰지대설에서는 가장 높은 지대를 지불할 의사가 있는 용도에 따라 토지이용이 이루어진다.

지문유사

이 책의 구성 및 활용법

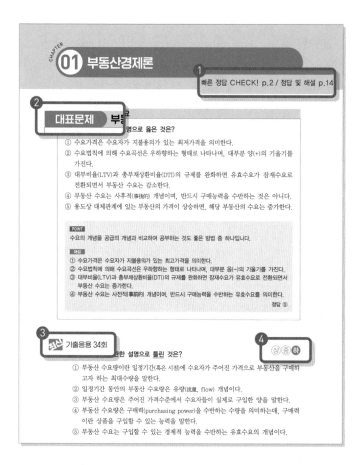

❶ 정답만 확인하고 싶다면?
'빠른 정답 CHECK!',
해설까지 확인하고 싶다면?
'정답 및 해설' 페이지로 바로 확인!

❷ 대표문제를 풀면서
핵심 출제키워드, 문제 유형을
한번에 파악!

❸ 최신 기출응용&예상문제로
약점 보완 및 응용력 강화!

❹ 상/중/하 난이도에 따른
문제풀이 학습 가능!

➕ 오답 노트가 되는 정답 및 해설(책속의 책)

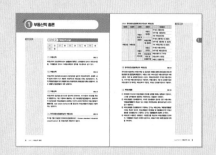

· 문제와 정답/해설이 분리되어 있어 실전 대비 가능
· 함께 학습하면 좋은 이론 추가, 마지막 복습노트로 활용
· 어려운 문제, 보충개념 등은 오답 NOTE에 정리!
· 형광펜 표시로 주요 포인트만 빠르게 회독 가능

머리말

최근 공인중개사 시험은 기본을 충실히 공부하지 않은 수험생들은 좋은 결과를 얻을 수 없도록 출제되는 경향을 보입니다. 이번 제35회 시험에 만전을 기하기 위해 수험생들이 염두에 두어야 할 것은 문제풀이뿐만 아니라 주어진 시간 안에 해결하는 능력을 배양하는 것이 무엇보다 중요하다는 것입니다. 이러한 능력은 반복된 연습을 통해 길러진다는 점도 명심해야 합니다.

단원별 문제풀이가 가지는 가장 큰 장점은 과목별 기본서의 일정한 부분을 공부한 뒤 그 이론에 해당하는 문제를 풀어볼 수 있다는 것입니다. 이 경우 이론을 다시 점검할 수 있고, 중요한 문제만을 골라 풀어볼 수 있다는 장점이 있습니다.

이 책은 수험생들의 문제풀이 능력을 향상시킬 수 있도록 다음의 내용을 위주로 집필하였습니다.

첫째, 과거의 기출문제를 철저히 분석하여 앞으로 출제될 문제에 능동적으로 대응할 수 있도록 하였습니다.
둘째, 출제빈도가 높은 부분의 문제를 다양하게 수록하여 시험에 만전을 기할 수 있도록 하였습니다.
셋째, 중요한 부분과 혼동하기 쉬운 부분에는 많은 문제를 수록하여 연습할 수 있도록 하고, 특히 함정 부분을 문제화하여 학습의 용이성을 기하였습니다.

처음에는 불가능할 것 같고 힘들 것 같지만 포기하지 않고 열심히 하다 보면 반드시 좋은 결과를 얻을 수 있습니다. 이 책으로 공부하신 수험생 여러분의 값진 노력이 합격의 기쁨으로 이어지길 진심으로 기원합니다.

저자 이영방

약력

· 現 에듀윌 부동산학개론 전임 교수
· 前 숭실사이버대 부동산학과 외래 교수
· 前 EBS 명품 부동산학개론 강사
· 前 부동산TV, 방송대학TV, 경인방송 강사
· 前 전국 부동산중개업협회 사전교육 강사
· 前 한국토지주택공사 직무교육 강사

저서

에듀윌 공인중개사 부동산학개론 기초입문서,
기본서, 단단, 합격서, 단원별/회차별 기출문제집,
핵심요약집, 기출응용 예상문제집, 실전모의고사,
필살키 등 집필

차 례

PART 3 부동산 감정평가론

책속의 책　　오답 노트가 되는 정답 및 해설

PART

1

부동산학 총론

최근 5개년 출제경향 분석

최근 5개년 PART 1 출제비중

8%

CHAPTER	문항 수					비중	☆ 빈출 키워드
	30회	31회	32회	33회	34회		
CH.01	0	1	0	0	0	6.25%	부동산학, 한국표준산업분류상의 부동산업
CH.02	2	1	2	3	2	62.5%	부동산의 개념, 토지의 분류, 주택의 분류
CH.03	1	1	1	1	1	31.25%	부동산의 특성

* 복합문제이거나, 법률이 개정 및 제정된 경우 분류 기준에 따라 위 수치와 달라질 수 있습니다.

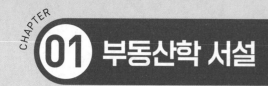
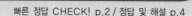

대표문제 **부동산학**

부동산학에 관한 설명으로 옳은 것은?

① 부동산학의 접근방법 중 의사결정 접근방법은 부동산을 기술적·경제적·법률적 측면 등의 복합개념으로 이해하여, 이를 종합해서 이론을 구축하는 방법이다.

② 부동산학이 추구하는 가치를 민간부문에 한정하여 볼 때는 효율성보다는 형평성을 중시하게 된다고 볼 수 있다.

③ 부동산활동을 임장활동으로 규정하는 근거는 부동산에는 부증성(不增性)이라는 특성이 있으며, 부동산활동은 대인활동이기 때문이다.

④ 부동산학의 일반원칙으로서 안전성의 원칙은 소유활동에 있어서 최유효이용을 지도원리로 삼고 있다.

⑤ 일반소비상품을 대상으로 하는 활동과 달리, 부동산에는 '영속성(永續性)'과 '용도의 다양성'이 있기 때문에 부동산활동은 장기적인 배려하에서 결정·실행되어야 한다.

POINT
부동산학의 성격을 묻는 기본적인 문제로 부동산학에 대한 전반적인 이해가 필요합니다.

해설
① 부동산학의 접근방법 중 종합식 접근방법에 대한 내용이다. 부동산학의 접근방법 중 의사결정 접근방법은 인간은 합리적인 존재이며, 자기이윤의 극대화를 목표로 행동한다는 기본가정에서 출발한다.

② 부동산학이 추구하는 가치를 민간부문에 한정하여 볼 때는 형평성보다는 효율성을 중시하게 된다고 볼 수 있다.

③ 부동산활동을 임장활동으로 규정하는 근거는 부동산에는 부동성(不動性)이라는 특성이 있으며, 부동산활동은 대물활동이기 때문이다.

④ 부동산학의 일반원칙으로서 안전성의 원칙이 아니라 능률성의 원칙이다. 능률성의 원칙은 소유활동에 있어서 최유효이용을 지도원리로 삼고 있다. 반면에 부동산거래활동의 능률화를 위해서는 거래질서 확립의 원칙을 지도원리로 삼고 있다.

정답 ⑤

01 부동산학에 관한 설명으로 틀린 것은? 상중**하**

① 부동산학의 일반원칙으로서 안전성의 원칙은 소유활동에 있어서 최유효이용을, 거래
활동에 있어서 거래질서확립의 원칙을 지도원리로 삼고 있다.
② 부동산학의 접근방법 중 의사결정 접근방법은 인간은 합리적인 존재이며, 자기이윤
의 극대화를 목표로 행동한다는 기본 가정에서 출발한다.
③ 부동산학은 다양한 학문과 연계되어 있다는 점에서 종합학문적 성격을 지닌다.
④ 부동산학이 추구하는 가치를 민간부문에 한정하여 볼 때는 형평성보다는 효율성을
중시하게 된다고 볼 수 있다.
⑤ 부동산학의 연구대상은 부동산활동 및 부동산현상을 포함한다.

02 부동산학(Real Estate)에 관한 설명으로 틀린 것은? 상중**하**

① 부동산학은 여러 부동산현상을 이해하고 분석하거나 부동산결정을 행하고 부동산활
동을 전개해 나가기 위해 주로 복합개념의 사고원리를 사용한다.
② 부동산학의 연구분야는 부동산환경을 구성하고 있는 각 분야가 공통적으로 어떠한
기능과 역할을 수행하고 있느냐에 따라 이론적 분야와 실무적 분야로 나뉜다.
③ 부동산학의 연구대상은 '부동산현상'과 '부동산활동'으로 나누어 볼 수 있다.
④ 부동산학의 일반원칙이란 부동산과 인간의 관계 개선이라는 부동산학의 이념을 실현
하기 위한 부동산활동의 행동방향을 말한다.
⑤ 부동산학의 접근방법 중 분산식 접근방법은 부동산을 법률적·경제적·기술적 측면
등의 복합개념으로 이해하고 그러한 측면의 이론을 토대로 시스템적 사고방식에 따
라 부동산학 이론을 구축해야 한다는 연구방법이다.

03 부동산학에 관한 설명으로 **틀린** 것은?

① 부동산학은 추상적인 학문이 아니라 현실의 부동산활동을 대상으로 하는 구체적인 경험과학이다.
② 부동산학의 접근방법 중 행태과학적 접근방법은 인간은 합리적인 존재이며, 자기이윤의 극대화를 목표로 행동한다는 기본 가정에서 출발한다.
③ 부동산학이 추구하는 가치를 민간부문에 한정하여 볼 때는 형평성보다는 효율성을 중시하게 된다고 볼 수 있다.
④ 부동산학의 지도이념에는 공·사익 조화의 원리, 효율적 관리의 원리, 공간 및 환경가치 증대의 원리 등이 있다.
⑤ 부동산학은 토지와 토지상에 부착되어 있거나 연결되어 있는 여러 가지 항구적인 토지개량물(land improvement)에 관하여 그것과 관련된 직업적·물적·법적·금융적제 측면을 기술하고 분석하는 학문연구의 한 분야이다.

04 한국표준산업분류(KSIC)에 따른 부동산업의 세분류 항목에 해당하지 **않는** 것은?

① 부동산 임대업
② 부동산 관리업
③ 부동산 개발 및 공급업
④ 부동산 중개, 자문 및 감정평가업
⑤ 주거용 건물 건설업

05 한국표준산업분류상 부동산 관련 서비스업에 해당하지 <u>않는</u> 것은? 31회

① 부동산투자 자문업
② 주거용 부동산관리업
③ 부동산중개 및 대리업
④ 부동산개발 및 공급업
⑤ 비주거용 부동산관리업

06 부동산활동에 관한 설명으로 옳은 것은?

① 체계화된 지식으로 부동산활동의 원리를 설명할 때에는 기술성이 인정되고, 그것을 실무활동에 응용하는 측면에서는 과학성이 인정된다.
② 부동산활동은 정보활동이며, 이러한 정보활동이 중요한 것은 부동산에는 '부증성(不增性)'의 특성이 있고 부동산 주변현상에는 통제 불가능한 요인이 많기 때문이다.
③ 부동산활동을 임장활동으로 규정하는 근거는 부동산에는 '부증성(不增性)'이라는 특성이 있으며, 부동산활동은 대인활동이기 때문이다.
④ 부동산은 수평공간·공중공간·지중공간을 대상으로 부동산활동을 전개하며, 거래활동의 대상은 3차원의 공간이나, 부동산가격은 주로 수평공간의 가격을 의미한다.
⑤ 일반소비상품을 대상으로 하는 활동과 달리, 부동산에는 '영속성(永續性)'과 '용도의 다양성'이 있기 때문에 부동산활동은 장기적인 배려하에서 결정·실행되어야 한다.

대표문제 **부동산의 개념**

부동산의 개념에 관한 설명으로 <u>틀린</u> 것은?

① 법률적 개념에서 협의의 부동산은 「민법」 제99조 제1항에서의 '토지 및 그 정착물'을 말한다.

② 부동산의 경우에는 등기로써 공시의 효과를 가지지만 동산은 점유로써 공시의 효과를 가진다.

③ 준부동산은 물권변동을 등기나 등록수단으로 공시하는 동산을 포함한다.

④ 「공장 및 광업재단 저당법」에 따라 저당권의 목적물이 되고 있는 공장재단이나 광업재단은 부동산에 준하여 취급된다.

⑤ 협의의 부동산과 준부동산을 합쳐 광의의 부동산이라 하며, 자본, 자산 등과 함께 기술적 측면에서의 부동산으로 구분된다.

> **POINT**
> 시험은 현재 시행되고 있는 우리나라의 법률에 근거하므로 법률적 개념 중 정착물의 개념은 영미법에서의 정착물보다는 「민법」에서의 정착물을 우선하여 정리해야 합니다.

> **해설**
> 협의의 부동산과 준부동산을 합쳐 광의의 부동산이라 하며, 이는 법률적 측면에서의 부동산으로 구분된다. 자본, 자산 등은 경제적 측면에서의 부동산에 해당한다.
>
> 정답 ⑤

01 부동산의 법률적 개념에 관한 설명으로 <u>틀린</u> 것은?

① 협의의 부동산은 '토지 및 그 정착물'을 말한다.

② 토지소유자는 법률의 범위 내에서 토지를 사용·수익·처분할 권리가 있다.

③ 지하수도 토지의 구성부분이기 때문에, 지하수를 이용하는 권리도 토지소유권의 내용에 포함된다.

④ 광업권의 객체가 되는 미채굴의 광물도 토지의 지하에 관한 권리의 하나로 토지소유자의 권리로 인정된다.

⑤ 의제(준)부동산은 부동산과 유사한 공시방법을 갖춤으로써 광의의 부동산에 포함된다.

02 토지정착물에 관한 설명으로 <u>틀린</u> 것은?

① 토지의 정착물이란 토지에 고정되어 있어 용이하게 이동할 수 없는 물건으로서 그러한 상태로 사용되는 것이 그 물건의 통상적인 성질로 인정되는 것을 말한다.

② 토지정착물은 토지로부터 독립된 정착물과 토지에 종속되어 있는 정착물로 구분할 수 있다.

③ 건물, 소유권보존등기된 입목, 명인방법을 구비한 수목, 권원에 의하여 타인의 토지에서 재배되고 있는 농작물 등은 토지로부터 독립된 정착물에 해당한다.

④ 돌담, 교량, 축대, 도로, 제방, 가식(假植) 중인 수목, 매년 경작을 요하지 않는 나무나 다년생 식물 등은 토지에 종속되어 있는 정착물에 해당한다.

⑤ 판잣집, 컨테이너박스, 토지나 건물에 충분히 정착되지 않은 기계 등은 토지의 정착물이 아니며 동산으로 취급된다.

03 부동산의 법률적 개념에 관한 설명으로 **틀린** 것은?

① 입목등기가 되지 않은 수목은 명인방법을 갖춘 때에도 독립한 물건이 아니며 거래의 객체가 될 수 없다.

② 등기된 입목의 소유자는 입목을 토지와 분리하여 양도할 수 있다.

③ 권한 없이 타인의 토지에 농작물을 심을 경우, 수확기에 이른 농작물의 소유권은 경작자에게 귀속된다.

④ 온천수는 토지의 구성부분이다.

⑤ 부동산 이외의 물건은 동산이다.

04 부동산의 경제적 개념에 관한 설명으로 **틀린** 것은?

① 시장경제에서 누구나 부동산을 소유하고 자유로이 이용·처분하여 수익을 얻을 수 있으므로 경제적 가치가 큰 자산으로서의 성격이 강하다.

② 부동산활동에서 토지는 자연자본(natural capital)으로서의 역할을 하는 경우가 많다.

③ 토지는 노동·자본 등과 더불어 생산요소 중 하나이다.

④ 토지는 생산요소 및 생산재로서의 성격을 갖지만 소비재의 성격은 가지고 있지 않다.

⑤ 부동산 자체는 지표에 고정되어 있어 움직이지 않지만 부동산의 소유권은 시장에서 빈번히 유통된다.

05 부동산의 개념에 관한 설명으로 옳은 것을 모두 고른 것은? 상⬤하

> ㉠ 자연·공간·위치·환경 속성은 물리적 개념에 해당한다.
> ㉡ 부동산의 절대적 위치는 토지의 부동성에서 비롯된다.
> ㉢ 부동산의 법률적·경제적·물리적 측면을 결합한 개념을 복합부동산이라고 한다.
> ㉣ 토지는 생산요소이면서 소비재가 된다.
> ㉤ 협의의 부동산과 준부동산을 합쳐 광의의 부동산이라고 한다.

① ㉠, ㉡, ㉣　　　　　② ㉡, ㉢, ㉤　　　　　③ ㉠, ㉡, ㉢, ㉣

④ ㉠, ㉡, ㉣, ㉤　　　　⑤ ㉠, ㉢, ㉣, ㉤

대표문제 **부동산의 물리적 개념 – 공간으로서의 부동산**

부동산학의 관점에서 토지소유권의 공간적 범위에 관한 설명으로 틀린 것은?

① 부동산활동은 3차원의 공간활동으로 농촌지역에서는 주로 지표공간이 활동의 중심이 되고, 도시지역에서는 입체공간이 활동의 중심이 된다.

② 토지는 물리적 형태로서의 지표면과 함께 공중공간과 지하공간을 포함한다.

③ 지표권은 토지소유자가 지표상의 토지를 배타적으로 사용할 수 있는 권리를 말하며, 토지와 해면과의 분계는 최고만조 시의 분계점을 표준으로 한다.

④ 지하권은 토지소유자가 지하공간으로부터 어떤 이익을 획득하거나 사용할 수 있는 권리를 말하며, 광업권의 객체가 되는 광물에 대해서는 토지소유자의 소유권이 미친다.

⑤ 공적 공중권은 일정 범위 이상의 공중공간을 공공기관이 공익목적의 실현을 위해 사용할 수 있는 권리를 말하며, 항공기 통행권이나 전파의 발착권이 이에 포함된다.

POINT

공간으로서의 부동산은 주로 토지소유권의 공간적 범위와 관련하여 출제되므로 이를 정리해두어야 합니다.

해설

우리나라에서는 광업권의 객체가 되는 광물에 대해서는 토지소유자의 소유권이 미치지 못한다고 본다.

이론+ **부동산의 3차원 공간 구분**

1. 수평공간 : 지표와 연관된 택지, 농경지, 계곡, 평야 등을 말한다.
2. 공중공간 : 주택, 빌딩, 상점, 기타 공중을 향하여 연장되는 공간을 말한다.
3. 지하(지중)공간 : 지표에서 지하(지중)를 향하는 공간을 말한다.

정답 ④

---

06 **부동산의 물리적 개념에 해당하지 않는 것은?** (상)(중)(하)

① 자연 ② 공간

③ 위치 ④ 자본

⑤ 환경

07 부동산의 물리적 개념 중 공간으로서의 부동산과 가장 거리가 먼 것은? ⓢⓜⓗ

① 부동산은 수평공간·공중공간·지하(지중)공간의 3차원 공간으로 구성되어 있다.

② 부동산활동은 공중·지표·지하(지중)를 포함하는 3차원 공간을 대상으로 전개한다.

③ 부동산의 소유권은 공간적 범위에 따라 지표권, 공중권, 지하권 등으로 구분된다.

④ 공간으로서의 부동산의 개념은 부동산의 특성 중 영속성과 밀접한 관련이 있다.

⑤ 부동산의 재산가치는 3차원의 공간개념 중 주로 수평공간의 가격으로 평가한다.

08 부동산의 물리적 개념 중 자연으로서의 부동산(토지)과 가장 거리가 먼 것은? ⓢⓜⓗ

① 자연물로서의 토지는 공급량이 한정되어 있기 때문에 경제이론의 원칙이 그대로 적용되기가 어렵다.

② 자연물로서의 토지는 이용에 있어서도 국가적인 차원의 합리적인 조정이 필요하며, 사회성·공공성이 특히 강조된다.

③ 경제적 측면에서의 토지는 인간에게 일정한 지표를 제공하며, 생산요소 중 하나로 생산활동의 물적 요소가 된다.

④ 자연자원으로서의 부동산(토지)의 개념은 부동산의 특성 중 부증성과 특히 밀접한 관련이 있다.

⑤ 자연자원으로서의 부동산(토지)의 개념을 강조하면 보전보다는 개발을 더욱 중시하는 노력이 필요하게 된다.

09 부동산의 물리적 개념 중 위치와 접근성에 관한 설명으로 틀린 것은? ⓢⓜⓗ

① 접근성이란 어떤 목적물에 도달하는 데 시간적·경제적·거리적 부담의 정도를 말한다.

② 접근성이 좋을수록 부동산의 입지조건은 양호하고 그 가치는 항상 높다.

③ 사람이 찾는 빈도가 높지 않은 부동산이나 강한 흡입력·독점력이 있는 부동산 등은 접근성이 중요시되지 않을 수도 있다.

④ 토지의 위치가치는 환경가치와 밀접한 관련을 갖고 상호 경쟁·보완의 영향을 준다.

⑤ 위치로서의 부동산의 개념은 부동산의 특성 중 절대적 위치는 부동성(不動性)과, 상대적 위치는 인접성과 밀접한 관련이 있다.

대표문제 **토지의 분류**

토지의 이용목적 및 활동에 따른 토지 관련 용어에 관한 설명으로 틀린 것은?

기출응용 32회

① 맹지는 타인의 토지에 둘러싸여 도로에 어떤 접속면도 가지지 못하는 토지이며, 「건축법」에 의해 원칙적으로 건물을 세울 수 없다.

② 빈지는 일반적으로 바다와 육지 사이의 해변 토지와 같이 소유권이 인정되며 이용실익이 있는 토지이다.

③ 법지는 택지경계와 접한 경사된 토지부분과 같이 법률상으로는 소유를 하고 있지만 이용실익이 없거나 낮은 토지이다.

④ 후보지는 부동산의 주된 용도적 지역인 택지지역, 농지지역, 임지지역 상호간에 다른 지역으로 전환되고 있는 지역의 토지이다.

⑤ 이행지는 부동산의 주된 용도적 지역인 택지지역, 농지지역, 임지지역의 세분된 지역 내에서 용도전환이 이루어지고 있는 토지이다.

POINT

토지의 분류에서는 토지의 이용목적과 활동에 따른 토지의 용어에 대해 확실하게 암기하고 정리해 두어야 합니다.

해설

빈지(濱地)는 소유권이 인정되지 않는 바다와 육지 사이의 해변 토지를 말한다.

정답 ②

---

10 "「공간정보의 구축 및 관리 등에 관한 법률」(또는 부동산등기법)상 하나의 지번을 가진 토지로서 토지의 등기·등록단위를 (   )라 한다."에서 (   ) 안에 들어갈 토지의 용어는?

상**중**하

① 대지(垈地)
② 택지(宅地)
③ 필지(筆地)
④ 획지(劃地)
⑤ 맹지(盲地)

11 필지의 개념에 관한 설명으로 <u>틀린</u> 것은? 　　　　　　(상)(중)(하)

① 토지이용을 상정하여 구획되는 경제적·부동산학적인 단위개념이다.
② 토지에 대한 법률관계, 특히 권리변동관계의 기준적 단위개념이다.
③ 한 개의 토지소유권이 미치는 범위와 한계를 표시한다.
④ 토지의 법률적 등록단위이다.
⑤ 한 개의 지번을 갖는 토지이다.

12 "(　　)란 토지에 건물이나 그 밖의 정착물이 없고, 지상권 등 토지의 사용·수익을 제한하는 사법상의 권리가 설정되어 있지 아니한 토지를 말한다."에서 (　　) 안에 들어갈 토지의 용어는? 　　　　　　(상)(중)(하)

① 대지(堂地)　　　　　　　　　② 획지(劃地)
③ 필지(筆地)　　　　　　　　　④ 나지(裸地)
⑤ 공지(空地)

13 토지의 용어에 관한 설명으로 <u>틀린</u> 것은? 　　　　　　(상)(중)(하)

① 공지(空地)는 지력 회복을 위해 정상적으로 쉬게 하는 토지를 말한다.
② 맹지(盲地)는 타인의 토지에 둘러싸여 도로와 접하고 있지 않은 토지를 말한다.
③ 필지(筆地)는 하나의 지번을 가진 토지등기의 한 단위를 말한다.
④ 후보지(候補地)는 임지지역, 농지지역, 택지지역 상호간에 다른 지역으로 전환되고 있는 지역의 토지를 말한다.
⑤ 법지(法地)는 소유권은 인정되지만 이용실익이 없거나 적은 토지를 말한다.

14 나지(裸地)와 건부지(建附地)의 평가에 관한 설명으로 틀린 것은?

① 일반적으로 건부지 평가액은 나지 평가액을 상한으로 하여 평가된다.

② 건부지 평가액이 나지 평가액보다 높게 평가되는 경우도 있다.

③ 건부감가(建附減價)는 나지가격을 기준으로 측정되며, 공법상의 규제가 완화되었을 때 주로 발생한다.

④ 건부감가는 지상의 건물이 견고할수록, 건물의 면적이 클수록 크다.

⑤ 건부증가(建附增價)는 재개발구역 지정결정, 택지개발 예정구역 지정결정, 개발제한 구역 지정결정, 용적률과 건폐율 규제완화결정 등의 경우에 발생한다.

15 토지의 용어에 관한 설명으로 옳은 것을 모두 고른 것은? 상ⓒ하

> ㉠ 「건축법」에서 대지(垈地)란 건축할 수 있는 모든 토지를 말하는데, 주거용·상업용 대지 외에 공업용 대지도 가능하며, 「공간정보의 구축 및 관리 등에 관한 법률」에 의한 지목과 특별한 관계를 가지지 않는다.
>
> ㉡ 후보지(候補地)란 부동산의 용도적 지역인 택지지역, 농지지역, 임지지역 상호간에 전환된 지역의 토지를 말한다.
>
> ㉢ 필지(筆地)란 인위적·자연적·행정적 조건에 의해 다른 토지와 구별되는 가격수준이 비슷한 일단의 토지이다.
>
> ㉣ 맹지(盲地)란 타인의 토지에 둘러싸여 도로에 어떤 접속면도 가지지 못하는 토지를 말하며, 이 위에는 「건축법」에 의해 건물을 세울 수 없는 것이 원칙이다.
>
> ㉤ 획지(劃地)란 하나의 지번을 가진 토지로서 토지의 등기·등록의 단위를 말하는데, 토지소유자의 권리를 구분하기 위한 법적 개념이다.

① ㉠, ㉣

② ㉠, ㉡, ㉣

③ ㉠, ㉡, ㉢, ㉣

④ ㉠, ㉡, ㉢, ㉤

⑤ ㉠, ㉡, ㉢, ㉣, ㉤

16 토지 관련 용어에 관한 설명으로 옳은 것은? 상중하

① 표본지는 지가의 공시를 위해 가치형성요인이 같거나 유사하다고 인정되는 일단의 토지 중에서 선정한 토지이다.

② 나지는 「건축법」에 의한 건폐율 등의 제한으로 인해 한 필지 내에서 건축하지 않고 비워둔 토지이다.

③ 필지는 법률적 개념으로 다른 토지와 구별되는 가격수준이 비슷한 일단의 토지이다.

④ 공한지는 특정의 지점을 기준으로 한 택지이용의 최원방권의 토지이다.

⑤ 후보지는 부동산의 용도적 지역인 택지지역, 농지지역, 임지지역 상호간에 전환되고 있는 지역의 토지이다.

17 토지의 용어에 관한 설명으로 틀린 것은? 상중하

① 공지(空地)란 「건축법」에 의한 건폐율 등의 제한으로 인해 한 필지 내에 건물을 꽉 메워서 건축하지 않고 남겨 둔 토지이다.

② 유휴지(遊休地)란 농지 등을 정상적으로 쉬게 하는 토지이며, 휴한지(休閑地)란 바람직스럽지 못하게 놀리는 토지이다.

③ 소지(素地)란 택지 등으로 개발되기 이전의 자연적 상태 그대로의 토지를 말하는데, 원지(原地)라고도 한다.

④ 공한지(空閑地)란 도시 토지로서 지가상승만을 기대하고 장기간 방치하는 토지이다.

⑤ 포락지(浦落地)란 지적공부에 등록된 토지가 물에 침식되어 수면 밑으로 잠긴 토지를 말하는데, 개인의 사유지로서 전·답 등이 하천으로 변한 토지를 말한다.

18 토지의 분류에 따른 용어의 설명으로 옳은 것은? (상)(중)(하)

① 나지(裸地)란 토지에 건물이나 그 밖의 정착물이 없고, 지상권 등 토지의 사용·수익을 제한하는 사법상의 권리가 설정되어 있는 토지이다.

② 건부지(建附地)란 건물 등 토지상의 부가물의 부지로 제공되고 있는 토지로서, 나지의 평가액은 건부지로서의 평가액을 한도로 한다.

③ 이행지(移行地)란 용도지역 내에서 지역 간 용도변경이 진행되고 있는 토지로서, 반드시 지목변경이 뒤따른다.

④ 후보지(候補地)란 용도지역 상호간에 다른 지역으로 전환되고 있는 지역의 토지로서, 반드시 지목변경이 뒤따른다.

⑤ 공한지(空閑地)란 지적공부에 등록된 토지가 물에 침식되어 수면 밑으로 잠긴 토지이다.

19 토지의 분류 및 용어에 관한 설명으로 옳은 것은 모두 몇 개인가? (상)(중)(하)

> ㉠ 나지(裸地)는 택지 중 정착물이 없는 토지로서 공법상 제한이 없는 토지를 말한다.
> ㉡ 획지(畫地)는 하나의 필지 중 일부에 대해서도 성립한다.
> ㉢ 표본지(標本地)는 지가의 공시를 위해 가치형성요인이 같거나 유사하다고 인정되는 일단의 토지 중에서 선정한 토지이다.
> ㉣ 건부지(建附地)는 건축물의 부지로 이용 중인 토지 또는 건축물의 부지로 이용가능한 토지를 말한다.
> ㉤ 일단지(一團地)는 용도상 불가분의 관계에 있는 두 필지 이상을 합병한 토지를 말한다.

① 1개
② 2개
③ 3개
④ 4개
⑤ 5개

20 「건축법 시행령」에 따른 주택의 분류 중 공동주택의 분류에 해당하지 <u>않는</u> 것은?

상중**하**

① 아파트

② 연립주택

③ 다세대주택

④ 다가구주택

⑤ 기숙사

21 「건축법 시행령」에 따른 용도별 건축물에 관한 설명으로 <u>틀린</u> 것은?

상**중**하

① 다중주택은 학생 또는 직장인 등 여러 사람이 장기간 거주할 수 있는 구조로서, 독립된 주거의 형태가 아니며 1개 동의 주택으로 쓰이는 바닥면적(부설주차장 면적 제외)의 합계가 660m² 이하이고, 주택으로 쓰는 층수(지하층 제외)가 3개 층 이하인 주택이다.

② 다가구주택은 주택으로 쓰는 층수(지하층 제외)가 3개 층 이하이며, 1개 동의 주택으로 쓰이는 바닥면적(부설주차장 면적 제외)의 합계가 330m² 이하이어야 하고, 20세대(대지 내 동별 세대수를 합한 세대를 말함) 이하가 거주할 수 있어야 한다.

③ 다세대주택은 주택으로 쓰는 1개 동의 바닥면적의 합계가 660m² 이하이고, 층수가 4개 층 이하인 주택(2개 이상의 동을 지하주차장으로 연결하는 경우에는 각각의 동으로 봄)이다.

④ 연립주택은 주택으로 쓰는 1개 동의 바닥면적(2개 이상의 동을 지하주차장으로 연결하는 경우에는 각각의 동으로 봄)의 합계가 660m²를 초과하고, 층수가 4개 층 이하인 주택이다.

⑤ 아파트는 주택으로 쓰는 층수가 5개 층 이상인 주택이다.

22 다중주택의 요건이 <u>아닌</u> 것은? (단, 건축법령상 단서 조항은 고려하지 않음) 32회 수정

① 1개 동의 주택으로 쓰이는 바닥면적(부설주차장 면적은 제외한다)의 합계가 660m² 이 하이고 주택으로 쓰는 층수(지하층은 제외한다)가 3개 층 이하일 것

② 독립된 주거의 형태를 갖추지 않은 것(각 실별로 욕실은 설치할 수 있으나, 취사시설은 설 치하지 않은 것을 말한다)

③ 학교 또는 공장 등의 학생 또는 종업원 등을 위하여 사용하는 것으로서 해당 기숙사 의 공동취사시설 이용 세대수가 전체 세대수(건축물의 일부를 기숙사로 사용하는 경우에 는 기숙사로 사용하는 세대수로 한다)의 50% 이상인 것

④ 적정한 주거환경을 조성하기 위하여 건축조례로 정하는 실별 최소 면적, 창문의 설치 및 크기 등의 기준에 적합할 것

⑤ 학생 또는 직장인 등 여러 사람이 장기간 거주할 수 있는 구조로 되어 있는 것

빠른 정답 CHECK! p.2 / 정답 및 해설 p.10

대표문제　부동산(토지)의 자연적 특성

토지의 특성에 관한 설명으로 옳은 것은?

① 용도의 다양성은 최유효이용의 판단근거가 된다.

② 부증성은 부동산활동에 대해서 장기적 배려를 필연적으로 고려하게 한다.

③ 합병·분할의 가능성은 토지의 이행과 전환을 가능하게 한다.

④ 부동성으로 인해 토지는 생산비를 투입하여 생산할 수 없게 하고 독점 소유욕을 갖게 하며, 토지이용을 집약화시킨다.

⑤ 개별성으로 인해 일물일가의 법칙이 적용되게 하고, 부동산시장에서 부동산상품 간에 대체를 가능하게 한다.

> **POINT**
>
> 부동산(토지)의 특성을 묻는 가장 기본적인 문제로 부동산(토지)의 특성으로 인한 부동산활동과 부동산현상에 관한 문제가 자주 출제되므로 부동산(토지)의 특성으로 인해 파생되는 특징을 꼼꼼하게 정리해야 합니다.

> **해설**
>
> ② 부동산활동에 대해서 장기적 배려를 필연적으로 고려하게 하는 특성은 영속성이다.
>
> ③ 토지의 이행과 전환을 가능하게 하는 특성은 용도의 다양성이다.
>
> ④ 부증성으로 인해 토지는 생산비를 투입하여 생산할 수 없게 하고 독점 소유욕을 갖게 하며, 토지이용을 집약화시킨다.
>
> ⑤ 개별성으로 인해 일물일가의 법칙이 적용되지 않고, 부동산시장에서 부동산상품 간에 완벽한 대체는 불가능하다.

이론＋　토지의 특성

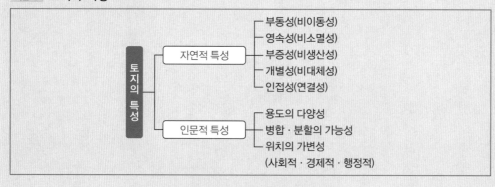

정답 ①

---

01 부동산의 특성과 파생적 특징에 관한 설명으로 틀린 것은?

① 부동성은 지역별로 초과공급과 초과수요 현상을 야기하여 지역 간 균형을 어렵게 한다.

② 영속성으로 인해 임대차시장이 발달하게 되어 부동산은 소유와 이용이 분리된다.

③ 부증성은 소모를 전제로 하는 재생산이론이나 사고방식을 토지에는 적용할 수 없게 한다.

④ 개별성은 개개의 부동산을 독점화시키고 비교를 곤란하게 하며, 부동산학에 있어서 원리나 이론의 도출을 어렵게 한다.

⑤ 인접성은 외부효과를 유발하고 개발이익의 사회적 환수의 논리적 근거를 제공한다.

02 토지의 자연적 특성인 부동성(不動性)의 파생적 특징으로 가장 거리가 먼 것은?

① 부동산과 동산의 구별기준이 되고, 부동산권리의 공시방법이 동산과 다르게 되는 이론적 근거가 된다.

② 부동산활동 및 현상을 국지화한다.

③ 지역분석의 필요성의 근거가 된다.

④ 토지에 감가상각의 적용을 배제시키는 근거가 된다.

⑤ 부동산활동을 임장(臨場)활동, 정보활동으로 만든다.

03 부동성(不動性)으로부터 파생되는 특징에 관한 설명으로 틀린 것은?

① 부동산시장이 지역적 시장으로 되므로 중앙정부나 지방자치단체의 상이한 규제와 통제를 받는다.

② 부동산은 지리적 위치의 고정으로 주변에서 일어나는 환경조건의 변화가 부동산의 가격에 영향을 주는 외부효과를 발생시킬 수 있다.

③ 토지의 가치보존력을 우수하게 하고, 소유이익과 이용이익을 분리하여 타인으로 하여금 이용 가능하게 하며, 소모를 전제로 하는 재생산이론이나 사고방식을 적용할 수 없게 한다.

④ 부동산활동 및 부동산현상을 국지화하여 지역분석의 필요성이 요구된다.

⑤ 부동산활동을 임장(臨場)활동, 정보활동, 중개활동, 입지선정활동으로 만든다.

04 토지의 특성에 관한 설명으로 <u>틀린</u> 것은?

① 부동성은 부동산활동을 국지화시켜 지역적으로 특화되게 한다.
② 부증성은 생산비법칙이 적용되어 노동이나 생산비를 투입하여야만 생산할 수 있게 한다.
③ 영속성은 소유이익과 사용이익의 분리 및 임대차시장의 발달근거가 되며, 장기투자를 통해 자본이득과 소득이득을 얻을 수 있게 한다.
④ 용도의 다양성은 최유효이용의 성립근거가 된다.
⑤ 개별성은 대상부동산과 다른 부동산의 비교를 어렵게 하고 시장에서 상품 간 대체관계를 제약한다.

05 부동산의 특성에 관한 설명으로 <u>틀린</u> 것은?

① 부동성으로 인해 부동산시장은 국지적 시장을 형성하는 경향이 있다.
② 개별성으로 인해 부동산상품 간 완전한 대체관계가 성립한다.
③ 부증성으로 인해 토지이용이 점차 집약화되는 경향이 있다.
④ 영속성으로 인해 재고시장 형성을 가능하게 하고, 장기투자를 통해 자본이득과 소득이득을 얻을 수 있다.
⑤ 용도의 다양성으로 인해 최유효이용방법을 선택하게 된다.

06 다음에 나열된 부동산의 특성으로 적합한 것은?

> • 토지에 감가상각의 적용을 배제시키며, 소모를 전제로 하는 재생산이론(再生産理論)이나 사고방식을 적용할 수 없게 한다.
> • 토지의 가치보존력을 우수하게 하며, 소유이익과 이용이익을 분리하여 타인으로 하여금 이용 가능하게 한다.
> • 장기투자를 통해 자본이득과 소득이득을 얻을 수 있게 하며, 저당권의 설정 및 할부금융의 근거가 되기도 한다.

① 부동성 ② 부증성 ③ 개별성
④ 영속성 ⑤ 인접성

07 부동산의 특성 중 토지의 특성에 관한 설명으로 옳은 것은 모두 몇 개인가?

> ㉠ 부동성은 부동산 활동 및 현상을 국지화하여 지역특성을 갖도록 한다.
> ㉡ 영속성은 토지관리의 필요성을 높여 감정평가에서 원가방식의 이론적 근거가 된다.
> ㉢ 부증성은 생산요소를 투입하여도 토지 자체의 양을 늘릴 수 없는 특성이다.
> ㉣ 개별성은 대상토지와 다른 토지의 비교를 어렵게 하며 시장에서 상품 간 대체관계를 제약할 수 있다.
> ㉤ 인접성은 물리적으로 연속되고 연결되어 있는 특성이다.

① 1개   ② 2개
③ 3개   ④ 4개
⑤ 5개

08 토지의 특성에 관한 설명으로 옳은 것을 모두 고른 것은? (상)(중)(하)

> ㉠ 부동성으로 인해 부동산활동이 국지화된다.
> ㉡ 부증성으로 인해 이용전환을 통한 토지의 용도적 공급이 불가능하다.
> ㉢ 영속성으로 인해 토지는 감가상각에서 배제되는 자산이다.
> ㉣ 개별성으로 인해 외부효과가 발생한다.

① ㉠, ㉡   ② ㉠, ㉢
③ ㉠, ㉡, ㉢   ④ ㉡, ㉢, ㉣
⑤ ㉠, ㉡, ㉢, ㉣

09 토지의 자연적 특성인 부증성(不增性)에 관한 설명으로 <u>틀린</u> 것은?

① 후보지나 이행지와 같은 용어에 내포되어 있는 토지의 개념은 절대량의 토지 증가가 아니며 용도전환을 의미하는 것이다.

② 생산비를 투입하여 물리적으로 양을 늘릴 수 없다.

③ 부증성은 면적의 유한성이라고도 한다.

④ 매립 등으로 농지의 양이 증가된 것은 용도의 전환이지 절대량의 증가는 아니다.

⑤ 토지는 생산비를 투입하여 생산할 수 없기 때문에 물리적 공급과 용도적 공급이 불가능하다.

10 부증성에 대한 특징에 관한 설명으로 옳은 것은 모두 몇 개인가? 상⑧하

┌───┐
│ ㉠ 소유이익과 이용이익으로 분리가 가능하다.   │
│ ㉡ 토지에는 생산비의 법칙이 원칙적으로 적용되지 않는다.   │
│ ㉢ 공유수면의 매립 및 전환과 이행을 통한 공급을 가능하게 한다.   │
│ ㉣ 사회성·공공성이 강조되고, 토지공개념이 나타난다.   │
│ ㉤ 중개업을 정착시킨다.   │
│ ㉥ 균형가격의 성립을 어렵게 하여 감정평가를 필요하게 한다.   │
└───┘

① 1개   ② 2개

③ 3개   ④ 4개

⑤ 5개

11 부동산의 특성 중 개별성(個別性)으로부터 파생되는 특징에 관한 설명으로 <u>틀린</u> 것은?

상중**하**

① 개개의 부동산을 구별하고 그 가격이나 수익 등을 개별화·구체화시키므로 개별분석의 필요성을 제기한다.
② 부동산활동이나 현상을 개별화시킨다.
③ 개개의 부동산을 독점화시킨다.
④ 토지의 가격이나 수익이 개별로 형성되어 일물일가(一物一價)의 법칙을 적용하게 한다.
⑤ 부동산학에 있어서 원리나 이론의 도출을 어렵게 한다.

12 부동산의 특성 중 인접성(隣接性)으로부터 파생되는 특징에 관한 설명으로 <u>틀린</u> 것은?

상중**하**

① 특정 토지의 개발과 사용은 인접토지에 커다란 영향을 주기 때문에 외부효과, 즉 외부경제 및 외부불경제와 밀접한 관계가 있다.
② 소유와 관련하여 경계문제를 불러일으키며, 개발이익의 사회적 환수 논리의 근거가 된다.
③ 부동산상품 간에 물리적으로 완전한 대체관계가 성립하게 한다.
④ 가치형성 시 인접지의 영향을 받게 하며, 지역분석을 필연케 한다.
⑤ 인접지와의 협동적 이용을 필연화시키며, 토지이용에 있어 협동적 논리 주장의 근거가 된다.

13 부동산의 특성에 관한 설명으로 옳은 것은?

① 영속성으로 인하여 부동산활동 및 부동산현상을 국지화하며, 지역마다 거래관행, 임대료 등을 다르게 하여 감정평가 시 지역분석의 필요성이 요구된다.

② 부증성으로 인하여 재고시장 형성에 영향을 주며, 부동산의 유량(flow) 공급뿐만 아니라 저량(stock) 공급도 가능하게 한다.

③ 개별성으로 인하여 토지의 생산공급은 불가능하나 용도전환을 통한 공급은 가능하다.

④ 부동성으로 인하여 표준지 선정을 어렵게 하며, 토지의 가격이나 수익이 개별로 형성되어 일물일가(一物一價)의 법칙 적용을 배제시킨다.

⑤ 인접성으로 인하여 외부효과와 밀접한 관계가 있으며, 가격형성 시 인접지의 영향을 받게 하고 지역분석을 필연케 한다.

14 부동산의 특성에 관한 설명으로 틀린 것은?

① 토지에 감가상각의 적용을 배제시키며, 소모를 전제로 하는 재생산이론(再生産理論)이나 사고방식을 적용할 수 없게 하는 것은 토지의 영속성에 기인한다.

② 토지의 부증성으로 인해 토지는 다른 생산물과 마찬가지로 노동이나 생산비를 투입하여 재생산할 수 있다.

③ 토지의 개별성은 토지의 가격이나 수익이 개별로 형성되어 일물일가(一物一價)의 법칙 적용을 배제시키는 특성이 된다.

④ 부동산활동 및 부동산현상을 국지화하여 지역마다 거래관행, 임대료, 기대이율 등을 다르게 하는 것은 부동성에 기인한다.

⑤ 토지의 인접성은 개발이익의 사회적 환수 논리의 근거가 되며, 용도 면에서 대체가능성을 존재하게 한다.

15 부동산의 특성과 현상을 연결한 것으로 <u>틀린</u> 것은?

① 부동성 – 부동산활동 및 부동산현상을 국지화한다.

② 부증성 – 물리적 공급을 불가능하게 하여 토지의 집약적 이용을 촉진하게 한다.

③ 개별성 – 토지의 가격이나 수익이 개별로 형성되어 일물일가(一物一價)의 법칙을 적용시킨다.

④ 영속성 – 소모를 전제로 하는 재생산이론이나 사고방식을 적용할 수 없게 한다.

⑤ 인접성 – 가치형성 시 인접지의 영향을 받게 하며, 부동산의 용도 면에서 대체가능성을 존재하게 한다.

기출응용 34회
16 토지의 특성에 관한 설명으로 옳은 것은?

① 토지는 용도의 다양성으로 인해 두 개 이상의 용도가 동시에 경합하는 것이 통상적이며, 토지의 용도전환 및 합병·분할을 가능하게 한다.

② 부동성으로 인해 토지의 물리적 공급이 어려우므로 토지이용의 집약화가 요구된다.

③ 영속성으로 인해 주변 환경의 변화에 따른 외부효과가 나타날 수 있다.

④ 부증성으로 인해 재화의 소모를 전제로 하는 재생산이론과 물리적 감가상각이 적용되지 않는다.

⑤ 인접성으로 인해 토지별 완전한 대체 관계가 제약된다.

17 토지의 특성과 내용에 관한 설명으로 옳은 것은?

① 토지는 공간적으로 연결되어 있으므로 외부효과를 발생시키고, 개발이익 환수의 근거가 된다.

② 부증성은 부동산활동에 대해서 장기적 배려를 필연적으로 고려하게 한다.

③ 합병·분할의 가능성은 토지의 이행과 전환을 가능하게 한다.

④ 부동성으로 인해 토지는 생산비를 투입하여 생산할 수 없게 하고 독점 소유욕을 갖게 하며, 토지이용을 집약화시킨다.

⑤ 물리적으로 완전히 동일한 토지는 없으므로 일물일가의 법칙이 적용되게 하고, 부동산시장은 불완전경쟁시장이 된다.

18 부동산의 특성 중 토지의 특성과 관련된 설명으로 옳은 것은 모두 몇 개인가? 상중하

> ㉠ 부동성은 지역별로 초과공급과 초과수요 현상을 야기하게 하여, 지역 간의 균형을 어렵게 한다.
>
> ㉡ 부증성은 소모를 전제로 하는 재생산이론이나 사고방식을 토지에는 적용할 수 없게 한다.
>
> ㉢ 영속성은 부동산활동을 임장(臨場)활동, 정보활동, 중개활동, 입지선정활동으로 만든다.
>
> ㉣ 개별성으로 인해 부동산상품 간 완전한 대체관계가 성립한다.
>
> ㉤ 인접성으로 인해 외부효과와 밀접한 관계가 있으며, 가격형성 시 인접지의 영향을 받게 하고 지역분석을 필연케 한다.

① 1개　　　　　　　　　② 2개

③ 3개　　　　　　　　　④ 4개

⑤ 5개

19 부동산의 특성 중 용도의 다양성으로부터 파생되는 특징에 관한 설명으로 **틀린** 것은?

상중**하**

① 최유효이용의 판단근거가 되며, 그로 인한 재산상의 가치를 증대시키는 요인이 되기도 한다.
② 이행과 전환을 가능하게 한다.
③ 부동산 용도전환을 통해 토지의 경제적 공급을 가능하게 한다.
④ 적지론(適地論)의 근거가 되며, 창조적 이용을 가능하게 한다.
⑤ 개개의 부동산을 독점화시키며, 부동산활동이나 현상을 개별화시킨다.

20 부동산의 특성 중 병합·분할의 가능성에 관한 설명으로 **틀린** 것은?

상중**하**

① 토지의 효과적인 병합·분할과 최유효이용은 불가분의 관계에 있다.
② 용도의 다양성을 지원하는 기능을 갖게 한다.
③ 합병 증·감가 또는 분할 증·감가를 발생하게 한다.
④ 부동산활동 및 부동산현상을 국지화하여 지역분석의 필요성을 요구한다.
⑤ 병합이나 분할은 일정한 지적행정절차에 의하여 지적공부상에 정리를 하여야 한다.

PART

2

부동산학 각론

최근 5개년 출제경향 분석

최근 5개년 PART 2 출제비중

76%

CHAPTER	문항 수					비중	✿ 빈출 키워드
	30회	31회	32회	33회	34회		
CH.01	4	6	6	5	5	17.1%	부동산의 수요와 공급, 수요와 공급의 가격탄력성, 시장균형의 변동, 부동산의 경기순환과 변동, 거미집이론
CH.02	4	5	4	7	5	16.5%	부동산시장, 주택의 여과 과정이론과 주거분리, 상권이론, 지대결정이론
CH.03	6	7	4	4	5	17.1%	정부의 시장개입과 외부효과, 부동산정책, 주택정책, 부동산 조세
CH.04	7	3	6	5	8	19.1%	자기자본수익률, 부동산투자의 위험과 기대수익률, 현금흐름의 측정, 부동산투자 분석기법, 화폐의 시간가치
CH.05	4	4	6	6	3	15.1%	부동산금융, 저당의 상환방법, 부동산투자회사, LTV와 DTI 제약하의 대출가능액
CH.06	6	5	5	2	5	15.1%	부동산개발, 민간투자 사업방식, 부동산관리의 방식, 부동산마케팅

* 복합문제이거나, 법률이 개정 및 제정된 경우 분류 기준에 따라 위 수치와 달라질 수 있습니다.

01 부동산경제론

빠른 정답 CHECK! p.2 / 정답 및 해설 p.14

대표문제 **부동산 수요**

부동산 수요에 관한 설명으로 옳은 것은?

① 수요가격은 수요자가 지불용의가 있는 최저가격을 의미한다.

② 수요법칙에 의해 수요곡선은 우하향하는 형태로 나타나며, 대부분 양(+)의 기울기를 가진다.

③ 대부비율(LTV)과 총부채상환비율(DTI)의 규제를 완화하면 유효수요가 잠재수요로 전환되면서 부동산 수요는 감소한다.

④ 부동산 수요는 사후적(事後的) 개념이며, 반드시 구매능력을 수반하는 것은 아니다.

⑤ 용도상 대체관계에 있는 부동산의 가격이 상승하면, 해당 부동산의 수요는 증가한다.

POINT
수요의 개념을 공급의 개념과 비교하여 공부하는 것도 좋은 방법 중 하나입니다.

해설
① 수요가격은 수요자가 지불용의가 있는 최고가격을 의미한다.
② 수요법칙에 의해 수요곡선은 우하향하는 형태로 나타나며, 대부분 음(-)의 기울기를 가진다.
③ 대부비율(LTV)과 총부채상환비율(DTI)의 규제를 완화하면 잠재수요가 유효수요로 전환되면서 부동산 수요는 증가한다.
④ 부동산 수요는 사전적(事前的) 개념이며, 반드시 구매능력을 수반하는 유효수요를 의미한다.

정답 ⑤

---

01 부동산 수요에 관한 설명으로 틀린 것은? 상중하

① 부동산 수요량이란 일정기간(혹은 시점)에 수요자가 주어진 가격으로 부동산을 구매하고자 하는 최대수량을 말한다.

② 일정기간 동안의 부동산 수요량은 유량(流量, flow) 개념이다.

③ 부동산 수요량은 주어진 가격수준에서 수요자들이 실제로 구입한 양을 말한다.

④ 부동산 수요량은 구매력(purchasing power)을 수반하는 수량을 의미하는데, 구매력이란 상품을 구입할 수 있는 능력을 말한다.

⑤ 부동산 수요는 구입할 수 있는 경제적 능력을 수반하는 유효수요의 개념이다.

다음 중 저량(stock)의 경제변수에 해당하는 것을 모두 고른 것은?

ㄱ 근로자의 임금
ㄴ 건물 임대료 수입
ㄷ 가계의 자산
ㄹ 주택재고량
ㅁ 신규 주택공급량
ㅂ 도시인구

① ㄱ, ㄴ, ㄹ   ② ㄱ, ㄴ, ㅁ

③ ㄴ, ㄹ, ㅁ   ④ ㄷ, ㄹ, ㅁ

⑤ ㄷ, ㄹ, ㅂ

POINT

경제학에서는 수요와 공급을 유량으로 분석합니다. 그러나 일반경제학과 달리 수요와 공급을 유량 뿐 아니라 저량의 개념으로도 다룬다는 점에 유의하여야 합니다.

해설

저량(stock) 변수는 일정시점에 측정되는 변수로 가계의 자산, 주택재고량, 도시인구가 이에 해당한다. 유량(flow) 변수는 일정기간에 걸쳐 측정되는 변수로 근로자의 임금, 건물 임대료 수입, 신규 주택공급량이 이에 해당한다.

이론 ➕ 유량(流量, flow)과 저량(貯量, stock) 변수

1. 유량(flow) 변수 : 일정기간에 걸쳐서 측정하는 변수
   예 소득, 수익, 수입, 가계 소비, 생산량, 거래량, 국민총생산
2. 저량(stock) 변수 : 일정시점에 측정하는 변수
   예 인구, 자산, 부채, 재산, 가치, 가격, 통화량, 국부(國富), 재고량
   ➕ 저량의 변동분은 곧 유량이 된다. 예 재고의 변동분 ⇨ 재고투자

정답 ⑤

02 유량(flow)과 저량(stock)의 설명으로 옳은 것은? 22회

① 저량은 일정한 기간을 정해야 측정이 가능한 개념이다.

② 유량은 일정시점에서만 측정이 가능한 개념이다.

③ 유량의 예로는 주택재고량, 부동산투자회사의 자산가치 등이 있다.

④ 저량의 예로는 주택거래량, 신규주택 공급량 등이 있다.

⑤ 만약 현재 우리나라에 총 1,500만 채의 주택이 존재하고 그중 100만 채가 공가로 남아 있다면, 현재 주택저량의 수요량은 1,400만 채이다.

03 부동산 관련 경제변수 중 유량(flow) 변수와 저량(stock) 변수가 옳게 묶인 것은?

㉠ 신규주택 공급량	㉡ 도시인구
㉢ 부동산의 시장가치	㉣ 주택의 거래량
㉤ 실물자산	㉥ 순영업소득

	유량 변수	저량 변수
①	㉠, ㉤	㉡, ㉢, ㉣, ㉥
②	㉠, ㉥	㉡, ㉢, ㉣, ㉤
③	㉣, ㉥	㉠, ㉡, ㉢, ㉤
④	㉠, ㉣, ㉥	㉡, ㉢, ㉤
⑤	㉠, ㉢, ㉣, ㉤	㉡, ㉥

04 대체효과와 소득효과에 관한 설명으로 틀린 것은?

① 주택임대료가 상승하게 되면, 소득효과에 의해 다른 재화의 소비량이 상대적으로 증가한다.

② 주택임대료가 상승하면 다른 재화의 가격이 상대적으로 하락하여 임대수요량이 감소한다는 것은 대체효과에 대한 설명이다.

③ 주택임대료가 하락하면 실질소득이 증가하여 임대수요량이 증가한다는 것은 소득효과에 대한 설명이다.

④ 주택임대료가 하락하게 되면, 대체효과는 임대수요량을 반드시 증가시킨다.

⑤ 주택임대료가 하락하게 되면, 소득효과는 정상재인가 열등재인가에 따라 임대수요량을 증가 또는 감소시킨다.

부동산시장에서 수요와 수요량에 관한 설명으로 옳은 것은? (단, X축은 수량, Y축은 가격이고, 아파트와 단독주택은 정상재이며, 다른 조건은 동일함)

① 부동산 수요곡선상 수요량은 주어진 가격수준에서 부동산구매 의사와 구매 능력이 있는 수요자가 구매하고자 하는 수량이다.

② 다른 조건이 일정할 경우 해당 부동산가격의 변화는 부동산 수요곡선 자체의 이동을 가져온다.

③ 수요곡선의 이동으로 인해 수요량이 변하는 경우에 이를 '부동산 수요량의 변화'라고 한다.

④ 대체재인 단독주택의 가격이 상승하면 아파트의 수요곡선은 좌측으로 이동하게 된다.

⑤ 아파트 가격 하락이 예상되면 수요의 변화로 수요곡선 자체가 우측으로 이동하게 된다.

POINT

수요량이 변했다는 결과가 중요한 것이 아니라 해당 재화의 가격인지 해당 재화 가격 이외의 요인인지 그 원인이 중요합니다.

해설

② 다른 조건이 일정할 경우 해당 부동산가격의 변화는 부동산 수요곡선상의 이동을 가져온다.

③ 수요곡선의 이동으로 인해 수요량이 변하는 경우에 이를 '부동산 수요의 변화'라고 한다.

④ 대체재인 단독주택의 가격이 상승하면 아파트의 수요곡선은 우측으로 이동하게 된다.

⑤ 아파트 가격 하락이 예상되면 가격 하락 후에 구매하기 위해 수요를 줄이므로 수요곡선 자체가 좌측으로 이동하게 된다. 즉, 아파트 가격 하락이 예상되면 수요의 변화로 수요곡선 자체가 좌측으로 이동하게 된다.

이론+ 수요량의 변화와 수요의 변화

1. 수요량의 변화
   - 해당 재화의 가격(임대료)의 변화에 의한 수요량의 변화
   - 동일 수요곡선상에서의 점의 이동으로 표시
2. 수요의 변화
   - 해당 재화의 가격(임대료) 이외의 요인이 변화하여 동일한 가격수준에서 일어나는 수요량의 변화
   - 수요곡선 자체의 이동
   - 수요곡선이 우측(좌측)으로 이동하는 것 ⇨ 수요의 증가(감소)

정답 ①

05 부동산 수요량의 변화와 수요의 변화에 관한 설명으로 <u>틀린</u> 것은?

① 수요량의 변화란 해당 부동산가격의 변화에 의한 수요량의 변화로 동일 수요곡선상
에서의 이동으로 나타난다.

② 수요의 변화란 해당 부동산가격 이외의 요인이 변화하여 동일한 가격수준에서 일어
나는 수요량의 변화로 수요곡선 자체가 이동한다.

③ 부동산이 정상재인 경우 소득이 증가하면 수요가 증가하여 수요곡선은 우측으로 이
동한다.

④ 어느 부동산의 가격이 가까운 장래에 상승할 것으로 예상된다면, 수요가 감소하여 수
요곡선은 좌측으로 이동한다.

⑤ 두 부동산이 대체재 관계에 있다면 어느 한 부동산의 가격이 상승할 때 다른 부동산
의 수요량은 증가할 것이다.

06 어떤 재화에 관한 수요 변화의 요인이 <u>아닌</u> 것은?

① 해당 재화의 가격 변화

② 소득의 변화

③ 다른 재화의 가격 변화

④ 소비자의 기호 변화

⑤ 인구의 변화

07 아파트 수요량의 변화요인과 수요의 변화요인 중 수요의 변화요인이 <u>아닌</u> 것은?

① 소득수준의 증가

② 대체주택 가격의 상승

③ 이자율의 하락

④ 아파트 가격의 하락

⑤ 가구 수의 증가

08 주택 수요의 변화요인이 <u>아닌</u> 것은?

① 대체재의 가격
② 보완재의 가격
③ 시장상황의 변동이나 정부정책에 대한 기대심리
④ 생산기술이나 요소가격
⑤ 주택 매수자의 수

대표문제 **수요변화의 요인**

부동산시장에서 수요를 감소시키는 요인을 모두 고른 것은? (단, 다른 조건은 동일함)

31회

㉠ 시장금리 하락	㉡ 인구 감소
㉢ 수요자의 실질소득 증가	㉣ 부동산가격 상승 기대
㉤ 부동산 거래세율 인상	

① ㉠, ㉡   ② ㉠, ㉢
③ ㉡, ㉤   ④ ㉡, ㉢, ㉣
⑤ ㉠, ㉢, ㉣, ㉤

> **POINT**
> 수요를 증가시키는 요인만을 기억하고 반대의 경우는 수요를 감소시키는 요인으로 기억해두면 편리
> 합니다.
>
> **해설**
> ㉠㉢㉣ 시장금리 하락, 수요자의 실질소득 증가, 부동산가격 상승 기대는 부동산시장에서 수요를
>   증가시키는 요인에 해당한다.
> ㉡㉤ 인구 감소, 부동산 거래세율 인상은 수요를 감소시키는 요인에 해당한다.
>
> 정답 ③

09 수요를 증가(수요곡선의 우측 이동)시키는 요인이 <u>아닌</u> 것은? 상중**하**

① 소득의 증대
② 대체재 가격의 상승
③ 예상 가격의 상승
④ 해당 재화 가격의 하락
⑤ 인구의 증가

10 아파트시장의 수요곡선을 좌측으로 이동시킬 수 있는 요인은 모두 몇 개인가? (단, 다른 조건은 동일함) 25회 **상**중하

• 수요자의 실질소득 증가	• 건축원자재 가격의 하락
• 사회적 인구 감소	• 아파트 가격의 하락
• 아파트 선호도 감소	• 대체주택 가격의 하락
• 아파트 담보대출금리의 하락	

① 2개
② 3개
③ 4개
④ 5개
⑤ 6개

11 주택의 수요를 증가시킬 수 있는 요인을 모두 고른 것은? (단, 다른 요인은 일정불변이고 주택은 정상재임) 상**중**하

㉠ 주택 건축자재 가격의 상승	㉡ 수요 측면의 대체재의 가격 상승
㉢ 주택건설업자에 대한 중과세	㉣ 수요 측면의 보완재의 가격 상승
㉤ 금리의 인하	

① ㉠, ㉢
② ㉡, ㉣
③ ㉡, ㉤
④ ㉠, ㉢, ㉤
⑤ ㉡, ㉣, ㉤

12 주택의 수요·공급에 관한 그림이다. 수요곡선 D_1을 D_2로 이동시킬 수 있는 요인은?

(단, 다른 요인은 일정하다고 가정하며, S는 공급곡선임) 　상中하

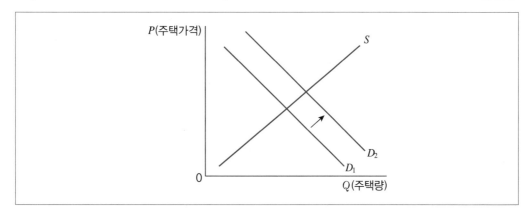

① 수요자의 소득 감소

② 주택 거래규제의 강화

③ 주택 건축자재 가격의 하락

④ 모기지대출(mortgage loan) 금리의 상승

⑤ 대체재 가격의 상승

13 소비자의 소득이 증가할 때 어느 부동산의 소비가 감소한다면 해당 부동산은 어떤 재화인가? 　상중하

① 정상재

② 열등재

③ 대체재

④ 보완재

⑤ 기펜재(Giffen's goods)

14 A부동산의 가격이 10% 상승할 때, B부동산의 수요는 5% 감소하고 C부동산의 수요는 7% 증가한다. A와 B, A와 C 간의 관계는? (단, 다른 조건은 동일함) 상⃝중⃝**하**

	A와 B의 관계	A와 C의 관계		A와 B의 관계	A와 C의 관계
①	대체재	보완재	②	대체재	열등재
③	보완재	대체재	④	열등재	정상재
⑤	정상재	열등재			

15 A부동산의 가격이 상승하자 B부동산의 수요는 감소하고 C부동산의 수요는 증가하였다. 또한 소득이 증가하면서 B부동산의 수요는 감소하고 C부동산의 수요는 증가하였다. 이에 근거할 때 다음 중 틀린 것은? (단, A, B, C부동산의 관계는 수요 측면의 관계를 고려한 것이며, 다른 조건은 동일함) 상⃝중⃝하⃝

① A부동산과 C부동산은 대체재이다.　② A부동산과 B부동산은 보완재이다.
③ B부동산과 C부동산은 보완재이다.　④ B부동산은 열등재이다.
⑤ C부동산은 정상재이다.

대표문제　시장수요함수

어떤 부동산에 대한 시장수요함수는 $P = 140 - 8Q_D$ [여기서 P는 가격(단위 : 만원), Q_D는 수요량(단위 : m²)]이며, 이 시장의 수요자는 모두 동일한 개별수요함수를 갖는다. 이 시장의 수요자 수가 2배로 된다면 새로운 시장수요함수는? [단, 새로운 시장수요량은 Q_M으로 표기하며 다른 조건은 일정하다고 가정함. 또한 이 부동산은 민간재(private goods)이며 새로운 수요자들도 원래의 수요자들과 동일한 개별수요함수를 갖는다고 가정함]

① $P = 280 - 8Q_M$　　　　② $P = 280 - 16Q_M$

③ $P = 140 - 16Q_M$　　　　④ $P = 140 - 4Q_M$

⑤ $P = 70 - 4Q_M$

16 어떤 부동산시장에 개별수요자가 50명 존재한다. 이 시장의 수요자의 수요함수는 $P = 20 - 5Q$로 모두 동일한 개별수요함수를 갖는다고 할 때, 이 시장의 시장수요함수는? [단, 이 부동산은 사적재(private goods)이며, 시장수요량은 Q_M으로 표기하고 다른 조건은 일정하다고 가정함] (상)**(중)**(하)

① $P = 10 - 5Q_M$ ② $P = 50 - 10Q_M$ ③ $P = 20 - \dfrac{1}{10}Q_M$

④ $P = 20 - 50Q_M$ ⑤ $P = 20 - 10Q_M$

17 어떤 부동산시장에는 100명의 개별수요자가 존재한다. 부동산에 대한 개별수요함수는 $Q_D = 10 - 2P$이고, 이 시장의 수요자는 모두 동일한 개별수요함수를 갖는다고 할 때, 이 시장의 시장수요함수는? [단, 이 부동산은 사적재(private goods)이며, 시장수요량은 Q_M으로 표기하고 다른 조건은 일정하다고 가정함] (상)(중)**(하)**

① $Q_M = 10 - 2P$ ② $Q_M = 10 - 200P$ ③ $Q_M = 10 - \dfrac{1}{50}P$

④ $Q_M = 1,000 - 200P$ ⑤ $Q_M = 10 - \dfrac{1}{2}P$

부동산공급에 관한 설명으로 틀린 것은?   23회

① 부동산의 신규공급은 일정한 시점에서 측정되는 저량 개념이 아니라 일정한 기간 동안 측정되는 유량 개념이다.

② 부동산은 공간과 위치가 공급되는 성질이 있다.

③ 부동산의 개별성은 공급을 비탄력적이고 비독점적으로 만드는 성질이 있다.

④ 공공임대주택의 공급은 주택시장에 정부가 개입하는 사례라 할 수 있다.

⑤ 주택의 공급규모가 커지면, 규모의 경제로 인해 생산단가가 낮아져 건설비용을 절감할 수 있다.

POINT
부동산의 특성으로 인해 일반재화와 다른 부동산의 공급의 개념을 정리해두어야 합니다.

해설
개별성은 개개의 부동산을 구별하고 그 가격이나 수익 등을 개별화·구체화시키며, 부동산활동이나 현상을 개별화시킨다. 또한 개개의 부동산을 독점화시킨다.

정답 ③

18 어느 재화의 공급을 결정하는 요인이 <u>아닌</u> 것은?   상중**하**

① 그 재화와 관련이 있는 다른 재화의 가격 변화

② 소득분배의 변화

③ 기술수준의 변화

④ 생산요소가격의 변화

⑤ 장래 재화 가격에 대한 예상

19 공급곡선과 가장 관계가 있는 것은?   상중**하**

① 한계수입곡선   ② 한계비용곡선   ③ 평균수입곡선

④ 평균비용곡선   ⑤ 한계효용곡선

대표문제 부동산 공급량의 변화와 공급의 변화

부동산 공급에 관한 설명으로 틀린 것은? (단, 다른 조건은 불변이라고 가정함)

① 노동자임금이나 시멘트가격과 같은 생산요소가격의 하락은 부동산 공급을 증가시키는 요인이 된다.

② 용도변경을 제한하는 법규가 강화될수록 공급곡선은 이전에 비해 비탄력적이 된다.

③ 부동산의 신규공급은 일정한 기간 동안 측정되는 유량(flow) 개념이 아니라 일정한 시점에서 측정되는 저량(stock) 개념이다.

④ 부동산가격이 상승하면 공급량은 증가하고, 가격이 하락하면 공급량은 감소한다.

⑤ 부동산의 초과수요는 가격을 상승시키는 요인으로 작용하며, 초과공급은 가격을 하락시키는 요인으로 작용한다.

POINT

해당 가격의 변화는 공급량의 변화에 해당하고 해당 가격을 제외한 요인은 공급의 변화에 해당한다는 것에 주의하여야 합니다.

해설

부동산의 신규공급은 일정한 시점에서 측정되는 저량 개념이 아니라 일정한 기간 동안 측정되는 유량 개념이다.

이론 + **공급의 변화와 공급량의 변화**

공급의 변화	공급량의 변화
• 해당 상품가격(임대료) 이외의 요인에 의한 공급량의 변화 • 공급곡선 자체의 이동	• 해당 상품가격(임대료)의 변화에 의한 공급량의 변화 • 동일 공급곡선상에서 점의 이동으로 표시

정답 ③

20 주택의 수요와 공급곡선을 나타낸 것이다. 그림과 같이 공급곡선을 이동시킬 수 있는 요인에 해당하는 것은? 상❸하

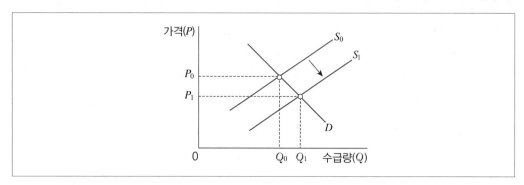

① 주택 건축자재 가격의 상승
② 공급 측면의 대체재의 가격 상승
③ 공급 측면의 보완재의 가격 상승
④ 주택공급자의 가격 상승 예상
⑤ 대출금리의 상승

기출응용 33회
21 다음 중에서 주택의 공급을 증가시킬 수 있는 요인은 모두 몇 개인가? 상❸하

┌───┐
 ㉠ 주택건설업자에 대한 중과세
 ㉡ 주택 건축자재 가격의 상승
 ㉢ 공급 측면의 대체재의 가격 상승
 ㉣ 공급 측면의 보완재의 가격 상승
 ㉤ 대출금리의 하락
 ㉥ 주택건설용 토지가격의 상승
 ㉦ 임금과 택지가격 상승
└───┘

① 0개   ② 2개
③ 3개   ④ 4개
⑤ 5개

22 부동산의 공급에 관한 설명으로 <u>틀린</u> 것은?

① 부동산의 공급곡선이란 각 가격수준에서 생산자가 기꺼이 공급하려 하고 또한 할 수 있는 공급량을 연결한 곡선이다.

② 시장공급곡선은 동일한 가격수준에서 모든 생산자의 개별공급곡선을 수평적으로 합계한 것이다.

③ 부동산의 공급곡선은 부동산의 생산비 곡선과 밀접한 관계가 있다.

④ 부동산 공급자에는 생산자는 포함되나 기존의 주택이나 건물의 소유주는 포함되지 않는다.

⑤ 시장 전체의 총합공급곡선은 개별공급자의 한계비용곡선을 수평으로 전부 합한 것이다.

23 부동산의 공급곡선에 관한 설명으로 <u>틀린</u> 것은? (단, 다른 조건은 일정하다고 가정함)

① 용도전환이 용이할수록 공급곡선의 기울기는 더 급해진다.

② 생산(공급)에 소요되는 기간이 길수록 공급곡선의 기울기는 더 급해진다.

③ 단기공급곡선의 기울기는 장기공급곡선의 기울기보다 더 급해진다.

④ 건축 인허가가 어려울수록 공급곡선의 기울기는 더 급해진다.

⑤ 생산량을 늘릴 때 생산요소가격이 상승할수록 공급곡선의 기울기는 더 급해진다.

24 부동산의 수요와 공급에 관한 설명으로 <u>옳은</u> 것은? (단, 수요곡선은 우하향하고 공급곡선은 우상향하며, 다른 조건은 동일함) 30회

① 가격이 상승하면 공급량이 감소한다.

② 수요량은 일정기간에 실제로 구매한 수량이다.

③ 공급량은 주어진 가격수준에서 실제로 매도한 수량이다.

④ 건설종사자들의 임금 상승은 부동산가격을 하락시킨다.

⑤ 가격 이외의 다른 요인이 수요량을 변화시키면 수요곡선이 좌측 또는 우측으로 이동한다.

25 특정 주거지역에 있는 아파트의 가격을 상승시키는 요인에 관한 설명으로 **틀린** 것을 모두 고른 것은? (단, 해당 아파트는 정상재이며, 다른 요인은 일정하다고 가정함) 상**중**하

> ㉠ 해당 지역 아파트에 대한 거래규제의 완화
> ㉡ 소비에 있어서 해당 아파트의 대체재 가격의 하락
> ㉢ 소비에 있어서 해당 아파트의 보완재 수요의 증가
> ㉣ 해당 아파트 수요자의 소득 증가
> ㉤ 수요자들의 해당 아파트에 대한 가격 상승 예상

① ㉠
② ㉡
③ ㉢
④ ㉡, ㉢
⑤ ㉢, ㉤

26 부동산의 수요와 공급, 균형에 관한 설명으로 옳은 것은? (단, 다른 조건은 동일함) 상**중**하

① 부동산의 수요는 유효수요의 개념이 아니라, 단순히 부동산을 구입하고자 하는 의사만을 의미한다.
② 수요자의 소득이 변하여 수요곡선 자체가 이동하는 경우는 수요량의 변화에 해당한다.
③ 인구의 증가로 부동산 수요가 증가하는 경우 균형가격은 상승하고, 균형량은 감소한다.
④ 건축비의 하락 등 생산요소가격의 하락은 주택공급곡선을 좌측으로 이동시킨다.
⑤ 기술의 개발로 부동산 공급이 증가하는 경우 수요의 가격탄력성이 작을수록 균형가격의 하락폭은 커지고, 균형량의 증가폭은 작아진다.

27 부동산의 수요 및 공급표에서 균형임대료와 균형거래량은?

월 임대료(만원/m²)	수요량(m²)	공급량(m²)
300	1,000	200
400	800	400
500	600	600
600	400	800
700	200	1,000

① 300만원/m², 1,000m²　　　　② 400만원/m², 800m²

③ 500만원/m², 600m²　　　　　④ 600만원/m², 400m²

⑤ 700만원/m², 200m²

대표문제　부동산시장 균형의 계산

어떤 부동산에 대한 시장의 수요 및 공급함수가 각각 $Q_D = 150 - 5P$, $Q_S = 20 + 8P$ 이다. 균형가격과 균형거래량은? [여기서 P는 가격(단위 : 만원), Q_D는 수요량(단위 : m²), Q_S는 공급량(단위 : m²), 다른 조건은 일정하다고 가정함]

① 균형가격은 5만원, 균형거래량은 80m²이다.

② 균형가격은 5만원, 균형거래량은 100m²이다.

③ 균형가격은 7만원, 균형거래량은 100m²이다.

④ 균형가격은 10만원, 균형거래량은 80m²이다.

⑤ 균형가격은 10만원, 균형거래량은 100m²이다.

POINT

수요함수와 공급함수가 주어지고 균형가격과 균형량을 찾는 문제입니다. 두 함수를 서로 같게 놓고 가격과 수량에 대해 정리하는 것이 핵심입니다.

해설

시장수요함수 $Q_D = 150 - 5P$, 시장공급함수 $Q_S = 20 + 8P$라면, 균형가격과 균형거래량은 시장수요와 시장공급이 일치하는 점에서 결정된다. 따라서 $150 - 5P = 20 + 8P$이다. $13P = 130$이므로 균형가격(P)은 10만원이며, 균형거래량(Q)은 100m²이다.

정답 ⑤

28 어느 부동산시장의 수요함수가 $Q_D = 2,000 - 6P$이고 공급함수가 $Q_S = -1,000 + 9P$라고 할 때 균형가격과 균형거래량은? [단, P는 가격(단위 : 만원), Q_D, Q_S는 각각 수요량과 공급량(단위 : m²)이며, 다른 조건은 일정하다고 가정함] ⓢ❸ⓗ

	균형가격	균형거래량
①	200만원	200m²
②	200만원	800m²
③	600만원	400m²
④	800만원	200m²
⑤	1,000만원	200m²

29 어떤 부동산에 대한 수요함수는 $P = 1,200 - Q_D$, 공급함수는 $P = 200 + Q_S$이다. 균형가격과 균형거래량은? [단, P는 가격(단위 : 만원), Q_D는 수요량(단위 : m²), Q_S는 공급량(단위 : m²)] ⓢ❸ⓗ

	균형가격	균형거래량
①	300만원	200m²
②	400만원	250m²
③	500만원	300m²
④	600만원	400m²
⑤	700만원	500m²

대표문제 시장균형의 변동

아파트시장의 균형가격과 균형거래량의 변화에 관한 설명으로 옳은 것은? (단, 우하향하는 수요곡선과 우상향하는 공급곡선의 균형상태를 가정하며, 다른 조건은 동일함)

① 수요의 증가가 공급의 증가보다 큰 경우, 새로운 균형가격은 상승하고 균형거래량은 감소한다.

② 공급의 감소가 수요의 감소보다 큰 경우, 새로운 균형가격은 상승하고 균형거래량은 불변이다.

③ 수요의 감소가 공급의 감소보다 큰 경우, 새로운 균형가격은 하락하고 균형거래량은 알 수 없다.

④ 수요와 공급이 동시에 증가할 때 수요와 공급이 동일하게 증가하면 가격은 불변인 채 균형거래량만 증가한다.

⑤ 수요는 감소하고 공급은 증가할 때 가격은 하락하나 균형거래량은 불변이다.

POINT

균형점은 수요곡선과 공급곡선이 교차하는 점인데, 수요나 공급 중 하나가 변하거나 둘 다 변하면 균형점은 변동한다는 것이 출제포인트입니다.

해설

① 수요의 증가가 공급의 증가보다 큰 경우, 새로운 균형가격은 상승하고 균형거래량도 증가한다.

② 공급의 감소가 수요의 감소보다 큰 경우, 새로운 균형가격은 상승하고 균형거래량은 감소한다.

③ 수요의 감소가 공급의 감소보다 큰 경우, 새로운 균형가격은 하락하고 균형거래량도 감소한다.

⑤ 수요는 감소하고 공급은 증가할 때 가격은 하락하나 균형거래량은 알 수 없다.

이론 ✛ 시장균형의 변동

> 1. 수요의 변화와 균형의 변동
>   (1) 수요 증가 : 가격↑, 균형량↑
>   (2) 수요 감소 : 가격↓, 균형량↓
> 2. 공급의 변화와 균형의 변동
>   (1) 공급 증가 : 가격↓, 균형량↑
>   (2) 공급 감소 : 가격↑, 균형량↓

3. 수요와 공급이 동시에 변할 경우
   (1) 수요와 공급의 변화 크기가 다른 경우 : 수요와 공급 중 큰 것만 고려한다.
     • 수요 증가 > 공급 증가 ⇨ 가격↑, 균형량↑
     • 수요 증가 < 공급 감소 ⇨ 가격↑, 균형량↓
   (2) 수요와 공급의 변화 크기가 동일한 경우 : 가격과 균형량 중 하나는 불변이다.
     • 수요 증가 = 공급 증가 ⇨ 가격 불변, 균형량↑
     • 수요 증가 = 공급 감소 ⇨ 가격↑, 균형량 불변
   (3) 수요와 공급의 변화 크기가 주어지지 않은 경우 : 가격과 균형량 중 하나는 알 수 없다.
     • 수요 증가, 공급 증가 ⇨ 가격 알 수 없음, 균형량↑
     • 수요 증가, 공급 감소 ⇨ 가격↑, 균형량 알 수 없음

정답 ④

기출응용 32회

30 수요와 공급이 동시에 변화할 경우, 균형가격과 균형거래량에 관한 설명으로 옳은 것은?
(단, 수요곡선은 우하향하는 모양을, 공급곡선은 우상향하는 모양을 가지며, 다른 조건은 일정하다고 가정함) (상)**(중)**(하)

① 수요와 공급이 동시에 증가할 때 공급의 증가가 수요의 증가보다 크다면 균형가격은 하락하고 균형거래량은 증가한다.

② 수요는 증가하고 공급은 감소할 때 공급의 감소가 수요의 증가보다 크다면 균형가격은 하락하고 균형거래량은 감소한다.

③ 수요와 공급이 동시에 감소할 때 수요의 감소가 공급의 감소보다 크다면 균형가격은 하락하고 균형거래량은 불변이다.

④ 수요와 공급이 동시에 증가할 때 수요와 공급이 동일하게 증가하면 균형가격은 알 수 없고 균형거래량은 증가한다.

⑤ 수요는 감소하고 공급은 증가할 때 균형가격은 하락하나 균형거래량은 불변이다.

31 아파트시장에서 금리 인상이 아파트의 가격과 거래량에 미치는 영향으로 옳은 것은? (단, 아파트의 수요곡선은 우하향하는 모양을, 공급곡선은 우상향하는 모양을 가지며, 다른 조건은 일정하다고 가정함) (상)(중)(하)

① 균형가격은 하락하고, 균형거래량도 감소한다.
② 균형가격은 상승하고, 균형거래량도 증가한다.
③ 균형가격은 그 변화를 알 수 없고, 균형거래량은 감소한다.
④ 균형가격은 그 변화를 알 수 없고, 균형거래량은 증가한다.
⑤ 균형가격은 상승하고, 균형거래량은 그 변화를 알 수 없다.

32 부동산의 수요와 공급, 균형에 대한 설명으로 옳은 것은? (단, 다른 조건은 동일하며, 주어진 조건만 고려함) (상)(중)(하)

① 부동산의 수요는 유효수요의 개념이 아니라 단순히 부동산을 구입하고자 하는 의사만을 의미한다.
② 소비에 있어서 해당 아파트와 대체재의 가격이 하락하면 아파트 가격이 하락한다.
③ 건축비의 하락 등 생산요소가격의 하락은 주택공급곡선을 좌측으로 이동시킨다.
④ 기술의 개발로 부동산공급이 증가하는 경우 수요의 가격탄력성이 작을수록 균형가격의 하락폭은 작아지고, 균형량의 증가폭은 커진다.
⑤ 인구의 증가로 부동산 수요가 증가하는 경우 균형가격은 상승하고, 균형량은 감소한다.

A지역 아파트시장의 수요함수는 일정한데, 공급함수는 다음 조건과 같이 변화하였다. 이 아파트시장이 단기에서 장기로 변화할 때 아파트시장의 균형가격(㉠)과 균형거래량 (㉡)의 변화는? (단, P는 가격이고 Q_D는 수요량, Q_S는 공급량이며, 가격과 수량의 단위는 무시하고, 다른 조건은 일정하다고 가정함)

기출응용 33회

- 단기공급함수 : $Q_S = 300$
- 장기공급함수 : $Q_S = P + 250$
- 장·단기 수요함수 : $Q_D = 400 - \dfrac{1}{2}P$

① ㉠ : 50 하락,   ㉡ : 50 증가
② ㉠ : 50 하락,   ㉡ : 100 증가
③ ㉠ : 100 하락,   ㉡ : 50 증가
④ ㉠ : 100 하락,   ㉡ : 100 증가
⑤ ㉠ : 100 하락,   ㉡ : 150 증가

POINT

시장수요함수와 시장공급함수가 주어지고 균형가격과 균형량의 변동을 묻는 문제입니다. 최초의 시장수요함수와 시장공급함수를 통해 균형가격과 균형량을 구하고, 나중의 시장수요함수와 시장공급함수를 통해 균형가격과 균형량을 구하여 비교하는 것이 핵심입니다.

해설

최초(단기) 균형점은 수요함수 $Q_D = 400 - \dfrac{1}{2}P$와 단기공급함수 $Q_S = 300$이 같은 점에서 결정된다. 즉, $\dfrac{1}{2}P = 100$으로 $P = 200$, $Q = 300$이다. 따라서 균형가격은 200, 균형거래량은 300이다. 그런데 아파트시장의 장기공급함수가 $Q_S = P + 250$이므로 새로운(장기) 균형점은 수요함수 $Q_D = 400 - \dfrac{1}{2}P$와 새로운 공급함수 $Q_S = P + 250$이 같은 점에서 결정된다.

즉, $400 - \dfrac{1}{2}P = P + 250$으로 $1.5P = 150$이며, $P = 100$, $Q = 350$이다.

따라서 균형가격은 100, 균형거래량은 350이다.
결국 장기에는 단기보다 균형가격은 100 하락, 균형거래량은 50 증가한다.

정답 ③

33 어떤 부동산에 대한 수요 및 공급함수가 각각 $Q_{D1} = 1,400 - 2P$, $Q_S = 200 + 4P$이다. 그런데 소득의 감소로 인해 수요함수가 $Q_{D2} = 1,100 - 2P$로 변한다면 균형가격과 균형거래량은 어떻게 변하는가? [여기서 P는 가격(단위 : 만원), Q_{D1}과 Q_{D2}는 수요량(단위 : m²), Q_S는 공급량(단위 : m²), 다른 조건은 일정하다고 가정함] 상**중**하

① 균형가격은 200만원에서 150만원으로 하락, 균형거래량은 1,000m²에서 800m²로 감소

② 균형가격은 150만원에서 200만원으로 상승, 균형거래량은 600m²에서 800m²로 증가

③ 균형가격은 400만원에서 300만원으로 하락, 균형거래량은 800m²에서 600m²로 감소

④ 균형가격은 300만원에서 400만원으로 상승, 균형거래량은 1,200m²에서 900m²로 감소

⑤ 균형가격은 400만원에서 300만원으로 하락, 균형거래량은 900m²에서 600m²로 감소

34 다음의 (　　)에 들어갈 내용으로 옳은 것은? (단, P는 가격, Q_d는 수요량, Q_s는 공급량이며 다른 조건은 동일함) 상**중**하

어떤 지역의 임대주택 시장의 수요함수는 $Q_d = 800 - 2P$, 공급함수는 $Q_{S1} = 200$이다. 공급함수가 $Q_{S2} = 300$으로 변할 경우 균형가격의 변화는 (㉠)이고, 공급곡선은 가격에 대하여 (㉡)이다.

① ㉠ : 50 감소,　㉡ : 완전비탄력적

② ㉠ : 50 감소,　㉡ : 완전탄력적

③ ㉠ : 100 증가,　㉡ : 완전비탄력적

④ ㉠ : 100 증가,　㉡ : 완전탄력적

⑤ ㉠ : 100 증가,　㉡ : 단위탄력적

35 A지역 아파트시장에서 수요함수는 일정한데, 공급함수는 다음 조건과 같이 변화하였다. 이 경우 균형가격(㉠)과 공급곡선의 기울기(㉡)는 어떻게 변화하였는가? (단, 가격과 수량의 단위는 무시하며, 주어진 조건에 한함) 31회 ⑧⑧⑧

> - 공급함수 : $Q_{S1} = 30 + P$(이전) $\Rightarrow$ $Q_{S2} = 30 + 2P$(이후)
> - 수요함수 : $Q_d = 150 - 2P$
> - P는 가격, Q_S는 공급량, Q_d는 수요량, X축은 수량, Y축은 가격을 나타냄

① ㉠ : 10 감소, ㉡ : $\frac{1}{2}$ 감소

② ㉠ : 10 감소, ㉡ : 1 감소

③ ㉠ : 10 증가, ㉡ : 1 증가

④ ㉠ : 20 감소, ㉡ : $\frac{1}{2}$ 감소

⑤ ㉠ : 20 증가, ㉡ : $\frac{1}{2}$ 증가

36 A부동산에 대한 기존 시장의 균형상태에서 수요함수는 $P = 200 - 2Q_d$, 공급함수는 $2P = 40 + Q_S$이다. 시장의 수요자 수가 2배로 증가되는 경우, 새로운 시장의 균형가격과 기존 시장의 균형가격 간의 차액은? [단, P는 가격(단위 : 만원), Q_d는 수요량(단위 : m²), Q_S는 공급량(단위 : m²)이며, A부동산은 민간재(private goods)로 시장의 수요자는 모두 동일한 개별 수요함수를 가지며, 다른 조건은 동일함] 32회 ⑧⑧⑧

① 24만원

② 48만원

③ 56만원

④ 72만원

⑤ 80만원

37 A지역의 기존 아파트 시장의 수요함수는 $P = -Q_d + 40$, 공급함수는 $P = \dfrac{2}{3}Q_s + 20$

이었다. 이후 수요함수는 변하지 않고 공급함수가 $P = \dfrac{2}{3}Q_s + 10$으로 변하였다. 다음

설명으로 옳은 것은? [단, X축은 수량, Y축은 가격, P는 가격(단위는 만원/m²), Q_d는 수요량
(단위는 m²), Q_s는 공급량(단위는 m²)이며, 다른 조건은 동일함] 34회 상중하

① 아파트 공급량의 증가에 따른 공급량의 변화로 공급곡선이 좌측(좌상향)으로 이동하
   였다.
② 기존 아파트 시장 균형가격은 22만원/m²이다.
③ 공급함수 변화 이후의 아파트 시장 균형량은 12m²이다.
④ 기존 아파트 시장에서 공급함수 변화로 인한 아파트 시장 균형가격은 6만원/m²만큼
   하락하였다.
⑤ 기존 아파트 시장에서 공급함수 변화로 인한 아파트 시장 균형량은 8m²만큼 증가하
   였다.

어느 지역의 아파트 가격이 4% 인상되었다. 아파트 수요의 가격탄력성이 1.5라면, 아파트 수요량의 변화는? (단, 아파트는 정상재이고, 가격탄력성은 절댓값으로 나타내며, 다른 조건은 동일함)

① 4% 증가
② 4% 감소
③ 6% 증가
④ 6% 감소
⑤ 8% 증가

POINT

수요의 가격탄력성은 가격변화율에 대한 수요량의 변화율로 나타내며, 가격과 수요량의 방향이 반대이므로 절댓값으로 표시한다는 것이 핵심입니다.

해설

아파트에 대한 수요의 가격탄력성이 1.5이다.

아파트에 대한 수요의 가격탄력성 $= \left| \dfrac{\text{수요량변화율}}{\text{가격변화율}} \right| = \left| \dfrac{-x\%}{4\%} \right| = 1.5$이므로 수요량변화율($x$)은 6%이다.

따라서 아파트에 대한 수요의 가격탄력성이 1.5일 때, 아파트 가격이 4% 인상되면 아파트 수요량은 6% 감소한다.

정답 ④

38 어느 부동산의 가격을 10% 올렸더니 그 부동산의 수요량이 5% 감소하였다. 다음 중 옳은 것은? 상중하

① 수요의 가격탄력성이 탄력적이다.
② 수요의 가격탄력성이 단위탄력적이다.
③ 수요의 가격탄력성이 비탄력적이다.
④ 공급의 가격탄력성이 탄력적이다.
⑤ 공급의 가격탄력성이 비탄력적이다.

39 부동산 수요의 가격탄력성에 관한 설명으로 옳은 것은? (단, 다른 조건은 불변이라고 가정함)

① 수요의 가격탄력성은 가격이 변할 때 수요량이 얼마나 변하는지를 나타내는 지표인데, 가격의 변화율보다 수요량의 변화율이 큰 경우를 '비탄력적', 가격의 변화율보다 수요량의 변화율이 작은 경우를 '탄력적'이라 한다.

② 수요의 가격탄력성에서 가격이 아무리 변해도 수요량에 아무런 변화가 없어서 분자인 수요량의 변화율이 '0'이 되는 경우를 '완전비탄력적'이라 한다.

③ 수요의 가격탄력성에서 아주 미미한 가격변화(즉, 거의 '0'에 가까운 변화)가 아주 큰 수요량의 변화를 초래하여 수요의 가격탄력성이 무한히 큰 값을 갖게 되는 경우를 '단위탄력적'이라 한다.

④ 부동산 수요의 가격탄력성은 단기에서 장기로 갈수록 비탄력적으로 변하게 된다.

⑤ 부동산에 대한 종류별로 용도가 다양할수록, 용도전환이 쉬울수록 수요의 가격탄력성은 작아진다.

40 어느 부동산의 월 임대료가 30만원에서 40만원으로 상승할 때 그 부동산의 수요량이 300m²에서 200m²로 감소하였다면, 수요의 가격탄력성은? (다만, 중간점을 이용하여 계산할 것)

① 0.5
② 1
③ 1.4
④ 1.5
⑤ 2

부동산 수요의 가격탄력성에 관한 일반적인 설명으로 **틀린** 것은? (단, 다른 조건은 불변이라고 가정함)

23회

① 부동산 수요의 가격탄력성은 주거용 부동산에 비해 특정 입지조건을 요구하는 공업용 부동산에서 더 탄력적이다.
② 부동산 수요의 가격탄력성은 대체재의 존재 유무에 따라 달라질 수 있다.
③ 부동산의 용도전환이 용이하면 할수록 부동산 수요의 가격탄력성이 커진다.
④ 부동산 수요의 가격탄력성은 단기에서 장기로 갈수록 탄력적으로 변하게 된다.
⑤ 부동산 수요의 가격탄력성은 부동산을 지역별·용도별로 세분할 경우 달라질 수 있다.

POINT
수요의 가격탄력성 결정요인은 자주 출제되므로 모두 암기해두어야 합니다.

해설
부동산 수요의 가격탄력성은 특정 입지조건을 요구하는 공업용 부동산보다 대체가능성이 비교적 많은 주거용 부동산에서 보다 탄력적이다.

이론➕ **수요의 가격탄력성 결정요인**

1. 수요에 영향을 미치는 요인은 소득, 상품의 종류, 대체재의 유무, 시간 등이 있지만 그중에서도 중요한 것은 대체재의 유무이다.
2. 수요의 가격탄력성은 대체재가 많을수록 크며, 적을수록 작다.
3. 기간이 길어질수록 대체재가 많이 만들어져서 보다 탄력적이 된다. 따라서 단기에는 비탄력적, 장기에는 보다 탄력적이 된다.
4. 부동산은 일반적으로 대체재가 많지 않으며, 있더라도 유용성이 제한되어 있다.
5. 수요의 가격탄력성은 부동산의 종류에 따라 다른데, 주거용 부동산이 다른 부동산에 비해 더 탄력적인 것으로 알려져 있다.
6. 부동산에 대한 종류별로 용도가 다양할수록, 용도전환이 쉬울수록 수요의 가격탄력성은 커진다.
7. 수요의 가격탄력성은 상품의 일상생활에 있어서의 중요성과도 관련이 있는데, 필수재(투자재 부동산)는 보다 비탄력적인 데 비해 사치재(투기재 부동산)는 보다 탄력적이다.

정답 ①

41 수요의 가격탄력성에 관한 설명으로 <u>틀린</u> 것은? (단, 수요의 가격탄력성은 절댓값을 의미하며, 다른 조건은 불변이라고 가정함) 27회 　　상(중)**하**

① 미세한 가격변화에 수요량이 무한히 크게 변화하는 경우 완전탄력적이다.

② 대체재의 존재 여부는 수요의 가격탄력성을 결정하는 중요한 요인 중 하나이다.

③ 일반적으로 부동산 수요에 대한 관찰기간이 길어질수록 수요의 가격탄력성은 작아진다.

④ 일반적으로 재화의 용도가 다양할수록 수요의 가격탄력성은 커진다.

⑤ 수요의 가격탄력성이 비탄력적이라는 것은 가격의 변화율에 비해 수요량의 변화율이 작다는 것을 의미한다.

42 수요의 가격탄력성의 크기에 영향을 미치는 요인이 <u>아닌</u> 것은? 　　상(중)**하**

① 재화에 대한 지출이 소득에서 차지하는 비중

② 재화의 용도의 다양성

③ 생산의 증감에 따른 생산비의 변화

④ 대체재의 존재 유무

⑤ 기간의 장단

43 부동산 수요의 가격탄력성에 관한 설명으로 옳은 것은? 　　상**(중)**하

① 수요의 가격탄력성은 단기보다 장기에 더 커지는 경향이 있다.

② 수요의 가격탄력성은 수요량변화율에 대한 가격의 변화율을 나타낸다.

③ 수요의 가격탄력성은 기간과는 관계없다.

④ 가격의 변화율이 크면 수요량의 변화율도 크다.

⑤ 수요곡선이 우하향의 직선일 때는 수요곡선의 모든 위치에서 탄력성이 동일하다.

44 수요의 가격탄력성에 관한 설명으로 옳은 것은? (단, 수요의 가격탄력성은 절댓값을 의미하며, 다른 조건은 동일함) 28회 ⑧⑧⑧

① 수요의 가격탄력성이 1보다 작을 경우 전체 수입은 임대료가 상승함에 따라 감소한다.
② 대체재가 있는 경우 수요의 가격탄력성은 대체재가 없는 경우보다 비탄력적이 된다.
③ 우하향하는 선분으로 주어진 수요곡선의 경우, 수요곡선상의 측정지점에 따라 가격탄력성은 다르다.
④ 일반적으로 부동산 수요의 가격탄력성은 단기에서 장기로 갈수록 더 비탄력적이 된다.
⑤ 부동산의 용도전환이 용이할수록 수요의 가격탄력성은 작아진다.

대표문제 **수요의 가격탄력성과 임대료 총수입의 관계**

어느 임대부동산에 있어서 수요의 가격탄력성과 임대료 총수입에 관한 설명으로 틀린 것은?

① 수요의 가격탄력성이 탄력적일 때, 임대료가 오르면 임대료 총수입이 감소한다.
② 수요의 가격탄력성이 비탄력적일 때, 임대료가 오르면 임대료 총수입이 증가한다.
③ 수요의 가격탄력성이 '1'일 때, 임대료가 오르더라도 임대료 총수입은 불변이다.
④ 수요의 가격탄력성이 '0'일 때, 임대료가 오르더라도 임대료 총수입은 불변이다.
⑤ 수요의 가격탄력성이 무한대일 때, 임대료가 오르면 임대료 총수입은 '0'이 된다.

POINT
수요의 가격탄력성에 따른 가격(임대료)과 총수입의 관계를 정리해두어야 합니다.

해설
수요의 가격탄력성이 '0'이면 수요곡선이 수직이므로 임대료가 오르면 임대료 총수입은 증가한다.

이론➕ 수요의 가격탄력성과 임대료 총수입의 관계

탄력성	변화율	가격 하락	가격 상승
$\varepsilon_d > 1$	수요량변화율 > 가격(임대료)변화율	임대료 총수입 증가	임대료 총수입 감소
$\varepsilon_d = 1$	수요량변화율 = 가격(임대료)변화율	임대료 총수입 불변	임대료 총수입 불변
$0 < \varepsilon_d < 1$	수요량변화율 < 가격(임대료)변화율	임대료 총수입 감소	임대료 총수입 증가

정답 ④

45 다른 조건이 일정할 때 어떤 부동산의 임대료가 하락했는데도 그 부동산의 임대인의 임대료 총수입에는 변화가 없었다. 이 부동산 수요의 가격탄력성은? (상)(중)(하)

① 비탄력적   ② 탄력적

③ 단위탄력적   ④ 완전비탄력적

⑤ 완전탄력적

46 소비자 甲은 담배 가격의 변화에 관계없이 담배 구매에 일정한 금액을 지출한다. 甲의 담배에 대한 수요의 가격탄력성 e는? (단, 담배에 대한 수요의 법칙이 성립하고, 수요의 가격탄력성 e는 절댓값으로 표시함) 감정평가사 27회 (상)(중)(하)

① e = 0   ② 0 < e < 1

③ e = 1   ④ 1 < e < ∞

⑤ e = ∞

47 어느 임대용 부동산의 임대료 총수입을 늘리기 위해 단위당 임대료를 인상해야 한다는 주장에 대해 실제 임대용 부동산의 임대료 총수입이 증가하려면 그 부동산에 대한 수요의 임대료탄력성은? (상)(중)(하)

① 1보다 커야 한다.

② 1보다 작아야 한다.

③ 1이어야 한다.

④ 공급의 임대료탄력성과 같아야 한다.

⑤ 수요의 임대료탄력성과는 무관하다.

48 어느 부동산에 대한 수요가 가격에 대해 탄력적인 경우 그 부동산에 대한 지출액에 관한 설명으로 옳은 것은? 상중**하**

① 부동산가격이 하락하면 해당 부동산에 대한 지출액은 증가한다.
② 부동산가격이 하락하면 해당 부동산에 대한 지출액은 감소한다.
③ 부동산가격이 상승하면 해당 부동산에 대한 지출액은 증가한다.
④ 부동산가격이 하락하더라도 해당 부동산에 대한 지출액은 불변이다.
⑤ 부동산가격이 상승하더라도 해당 부동산에 대한 지출액은 불변이다.

49 어떤 부동산의 수요의 임대료탄력성이 1.5일 때 해당 부동산의 임대료가 5% 인상되면 임대인의 임대료 총수입은? 상**중**하

① 종전보다 늘어난다.
② 종전보다 줄어든다.
③ 종전과 같다.
④ 처음에는 늘었다가 점차 줄어든다.
⑤ 늘어날 때도 있고 줄어들 때도 있다.

50 어떤 임대부동산의 임대료를 2,000원에서 2,500원으로 올렸을 때 그 임대부동산의 수요량은 1,000단위에서 500단위로 감소하였다고 한다. 이 임대부동산의 수요의 임대료탄력성과 임대료 인상 후 임대인의 임대료 총수입은? (단, 수요의 임대료탄력성 계산 시 기준가격과 수요량은 최초의 값으로 할 것) 상**중**하

① 0.5, 감소
② 0.5, 증가
③ 1, 불변
④ 2, 감소
⑤ 2, 증가

51 임대용 부동산의 수요함수가 $Q_d = 400 - \dfrac{2}{3}P$로 주어져 있다. 이 경우 임대사업자의 임대료 총수입을 극대화하기 위한 임대용 부동산의 임대료는? (단, P는 임대료이고 단위는 만원/m², Q_d는 수요량이고 단위는 m², X축은 수량, Y축은 임대료이며, 주어진 조건에 한함)

(상)**(중)**(하)

① 200만원/m² ② 300만원/m² ③ 350만원/m²
④ 400만원/m² ⑤ 500만원/m²

52 소득이 10% 증가하자 어떤 부동산의 수요량이 5% 증가하였다. 이 사실을 통해 볼 때 이 부동산은 어디에 속하는가? (단, 다른 요인은 불변임) (상)(중)**(하)**

① 정상재 ② 보완재 ③ 대체재
④ 열등재 ⑤ 독립재

53 소득이 10% 증가하여 어떤 부동산의 수요가 5% 감소하였다면 수요의 소득탄력성은 얼마이고 이 부동산은 어떤 재화인가? (상)(중)**(하)**

① 0.5, 정상재 ② −0.5, 열등재 ③ 2, 정상재
④ −2, 열등재 ⑤ −2, 중립재

54 어느 주택시장이 서로 대체관계에 있는 아파트와 빌라로 구성되어 있다. 만일 아파트 가격이 1,600만원에서 2,000만원으로 상승할 때, 빌라의 수요량은 1,200세대에서 1,440세대로 증가한다고 한다면 아파트 가격에 대한 빌라 수요의 교차탄력성은? (단, 탄력성 계산 시 기준가격과 수요량은 최초의 값으로 함) (상)(중)**(하)**

① 0.3 ② 0.6 ③ 0.8
④ 1 ⑤ 1.2

아파트 공간에 대한 수요의 임대료탄력성은 0.6이고, 소득탄력성은 1.2이다. 아파트 임대료가 10% 상승하였음에도 아파트 수요량은 불변이다. 그렇다면 소득은 얼마나 변하였는가? (단, 임대료와 소득 이외에는 다른 변화가 없다고 가정함)

① 4% 증가

② 5% 증가

③ 6% 증가

④ 10% 증가

⑤ 16% 증가

POINT

수요의 가격탄력성과 수요의 소득탄력성을 연결하여 묻는 문제로, 수요량변화율이 두 탄력성을 연결하는 공통점이므로 이 부분에 포인트를 두어 정리하여야 합니다.

해설

아파트에 대한 수요의 임대료탄력성(ε_d) = $\left| \dfrac{\text{아파트 수요량변화율}}{\text{아파트 임대료변화율}} \right|$ = $\left| \dfrac{-6\%}{10\%} \right|$ = 0.6이므로 임대료가 10% 상승하면 수요량은 6% 감소한다.

그런데 수요량이 불변이라는 것은 소득 증가에 따른 수요량 증가가 6%라는 의미이다.

따라서 수요의 소득탄력성$(\varepsilon_{d,\,I})$ = $\dfrac{\text{수요량변화율}}{\text{소득변화율}}$ = $\dfrac{6\%}{x\%}$ = 1.2이므로

소득의 증가율(x)은 5%이다.

즉, 수요량이 6% 증가하기 위해서는 소득이 5% 증가해야 한다.

이론 + **수요의 가격탄력성과 수요의 소득탄력성**

수요의 가격탄력성(ε_d) = $\left\| \dfrac{\text{수요량변화율}}{\text{가격변화율}} \right\|$

수요의 소득탄력성$(\varepsilon_{d,\,I})$ = $\dfrac{\text{수요량변화율}}{\text{소득변화율}}$

정답 ②

55 A부동산에 대한 수요의 임대료탄력성과 소득탄력성이 각각 0.8과 2이다. A부동산 임대료가 10% 상승하고 소득이 5% 증가할 경우, A부동산 수요량의 전체 변화율(%)은? (단, A부동산은 정상재이고, 수요의 임대료탄력성은 절댓값으로 나타내며, 다른 조건은 동일함)

상**중**하

① 1% 증가
② 1% 감소
③ 2% 증가
④ 2% 감소
⑤ 3% 증가

56 아파트에 대한 수요의 임대료탄력성은 0.5이고, 소득탄력성은 1.0이다. 아파트의 임대료가 10% 상승하였을 때 아파트의 수요량이 이전과 같다면 소득은 얼마나 변하였는가?

상**중**하

① 5% 증가
② 5% 감소
③ 7.5% 증가
④ 10% 증가
⑤ 10% 감소

다음 아파트에 대한 다세대주택 수요의 교차탄력성은? (단, 주어진 조건에 한함)

- 가구소득이 10% 상승하고 아파트 가격은 5% 상승했을 때, 다세대주택 수요는 6% 증가
- 다세대주택 수요의 소득탄력성은 0.5이며, 다세대주택과 아파트는 대체관계임

① 0.1　　　　　　② 0.2　　　　　　③ 0.3
④ 0.4　　　　　　⑤ 0.5

POINT

수요의 가격탄력성과 달리 수요의 소득탄력성과 수요의 교차탄력성은 재화의 종류에 따라 부호가 달라진다는 것에 주의하여야 합니다.

해설

다세대주택 수요의 소득탄력성$(\varepsilon_{d,I}) = \dfrac{수요량변화율}{소득변화율} = \dfrac{x\%}{10\%} = 0.5$이므로 소득이 10% 상승하면 다세대주택 수요량은 5% 증가한다.

그런데 다세대주택의 수요량이 6% 증가한다고 했으므로 아파트에 대한 다세대주택 수요의 교차탄력성에서 아파트 가격 상승에 따른 다세대주택의 수요량 증가는 1%라는 의미이다. 다세대주택과 아파트는 대체관계이므로 아파트 가격이 상승하면 다세대주택의 수요량은 증가하기 때문이다. 그런데 아파트 가격이 5% 상승했다고 하였으므로 아파트에 대한 다세대주택 수요의 교차탄력성$(\varepsilon_{d,YX})$

$= \dfrac{다세대주택\ 수요량변화율}{아파트\ 가격변화율} = \dfrac{1\%}{5\%}$ 이므로 아파트에 대한 다세대주택 수요의 교차탄력성은 0.20이다.

정답 ②

57 다음과 같이 주어진 자료에 의할 때 소형아파트에 대한 주거용 오피스텔 수요의 교차탄력성은? (단, 다른 모든 조건은 일정하며, 주어진 조건에 한함)　　상⑧하

- 가구소득이 5% 상승하고 소형아파트 가격은 6% 상승했을 때, 주거용 오피스텔 수요는 7% 증가
- 주거용 오피스텔 수요의 소득탄력성은 0.8이며, 주거용 오피스텔과 소형아파트는 대체관계임

① 0.1　　　　　　② 0.2　　　　　　③ 0.3
④ 0.4　　　　　　⑤ 0.5

아파트에 대한 수요의 가격탄력성은 0.8, 소득탄력성은 0.6이고, 오피스텔 가격에 대한 아파트 수요량의 교차탄력성은 0.4이다. 아파트 가격, 아파트 수요자의 소득, 오피스텔 가격이 각각 5%씩 상승할 때, 아파트 전체 수요량의 변화율은? (단, 두 부동산은 모두 정상재이고 서로 대체재이며, 아파트에 대한 수요의 가격탄력성은 절댓값으로 나타내며, 다른 조건은 동일함)

① 1% 감소   ② 1% 증가   ③ 2% 감소
④ 2% 증가   ⑤ 변화 없음

POINT

수요의 가격탄력성, 수요의 소득탄력성, 수요의 교차탄력성을 연결하여 묻는 문제로, 수요량변화율이 세 가지 탄력성을 연결하는 공통점이므로 이 부분에 포인트를 두어 정리하여야 합니다.

해설

1. 아파트에 대한 수요의 가격탄력성(ε_d) = $\left| \dfrac{\text{아파트 수요량변화율}}{\text{아파트 가격변화율}} \right|$ = $\left| \dfrac{-x\%}{5\%} \right|$ = 0.8이므로 아파트 가격이 5% 상승하면 아파트 수요량은 4% 감소한다.

2. 아파트 수요의 소득탄력성($\varepsilon_{d,\,I}$) = $\dfrac{\text{아파트 수요량변화율}}{\text{소득변화율}}$ = $\dfrac{x\%}{5\%}$ = 0.6이므로 소득이 5% 증가하면 아파트 수요량은 3% 증가한다.

3. 오피스텔 가격에 대한 아파트 수요의 교차탄력성($\varepsilon_{d,\,YX}$) = $\dfrac{\text{아파트 수요량변화율}}{\text{오피스텔 가격변화율}}$ = $\dfrac{x\%}{5\%}$ = 0.4이므로 오피스텔 가격이 5%씩 상승하면 아파트 수요량은 2% 증가한다.

4. 아파트 전체 수요량의 변화율은 (−4%) + 3% + 2% = 1%가 되므로 아파트 전체 수요량의 변화율은 1% 증가한다.

이론+ 수요의 가격탄력성, 수요의 소득탄력성, 수요의 교차탄력성

수요의 가격탄력성(ε_d) = $\left\| \dfrac{\text{수요량변화율}}{\text{가격변화율}} \right\|$

수요의 소득탄력성($\varepsilon_{d,\,I}$) = $\dfrac{\text{수요량변화율}}{\text{소득변화율}}$

수요의 교차탄력성($\varepsilon_{d,\,YX}$) = $\dfrac{Y\text{재의 수요량변화율}}{X\text{재의 가격변화율}}$

정답 ②

58 A부동산에 대한 수요의 가격탄력성은 0.7이며, 소득탄력성은 0.3이다. 또한 A부동산 수요의 B부동산가격에 대한 교차탄력성은 0.4이다. 만약 A부동산가격이 1%, 소득이 2%, B부동산가격이 2% 각각 상승한다면 A부동산 수요량의 변화율(%)은 얼마인가? (단, 두 부동산은 모두 정상재이고 서로 대체재이며, A부동산에 대한 수요의 가격탄력성은 절댓값으로 나타내며, 다른 조건은 동일함) **상**中하

① 0.6% 증가 ② 0.7% 감소

③ 0.7% 증가 ④ 0.8% 감소

⑤ 0.8% 증가

59 아파트 수요의 가격탄력성은 1.2, 아파트 수요의 소득탄력성은 0.6, 아파트 수요의 단독주택 가격에 대한 교차탄력성은 0.8이다. 소비자들의 소득은 5% 증가한다고 하자. 그런데 아파트 가격이 5% 상승할 경우 전체 아파트의 수요량이 1% 감소하려면 단독주택의 가격은 몇 % 상승해야 하는가? **상**中하

① 2.5% ② 3%

③ 5% ④ 6%

⑤ 10%

아파트 매매가격이 10% 상승할 때, 아파트 매매수요량이 5% 감소하고 오피스텔 매매수요량이 8% 증가하였다. 이때 아파트 매매수요의 가격탄력성의 정도(A), 오피스텔 매매수요의 교차탄력성(B), 아파트에 대한 오피스텔의 관계(C)는? (단, 수요의 가격탄력성은 절댓값이며, 다른 조건은 동일함) 32회

① A : 비탄력적, B : 0.5, C : 대체재

② A : 탄력적,   B : 0.5, C : 보완재

③ A : 비탄력적, B : 0.8, C : 대체재

④ A : 탄력적,   B : 0.8, C : 보완재

⑤ A : 비탄력적, B : 1.0, C : 대체재

POINT

수요의 소득탄력성과 수요의 교차탄력성은 양(+)의 값 혹은 음(−)의 값에 따라 재화의 종류가 달라집니다.

해설

- 아파트 매매수요의 가격탄력성 $= \left| \dfrac{-5\%}{10\%} \right| = 0.5$

  아파트 매매수요의 가격탄력성(A)은 0.5이며, 비탄력적이다.

- 오피스텔 매매수요의 교차탄력성 $= \dfrac{8\%}{10\%} = 0.8$

  오피스텔 매매수요의 교차탄력성(B)은 0.8로 양(+)의 값을 가지며, 아파트와 오피스텔의 관계(C)는 대체재 관계이다.

정답 ③

60 부동산시장에서 A부동산의 임대료가 10% 상승함에 따라 A부동산의 임대수요량은 7% 감소한 반면 B부동산의 임대수요량은 5% 증가했다. (   )에 들어갈 내용으로 옳은 것은? (단, 다른 조건은 불변임) 상**중**하

> • A부동산의 수요의 가격탄력성 : (㉠), (㉡)
> • A부동산과 B부동산의 수요의 교차탄력성과 관계 : (㉢), (㉣)

	㉠	㉡	㉢	㉣
①	−0.7	탄력적	−0.7	대체재
②	−0.5	단위탄력적	−0.5	대체재
③	0.5	탄력적	0.5	보완재
④	0.7	비탄력적	0.7	보완재
⑤	0.7	비탄력적	0.5	대체재

61 아파트 가격이 5% 상승함에 따라 아파트의 수요량은 7% 감소, 아파트의 공급량은 4% 증가, 연립주택의 수요량이 3% 증가하는 경우, 아파트 공급의 가격탄력성(A), 아파트와 연립주택의 관계(B)는? (단, 수요의 가격탄력성은 절댓값이며, 다른 조건은 일정하다고 가정함) 상**중**하

① A : 탄력적,   B : 보완재
② A : 탄력적,   B : 대체재
③ A : 비탄력적,   B : 대체재
④ A : 비탄력적,   B : 보완재
⑤ A : 단위탄력적, B : 대체재

62 A부동산 수요의 가격탄력성은 1.5, A부동산 수요의 B부동산가격에 대한 교차탄력성은 0.8, A부동산 수요의 C부동산가격에 대한 교차탄력성은 −1.4, A부동산 수요의 소득탄력성은 1.20이다. 다음 설명 중 옳은 것을 모두 고른 것은? (단, 수요의 가격탄력성은 절댓값으로 표시함) 상(중)하

> ㉠ A부동산은 정상재이다.
> ㉡ A부동산과 B부동산은 보완재이다.
> ㉢ A부동산과 C부동산은 대체재이다.
> ㉣ 다른 조건이 불변일 때 A부동산가격이 상승하면 A부동산 공급자의 총수입은 감소한다.

① ㉠, ㉡   ② ㉠, ㉢
③ ㉠, ㉣   ④ ㉡, ㉣
⑤ ㉢, ㉣

63 수요와 공급의 탄력성에 관한 설명으로 옳은 것은 모두 몇 개인가? (단, 수요의 가격탄력성은 절댓값을 의미하며, 다른 조건은 동일함) 상(중)하

> ㉠ 수요곡선이 수직이면 수요의 가격탄력성이 0이다.
> ㉡ 우하향하는 직선의 수요곡선상 모든 점에서 가격탄력성은 같다.
> ㉢ 가격탄력성이 1보다 크면 비탄력적이다.
> ㉣ 수요의 소득탄력성이 1보다 작으면 해당 재화는 열등재이다.
> ㉤ 수요의 교차탄력성이 1보다 크면 두 상품은 보완재 관계이다.

① 1개   ② 2개
③ 3개   ④ 4개
⑤ 5개

수요와 공급의 가격탄력성에 따른 수요와 공급의 변화에 관한 설명으로 옳은 것은? (단, 다른 조건은 불변이라고 가정함)

① 공급이 가격에 대해 탄력적일수록 수요가 증가하면 균형가격은 크게 상승하고 균형 거래량은 적게 감소한다.

② 수요가 가격에 대해 비탄력적일수록 공급이 증가하면 균형가격은 변하지 않고 균형 거래량만 증가한다.

③ 공급이 가격에 대해 비탄력적일수록 수요가 감소하면 균형가격은 적게 하락하고 균 형거래량은 크게 감소한다.

④ 공급이 가격에 대해 완전비탄력적인 경우, 수요가 증가하면 균형가격만 상승하고 균 형거래량은 변하지 않는다.

⑤ 수요가 가격에 대해 완전탄력적인 경우, 공급이 증가하면 균형가격만 하락하고 균형 거래량은 변하지 않는다.

POINT

수요와 공급의 탄력성과 균형의 이동을 결합하는 문제입니다. 그래프보다는 탄력성과 균형의 이동 을 함께 설명하는 요령정리가 중요합니다.

해설

① 공급이 가격에 대해 탄력적일수록 수요가 증가하면 균형가격은 적게 상승하고 균형거래량은 크 게 증가한다.

② 수요가 가격에 대해 비탄력적일수록 공급이 증가하면 균형가격은 크게 하락하고 균형거래량은 적게 증가한다.

③ 공급이 가격에 대해 비탄력적일수록 수요가 감소하면 균형가격은 크게 하락하고 균형거래량은 적게 감소한다.

⑤ 수요가 가격에 대해 완전탄력적인 경우, 공급이 증가하면 균형가격은 변하지 않고 균형거래량만 증가한다.

이론+ **수요와 공급의 탄력성과 균형의 이동**

1. 수요의 탄력성과 공급의 변화
   (1) 수요의 가격탄력성이 비탄력적일수록
      • 공급이 증가한 경우 : 가격은 많이 하락, 균형량은 적게 증가
      • 공급이 감소한 경우 : 가격은 많이 상승, 균형량은 적게 감소
   (2) 수요의 가격탄력성이 탄력적일수록
      • 공급이 증가한 경우 : 가격은 적게 하락, 균형량은 많이 증가
      • 공급이 감소한 경우 : 가격은 적게 상승, 균형량은 많이 감소

(3) 수요의 가격탄력성이 완전비탄력적일 때
  • 공급이 증가한 경우 : 가격만 하락, 균형량은 불변
  • 공급이 감소한 경우 : 가격만 상승, 균형량은 불변
(4) 수요의 가격탄력성이 완전탄력적일 때
  • 공급이 증가한 경우 : 가격은 불변, 균형량만 증가
  • 공급이 감소한 경우 : 가격은 불변, 균형량만 감소
2. 공급의 탄력성과 수요의 변화
(1) 공급의 가격탄력성이 비탄력적일수록
  • 수요가 증가한 경우 : 가격은 많이 상승, 균형량은 적게 증가
  • 수요가 감소한 경우 : 가격은 많이 하락, 균형량은 적게 감소
(2) 공급의 가격탄력성이 탄력적일수록
  • 수요가 증가한 경우 : 가격은 적게 상승, 균형량은 많이 증가
  • 수요가 감소한 경우 : 가격은 적게 하락, 균형량은 많이 감소
(3) 공급의 가격탄력성이 완전비탄력적일 때
  • 수요가 증가한 경우 : 가격만 상승, 균형량은 불변
  • 수요가 감소한 경우 : 가격만 하락, 균형량은 불변
(4) 공급의 가격탄력성이 완전탄력적일 때
  • 수요가 증가한 경우 : 가격은 불변, 균형량만 증가
  • 수요가 감소한 경우 : 가격은 불변, 균형량만 감소

정답 ④

64 어느 부동산의 공급이 가격에 대하여 완전비탄력적인 경우 그 부동산에 대한 수요가 증가하면 균형가격과 균형거래량은 각각 어떻게 되겠는가? (단, 다른 조건은 일정하며, 해당 부동산의 수요곡선은 우하향하는 모양을 가짐) 상⑧하

	균형가격	균형거래량
①	상승	증가
②	하락	감소
③	상승	불변
④	상승	감소
⑤	하락	증가

65 수요와 공급의 가격탄력성에 따른 수요와 공급의 변화에 관한 설명으로 옳은 것은? (단, 다른 조건은 불변이라고 가정함) (상)(중)(하)

① 공급이 가격에 대해 탄력적일수록 수요가 증가하면 균형가격은 크게 상승하고 균형 거래량은 작게 감소한다.

② 수요가 가격에 대해 비탄력적일수록 공급이 증가하면 균형가격은 크게 하락하고 균 형거래량은 작게 증가한다.

③ 공급이 가격에 대해 비탄력적일수록 수요가 감소하면 균형가격은 작게 하락하고 균 형거래량은 크게 감소한다.

④ 공급이 가격에 대해 완전비탄력적인 경우 수요가 증가하면 균형가격은 변하지 않고 균형거래량만 증가한다.

⑤ 수요가 가격에 대해 완전탄력적인 경우 공급이 증가하면 균형가격만 하락하고 균형 거래량은 변하지 않는다.

66 부동산의 수요와 공급에 관한 설명으로 옳은 것은? (단, 다른 변수는 불변이라고 가정함) (상)(중)(하)

① 수요가 증가할 때 공급의 가격탄력성이 탄력적일수록 가격이 더 오른다.

② 공급이 증가할 때 수요의 가격탄력성이 비탄력적일수록 가격이 더 적게 내린다.

③ 공급이 감소할 때 수요의 가격탄력성이 탄력적일수록 균형거래량은 더 감소한다.

④ 수요가 가격에 대해 완전탄력적일 때 공급이 증가하면 가격은 하락한다.

⑤ 공급이 가격에 대해 완전비탄력적일 때 수요가 증가해도 가격은 변하지 않는다.

부동산경기의 특징에 관한 설명으로 틀린 것은?

① 부동산경기변동이란 부동산시장이 일반경기변동처럼 상승과 하강국면이 반복되는 현상을 말한다.

② 부동산시장은 일반경기변동과 같은 회복·상향·후퇴·하향의 4가지 국면 외에 안정시장이라는 국면이 있다.

③ 부동산경기는 지역별로 다르게 변동할 수 있으며 같은 지역에서도 부분시장 (sub-market)에 따라 다른 변동양상을 보일 수 있다.

④ 회복시장은 매도자가 중시되고, 과거의 거래사례가격은 새로운 거래의 기준가격이 되거나 하한이 되는 경향이 있다.

⑤ 하향시장에서 직전 국면의 거래사례가격은 현재 시점에서 새로운 거래가격의 하한이 되는 경향이 있다.

POINT

부동산경기변동 부분은 주로 부동산경기변동의 특징을 중심으로 정리해두는 것이 중요합니다.

해설

하향시장에서 직전 국면의 거래사례가격은 현재 시점에서 새로운 거래가격의 상한이 되는 경향이 있다.

이론＋　부동산경기변동의 특징

1. 부동산경기변동(17~18년)은 일반경기의 주기(8~10년)에 비해 약 2배 정도 길다.
2. 부동산경기변동은 일반경기의 변동에 비해 저점(trough)이 깊고 정점이 높으므로 진폭이 크다.
3. 부동산경기는 타성기간(惰性期間)이 길다.
4. 주기의 순환국면이 명백하지 않고 일정치가 않으며, 불규칙적이다.
5. 부동산경기는 통상적으로는 지역적·국지적으로 나타나서 전국적·광역적으로 확대되는 경향이 일반적이다.
6. 부동산경기는 일반경기와 병행·역행·독립·선행할 수도 있으나 일반적으로 주식시장의 경기는 일반경기에 비해 전순환적, 부동산경기는 일반경기에 비해 후순환적인 것으로 알려져 있다.
7. 부동산경기는 부문시장별 변동의 시차가 존재한다. 즉, 상업용·공업용 부동산경기는 일반경제의 경기변동과 대체로 일치하지만, 주거용 부동산의 건축경기와 일반경제의 경기는 서로 역순환하는 경향을 보인다.
8. 부동산경기는 비교적 경기회복이 느리고, 경기후퇴는 빠르게 진행된다.

정답 ⑤

67 부동산경기순환에 관한 설명으로 <u>틀린</u> 것은?

① 부동성이라는 자연적 특성으로 인하여 부동산경기는 도시마다 달리 변동하고, 같은 도시라 하여도 그 도시 내의 지역에 따라 각각 다른 변동 양상을 보인다.

② 부동산경기는 일반경기에 비하여 높은 정점과 깊은 계곡으로 인하여 그 진폭의 길이가 더 길다.

③ 부동산경기의 예측은 시장의 변화를 파악하는 것이 중요한데 건축량은 공급자의 동향파악에, 주택거래량은 소비자의 동향파악에 유용하다.

④ 부동산경기는 일반경기에 비하여 민감하게 대응하지 못하나, 통상적으로는 주거용 부동산의 경기변동이 일반경기와 유사한 양상을 띤다.

⑤ 부동산가격은 명목변수로서 부동산경기를 예측하는 데 중심지표가 될 수 없으며, 부동산가격이 상승할 때 부동산경기가 좋아지는 것으로 예측하기는 어렵다.

68 부동산경기순환에 관한 설명으로 <u>틀린</u> 것은?

① 건축허가량을 알면 경기순환의 국면을 예측할 수 있고, 그 허가량은 자재별·용도별·연면적별로 파악할 수 있다.

② 일반적으로 부동산경기는 일반경기에 비해 후순환적인 것으로 알려져 있으나 병행·역행·독립·선행할 수도 있다.

③ 부동산경기는 통상적으로는 지역적·국지적으로 나타나서 전국적·광역적으로 확대되는 경향이 일반적이다.

④ 상향시장에서 부동산매매 시 매도인은 거래성립시기를 앞당기려고 하고, 매수인은 미루려고 하는 경향이 있다.

⑤ 후퇴시장에서 과거의 사례가격은 새로운 거래의 기준가격이 되거나 상한선이 된다.

69 부동산경기변동에 관한 설명으로 틀린 것은? 상中下

① 부동산경기는 주로 건축경기를 말하며, 주거용·상업용·공업용 부동산경기를 말하는데, 중심이 되는 것은 주로 주택경기이다.

② 일반적으로 부동산경기는 여러 부동산 유형과 지역에서 동시에 같은 국면으로 진행하는 경향이 있다.

③ 상향국면에서 거래가 활발하고 부동산가격의 상승은 높고, 과거의 사례가격은 새로운 거래의 하한선이 된다.

④ 부동산경기는 통상적으로 지역적·국지적으로 나타나서 전국적·광역적으로 확대되는 경향이 일반적이며, 부동산경기의 변동 크기와 진폭은 도시마다 다르고 같은 도시라도 지역에 따라 다르다.

⑤ 정부의 종합부동산대책과 같은 시장외적(市場外的) 충격으로 인해 주택경기가 급격히 하강한다면 이는 경기변동현상 중 무작위적 변동에 해당된다.

70 다음은 부동산경기변동의 4국면에 대한 특징을 나타낸 표이다. ( )에 들어갈 내용을 옳게 연결한 것은? 상中下

회복시장	상향시장	후퇴시장	하향시장
• (A) 주도 시장	• (A) 주도 시장	• (D) 주도 시장	• (D) 주도 시장
• 건축허가 신청건수 증가	• 건축허가 신청건수 (B)	• 건축허가 신청건수 감소	• 건축허가 신청건수 (C)
• 공실률 감소	• 공실률 (C)	• 공실률 증가	• 공실률 (B)

① A - 매수자, B - 최대, C - 최저, D - 매도자

② A - 매수자, B - 감소, C - 증가, D - 매도자

③ A - 매도자, B - 최저, C - 최대, D - 매수자

④ A - 매도자, B - 최대, C - 최저, D - 매수자

⑤ A - 매도자, B - 증가, C - 증가, D - 매수자

71 다음은 부동산시장의 경기변동의 국면별 유형 중 어느 국면에 관한 설명인가? 상중**하**

> • 건축허가 신청건수 증가
> • 공실률 감소
> • 금리 하락
> • 매도자 주도 시장
> • 중개활동은 매수인 중시 현상에서 매도인 중시 현상으로 변화
> • 과거의 사례가격은 새로운 거래의 기준가격이 되거나 하한선이 됨

① 후퇴시장　　　　　　　　② 하향시장
③ 회복시장　　　　　　　　④ 상향시장
⑤ 안정시장

72 부동산시장의 경기변동에 관한 설명으로 <u>틀린</u> 것은? 23회　　　　상**중**하

① 부동산경기변동이란 부동산시장이 일반경기변동처럼 상승과 하강국면이 반복되는 현상을 말한다.
② 상향시장에서 직전 국면의 거래사례가격은 현재 시점에서 새로운 거래가격의 상한이 되는 경향이 있다.
③ 회복시장에서 직전 국면 저점의 거래사례가격은 현재 시점에서 새로운 거래가격의 하한이 되는 경향이 있다.
④ 후퇴시장에서 직전 국면 정점의 거래사례가격은 현재 시점에서 새로운 거래가격의 상한이 되는 경향이 있다.
⑤ 하향시장에서 직전 국면의 거래사례가격은 현재 시점에서 새로운 거래가격의 상한이 되는 경향이 있다.

73 부동산경기변동에 관한 설명으로 <u>틀린</u> 것은?

① 부동산경기변동이란 일반적으로 상승과 하강국면이 반복되는 현상을 말한다.

② 건축 착공량과 부동산거래량은 부동산경기를 측정할 수 있는 지표로 활용될 수 있다.

③ 하향시장 국면이 장기화되면 부동산 공실률 증가에 의한 임대료 감소 등의 이유로 부동산소유자에게 부담이 될 수 있다.

④ 회복시장은 일반적으로 경기가 하향을 멈추고 상승을 시작하는 국면이다.

⑤ 계절적 변동은 예기치 못한 사태로 초래되는 비순환적 경기변동 현상을 말한다.

74 부동산경기변동에 관한 설명으로 <u>틀린</u> 것은?

① 경기변동은 변동요인(factor)에 따라 추세(trend) 변동, 순환(cyclical) 변동, 계절(seasonal) 변동, 불규칙(우발적, random) 변동으로 구성되어 있다.

② 무작위(불규칙)적 변동이란 예기치 못한 사태로 초래되는 비순환적 경기변동 현상을 말한다.

③ 대학교 근처의 임대주택이 방학을 주기로 공실률이 높아지는 것은 계절적 변동에 속한다.

④ 계절(seasonal) 변동이란 계절적 특성에 따라 나타나는 경기변동 현상을 말하며, 이는 계절이 가지는 속성과 그에 따른 사회적 관습 때문에 나타나는 경기변동이다.

⑤ 총부채상환비율(DTI) 규제 완화 후 주택거래 증가는 경기변동요인 중 추세 변동요인에 속한다.

75 경기변동은 변동요인(factor)에 따라 추세(trend) 변동, 순환(cyclical) 변동, 계절 (seasonal) 변동, 불규칙(우발적, random) 변동으로 구성되어 있다. 매월 주택건축허가 량을 통해 부동산시장의 경기변동을 파악할 수 있다면, 다음 중 계절 변동에 해당하는 사례는? 18회   (상)(중)**하**

① 가격 거품으로 건축허가량이 급격히 증가하였다.

② 일시적인 정부 규제 완화로 건축허가량이 증가하였다.

③ 건축허가량의 전년 동기 대비 증가율이 지난 5월을 정점으로 하여 후퇴기로 접어들 어 있다.

④ 경제성장으로 건축허가량이 지속적으로 증가하고 있다.

⑤ 매년 12월에 건축허가량이 다른 달에 비해 줄어드는 현상이 반복적으로 나타나고 있다.

대표문제 · 거미집이론

거미집이론에 관한 설명으로 틀린 것은?

① 가격이 변동하면 수요는 즉각적으로 영향을 받지만 공급량은 일정한 생산기간이 경 과한 후에 변동이 가능하다고 가정한다.

② 균형의 이동을 비교정학적으로 설명하는 이론이다.

③ 가격에 대한 수요의 탄력성이 공급의 탄력성보다 클 경우 균형에 충격이 가해지면 새 로운 균형으로 수렴한다.

④ 가격에 대한 공급의 탄력성이 수요의 탄력성보다 클 경우 균형에 충격이 가해지면 균 형으로부터 이탈·발산한다.

⑤ 가격에 대한 수요의 탄력성과 공급의 탄력성이 같을 경우 균형에 충격이 가해지면 가 격은 수렴이나 이탈하지 않고, 계속 순환을 하게 된다.

> **POINT**
> 거미집이론에서는 수렴형, 발산형, 순환형의 구분요령을 정리하는 것이 중요합니다.
>
> **해설**
> 가격(임대료) 변동에 대한 공급의 시차를 고려하여 그 일시적 균형의 변동과정을 동태적으로 분석한 동태모형이다.
>
> 정답 ②

76 거미집이론에 따르면 금기(今期)의 공급량은 어느 것에 의하여 결정되는가?

① 금기(今期)의 가격에 의존한다.
② 전기(前期)의 가격에 의존한다.
③ 미래의 예상가격에 의존한다.
④ 미래의 예상수요에 의존한다.
⑤ 전기(前期)의 생산원가에 의존한다.

77 부동산경기에 있어 거미집모형에 관한 설명으로 틀린 것은?

① 가격이 변동하면 수요는 즉각적으로 영향을 받지만 공급량은 일정한 생산기간이 경과한 후에 변동이 가능하다고 가정한다.
② 미래의 공급결정은 현재의 가격에만 의존한다는 것을 전제로 한다.
③ 수요곡선의 기울기의 절댓값이 공급곡선의 기울기의 절댓값보다 클 경우, 가격과 수요량은 진동하면서 균형수준에 가까워진다.
④ 거미집모형의 적용은 주거용 부동산보다 상업용이나 공업용 부동산에 더욱 잘 적용된다.
⑤ 수요곡선의 기울기의 절댓값과 공급곡선의 기울기의 절댓값이 같을 경우, 반복적으로 진동하는 중립적 순환형이 나타난다.

78 제시된 조건하에서 수요가 증가한다면, 거미집이론에 의한 A · B부동산의 모형 형태는?
(다만, 다른 조건은 동일함)

• A부동산 : 수요의 가격탄력성 0.8, 공급의 가격탄력성 1.2
• B부동산 : 수요의 가격탄력성 1.5, 공급의 가격탄력성 0.9

---

① A : 수렴형, B : 발산형　　　　② A : 발산형, B : 순환형
③ A : 순환형, B : 발산형　　　　④ A : 수렴형, B : 순환형
⑤ A : 발산형, B : 수렴형

79 거미집이론에서 수렴형 모형이 되기 위한 A와 B의 조건은? (단, 수요와 공급은 탄력적이며, 다른 조건은 불변이라고 가정함) (상)(중)**(하)**

- 수요의 가격탄력성 (A) 공급의 가격탄력성
- 수요곡선 기울기의 절댓값 (B) 공급곡선의 기울기의 절댓값

① A : <, B : >　　　② A : <, B : <　　　③ A : >, B : <

④ A : >, B : >　　　⑤ A : =, B : =

80 A, B, C부동산시장이 다음과 같을 때 거미집이론에 따른 각 시장의 모형 형태는? (단, X축은 수량, Y축은 가격을 나타내며, 다른 조건은 동일함) (상)**(중)**(하)

구 분	A시장	B시장	C시장
수요곡선 기울기	−0.8	−0.5	−0.9
공급곡선 기울기	1.5	0.5	0.7

① A : 수렴형, B : 발산형, C : 순환형　　② A : 수렴형, B : 순환형, C : 발산형

③ A : 발산형, B : 수렴형, C : 순환형　　④ A : 발산형, B : 순환형, C : 수렴형

⑤ A : 순환형, B : 발산형, C : 수렴형

81 A와 B부동산시장의 함수조건하에서 가격변화에 따른 동태적 장기조정과정을 설명한 거미집이론(cob-web theory)에 의한 모형 형태는? (단, P는 가격, Q_d는 수요량, Q_S는 공급량이고, 가격변화에 수요는 즉각적인 반응을 보이지만 공급은 시간적인 차이를 두고 반응하며, 다른 조건은 동일함) **(상)**(중)(하)

- A부동산시장 : $P = 500 - Q_d$, $P = 300 + 2Q_S$
- B부동산시장 : $P = 400 - 3Q_d$, $P = 100 + 2Q_S$

	A	B
①	수렴형	발산형
③	순환형	발산형
⑤	발산형	수렴형
②	발산형	순환형
④	수렴형	순환형

82 수요함수와 공급함수가 각각 A부동산시장에서는 $Q_d = 200 - P$, $Q_S = 10 + \dfrac{1}{2}P$

이고, B부동산시장에서는 $Q_d = 400 - \dfrac{1}{2}P$, $Q_S = 50 + 2P$이다. 거미집이론(cob-web theory)에 의한 A시장과 B시장의 모형 형태의 연결이 옳은 것은? (단, X축은 수량, Y축은 가격, 각각의 시장에 대한 P는 가격, Q_d는 수요량, Q_S는 공급량이며, 가격변화에 수요는 즉각 반응하지만 공급은 시간적인 차이를 두고 반응함, 다른 조건은 동일함) **상**ⓒⓗ

① A : 수렴형, B : 발산형

② A : 수렴형, B : 순환형

③ A : 발산형, B : 수렴형

④ A : 발산형, B : 순환형

⑤ A : 순환형, B : 발산형

기출응용 32회

83 A주택시장과 B주택시장의 함수조건이 다음과 같다. 거미집이론에 의한 두 시장의 모형 형태는? (단, X축은 수량, Y축은 가격, 각각의 시장에 대한 P는 가격, Q_d는 수요량, Q_S는 공급량, 다른 조건은 동일함) ⓢ**중**ⓗ

- A주택시장 : $Q_d = 500 - 3P$, $Q_S = -20 + 5P$

- B주택시장 : $Q_d = 100 - P$, $Q_S = -5 + \dfrac{1}{2}P$

① A : 수렴형, B : 수렴형

② A : 수렴형, B : 발산형

③ A : 수렴형, B : 순환형

④ A : 발산형, B : 수렴형

⑤ A : 발산형, B : 발산형

대표문제 **부동산시장의 특성**

부동산시장의 특성 및 기능에 관한 설명으로 옳은 것은?

① 부동산시장은 수요와 공급의 조절이 용이하여 단기적으로도 적정가격이 결정된다.

② 부동산시장은 지역의 경제적·사회적·행정적 변화에 따라 영향을 받으나, 부동산의 수요·공급도 그 지역 특성의 영향을 받는 것은 아니다.

③ 부동산은 개별성의 특성에 의해 표준화가 가능하기 때문에 일반재화에 비해 대체가능성이 높다.

④ 부동산시장은 수요와 공급의 조절이 쉽지 않아 단기적으로 가격의 왜곡이 발생할 가능성이 높다.

⑤ 완전히 동질적인 아파트라면 아파트가 입지한 시장지역이 달라져도 국지성으로 인해 동일한 가격이 형성된다.

POINT

현실의 부동산시장은 완전경쟁시장이 아닌 불완전경쟁시장이므로 부동산시장의 특성은 완전경쟁시장의 특성이 아닌 현실의 부동산시장의 특성을 말합니다.

해설

① 부동산시장은 수요와 공급의 조절이 쉽지 않아 단기적으로 가격의 왜곡이 발생할 가능성이 많다.

② 부동산시장은 지역의 경제적·사회적·행정적 변화에 따라 영향을 받으며, 수요·공급도 그 지역 특성의 영향을 받는다.

③ 부동산은 개별성의 특성에 의해 표준화가 어려워 일반재화에 비해 대체가능성이 낮다.

⑤ 국지성으로 인해 완전히 동질적인 아파트라 하더라도 아파트가 입지한 시장지역이 달라지면 서로 다른 가격이 형성될 수 있다.

이론+ **부동산시장의 특성**

1. 시장의 국지성(지역성)
2. 거래의 비공개성(은밀성)
3. 부동산상품의 비표준화성(개별성)
4. 시장의 비조직성(집중통제의 곤란)
5. 수급조절의 곤란성
6. 매매기간의 장기성
7. 법적 제한 과다
8. 자금의 유용성과 밀접한 관계

정답 ④

01 부동산시장의 특성에 관한 설명으로 <u>틀린</u> 것은?

① 부동산시장은 지리적 위치의 고정성으로 인해 일정지역에 국한되는 국지성의 특성을 가지며, 해당 또는 주변지역의 사회적·경제적·행정적 요인의 변화에 크게 영향을 받는다.

② 부동산은 거래의 비공개성으로 인해 부동산가격이 불합리하게 형성되는 주요 원인으로 작용하며, 부동산 내의 정보수집을 어렵게 하고, 정보탐색비용이 들게 한다.

③ 부동산의 개별성과 부동성으로 인해 부동산상품의 표준화가 불가능하여 대량생산이 곤란하나, 개별성으로 인해 일물일가의 법칙이 적용된다.

④ 부동산에는 법적 제한이 많아 시장을 불완전경쟁시장으로 만든다.

⑤ 부동산은 자금의 유용성과 밀접한 관계가 있어 원활한 자금의 융통은 더 많은 공급자와 수요자를 시장에 참여하게 한다.

02 부동산시장에 관한 설명으로 <u>틀린</u> 것은?

① 부동산시장이란 부동산의 매매·임대차 등의 거래가 이루어지는 조직, 장소를 말한다.

② 부동산시장은 부동산의 수요량과 공급량을 조정하는 기능을 가지고 있다.

③ 부동산시장은 그 고유의 특성으로 인해 전국시장성, 표준화성의 특성을 갖는다.

④ 부동산시장은 수요와 공급을 조절하기가 쉽지 않아 단기적으로 가격의 왜곡이 발생할 가능성이 높다.

⑤ 부동산시장은 부동산의 위치, 규모, 용도 등에 따른 부분시장이 형성되어 시장세분화가 이루어진다.

03 부동산시장의 특성으로 옳은 것은?

① 부동산의 개별성으로 인한 부동산상품의 비표준화로 복잡·다양하게 된다.
② 거래정보의 대칭성으로 인하여 정보수집이 쉽고 은밀성이 축소된다.
③ 일반상품의 시장과 달리 조직성을 갖고 지역을 확대하는 특성이 있다.
④ 매매의 단기성으로 인하여 유동성과 환금성이 우수하다.
⑤ 토지의 인문적 특성인 지리적 위치의 고정성으로 인하여 개별화된다.

04 부동산시장의 특성과 기능에 관한 설명으로 틀린 것은?

① 부동산시장은 수요와 공급의 조절이 쉽지 않아 단기적으로 가격의 왜곡이 발생할 가능성이 높다.
② 부동산시장의 특징 중 하나는 특정지역에 다수의 판매자와 다수의 구매자가 존재한다는 것이다.
③ 부동산의 개별성과 부동성으로 인해 부동산상품의 표준화가 불가능하여 대량생산이 곤란하고, 국지성·거래의 비공개성 및 비표준화성 등으로 인하여 시장의 조직화가 곤란하다.
④ 거래의 비공개성으로 인해 부동산시장 내의 정보수집을 어렵게 하며, 많은 정보탐색비용이 들게 한다.
⑤ 부동산시장은 국지성의 특징이 있기 때문에 지역적 특성의 제약하에 가격이 형성되며, 지역마다 서로 다른 가격이 형성된다.

05 부동산시장의 기능과 가장 거리가 먼 것은?

① 수요·공급의 창조 기능
② 자원배분의 기능
③ 가격창조의 기능
④ 정보제공의 기능
⑤ 양과 질의 조정 기능

대표문제 **주택의 여과 과정**

주택의 여과 과정(filtering process)에 관한 설명으로 틀린 것은?

① 주택의 여과 과정은 시간이 경과하면서 주택의 질과 주택에 거주하는 가구의 소득이 변화함에 따라 발생하는 현상이다.

② 저소득층 주거지역에서 주택의 보수를 통한 가치상승분이 보수비용보다 크다면 상향여과가 발생할 수 있다.

③ 주택의 하향여과는 낙후된 주거지역이 재개발되어 상위계층이 유입된 경우에 나타날 수 있다.

④ 고소득층 주거지역으로 저소득층이 들어오게 되어 하향여과 과정이 계속되면, 고소득층 주거지역은 점차 저소득층 주거지역으로 바뀔 것이다.

⑤ 주택의 여과 과정이 원활하게 작동하는 주택시장에서 주택여과효과가 긍정적으로 작동하면 주거의 질을 개선하는 효과가 있다.

POINT
주택의 여과 과정에서는 고가주택시장과 저가주택시장의 장·단기 효과 등을 특히 유념하여 정리해 두어야 합니다.

해설
주택의 상향여과는 낙후된 주거지역이 재개발되어 상위계층이 유입된 경우에 나타날 수 있다.

정답 ③

06 **주택의 여과 과정(filtering process)에 관한 설명으로 틀린 것은?**

① 주택의 하향여과는 저소득계층이 사용하던 기존 주택이 고소득계층의 사용으로 전환되는 것을 말한다.

② 주택의 여과 과정은 시간이 경과하면서 주택의 질과 주택에 거주하는 가구의 소득이 변화함에 따라 발생하는 현상이다.

③ 주택의 여과 현상은 주로 하향여과를 통해 연쇄적으로 공급이 되며, 빈집이 생겨야 가구이동이 발생한다는 원리를 공가연쇄(vacancy chains)라 한다.

④ 완전경쟁의 시장원리를 전제하는 주택시장에서는 신규주택의 공급이 하향여과 과정을 통해서 주거의 질을 개선하는 효과를 발생시킨다.

⑤ 주택의 여과 과정에 영향을 미치는 요인으로는 인구 구조와 규모, 주택의 노후화 정도, 가구소득의 변화, 공공기관의 개입 등을 들 수 있다.

주택의 여과 과정과 주거분리에 관한 설명으로 틀린 것은?

① 저가주택이 수선되거나 재개발되어 상위계층의 사용으로 전환되는 것을 상향여과라 한다.

② 민간주택시장에서 저가주택이 발생하는 것은 시장이 하향여과작용을 통해 자원할당 기능을 원활하게 수행하고 있기 때문이다.

③ 하향여과는 고소득층 주거지역에서 주택의 개량을 통한 가치상승분이 주택개량비용보다 큰 경우에 발생한다.

④ 주거입지는 침입과 천이현상으로 인해 변화할 수 있다.

⑤ 주거분리는 도시 전체에서뿐만 아니라 지리적으로 인접한 근린지역에서도 발생할 수 있다.

POINT

주택의 여과 과정에서 주거분리의 개념을 잘 정리해두어야 합니다.

해설

하향여과는 고소득층 주거지역에서 주택의 개량을 통한 가치상승분이 주택개량비용보다 작은 경우에 발생한다.

이론＋ 여과 과정과 주거분리

> 1. 고소득층 주거지역
>   - 개량 후 가치상승분 > 개량비용 ⇨ 주거분리
>   - 개량 후 가치상승분 < 개량비용 ⇨ 하향여과
> 2. 저소득층 주거지역
>   - 개량 후 가치상승분 > 개량비용 ⇨ 상향여과
>   - 개량 후 가치상승분 < 개량비용 ⇨ 주거분리

정답 ③

07 여과 과정과 주거분리에 관한 설명으로 **틀린** 것은? 〔상〕〔중〕**하**

① 주거분리란 주거지역과 상업지역이 서로 분리되는 현상을 말한다.

② 주거분리는 주택소비자가 정(+)의 외부효과 편익은 추구하려 하고, 부(−)의 외부효과 피해는 피하려는 동기에서 비롯된다.

③ 주거분리현상은 도시 전체뿐만 아니라 지리적으로 인접한 근린지역에서도 발생할 수 있다.

④ 고소득층 주거지역의 경계와 인접한 저소득층 주택은 대부분 할증되어 거래되며, 저소득층 주거지역의 경계와 인접한 고소득층 주택은 대부분 할인되어 거래되는 경향이 있다.

⑤ 고소득층 주거지역과 인접한 낙후된 주거지역이 재개발되어 상위계층이 유입된 경우 주택의 상향여과가 나타날 수 있다.

08 주택의 여과 과정(filtering process)과 주거분리에 관한 설명으로 **틀린** 것은? 31회

〔상〕**중**〔하〕

① 주택의 하향여과 과정이 원활하게 작동하면 저급주택의 공급량이 감소한다.

② 저급주택이 재개발되어 고소득가구의 주택으로 사용이 전환되는 것을 주택의 상향여과 과정이라 한다.

③ 저소득가구의 침입과 천이현상으로 인하여 주거입지의 변화가 야기될 수 있다.

④ 주택의 개량비용이 개량 후 주택가치의 상승분보다 크다면 하향여과 과정이 발생하기 쉽다.

⑤ 여과 과정에서 주거분리를 주도하는 것은 고소득가구로 정(+)의 외부효과를 추구하고 부(−)의 외부효과를 회피하려는 동기에서 비롯된다.

효율적 시장에 관한 설명으로 틀린 것은?

① 약성 효율적 시장은 역사적 정보가 모두 반영되는 시장이며, 세 가지 효율적 시장의 유형 중에서 시장의 정보 효율성이 가장 낮은 시장이다.

② 약성 효율적 시장에서는 기술적 분석을 통하여 정상이윤을 얻을 수 있다.

③ 약성이나 준강성 효율적 시장에서 공표되지 않은 우수한 정보를 획득한다고 하더라도 그 정보의 가치와 정보의 비용이 같다면 초과이윤을 얻기는 어렵다.

④ 준강성 효율적 시장은 현재의 부동산가격이 과거의 부동산가격과 거래량에 관한 정보뿐만 아니라 이미 일반에게 공개된 모든 정보를 신속하고 정확하게 반영하는 시장이다.

⑤ 현재의 부동산가격이 투자자들에게 공개된 정보뿐만 아니라 공표되지 않은 정보까지도 신속하고 정확하게 반영하는 완벽한 시장을 강성 효율적 시장이라 하며, 강성 효율적 시장에서는 어떠한 이윤도 얻을 수 없다.

POINT

반영되는 정보에 따른 효율적 시장의 구분과 분석방법, 초과이윤과 정상이윤 획득 여부를 위주로 정리해두어야 합니다.

해설

현재의 부동산가격이 부동산에 관한 모든 정보, 즉 이미 투자자들에게 공개된 정보뿐만 아니라 공표되지 않은 정보까지도 신속하고 정확하게 반영하는 완벽한 시장을 강성 효율적 시장이라 하며, 강성 효율적 시장에서도 정상이윤은 얻을 수 있다.

이론+ 효율적 시장이론

효율적 시장	반영되는 정보	분석 방법	정상 이윤	초과이윤	정보 비용
약성 효율적 시장	과거의 정보	기술적 분석	획득 가능	획득 불가능(현재나 미래의 정보를 분석하면 가능)	존재
준강성 효율적 시장	공표된 정보(과거·현재)	기본적 분석	획득 가능	획득 불가능(미래의 정보를 분석하면 가능)	존재
강성 효율적 시장	공표된 정보(과거·현재) 및 공표되지 않은 정보(미래)	분석 불필요	획득 가능	어떤 경우도 획득 불가능	없음

정답 ⑤

09 오늘 아침 뉴스에서 A지역을 관광지로 개발한다는 발표가 있었을 때, 甲이 그 뉴스를 접하고 즉시 A지역의 토지를 구입했다고 하자. A지역이 어떤 시장일 때 甲은 초과이윤을 얻을 수 있는가? (상)**(충)**(하)

① 약성 효율적 시장   ② 준약성 효율적 시장
③ 준강성 효율적 시장   ④ 강성 효율적 시장
⑤ 완전경쟁시장

10 시장의 새로운 정보가 어떻게 시장에 반영되는가에 대한 효율적 시장이론(efficient market theory)에서 공표된 정보나 공표되지 않은 어떠한 정보가 이미 시장가치에 반영되어 어떤 투자자라도 초과이윤을 획득할 수 없는 부동산시장은? (상)(중)**(하)**

① 강성 효율적 시장   ② 준강성 효율적 시장
③ 약성 효율적 시장   ④ 중성 효율적 시장
⑤ 할당 효율적 시장

11 효율적 시장에서 만일 투자자 甲이 기본적 분석을 하여 초과이윤을 얻었다면 그 시장은? (상)**(충)**(하)

> ㉠ 약성 효율적 시장이라고 볼 수 있다.
> ㉡ 약성 효율적 시장이라고 볼 수 없다.
> ㉢ 준강성 효율적 시장이라고 볼 수 있다.
> ㉣ 강성 효율적 시장이라고 볼 수 있다.

① ㉠   ② ㉢
③ ㉣   ④ ㉡, ㉢
⑤ ㉡, ㉣

12 부동산시장의 효율성에 관한 설명으로 <u>틀린</u> 것은?

① 어떤 시장이 약성 효율적 시장이라면, 기술적 분석에 의해서 밝혀진 기술적 지표로서 는 결코 초과이윤을 획득할 수 없으며, 정상이윤은 얻을 수 있다.

② 투자자 甲이 기본적 분석을 하여 초과이윤을 얻었다면 그 시장은 준강성 효율적 시장 이라고 볼 수 있다.

③ 준강성 효율적 시장은 과거의 추세적 정보뿐만 아니라 현재 새로 공표되는 정보가 지체 없이 시장가치에 반영되므로 공식적으로 이용가능한 정보를 기초로 기본적 분 석을 하여 투자해도 초과이윤을 얻을 수 없다.

④ 강성 효율적 시장은 공표된 정보는 물론이고 아직 공표되지 않은 정보까지도 시장가 치에 반영되어 있는 시장이므로 기술적 분석이나 기본적 분석 등 어떠한 분석방법이 라 하더라도 초과이윤을 획득할 수 없으나 정상이윤은 획득이 가능하다.

⑤ 할당 효율적 시장에서는 부동산가격의 과소평가 또는 과대평가 등의 왜곡 가능성이 낮아진다.

13 부동산시장의 효율성에 관한 설명으로 <u>틀린</u> 것은? (단, 다른 조건은 고려하지 않음)

① 약성 효율적 시장은 현재의 시장가치가 과거의 추세를 충분히 반영하고 있는 시장 이다.

② 준강성 효율적 시장은 어떤 새로운 정보가 공표되는 즉시 시장가치에 반영되는 시장 이다.

③ 강성 효율적 시장은 공표된 것이건 공표되지 않은 것이건 어떠한 정보도 이미 시장가 치에 반영되어 있는 시장이다.

④ 부동산시장의 제약조건을 극복하는 데 소요되는 거래비용은 타 시장보다 부동산시장 을 더 비효율적이게 하는 주요한 요인이다.

⑤ 부동산시장은 주식시장이나 일반상품시장보다 더 불완전하고 비효율적이므로 할당 효율적일 수 없다.

14 부동산시장에 관한 설명으로 옳은 것은?　(상)**(중)**(하)

① 약성 효율적 시장에서 과거의 역사적 정보를 통해 정상이윤을 초과하는 이윤을 획득할 수 있다.

② 준강성 효율적 시장에서 공표된 정보는 물론 공표되지 않은 정보도 시장가치에 반영된다.

③ 완전경쟁시장에서는 초과이윤이 발생할 수 있다.

④ 완전경쟁시장이나 강성 효율적 시장에서는 할당 효율적인 시장만 존재한다.

⑤ 할당 효율적 시장은 완전경쟁시장을 의미하며 불완전경쟁시장은 할당 효율적 시장이 될 수 없다.

15 할당 효율적 시장에 관한 설명으로 <u>틀린</u> 것은?　(상)(중)**(하)**

① 자원이 효율적으로 할당되었다는 말은 부동산투자와 다른 투자대안에 따르는 위험을 감안하였을 때, 부동산투자의 수익률과 다른 투자의 수익률이 서로 같도록 할당되었다는 것을 의미한다.

② 임대료 수익률이 다른 투자대안의 수익률보다 높다고 하면 자금은 계속해서 부동산시장에 유입될 것이다.

③ 부동산시장이 완전경쟁이든 불완전경쟁이든 할당 효율적이기만 하면 부동산투기가 성립되지 않는다.

④ 할당 효율적 시장에서 소수의 투자자가 시장을 패배시키는 경우는 정보가 일부 사람에게 비공개적으로 독점되어 있을 경우이다.

⑤ 부동산시장에서 부동산투기가 성립되는 것은 시장이 불완전해서라기보다는 할당 효율적이지 못하기 때문이다.

16 할당 효율적 시장에 관한 설명으로 <u>틀린</u> 것은?　

① 완전경쟁시장은 항상 할당 효율적 시장이다.

② 불완전경쟁시장이더라도 할당 효율적 시장이 될 수 있다.

③ 할당 효율적 시장에서 소수의 투자자가 다른 사람보다 값싸게 정보를 획득할 수 있다면 초과이윤을 획득할 수 있다.

④ 독점시장도 독점을 획득하기 위한 기회비용이 모든 투자자에게 동일하다면 할당 효율적 시장이 될 수 있다.

⑤ 할당 효율적 시장에서는 어느 누구도 기회비용보다 싼값으로 정보를 획득할 수 없다.

17 할당 효율적 시장에 관한 설명으로 <u>틀린</u> 것은?　

① 할당 효율적 시장이란 자원의 할당이 효율적으로 이루어지는 시장을 말한다.

② 완전경쟁시장은 항상 할당 효율적 시장이 되며, 따라서 할당 효율적 시장 역시 완전경쟁시장이라고 할 수 있다.

③ 부동산거래에 정보비용이 수반되는 것은 시장이 불완전하기 때문이다.

④ 불완전경쟁시장도 할당 효율적 시장이 될 수 있으며, 독점시장도 독점을 획득하기 위한 기회비용이 모든 투자자에게 동일하다면 할당 효율적 시장이 될 수 있다.

⑤ 부동산투기가 성립되는 것은 시장이 불완전하기 때문이라기보다는 할당 효율적이지 못하기 때문이다.

18 부동산시장의 효율성에 관한 설명으로 옳은 것은?　

① 강성 효율적 시장에서도 정보비용은 필요하다.

② 불완전경쟁시장은 할당 효율적 시장이 될 수 없다.

③ 완전경쟁시장은 항상 할당 효율적 시장이 된다.

④ 할당 효율적 시장은 정보비용이 0이므로 완전경쟁시장이 된다.

⑤ 할당 효율적 시장에서 특정 투자자가 기회비용보다 적은 비용으로 우수한 정보를 보다 빠르게 획득할 수 있다면 초과이윤을 얻을 수 있다.

주어진 조건하에서 대형할인점이 들어선다는 정보의 현재가치는 얼마인가? (단, 제시된 가격은 대형할인점이 들어서는 경우 발생하는 가격차이만을 반영하였음)

- 1년 후에 대형할인점이 들어설 가능성이 있는 지역 인근에 일단의 토지가 있다.
- 1년 후 대형할인점이 들어설 경우 해당 토지가격은 90,000,000원, 대형할인점이 들어서지 않을 경우에는 30,000,000원이 될 것으로 예상된다.
- 투자자의 요구수익률은 20%이고, 대형할인점이 들어설 가능성은 40%이다.

① 10,000,000원
② 20,000,000원
③ 25,000,000원
④ 30,000,000원
⑤ 35,000,000원

POINT

부동산시장에서 개발정보의 현재가치, 초과이윤 문제가 반복 출제되고 있으므로 본 문제유형을 확실하게 정리해두어야 합니다.

해설

- 1년 후의 기댓값의 현재가치(불확실성하의 현재가치)

$$= \frac{(9{,}000만원 \times 0.4) + (3{,}000만원 \times 0.6)}{1 + 0.2} = 4{,}500만원$$

- 1년 후 인근지역에 대형할인점이 들어설 경우 토지의 현재가치

$$= \frac{9{,}000만원}{1 + 0.2} = 7{,}500만원$$

따라서 정보의 현재가치는 7,500만원 − 4,500만원 = 3,000만원이다.

이론+ 부동산시장에서 개발정보의 현재가치와 초과이윤

1. 기댓값의 현재가치(불확실성하의 현재가치) $= \dfrac{\text{투자수익의 기댓값}}{(1 + \text{요구수익률})^{n}}$ $(n : \text{연수})$

2. 정보의 현재가치 = 확실성하의 현재가치 − 불확실성하의 현재가치

3. 초과이윤 = 정보의 현재가치 − 정보획득비용

정답 ④

19 1년 후 인근지역에 대형할인점이 들어설 가능성이 있는 일단의 토지가 있다. 다음 조건이라면 얼마 이하의 가격으로 이 토지를 매입하여야 투자자의 요구수익률이 충족되겠는가? 〈상〉〈중〉**〈하〉**

> • 투자자의 요구수익률은 10%이다.
> • 1년 후 대형할인점이 들어설 확률은 80%이다.
> • 대형할인점이 들어오면 해당 토지가격은 60억원이 되고, 그렇지 않으면 35억원이 될 것으로 예상된다.

① 50억원
② 53억 2천만원
③ 55억원
④ 57억 5천만원
⑤ 59억원

20 만약 부동산시장이 할당 효율적이라면 다음과 같이 주어진 조건하에서 합리적인 투자자가 최대한 지불할 수 있는 정보비용의 현재가치는? (단, 요구수익률은 연 10%이고, 주어진 조건에 한함) 〈상〉**〈중〉**〈하〉

> • 도시·군 계획시설(도로)이 개설될 가능성이 있는 A토지가 있다.
> • 도시·군 계획시설(도로)이 개설될 확률은 60%로 알려져 있다.
> • 1년 후에 해당 도로가 개설되면 A토지의 가치는 2억 7,500만원, 그렇지 않으면 9,350만원으로 예상된다.
> • 투자자의 요구수익률(할인율)은 연 10%이다.

① 5,200만원
② 5,600만원
③ 6,200만원
④ 6,600만원
⑤ 7,200만원

21 어느 지역에 신도시 개발사업이 진행된다는 정보가 있다. 다음과 같이 주어진 조건하에서 합리적인 투자자가 최대한 지불할 수 있는 이 정보의 현재가치는? (단, 주어진 조건에 한함) (상)**(중)**(하)

- 신도시 개발예정지 인근에 일단의 A토지가 있다.
- 2년 후 도심에 신도시가 개발될 가능성은 40%로 알려져 있다.
- 2년 후 해당 지역에 신도시가 개발되면 A토지의 가격은 5억 4,450만원, 개발되지 않으면 2억 4,200만원으로 예상된다.
- 투자자의 요구수익률(할인율)은 연 10%이다.

① 1억 2,000만원
② 1억 3,000만원
③ 1억 5,000만원
④ 1억 7,000만원
⑤ 1억 8,500만원

22 지대 및 지대논쟁에 관한 설명으로 <u>틀린</u> 것은? (상)(중)**(하)**

① 지가는 장래 매 기간당 일정한 토지로부터 발생하는 지대를 이자율로 할인하여 합계한 것으로 토지의 현재가치이며, 지가와 지대는 정비례하고 지가와 이자율은 반비례한다.
② 지대가 토지로부터 생산된 재화의 가격에 영향을 주는 생산비인가 아닌가에 핵심을 두고 지대에 관한 논쟁이 전개되었다.
③ 고전학파는 생산요소를 노동·토지·자본으로 구분하고, 지대를 생산물가격에 영향을 주는 요소비용으로 파악했다.
④ 고전학파는 토지를 자본과 구별하였으며, 토지의 자연적 특성을 강조하고 지대를 불로소득으로 간주했다.
⑤ 신고전학파는 지대를 잉여가 아니라 생산요소에 대한 대가로 파악했다.

23 경제지대와 전용수입에 관한 설명으로 옳은 것은?

① 경제지대란 토지의 공급자가 원하는 최소공급가격을 말한다.

② 공급곡선이 완전비탄력적이면 전액 경제지대로 구성되며, 경제지대에 조세를 부과하면 전가성이 전혀 없다.

③ 경제지대는 생산요소가 실제로 얻고 있는 총수입과 전용수입을 합한 것이다.

④ 공급의 가격탄력성이 탄력적일수록 전용수입은 작아지고 경제지대는 커진다.

⑤ 생산요소의 공급곡선이 수직인 경우에는 존재하지 않는다.

지대론에 관한 설명으로 틀린 것은?

① 차액지대설에서는 토지비옥도가 지대를 결정하게 되며, 수확체감의 법칙을 전제한다.

② 차액지대설에 따르면 곡물수요의 증가가 재배면적을 확대하게 되며, 이 경우 비옥도와 위치에 있어서 열등지와 우등지가 발생하게 되는데 지대는 한계지를 기준으로 하여 이보다 생산력이 높은 토지에 대한 대가를 말한다.

③ 위치지대설에 따르면 토지의 비옥도가 동일하더라도 위치에 따라 지대의 차이가 날 수 있다.

④ 입찰지대설에서는 가장 높은 지대를 지불할 의사가 있는 용도에 따라 토지이용이 이루어진다.

⑤ 절대지대설에 따르면 지대는 토지소유자가 토지를 소유하는 그 자체로 인하여 발생하나 한계지에서는 지대가 발생하지 않는다.

> **POINT**
> 지대결정이론에서는 차액지대설, 절대지대설, 위치지대설, 입찰지대설의 특징을 비교하여 정리해두어야 합니다.

> **해설**
> 절대지대설에 따르면 지대는 토지소유자가 토지를 소유하는 그 자체로 인하여 발생하며 따라서 한계지에서도 토지소유자가 요구하면 지대가 발생한다.
>
> 정답 ⑤

24 다음에서 설명하는 지대이론은? 19회

- 지대가 발생하는 이유는 비옥한 토지의 양이 상대적으로 희소하고, 토지에 수확체감 현상이 있기 때문이다.
- 경작되고 있는 토지 가운데 생산성이 가장 낮은 토지를 한계지라고 하며, 한계지에서는 지대가 발생하지 않는다.
- 어떤 토지의 지대는 그 토지의 생산성과 한계지의 생산성의 차이에 의해 결정된다.
- 지대는 토지 생산물 가격의 구성요인이 되지 않으며 또한 될 수도 없다.

① 리카도(D. Ricardo)의 차액지대설
② 알론소(W. Alonso)의 입찰지대이론
③ 파레토(V. Pareto)의 경제지대이론
④ 마르크스(K. Marx)의 절대지대설
⑤ 마샬(A. Marshall)의 준지대설

25 다음에서 설명하는 지대이론은?

- 생산을 위하여 사람이 만든 기계나 기구들로부터 얻는 소득이다.
- 토지 이외의 고정 생산요소에 귀속되는 소득으로서, 다른 조건이 동일하다면 단기간·일시적으로 지대의 성격을 가지는 소득이다.
- 토지에 대한 개량공사로 인해 추가적으로 발생하는 일시적인 소득도 이에 해당한다.
- 고정생산요소의 공급량은 단기적으로 변동하지 않으므로 다른 조건이 동일하다면 고정생산요소에 대한 수요에 의해 결정된다.

① 리카도(D. Ricardo)의 차액지대설
② 알론소(W. Alonso)의 입찰지대이론
③ 파레토(V. Pareto)의 경제지대이론
④ 마르크스(K. Marx)의 절대지대설
⑤ 마샬(A. Marshall)의 준지대설

26 다음의 내용을 모두 설명하는 지대는? 27회

> • 지대는 토지소유자가 토지를 소유하고 있다는 독점적 지위 때문에 받는 수입이므로 최열등지에서도 발생함
> • 지대란 토지의 비옥도나 생산력에 관계없이 발생함
> • 지대는 토지의 사유화로 인해 발생함

① 마샬(A. Marshall)의 준지대
② 리카도(D. Ricardo)의 차액지대
③ 알론소(W. Alonso)의 입찰지대
④ 튀넨(J. H. von Thünen)의 위치지대
⑤ 마르크스(K. Marx)의 절대지대

27 지대는 토지소유자가 토지를 소유하고 있다는 독점적 지위 때문에 받는 수입이므로 토지의 비옥도나 생산력에 관계없이 발생한다는 이론은?

① 차액지대설
② 절대지대설
③ 경제적 지대설
④ 상대지대설
⑤ 준지대설

28 지대론에 관한 설명으로 틀린 것은?

① 리카도(D. Ricardo)의 차액지대설에 따르면 비옥도의 차이, 비옥한 토지량의 제한, 수확체감법칙의 작동을 지대발생의 원인으로 보았다.

② 마르크스(K. Marx)의 절대지대설에 따르면 한계지에 대해서도 토지소유자의 요구로 지대가 발생한다.

③ 마샬(A. Marshall)에 의하면 준지대는 토지 이외의 고정생산요소에 귀속되는 소득으로서 영구적으로 발생하는 지대의 성격을 가지는 소득이다.

④ 튀넨(J. H. von Thünen)의 위치지대설에 따르면 다른 조건이 동일한 경우, 지대는 중심지에서 거리가 멀어질수록 하락한다.

⑤ 알론소(W. Alonso)의 입찰지대설에 따르면 토지이용은 최고의 지대지불의사가 있는 용도에 할당된다.

29 지대론에 관한 설명으로 틀린 것은?

① 차액지대설에서 지대가 발생하는 이유는 비옥한 토지의 양이 상대적으로 희소하고, 토지에 수확체감현상이 있기 때문이다.

② 절대지대설에 따르면 최열등지에 대해서도 토지소유자의 요구로 지대가 발생한다.

③ 마찰비용이론에 의하면 교통수단이 좋을수록 공간의 마찰이 적어지며, 이때 토지이용자는 마찰비용으로 교통비와 지대를 지불한다고 본다.

④ 위치지대설에서 지대는 생산물의 가격과 생산비와는 관계없이 수송비에 의해서 결정된다.

⑤ 입찰지대설에서는 가장 높은 지대를 지불할 의사가 있는 용도에 따라 토지이용이 이루어진다.

30 지대에 관한 설명으로 **틀린** 것은? 22회 　(상)**(중)**(하)

① 리카도(Ricardo)는 토지 비옥도의 차이 및 비옥한 토지의 한정, 수확체감의 법칙의 작용을 지대발생 원인으로 보았다.

② 위치지대설에서 지대함수는 중심지에서 거리가 멀어짐에 따라 지대가 점점 감소하는 함수이다.

③ 마찰비용이론에 의하면 교통수단이 좋을수록 공간의 마찰이 적어지며, 이때 토지이용자는 마찰비용으로 교통비와 지대를 지불한다고 본다.

④ 특정 토지는 입지경쟁이 일어난다면 최대의 순현재가치를 올릴 수 있는 이용에 할당되는데, 이때 최대의 순현재가치를 올릴 수 있는 원인이 무엇이든 아무런 상관이 없다.

⑤ 독점지대설은 토지의 소유 자체를 지대발생의 원인으로 보며, 차액지대설로는 설명이 불가능한 최열등지에 대한 지대발생의 근거를 제시하고 있다.

31 표는 A, B, C 세 가지 생산물의 1,000m²당 연간 산출물의 생산물 가격, 생산비, 수송비를 나타낸다. 생산물의 생산지와 소비되는 읍(중심지)까지의 거리가 20km인 지점에서도 이윤을 얻을 수 있는 생산물은? [다만, 다른 조건은 동일하고, 모든 생산물은 같은 지점에 있는 읍(중심지)에 판매한다고 가정함] 　(상)(중)**(하)**

(단위 : 만원)

생산물	생산물 가격	생산비	수송비(1km당)
A	100	50	5
B	150	100	3
C	300	160	4

① A
② B
③ C
④ A, B
⑤ B, C

32 알론소(W. Alonso)의 입찰지대이론에 관한 설명으로 <u>틀린</u> 것은? 23회

① 튀넨의 고립국이론을 도시공간에 적용하여 확장·발전시킨 것이다.

② 운송비는 도심지로부터 멀어질수록 증가하고, 재화의 평균생산비용은 동일하다는 가정을 전제한다.

③ 지대는 기업주의 정상이윤과 투입 생산비를 지불하고 남은 잉여에 해당하며, 토지이용자에게는 최소지불용의액이라 할 수 있다.

④ 도심지역의 이용 가능한 토지는 외곽지역에 비해 한정되어 있어 토지이용자들 사이에 경쟁이 치열해질 수 있다.

⑤ 교통비 부담이 너무 커서 도시민이 거주하려고 하지 않는 한계지점이 도시의 주거한계점이다.

33 알론소(W. Alonso)의 입찰지대이론에 관한 설명으로 <u>틀린</u> 것은?

① 입찰지대이론에서는 가장 낮은 지대를 지불할 의사가 있는 용도에 따라 토지이용이 이루어진다.

② 입찰지대란 단위면적의 토지에 대해 토지이용자가 지불하고자 하는 최대금액으로, 초과이윤이 '0'이 되는 수준의 지대를 말한다.

③ 입지경쟁의 결과 최대의 순현가를 올릴 수 있어서 최고의 지불능력을 가지고 있는 토지이용자에게 그 토지는 할당된다.

④ 도심으로부터의 거리에 따라 가장 높은 지대를 지불할 수 있는 각 산업의 지대곡선들을 연결한 것을 입찰지대곡선이라 한다.

⑤ 입찰지대곡선의 기울기는 생산물의 단위당 한계교통비를 토지이용자의 토지사용량으로 나눈 값이다.

대표문제 도시공간구조이론

도시공간구조이론에 관한 설명으로 틀린 것은?

① 버제스(E. Burgess)의 동심원이론은 도시의 공간구조를 도시생태학적 관점에서 접근하였다.

② 동심원이론에 따르면 천이(점이)지대는 고소득층 주거지역보다 도심에 가깝게 위치한다.

③ 호이트(H. Hoyt)의 선형이론에 따르면 도시의 공간구조형성을 침입, 경쟁, 천이 등의 과정으로 나타난다고 보았다.

④ 선형이론에 따르면 고소득층의 주거지는 주요 교통노선을 축으로 하여 접근성이 양호한 지역에 입지하는 경향이 있다.

⑤ 해리스(C. Harris)와 울만(E. Ullman)의 다핵심이론에서 도시는 하나의 중심지가 아니라 몇 개의 중심지들로 구성된다.

POINT

주로 동심원이론, 선형이론, 다핵심이론 위주로 출제되고 있습니다. 동심원이론, 선형이론은 단핵이론이며, 다핵심이론은 다핵이론이라는 데 주의하여야 합니다.

해설

도시의 공간구조형성을 침입, 경쟁, 천이 등의 과정으로 나타난다고 본 학자는 버제스(E. Burgess)의 동심원이론이다.

정답 ③

---

34 도시공간구조이론에 관한 설명으로 <u>틀린</u> 것은?

① 동심원이론은 도시공간구조의 형성을 침입, 경쟁, 천이 과정으로 설명하였다.

② 동심원이론에 따르면 중심지에서 멀어질수록 지대 및 인구밀도가 낮아진다.

③ 선형이론에서의 점이지대는 중심업무지구에 직장 및 생활터전이 있어 중심업무지구에 근접하여 거주하는 지대를 말한다.

④ 선형이론에 따르면 도시공간구조의 성장 및 분화가 주요교통노선을 따라 부채꼴모양으로 확대된다.

⑤ 다핵심이론에 따르면 하나의 중심이 아니라 몇 개의 분리된 중심이 점진적으로 통합됨에 따라 전체적인 도시공간구조가 형성된다.

35 버제스(E. W. Burgess)의 동심원이론에서 제시된 5개의 토지이용 유형으로 옳은 것은?

① 중심업무지구(CBD) ⇨ 중산층 주택지대 ⇨ 근로자 주택지대 ⇨ 천이지대 ⇨ 통근자 지대

② 중심업무지구(CBD) ⇨ 중산층 주택지대 ⇨ 천이지대 ⇨ 근로자 주택지대 ⇨ 통근자 지대

③ 중심업무지구(CBD) ⇨ 천이지대 ⇨ 중산층 주택지대 ⇨ 통근자 지대 ⇨ 근로자 주택 지대

④ 중심업무지구(CBD) ⇨ 천이지대 ⇨ 통근자 지대 ⇨ 중산층 주택지대 ⇨ 근로자 주택 지대

⑤ 중심업무지구(CBD) ⇨ 천이지대 ⇨ 근로자 주택지대 ⇨ 중산층 주택지대 ⇨ 통근자 지대

36 다음에서 설명하는 도시공간구조이론은? 23회

> • 미국의 도시경제학자인 호이트(H. Hoyt)가 주장하였다.
> • 도시공간구조의 성장과 지역분화에 있어 중심업무지구로부터 도매·경공업지구, 저급 주택지구, 중급주택지구, 고급주택지구들이 주요 교통노선에 따라 쐐기형(wedge) 지대 모형으로 확대 배치된다.
> • 주택가격의 지불능력이 도시주거공간의 유형을 결정하는 중요한 요인이다.

① 선형이론   ② 동심원이론
③ 다핵심이론   ④ 중력모형이론
⑤ 분기점모형이론

37 지대이론 및 도시공간구조이론에 관한 설명으로 <u>틀린</u> 것은?

① 리카도(D. Ricardo)는 비옥한 토지의 희소성과 수확체감의 법칙으로 인해 지대가 발생한다고 보았다.

② 마샬(A. Marshall)은 일시적으로 토지와 유사한 성격을 가지는 생산요소에 귀속되는 소득을 준지대로 보았다.

③ 알론소(W. Alonso)는 각 토지의 이용은 최고의 지대지불의사가 있는 용도에 할당된다고 보았다.

④ 호이트(H. Hoyt)는 저급주택지가 고용기회가 많은 도심지역과의 교통이 편리한 지역에 선형으로 입지한다고 보았다.

⑤ 해리스(C. Harris)와 울만(E. Ullman)은 도시 내부의 토지이용이 단일한 중심이 아니라 여러 개의 전문화된 중심으로 이루어진다고 보았다.

38 도시내부구조이론에 관한 설명으로 <u>틀린</u> 것은?

① 버제스(E. W. Burgess)의 동심원이론은 도시의 공간구조를 도시생태학적 관점에서 접근하였으며, 도시의 공간구조를 도심과 부도심으로 나누어 설명하였다.

② 호이트(H. Hoyt)의 선형이론에 따르면 주택지불능력이 높을수록 기존의 도심지역과 주요 교통노선을 축으로 하여 접근성이 양호한 지역에 입지하는 경향이 있다.

③ 해리스(Harris)와 울만(Ullman)의 다핵심이론에 따르면 도시는 하나의 중심이 아니라 여러 개의 전문화된 중심으로 이루어진다.

④ 다핵심이론에 따르면 다핵이 성립하기 위해서는 이종의 활동은 서로 떨어져서 입지하고 동종의 활동은 서로 모여서 입지한다고 가정한다.

⑤ 시몬스(J. W. Simmons)의 다차원이론은 동심원이론, 선형이론, 다핵심이론 등을 종합하여 3개의 차원에서 파악해야 한다고 보았다.

39 도시공간구조이론에 관한 설명으로 <u>틀린</u> 것은? 상중**하**

① 동심원이론에 따르면 중심지에서 멀어질수록 접근성·지대·인구밀도 등이 낮아지고, 범죄·인구이동·빈곤 등의 도시문제가 감소한다.

② 선형이론에 따르면 주택구입능력이 낮은 저소득층의 주거지는 주요 간선도로 인근에 입지하는 경향이 있다.

③ 다핵심이론에서 다핵의 발생요인으로 동종활동은 집적이익이 발생하므로 특정지역에 모여서 입지한다. 반면, 이종활동은 서로 상호간의 이해가 상반되므로 떨어져서 입지한다.

④ 다차원이론에서는 동심원이론, 선형이론, 다핵심이론 등의 이론은 토지이용의 공간적 분포를 설명하기에는 부족하다고 보아, 이들 각 이론을 종합하여 3개의 차원에서 파악해야 한다는 이론을 제시하였다.

⑤ 유상도시이론에서는 교통의 발달로 업무시설과 주택이 간선도로를 따라 리본(ribbon) 모양으로 확산·입지한다고 본다.

40 도시공간구조이론에 관한 설명으로 <u>틀린</u> 것은? 상중**하**

① 버제스(Burgess)의 동심원이론은 도시생태학적 관점에서 접근하였다.

② 동심원이론은 도시가 그 중심에서 동심원상으로 확대되어 분화되면서 성장한다는 이론이다.

③ 선형이론은 도시가 교통망을 따라 확장되어 부채꼴 모양으로 성장한다는 이론이다.

④ 다핵심이론과 호이트(Hoyt)의 선형이론의 한계를 극복하기 위해서 개발된 동심원이론에서 점이지대는 저소득 지대와 통근자 지대 사이에 위치하고 있다.

⑤ 해리스(Harris)와 울만(Ullman)의 다핵심이론은 도시가 그 도시 내에서도 수개의 핵심이 형성되면서 성장한다는 이론이다.

41 도시공간구조이론에 관한 설명으로 옳은 것을 모두 고른 것은?

> ⊙ 선형이론에 따르면 주택지불능력이 낮을수록 고용기회가 많은 도심지역과 접근성이
> 양호한 지역에 주거입지를 선정하는 경향이 있다.
> ⓛ 동심원이론은 도시의 공간구조형성을 침입, 경쟁, 천이 등의 과정으로 설명하였다.
> ⓒ 다차원이론에서는 상호편익을 가져다주는 활동(들)의 집적지향성(집적이익)을 다핵
> 입지 발생 요인 중 하나로 본다.
> ② 다핵심이론에 따르면 하나의 중심이 아니라 몇 개의 분리된 중심이 점진적으로 통합
> 됨에 따라 전체적으로 도시공간구조가 형성된다.
> ⑩ 선형이론에 따르면 중심지에서 멀어질수록 지대 및 인구밀도가 낮아진다.

① ㄱ, ㄴ
② ㄱ, ㄷ
③ ㄴ, ㄹ
④ ㄷ, ㄹ
⑤ ㄴ, ㄷ, ㄹ

42 입지와 입지선정에 관한 설명으로 틀린 것은?

① 입지란 어떤 입지주체가 차지하고 있는 주택·공장·상점·학교·사무실 등이 자리잡
고 있는 자연 및 인문적 위치를 말한다.
② 입지선정이란 입지주체가 추구하는 입지조건을 갖춘 토지를 발견하는 것을 말한다.
③ 입지는 정적이고 공간적인 개념인 데 비해, 입지선정은 동적이고 공간적·시간적인
개념이다.
④ 토지이용의 결정 측면에서 볼 때 입지론과 적지론 중 입지론만 입지선정활동의 범주
에 속한다.
⑤ 입지조건이란 입지대상이 내포하고 있는 토지의 자연적·인문적 조건을 말한다.

43 크리스탈러(W. Christaller)의 중심지이론에 관한 설명으로 **틀린** 것은? (상)(중)**(하)**

① 중심지 계층 간의 포섭원리로서 중심지는 중심성의 상대적 크기에 따라 고차 중심지와 저차 중심지로 구분되며, 고차일수록 저차보다 중심지 간의 거리가 더 멀고 규모가 크며 다양한 중심기능을 가진다는 이론이다.

② 중심지 기능이란 주변 지역에 재화와 서비스를 제공하는 기능으로 기반 활동(basic activity)과 유사한 개념이며, 도시는 대부분 중심지 기능을 수행하므로 중심지는 곧 도시를 의미한다.

③ 재화의 도달범위(거리)(range of goods)란 특정 재화나 서비스를 얻기 위하여 사람들이 통행하는 최대의 거리를 말한다.

④ 최소 요구치란 특정 기능을 유지하기 위하여 필요로 하는 최소한의 인구수(고객 수)를 말한다.

⑤ 중심지가 유지되기 위한 조건은 재화의 도달범위(거리)보다 최소 요구치가 커야 한다.

44 크리스탈러(W. Christaller)의 중심지이론에 관한 설명으로 **틀린** 것은? (상)(중)**(하)**

① 인구가 증가하거나 경제가 활성화될수록 중심지의 규모는 커지고 중심지가 많아지며, 중심지 간의 거리는 가까워진다.

② 교통이 발달할수록 고차원 중심지는 발달하고, 저차원 중심지는 쇠락한다.

③ 배후지의 규모는 고차원 중심지일수록 규모가 더 커지고 다양한 중심기능을 수행하며, 저차원 중심지일수록 규모가 더 작아지고 단순한 기능을 수행한다.

④ 중심지 간의 거리는 고차원 중심지일수록 멀고, 저차원 중심지일수록 가깝다.

⑤ 저차원 중심지에서 고차원 중심지로 갈수록 중심지의 수는 많아져서 역삼각형을 이룬다.

45 상업지의 입지선정에 관한 설명으로 <u>틀린</u> 것은?

① 배후지의 분석은 예상매상고를 파악하는 입지선정활동의 하나이다.

② 상업용 배후지(hinterland)는 고객의 사회적·경제적 수준이 높을수록 양호하고, 그 배후지의 범위도 시간의 경과에 따라 가변적이다.

③ 소매인력법칙에 따르면 만약 X도시가 Y도시보다 크다면 상권의 경계는 Y도시 쪽에 더 가깝게 결정될 것이다.

④ 소매인력법칙에 따르면 X, Y 두 도시 사이에 거주하는 소비자에 대하여 두 도시가 미치는 영향력의 크기는 두 도시의 크기에 비례하여 배분된다.

⑤ 크리스탈러(W. Christaller)의 중심지이론에서 중심지가 유지되기 위해서는 재화의 도달거리보다 최소 요구치가 커야 한다.

46 상권에 관한 이론을 설명한 것 중 <u>틀린</u> 것은?

① 컨버스(P. Converse)는 경쟁관계에 있는 두 소매시장 간 상권의 경계지점을 확인할 수 있도록 소매중력모형을 수정하였다.

② 레일리(W. Reilly)의 소매인력법칙에 따르면 X, Y 두 도시 사이에 거주하는 소비자에 대하여 두 도시가 미치는 영향력의 크기는 두 도시의 크기에 비례하여 배분된다.

③ 허프(D. L. Huff)는 소비자들의 특정 상점의 구매를 설명할 때 실측거리, 시간거리, 매장규모와 같은 공간요인뿐만 아니라 효용이라는 비공간요인도 고려하였다.

④ 허프(D. L. Huff)의 확률적 상권모형에서 소비자가 특정 점포를 이용할 확률은 점포와의 거리, 점포의 면적에 의해 결정되며, 경쟁점포의 수와는 무관하다.

⑤ 넬슨(R. Nelson)은 특정 점포가 최대 이익을 얻을 수 있는 매출액을 확보하기 위해서 어떤 장소에 입지하여야 하는지를 제시하였다.

레일리(W. Reilly)의 소매인력법칙

A도시와 B도시 사이에 C마을이 있다. 레일리의 소매인력법칙을 적용할 경우, C마을에서 A도시와 B도시로 구매 활동에 유인되는 인구수는? (단, C마을 인구의 80%만 A도시 또는 B도시에서 구매하고, 주어진 조건에 한함)

① A : 3,000명, B : 13,000명
② A : 4,000명, B : 12,000명
③ A : 5,000명, B : 11,000명
④ A : 6,000명, B : 10,000명
⑤ A : 7,000명, B : 9,000명

POINT

주어진 문제의 조건하에서는 레일리(W. Reilly) 방식은 물론 허프(D. L. Huff) 방식으로 구해도 됩니다.

해설

레일리의 B도시에 대한 A도시의 구매지향비율$\left(\dfrac{B_A}{B_B}\right)$은

$$\frac{B_A}{B_B} = \frac{P_A}{P_B} \times \left(\frac{D_B}{D_A}\right)^2 = \frac{\text{A도시의 인구}}{\text{B도시의 인구}} \times \left(\frac{\text{B도시까지의 거리}}{\text{A도시까지의 거리}}\right)^2 \text{이므로}$$

$$\frac{100,000}{300,000} \times \left(\frac{20}{20}\right)^2 = \frac{1}{3} \times 1 = \frac{1}{3} \text{이다.}$$

따라서 A도시로의 인구유인비율 : B도시로의 인구유인비율은 1 : 3이다.
그런데 C마을 2만명의 80%만 구매하므로 16,000명 중에서 A도시 4,000명, B도시 12,000명이 된다.

정답 ②

47 A도시와 B도시 사이에 위치하고 있는 C도시는 A도시로부터 4km, B도시로부터 12km 떨어져 있다. A도시의 인구는 6만명, B도시의 인구는 36만명, C도시의 인구는 1만명이다. 레일리(W. J. Reilly)의 '소매인력법칙'을 적용할 경우, C도시에서 A도시와 B도시로 구매 활동에 유인되는 인구 규모는? (단, C도시의 모든 인구는 A도시와 B도시에서만 구매함) 〔상〕〔중〕〔하〕

	A도시	B도시
①	3,000명	7,000명
②	4,000명	6,000명
③	5,000명	5,000명
④	6,000명	4,000명
⑤	7,000명	3,000명

48 레일리(W. Reilly)의 소매인력법칙을 적용할 경우, 다음과 같은 상황에서 (   )에 들어갈 숫자로 옳은 것은? 〔상〕〔중〕〔하〕

- 인구가 1만명인 A시와 3만명인 B시가 있다. A시와 B시 사이에 인구 1천명의 마을 C가 있다. 마을 C로부터 A시, B시까지의 직선거리는 각각 2km, 6km이다.
- 마을 C의 인구 중 비구매자는 없고 A시, B시에서만 구매활동을 한다고 가정할 때, 마을 C의 인구 중 A시로의 유인 규모는 (㉠)명이고, B시로의 유인 규모는 (㉡)명이다.

① ㉠ : 600, ㉡ : 400
② ㉠ : 650, ㉡ : 350
③ ㉠ : 700, ㉡ : 300
④ ㉠ : 750, ㉡ : 250
⑤ ㉠ : 800, ㉡ : 200

49 A도시와 B도시 사이에 있는 C도시는 A도시로부터 3km, B도시로부터 5km 떨어져 있다. 각 도시의 인구 변화가 다음과 같을 때, 작년에 비해 금년에 C도시로부터 B도시의 구매활동에 유인되는 인구수의 증가는? [단, 레일리(W. Reilly)의 소매인력법칙에 따르고, C도시의 모든 인구는 A도시와 B도시에서만 구매하며, 다른 조건은 동일함] 상⬤하

구 분	A도시	B도시	C도시
작년 인구수	18,000명	50,000명	20,000명
금년 인구수	18,000명	75,000명	30,000명

① 8,000명
② 9,000명
③ 10,000명
④ 12,000명
⑤ 15,000명

50 어떤 도시에 쇼핑센터 A, B가 있다. 두 쇼핑센터 간 거리는 9km이다. A의 면적은 2,000m²이고, B의 면적은 8,000m²이다. 컨버스(P. D. Converse)의 분기점모형에 따른 두 쇼핑센터의 상권 경계선은 어디인가? (컨버스의 분기점모형에 따르면, 상권은 거리의 제곱에 반비례하고, 상가의 면적에 비례함) 상⬤하

① A로부터 2km 지점
② A로부터 3km 지점
③ A로부터 4km 지점
④ A로부터 5km 지점
⑤ A로부터 7km 지점

51 컨버스(P. Converse)의 분기점모형에 따르면 상권은 거리의 제곱에 반비례하고 인구에 비례한다. 다음의 조건에서 A, B도시의 상권 경계지점은 A시로부터 얼마나 떨어진 곳에 형성되는가? (단, 주어진 조건에 한함) 상**중**하

- A시의 인구 : 160,000명, B시의 인구 : 40,000명
- 두 도시 간의 거리 : 18km
- 두 도시의 인구는 모두 구매자이며, 두 도시에서만 구매함

① 8km ② 9km ③ 10km

④ 11km ⑤ 12km

대표문제 **허프(D. L. Huff)의 상권분석모형**

C도시 인근에 A와 B 두 개의 할인점이 있다. 허프(D. L. Huff)의 상권분석모형을 적용할 경우, A할인점의 이용객 수는? (단, 거리에 대한 소비자의 공간마찰계수 값은 2이고, 도시인구의 80%가 할인점을 이용함)

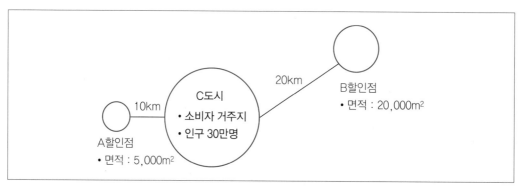

① 70,000명 ② 80,000명

③ 90,000명 ④ 100,000명

⑤ 120,000명

POINT
단순하게 공식을 활용하는 문제이므로 공식을 기억하고 문제에 대입하는 연습이 필요합니다.

공간마찰계수를 2로 적용하여 계산하면 다음과 같다.

1. A할인점 고객유인력 $= \dfrac{5,000}{10^2} = 50$, B할인점 고객유인력 $= \dfrac{20,000}{20^2} = 50$

2. A할인점의 시장점유율(%) $= \dfrac{50}{50 + 50} = 50\%(0.5)$

3. A할인점의 이용객 수 $= 30$만명 $\times 0.8 \times 0.5 = 120,000$명

정답 ⑤

52 인구 10만명인 도시 인근에 2개의 대형할인점이 있다. 다음 자료에 허프(D. L. Huff)의 상권분석모형을 적용할 경우, 대형할인점 A의 시장점유율 및 이용객 수는? (다만, 공간 마찰계수는 2이며, 도시 인구의 70%가 대형할인점을 이용한다고 가정함) (상)(중)(하)

구 분	대형할인점 A	대형할인점 B
거주지에서의 거리	1km	2km
대형할인점의 면적	5,000m²	20,000m²

① 33%, 23,000명   ② 33%, 33,000명   ③ 50%, 35,000명
④ 50%, 50,000명   ⑤ 70%, 70,000명

53 다음 표는 어느 시장지역 내 거주지에서 소비자가 이용하는 쇼핑센터까지의 거리와 규모를 표시한 것이다. 현재 거주지의 인구가 10,000명이다. 허프(Huff) 모형에 의한다면, 거주지에서 쇼핑센터 A의 이용객 수는? (단, 공간마찰계수는 2이고, 소요시간과 거리의 비례는 동일하며, 거주지의 인구 모두 쇼핑센터를 이용함) (상)(중)(하)

구 분	쇼핑센터 A	쇼핑센터 B
쇼핑센터 면적	42,000m²	7,000m²
거주지에서 거리	10분	5분

① 2,000명   ② 3,000명   ③ 4,000명
④ 5,000명   ⑤ 6,000명

54 어느 도시의 상점입지를 나타낸 것이다. 허프(D. L. Huff)의 상권분석모형을 이용할 경우 A점포의 시장점유율 및 이용객 수는? (단, 공간마찰계수 값은 2로 가정함) 상 중 **하**

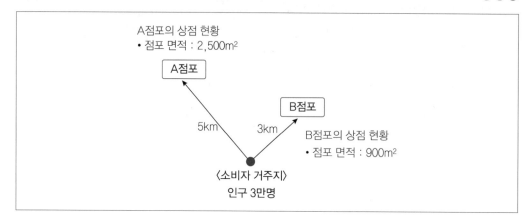

① 25%, 7,500명
② 25%, 10,000명
③ 33%, 10,000명
④ 50%, 15,000명
⑤ 65%, 19,500명

55 C도시 인근에 A할인점과 B할인점이 있다. 허프(D. L. Huff)의 상권분석모형을 적용할 경우, A할인점의 이용객 수는 C도시 인구의 몇 %인가? (단, 거리에 대한 소비자의 거리마찰계수 값은 2이고, C도시 인구 중 50%가 A할인점이나 B할인점을 이용함) 상 **중** 하

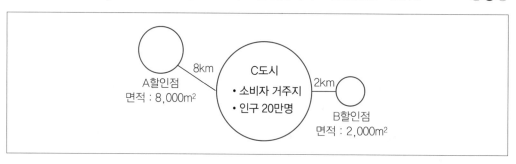

① 5%
② 10%
③ 15%
④ 20%
⑤ 25%

56 C도시 인근에 A할인점과 B할인점이 있다. 허프(D. L. Huff)의 상권분석모형을 적용할 경우, A할인점의 이용객 수는 C도시 인구의 몇 %인가? (단, 거리에 대한 소비자의 거리마찰계수는 2이고, C도시 인구 중 60%가 A할인점이나 B할인점을 이용함) 상**중**하

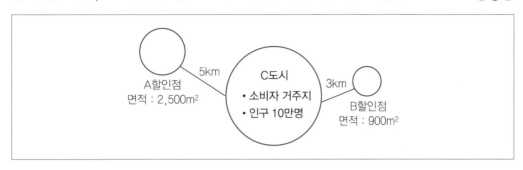

① 10%
② 20%
③ 30%
④ 40%
⑤ 50%

57 D도시 인근에 A, B, C 세 개의 쇼핑센터가 있다. 허프(Huff)의 상권분석모형을 적용할 경우, 각 쇼핑센터의 이용객 수는? (단, 거리마찰계수는 2, D도시 인구의 40%가 쇼핑센터의 이용객이고, A, B, C 중 한 곳에서만 쇼핑함) 상**중**하

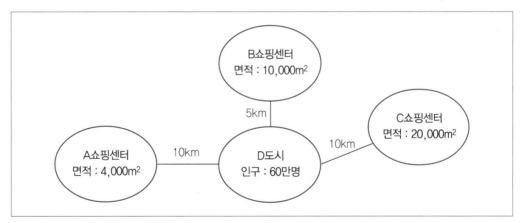

① A : 15,000명, B : 15,000명, C : 70,000명
② A : 15,000명, B : 160,000명, C : 65,000명
③ A : 15,000명, B : 150,000명, C : 75,000명
④ A : 16,000명, B : 15,000명, C : 69,000명
⑤ A : 16,000명, B : 150,000명, C : 74,000명

58 허프(D. Huff) 모형을 활용하여, X지역의 주민이 할인점 A를 방문할 확률과 할인점 A의 월 추정매출액을 순서대로 나열한 것은? (단, 주어진 조건에 한함)

> • X지역의 현재 주민 : 5,000명
> • 1인당 월 할인점 소비액 : 20만원
> • 공간마찰계수 : 2
> • X지역의 주민은 모두 구매자이고, A, B, C 할인점에서만 구매한다고 가정

구 분	할인점 A	할인점 B	할인점 C
면 적	1,000m²	700m²	675m²
X지역 거주지로부터의 거리	5km	10km	15km

① 60%, 8억원 ② 60%, 10억원 ③ 80%, 8억원
④ 80%, 10억원 ⑤ 80%, 12억원

기출응용 34회

59 허프(D. Huff) 모형을 활용하여 점포 A의 월 매출액을 추정하였는데, 착오에 의해 공간(거리)마찰계수가 잘못 적용된 것을 확인하였다. 올바르게 추정한 점포 A의 월 매출액은 잘못 추정한 점포 A의 월 매출액보다 얼마나 증가하는가? (단, 주어진 조건에 한함)

> • X지역의 현재 주민 : 10,000명
> • 1인당 월 점포 소비액 : 20만원
> • 올바른 공간(거리)마찰계수 : 2
> • 잘못 적용된 공간(거리)마찰계수 : 1
> • X지역의 주민은 모두 구매자이고, 점포(A, B, C)에서만 구매한다고 가정함
> • 각 점포의 매출액은 X지역 주민에 의해서만 창출됨

구 분	점포 A	점포 B	점포 C
면 적	1,500m²	4,000m²	4,500m²
X지역 거주지로부터의 거리	5km	10km	15km

① 2억원 ② 3억원 ③ 4억원
④ 5억원 ⑤ 6억원

60 **허프**(D. Huff) **모형에 관한 설명으로 틀린 것은?** (단, 다른 조건은 동일함) 30회 상**중**하

① 중력모형을 활용하여 상권의 규모 또는 매장의 매출액을 추정할 수 있다.

② 모형의 공간(거리)마찰계수는 시장의 교통조건과 쇼핑 물건의 특성에 따라 달라지는 값이다.

③ 모형을 적용하기 전에 공간(거리)마찰계수가 먼저 정해져야 한다.

④ 교통조건이 나쁠 경우, 공간(거리)마찰계수가 커지게 된다.

⑤ 전문품점의 경우는 일상용품점보다 공간(거리)마찰계수가 크다.

61 **상점은 입지특성과 구매습관에 의해 분류된다. 이와 관련된 설명으로 옳은 것은?** 17회

상**중**하

① 집심성(集心性) 점포는 같은 업종이 서로 모여 입지해야 유리한 유형의 점포이다.

② 선매품점(選買品店)은 구매의 노력과 비용에 크게 구애받지 않고 수요자의 취미·기호 등에 따라 구매하는 상품을 취급하는 점포이다.

③ 집재성(集在性) 점포는 동일 업종의 점포끼리 국부적 중심지에 입지해야 유리한 유형의 점포이다.

④ 산재성(散在性) 점포는 분산입지해야 유리한 유형의 점포이다.

⑤ 전문품점(專門品店)은 여러 상점들을 상호 비교한 후에 구매하는 상품을 취급하는 점포이다.

다음을 모두 설명하는 입지이론은?

32회

- 운송비의 관점에서 특정 공장이 원료지향적인지 또는 시장지향적인지를 판단하기 위해 '원료지수(MI : material index)' 개념을 사용한다.
- 최소운송비 지점, 최소노동비 지점, 집적이익이 발생하는 구역을 종합적으로 고려해서 최소비용 지점을 결정한다.
- 최소운송비 지점으로부터 기업이 입지를 바꿀 경우, 이에 따른 추가적인 운송비의 부담액이 동일한 지점을 연결한 것이 등비용선이다.

① 베버(A. Weber)의 최소비용이론
② 호텔링(H. Hotelling)의 입지적 상호의존설
③ 뢰쉬(A. Lösch)의 최대수요이론
④ 애플바움(W. Applebaum)의 소비자분포기법
⑤ 크리스탈러(W. Christaller)의 중심지이론

POINT

공업입지이론에서는 베버의 최소비용이론이 중요하며, 베버는 수송비(운송비), 인건비, 집적이익을 고려하여 비용이 최소인 곳에 공장이 입지해야 한다고 주장하였습니다.

해설

베버(A. Weber)의 최소비용이론은 운송비의 관점에서 특정 공장이 원료지향적인지 또는 시장지향적인지를 판단하기 위해 '원료지수(MI : material index)' 개념을 사용한다. 또한 최소운송비 지점, 최소노동비 지점, 집적이익이 발생하는 구역을 종합적으로 고려해서 최소비용 지점을 결정한다. 이때 최소운송비 지점으로부터 기업이 입지를 바꿀 경우, 이에 따른 추가적인 운송비의 부담액이 동일한 지점을 연결한 것이 등비용선이다.

정답 ①

62 공업지의 입지선정에서 입지인자(factors of location)에 관한 설명으로 <u>틀린</u> 것은?

상중**하**

① 입지단위로 보아서 다른 장소 이상으로 이익을 가져오기 때문에 특정 장소에 공업을 견인함으로써 얻게 되는 비용절약상의 이익을 말한다.

② 특정 장소의 입지조건과 입지주체의 작용에서 오는 비용절약의 개념이다.

③ 본질은 비용절약의 이익이므로 비용 최소화의 원리로부터 현재는 이윤 극대화의 원리로 발전하고 있다.

④ 공업입지 선정상 가장 관계가 있는 비용항목은 원재료, 노동비, 수송비, 지대 등이다.

⑤ 생산과정에서 소요되는 비용을 항목별로 세분화한 하나하나의 비용항목을 말한다.

63 공업입지에 관한 설명으로 <u>틀린</u> 것은?

상중**하**

① 생산과정에서 소요되는 비용을 항목별로 세분한 하나하나의 비용항목을 입지단위라 한다.

② 베버(A. Weber)의 최소비용이론은 공업입지는 생산과 판매에 있어 최소 수송비가 드는 지점에서 이루어진다는 이론으로 수송비는 원료와 제품의 무게, 원료와 제품이 수송되는 거리에 의해 결정된다고 하였다.

③ 베버에 의하면 산업입지에서 중요한 것은 수송비·노동비·집적력 등인데, 그중에서 집적력이 가장 중요한 요소이다.

④ 원료지수란 제품중량에 대한 국지원료중량의 비율을 말하고, 입지중량이란 제품 1단위의 이동에 필요한 중량으로서 제품중량에 대한 국지원료중량에 제품중량을 더한 값의 비율을 말한다.

⑤ 뢰쉬(A. Lösch)는 수요 측면의 입장에서 기업은 시장확대가능성이 가장 높은 지점에 위치해야 한다고 보았다.

64 공장부지의 입지요인에 관한 설명으로 <u>틀린</u> 것은?

① 원료지수가 1보다 크면 원료지향형 입지를, 원료지수가 1보다 작으면 시장지향형 입지를 하는 경향이 있다.

② 중량증가산업(청량음료, 맥주)과 완제품의 부패성이 심한 산업은 시장지향형 입지를 하는 경향이 있다.

③ 소비시장에 재고량을 확보할 수 있으며, 수요에 민감한 제품을 생산하는 산업은 시장지향형 입지를 하는 경향이 있다.

④ 소비시장과 원료산지 사이에 이적지점(移積地點 혹은 적환지점)이 있는 경우는 중간지향형 입지를 하는 경향이 있다.

⑤ 국지원료를 많이 사용하는 공장은 시장지향형 입지를 하는 경향이 있다.

65 공장부지의 입지요인에 관한 설명으로 <u>틀린</u> 것은?

① 원료지수란 제품중량에 대한 국지원료중량의 비율을 말한다.

② '입지중량 > 2'라면 원료지향적 입지를 하는 경향이 있고, '입지중량 < 2'라면 시장지향적 입지를 하는 경향이 있다.

③ 운송비의 비중이 높고, 기술 연관성이 낮으며 계열화된 산업의 경우, 집적지역에 입지함으로써 비용절감효과를 얻을 수 있다.

④ 보편원료를 많이 사용하는 공장은 시장지향형 입지를, 중량감소산업은 원료지향형 입지를 선호한다.

⑤ 시장이나 원료산지와 같은 종착지가 입지지점이며, 운송수단이 바뀔 경우에는 적환지점(transshipment point)이 최적의 입지지점이 된다.

66 공업입지론에 관한 설명으로 <u>틀린</u> 것은?　　　　　　　(상)(중)**하**

① 베버(A. Weber)에 의하면 수송비는 원료와 제품의 무게, 원료와 제품이 수송되는 거리에 의해 결정된다.

② 베버에 의하면 산업입지에서 중요한 것은 수송비·노동비·집적력 등인데, 그중에서 수송비(운송비)가 가장 중요한 요소이다.

③ 뢰쉬(A. Lösch)는 베버의 입지론이 너무 생산비에만 치우쳐 있음을 지적하며 기업이 궁극적으로 꾀하는 이윤 극대화의 원칙과 배치되므로 모순이라 지적하였다.

④ 뢰쉬의 이론은 모든 비용을 고려해 최소 생산비 지점을 찾아 공장의 최적입지를 결정해야 한다는 이론이다.

⑤ 베버와 뢰쉬의 이론이 공급이나 수요 측면 중 한 방향에서 접근한 것이었으나 이후 보다 현실적으로 이 둘을 통합하여 이윤이 극대인 지점이 최적입지라는 이론이 등장하였다.

01 합리적 지가 수준을 넘는 지가 상태를 지가고(地價高)라 한다면 이러한 지가고의 폐단이라고 할 수 <u>없는</u> 것은? 14회

① 공공용지의 취득을 위한 보상가격이 높아져 공공기관의 재정부담이 커진다.

② 산업용지의 높은 가격은 생산품 가격에 전가된다고 보는 견해가 있다.

③ 택지 취득이 필요한 수요자가 취득하기 어려워진다.

④ 토지 투기를 촉진하는 요인이 되기도 한다.

⑤ 부동산개발회사의 수익성을 높여 경기부양에 도움이 된다.

02 주택문제 중 질적 주택문제에 관한 내용으로 <u>틀린</u> 것은? 상중하

① 주택이 절대적으로 부족한 현상을 말한다.

② 주택가격이나 주거비의 부담능력이 낮아서 주택의 질적 수준이 낮은 데에서 비롯되는 여러 가지 불만을 초래하는 문제이다.

③ 경제적 주택문제라고도 한다.

④ 대표적 원인은 저소득 수준에 있다.

⑤ 양적 주택문제가 해결된 후의 일이다.

03 소득 대비 주택가격비율(PIR ; price to income ratio)과 소득 대비 주택임대료비율 (RIR ; rent to income ratio)에 관한 설명으로 <u>틀린</u> 것은? 상중**하**

① 소득 대비 주택가격비율(PIR ; price to income ratio)은 가구당 연간소득에서 주택가 격이 차지하는 비율을 의미한다.

② 일반적으로 소득에 비해 주택가격의 상승률이 크면 PIR은 증가하며, PIR이 증가할 수록 가구의 주택구입능력은 낮아지며, 자가점유율이 저하된다.

③ PIR이 증가할수록 개별가구의 주택마련기간은 짧아진다는 것을 의미한다.

④ 소득 대비 주택임대료비율(RIR ; rent to income ratio)은 임차가구당 월 소득에서 월 임대료가 차지하는 비율을 의미한다.

⑤ 소득 대비 주택가격비율(PIR)과 소득 대비 주택임대료비율(RIR)은 주택시장에서 가 구의 지불능력을 측정하는 지표이다.

04 시장실패의 요인에 해당하지 <u>않는</u> 것은? 상중**하**

① 완전경쟁

② 외부효과의 존재

③ 공공재의 부족

④ 정보의 불완전성

⑤ 규모의 경제

시장실패 또는 정부의 시장 개입에 관한 설명으로 틀린 것은?

① 시장가격에 임의로 영향을 미칠 수 있는 독과점 공급자의 존재는 시장실패의 원인이 된다.

② 소비의 비경합성과 비배제성을 수반하는 공공재는 시장실패의 원인이 된다.

③ 외부효과는 시장실패의 원인이 된다.

④ 정보의 비대칭성은 시장실패의 원인이 아니다.

⑤ 시장실패의 문제를 해결하기 위하여 정부는 시장에 개입할 수 있다.

> **POINT**
> 시장실패의 원인을 알아두고, 정부의 부동산시장 개입방법 중 정치적 기능과 경제적 기능을 구분할 수 있어야 합니다.
>
> **해설**
> 거래 쌍방 간의 정보의 비대칭성 및 불확실성은 시장실패의 요인이 된다.
>
> 정답 ④

05 **정부의 부동산시장 개입에 관한 설명으로 틀린 것은?**

① 정부는 사회적 목표를 달성하기 위해 부동산시장에 개입한다.

② 정부는 시장의 실패를 수정하기 위해 부동산시장에 개입한다.

③ 저소득층을 위한 임대주택의 공급은 시장실패를 수정하기 위한 경제적 기능이다.

④ 소득재분배, 주거복지의 증진 등 사회적 목표를 달성하기 위해 개입할 수 있다.

⑤ 지역지구제의 실시는 시장실패를 수정하기 위해 시장에 개입하는 것이다.

06 부동산정책의 공적 개입 필요성에 관한 설명으로 **틀린** 것은? 상**중**하

① 부동산시장은 불완전정보, 공급의 비탄력성으로 인한 수요·공급 시차로 인하여 시장 실패가 나타날 수 있다.

② 정부는 토지를 경제적·효율적으로 이용하고 공공복리의 증진을 도모하기 위하여 용 도지역제를 활용하고 있다.

③ 정부는 주민의 편의를 위해 공공재인 도로, 공원 등의 도시계획시설을 공급하고 있다.

④ 공공재는 시장기구에 맡겨둘 경우 경합성과 배제성으로 인하여 무임승차(free ride) 현상이 발생할 수 있다.

⑤ 정부가 부동산시장에 개입하는 논리에는 부(−)의 외부효과 방지와 공공재 공급 등이 있다.

07 공공재에 관한 설명으로 **틀린** 것은? 상중**하**

① 소비의 비경합성(非競合性)과 비배제성(非排除性)이라는 특성이 있다.

② 많은 사람들이 동시에 소비할 수 있고, 한 개인의 소비가 다른 사람들의 소비를 감소 시키지 않는다.

③ 생산을 시장에 맡길 경우 사회적 적정생산량보다 과다하게 생산되는 경향이 있다.

④ 생산을 시장에 맡길 경우 공공재의 공급량이 부족하게 되므로 자원의 효율적 배분에 실패하게 된다.

⑤ 공공재의 대표적인 예에는 국방, 치안, 소방, 도로, 의무교육 등이 있다.

08 부동산정책에 관한 설명으로 **틀린** 것은? 상**중**하

① 시장에서 어떤 원인으로 인해 자원의 효율적 배분에 실패하는 현상을 시장의 실패라 하는데, 이는 정부가 시장에 개입하는 근거가 된다.

② 공공토지비축제도는 공익사업용지의 원활한 공급과 토지시장의 안정에 기여하는 것 을 목적으로 한다.

③ 용도지역·지구제는 토지이용을 제한하여 지역에 따라 지가의 상승 또는 하락을 야기 할 수도 있다.

④ 부동산에 대한 조세부과나 보조금제도는 정부의 부동산시장에 대한 직접개입방식이다.

⑤ 정부의 부동산조세부과와 같은 부동산정책은 사회적 후생손실을 발생시킬 수 있다.

외부효과에 관한 설명으로 틀린 것은? (단, 다른 조건은 동일함)

① 외부효과란 어떤 경제활동과 관련하여 거래당사자에게 의도하지 않은 이익이나 손해를 가져다주는데도 이에 대한 대가를 지불하지도 받지도 않는 상태를 말한다.
② 부(−)의 외부효과가 발생하는 재화의 경우 시장에만 맡겨두면 지나치게 많이 생산될 수 있다.
③ 부(−)의 외부효과를 발생시키는 시설의 경우, 발생된 외부효과를 제거 또는 감소시키기 위한 사회적 비용이 발생할 수 있다.
④ 정(+)의 외부효과의 경우 비용을 지불하지 않은 사람도 발생되는 이익을 누릴 수 있다.
⑤ 부동산의 특성 중 부동성과 인접성은 외부효과와 관련이 있다.

POINT
외부효과는 소비 측면과 생산 측면의 외부효과로 구분하나, 주로 생산 측면의 외부효과를 위주로 정리해두어야 합니다.

해설
외부효과란 어떤 경제활동과 관련하여 거래당사자가 아닌 제3자에게 의도하지 않은 이익이나 손해를 가져다주는데도 이에 대한 대가를 지불하지도 받지도 않는 상태를 말한다.

이론➕ 외부효과

정(+)의 외부효과(외부경제)	부(−)의 외부효과(외부불경제)
다른 사람(제3자)에게 의도하지 않은 혜택을 주고도 이에 대한 보상을 받지 못하는 것 예 과수원과 양봉업	다른 사람(제3자)에게 의도하지 않은 손해를 입히고도 이에 대한 대가를 지불하지 않는 것 예 양식업과 공장폐수
• 사적 편익 < 사회적 편익 • 사적 비용 > 사회적 비용	• 사적 편익 > 사회적 편익 • 사적 비용 < 사회적 비용
과소생산, 과잉가격	과다생산, 과소가격
보조금 지급, 조세경감, 행정규제의 완화	오염배출업체에 대한 조세중과나 환경부담금 부과, 지역지구제 실시
PIMFY(please in my front yard) 현상	NIMBY(not in my back yard) 현상

정답 ①

09 외부효과에 관한 설명으로 **틀린** 것은? (단, 다른 조건은 불변임) (상)(중)(하)

① 부동산의 부동성과 인접성은 외부효과와 관련이 있다.

② 부(−)의 외부효과가 발생하는 경우 세금 부과나 규제 등을 통해 자원배분의 비효율성을 감소시킬 수 있다.

③ 부(−)의 외부효과를 제거하기 위하여 지역지구제를 실시할 수 있다.

④ 정(+)의 외부효과가 존재하는 경우는 시장실패가 발생하지 않는다.

⑤ 부(−)의 외부효과가 발생하는 재화의 경우 시장에만 맡겨두면 지나치게 많이 생산될 수 있다.

10 외부효과에 관한 설명으로 옳은 것은? (상)(중)(하)

① 외부효과란 거래당사자가 시장메커니즘을 통하여 상대방에게 미치는 유리하거나 불리한 효과를 말한다.

② 부(−)의 외부효과는 의도되지 않은 손해를 주면서 그 대가를 지불하지 않는 외부경제라고 할 수 있다.

③ 부(−)의 외부효과는 사회적 최적생산량보다 시장생산량이 적은 과소생산을 초래한다.

④ 정(+)의 외부효과는 소비에 있어 사회적 편익이 사적 편익보다 큰 결과를 초래한다.

⑤ 부(−)의 외부효과에는 보조금 지급이나 조세경감의 정책이 필요하다.

11 외부효과에 관한 설명으로 **틀린** 것은? (상)(중)(하)

① 외부효과는 한 사람의 행위가 제3자의 경제적 후생에 영향을 미치고, 그에 대해 지급된 보상을 제3자가 인지하지 못하는 현상을 말한다.

② 정(+)의 외부효과는 핌피(PIMFY) 현상을 초래할 수 있다.

③ 정(+)의 외부효과를 장려하기 위한 수단으로 보조금 지급 등이 있다.

④ 부(−)의 외부효과를 발생시키는 공장에 대해서 부담금을 부과하면, 생산비가 증가하여 이 공장에서 생산되는 제품의 공급이 감소하게 된다.

⑤ 공장이 설립된 인근지역에는 해당 공장에서 배출되는 폐수 등으로 인해 부(−)의 외부효과가 발생할 수 있다.

12 사적 시장에서 생산과 관련된 부(−)의 외부효과가 나타날 경우로 옳은 것은?

① 정부가 보조금을 지급하면 수요곡선을 우측으로 이동시키게 되므로 부(−)의 외부효과 문제가 해결된다.

② 부(−)의 외부효과를 야기하는 주체에게 세금을 부과하는 것은 시장을 효율적으로 작동시키지 못하므로 바람직하지 못하다.

③ 충분한 자원이 생산에 사용되지 못하여 적정생산량보다 과소생산의 결과를 초래한다.

④ 부(−)의 외부효과를 야기하는 주체에게 세금을 부과하여 사회적 비용과 사적 비용을 일치시켜야 한다.

⑤ 생산을 중단하여 부(−)의 외부효과를 막아야 한다.

13 외부효과에 관한 설명으로 <u>틀린</u> 것은?

① 부(−)의 외부효과가 발생하는 경우 세금 부과나 규제 등을 통해 자원배분의 비효율성을 감소시킬 수 있다.

② 정(+)의 외부효과든 부(−)의 외부효과든 외부효과가 존재하면 사적 비용과 사회적 비용이 달라져 자원배분의 왜곡이 발생한다.

③ 주택공급 부족으로 주택가격이 급등하는 것은 외부효과에 의한 시장실패라고 볼 수 있다.

④ 불분명한 환경재산권을 분명하게 해 준다면 정부의 개입 없이 시장기구가 스스로 외부효과 문제를 효율적으로 해결할 수 있다는 것을 코즈의 정리(Coase theorem)라고 한다.

⑤ 부(−)의 외부효과를 발생시키는 기업에는 세금을 부과하고, 정(+)의 외부효과를 발생시키는 기업에는 보조금을 지급함으로써 개입할 수 있다.

부동산정책에 관한 설명으로 틀린 것은?

① 공공토지비축제도는 공익사업용지의 원활한 공급과 토지시장의 안정에 기여하는 것을 목적으로 한다.

② 지역지구제는 사적 시장이 외부효과에 대한 효율적인 해결책을 제시하지 못할 때, 정부에 의해 채택되는 부동산정책의 한 수단이다.

③ 개발권양도제(TDR)는 개발사업의 시행으로 이익을 얻은 사업시행자로부터 불로소득적 증가분의 일정액을 환수하는 제도이다.

④ 정부가 주택가격 안정을 목적으로 신규주택의 분양가를 규제할 경우, 신규주택 공급량이 감소하면서 사회적 후생 손실이 발생할 수 있다.

⑤ 토지수용과 같은 시장개입수단에서는 토지매입과 보상과정에서 사업시행자와 피수용자 간에 갈등이 발생하기도 한다.

POINT
정부의 정책이나 제도를 잘 이해하고 정리해 두어야 합니다.

해설
개발사업의 시행으로 이익을 얻은 사업시행자로부터 불로소득의 증가분의 일정액을 환수하는 것은 개발이익환수제이다. 개발권양도제(TDR)는 개발이 제한되는 지역의 토지소유권에서 개발권을 분리하여 개발이 필요한 다른 지역에 개발권을 양도할 수 있도록 하는 제도이다.

정답 ③

---

14 토지정책의 수단에 관한 설명으로 틀린 것은?

① 토지이용규제란 개별토지이용자의 토지이용행위를 사회적으로 바람직한 방향으로 유도하기 위해서 법률적·행정적 조치에 의거하여 구속하고 제한하는 방법들을 총칭한다.

② 직접적 개입은 정부나 공공기관이 토지시장에 직접 개입하여 토지에 대한 수요자와 공급자의 역할을 적극적으로 수행하는 방법이다.

③ 직접적 개입 방법에는 도시재개발, 토지수용, 지역지구제, 토지은행제도, 공공소유제도, 공영개발 등이 있다.

④ 간접적 개입은 기본적으로는 시장기구의 틀을 유지하면서 그 기능을 통해 소기의 효과를 거두려는 방법을 의미한다.

⑤ 간접적 개입 방법에는 토지세, 금융지원, 보조금 지급, 각종 토지행정상의 지원, 자료 및 정보체계의 구축 등이 있다.

15 토지정책의 수단 중 직접적 개입에 해당하는 방법은?

① 지역지구제 실시　　　　② 토지은행제도
③ 종합부동산세 부과　　　④ 각종 인허가
⑤ 개발부담금 부과

16 정부의 부동산시장에 대한 직접개입 유형에 해당하는 것을 모두 고른 것은? 상중하

㉠ 임대료보조	㉡ 공영개발사업
㉢ 공공임대주택	㉣ 종합부동산세
㉤ 개발부담금	㉥ 공공토지비축(토지은행)
㉦ 토지수용	㉧ 총부채상환비율(DTI)

① ㉠, ㉡, ㉢, ㉧　　　② ㉠, ㉡, ㉤, ㉥
③ ㉡, ㉢, ㉤, ㉧　　　④ ㉡, ㉢, ㉥, ㉦
⑤ ㉢, ㉣, ㉥, ㉦

17 정부의 부동산시장 개입에 관한 설명으로 틀린 것은? 27회 상중하

① 개발부담금 부과제도는 정부의 직접적 시장 개입 수단이다.
② 공공임대주택의 공급은 소득재분배 효과를 기대할 수 있다.
③ 정부가 주택가격 안정을 목적으로 신규주택의 분양가를 규제할 경우, 신규주택 공급
　량이 감소하면서 사회적 후생손실이 발생할 수 있다.
④ 시장에서 어떤 원인으로 인해 자원의 효율적 배분에 실패하는 현상을 시장의 실패라
　하는데, 이는 정부가 시장에 개입하는 근거가 된다.
⑤ 토지수용과 같은 시장 개입 수단에서는 토지매입과 보상 과정에서 사업시행자와 피
　수용자 간에 갈등이 발생하기도 한다.

18 부동산정책에 관한 설명으로 **틀린** 것은? 26회

① 부동산에 대한 부담금제도나 보조금제도는 정부의 부동산시장에 대한 직접개입 방식이다.
② 정부가 부동산시장에 개입하는 이유에는 시장실패의 보완, 부동산시장의 안정 등이 있다.
③ 개발제한구역은 도시의 무질서한 팽창을 억제하는 효과가 있다.
④ 공공토지비축제도는 공익사업용지의 원활한 공급과 토지시장의 안정에 기여하는 것을 목적으로 한다.
⑤ 정부의 시장 개입은 사회적 후생손실을 발생시킬 수 있다.

19 정부가 시행 중인 부동산정책에 관한 설명으로 **틀린** 것은? 30회

① 국토교통부장관은 도시의 무질서한 확산을 방지하고 도시 주변의 자연환경을 보전하여 도시민의 건전한 생활환경을 확보하기 위하여 개발제한구역을 지정할 수 있다.
② 도시계획구역 안의 택지에 한하여 가구별 소유상한을 초과하는 해당 택지에 대하여는 초과소유부담금을 부과한다.
③ 정부는 한국토지주택공사를 통하여 토지비축업무를 수행할 수 있다.
④ 토지를 경제적·효율적으로 이용하고 공공복리의 증진을 도모하기 위하여 용도지역제를 실시하고 있다.
⑤ 국토교통부장관은 주택가격의 안정을 위하여 필요한 경우 일정한 지역을 투기과열지구로 지정할 수 있다.

20 다음 중 법령을 기준으로 현재 우리나라에서 시행되고 있는 제도를 모두 고른 것은? 31회

㉠ 개발행위허가제	㉡ 택지소유상한제
㉢ 용도지역제	㉣ 토지초과이득세제

① ㉠, ㉢   ② ㉡, ㉣   ③ ㉠, ㉡, ㉢
④ ㉡, ㉢, ㉣   ⑤ ㉠, ㉡, ㉢, ㉣

21 토지정책에 관한 설명으로 **틀린** 것은?

① 토지은행제도란 토지비축제도라고도 불리는데, 이는 정부 등이 토지를 매입한 후 보유하고 있다가 적절한 때에 이를 매각하거나 공공용으로 사용하기 위한 것이다.

② 토지정책의 수단 중 토지은행제도는 간접적 개입에 해당한다.

③ 지역지구제 보완책으로 계획단위개발은 개발업자가 전체적인 개발계획을 수립하고, 공공은 전체적인 밀도와 기반시설 여건을 확인한 후 개발을 허가하는 제도이다.

④ 개발권양도제(TDR)는 자연환경이나 문화재 등의 보호로 인해 발생한 토지소유자의 손실에 대해 개발권으로 보상하고, 개발권의 소유자가 이를 개발가능지역의 소유자에게 판매토록 함으로써 시장제도에 의해서 보상이 이루어지도록 하는 방법이다.

⑤ 토지선매란 토지거래허가구역 내에서 토지거래계약의 허가신청이 있을 때 공익목적을 위하여 사적 거래에 우선하여 국가·지방자치단체·한국토지주택공사 등이 그 토지를 매수할 수 있는 제도이다.

22 부동산정책에 관한 설명으로 **옳은** 것은? 30회

① 개발이익환수제에서 개발이익은 개발사업의 시행에 의해 물가상승분을 초과해 개발사업을 시행하는 자에게 귀속되는 사업이윤의 증가분이다.

② 도시·군관리계획은 국토의 계획 및 이용에 관한 법령상 특별시·광역시 또는 군의 관할구역에 대하여 기본적인 공간구조와 장기발전방향을 제시하는 종합계획이다.

③ 개발손실보상제는 토지이용계획의 결정 등으로 종래의 용도규제가 완화됨으로 인해 발생한 손실을 보상하는 제도로 대표적인 것 중에 개발부담금제도가 있다.

④ 주택마련 또는 리모델링하기 위해 결성하는 주택조합에는 주택법령상 지역주택조합, 직장주택조합, 리모델링주택조합이 있다.

⑤ 재건축부담금은 정비사업 중 재건축사업 및 재개발사업에서 발생되는 초과이익을 환수하기 위한 제도로 도시 및 주거환경정비법령에 의해 시행되고 있다.

23 **공공토지비축제도**(토지은행제도)에 관한 설명으로 <u>틀린</u> 것은?

① 공공토지비축제도는 정부 등이 토지를 매입한 후 보유하고 있다가 적절한 때에 이를 매각하거나 공공용으로 사용하기 위한 것이다.

② 공공토지비축제도는 공익사업용지의 원활한 공급과 토지시장의 안정에 기여하는 것을 목적으로 한다.

③ 개인 등에 의한 무질서하고 무계획적인 토지개발을 막을 수 있어서 효과적인 도시계획 목표의 달성에 기여할 수 있다.

④ 적절한 투기방지대책 없이 대량으로 토지를 매입할 경우 지가 상승을 유발할 수 있다.

⑤ 공공토지비축제도는 정부가 간접적으로 부동산시장에 개입하는 정책수단이다.

24 **토지비축제도**에 관한 설명으로 <u>틀린</u> 것은? 28회

① 토지비축제도는 정부가 직접적으로 부동산시장에 개입하는 정책수단이다.

② 토지비축제도의 필요성은 토지의 공적 기능이 확대됨에 따라 커질 수 있다.

③ 토지비축사업은 토지를 사전에 비축하여 장래 공익사업의 원활한 시행과 토지시장의 안정에 기여할 수 있다.

④ 토지비축제도는 사적 토지소유의 편중현상으로 인해 발생 가능한 토지보상비 등의 고비용 문제를 완화시킬 수 있다.

⑤ 공공토지의 비축에 관한 법령상 비축토지는 각 지방자치단체에서 직접 관리하기 때문에 관리의 효율성을 기대할 수 있다.

25 토지정책에 관한 설명으로 <u>틀린</u> 것은?

① 공영개발사업은 공공부문이 직접 공급자나 수요자의 역할을 수행하면서 부동산시장에 개입하는 방법이다.

② 토지은행제도는 '토지비축제도'라고도 불리는데, 이는 공공이 장래에 필요한 토지를 미리 확보하여 보유하는 제도이다.

③ 수용방식의 문제점으로 토지매입과 보상과정에서 사업시행자와 주민의 갈등을 들 수 있다.

④ 환지방식은 초기에 막대한 토지구입비용이 들기 때문에 사업시행자가 재정지출을 효율적으로 관리하기 어렵다.

⑤ 국가는 공공기관의 개발사업 등으로 인하여 토지소유자의 노력과 관계없이 정상지가 상승분을 초과하여 개발이익이 발생한 경우, 이를 개발부담금으로 환수할 수 있다.

26 우리나라의 부동산제도와 근거 법률의 연결이 <u>잘못된</u> 것은? (상)(중)(하)

① 토지거래허가제 - 「부동산 거래신고 등에 관한 법률」

② 분양가상한제 - 「주택법」

③ 개발부담금제 - 「재건축 초과이익 환수에 관한 법률」

④ 검인계약서제 - 「부동산등기 특별조치법」

⑤ 토지은행제 - 「공공토지의 비축에 관한 법률」

27 현재 우리나라에서 시행되고 있는 주택정책수단이 <u>아닌</u> 것은? 32회 (상)(중)(하)

① 공공임대주택제도

② 주거급여제도

③ 주택청약종합저축제도

④ 개발권양도제도

⑤ 재건축초과이익환수제도

대표문제 임대료 규제정책

임대료 수준 또는 임대료 상승률을 일정범위 내에서 규제하는 임대료 규제에 관한 설명으로 **틀린** 것은? (단, 다른 조건은 불변이라고 가정함)

① 임대료 규제란 주택 임대인이 일정수준 이상의 임대료를 임차인에게 부담시킬 수 없도록 하는 제도이다.

② 정부가 임대료 상승을 시장균형임대료 이하로 규제하면 장기적으로 기존 임대주택이 다른 용도로 전환되면서 임대주택의 공급량이 감소할 수 있다.

③ 주택임대차 계약 갱신 시 임대료 상승률에 대한 규제는 기존 임차인들의 주거이동을 저하시킬 수 있다.

④ 임대료 규제정책은 임대료에 대한 이중가격을 형성할 수 있다.

⑤ 정부가 규제하는 주택임대료의 상한이 시장의 균형임대료보다 높아야 시장에 영향을 준다.

POINT

임대료 규제정책은 균형임대료 이하로 임대료를 규제할 때만 효과가 있으며, 공급 증가나 초과공급이 나올 수는 없습니다.

해설

정부가 규제하는 주택임대료의 상한이 시장의 균형임대료보다 낮아야 한다. 주택임대료의 상한이 시장의 균형임대료보다 높으면 시장에 아무런 영향을 주지 않는다.

이론➕ **임대료 규제의 정책적 효과**

1. 임대주택에 대한 초과수요 발생 ⇨ 공급 부족
2. 임차인 ┌ 임차인들이 임대주택을 구하기가 어려워진다.
        └ 임차인들의 주거이동이 저하된다. ⇨ 사회적 비용 증가
3. 임대인 ┌ 기존의 임대주택이 다른 용도로 전환된다.
        ├ 임대주택에 대한 투자를 기피하는 현상이 발생한다.
        └ 임대주택 서비스의 질이 저하된다.
4. 정부 : 정부의 임대소득세 수입이 감소한다.
5. 시장 : 암시장이 형성, 이중가격이 형성될 수 있다.

정답 ⑤

28 임대료 규제정책에 관한 설명으로 **틀린** 것은? (단, 다른 조건은 불변이라고 가정함)

① 다른 조건이 일정할 때 정부가 임대료 한도를 시장균형임대료보다 높게 설정하면 초과수요가 발생하여 임대부동산의 부족현상이 초래된다.

② 정부가 임대료를 균형임대료 이하로 규제하면 민간임대주택의 공급량은 감소할 수 있다.

③ 정부의 규제임대료가 균형임대료보다 낮은 경우 임대료 규제는 임대부동산을 질적으로 저하시키고 기존 세입자의 주거이동을 감소시킬 수 있다.

④ 정부의 규제임대료가 균형임대료보다 낮아야 저소득층의 주거비 부담 완화효과를 기대할 수 있다.

⑤ 임대료 규제는 임대료에 대한 이중가격을 형성시킬 우려가 있다.

29 주택임대료 상한제에 관한 설명으로 **틀린** 것은?

① 임대료 상한제의 실시는 임대주택에 대한 초과공급을 발생시킨다.

② 임대료 상한제 실시로 인한 공급부족 현상은 장기보다는 단기에 적게 나타나며, 따라서 단기에 더욱 효과적이라고 할 수 있다.

③ 규제임대료가 시장균형임대료보다 낮을 경우, 임대부동산의 질적인 저하를 초래할 수 있다.

④ 규제임대료가 시장균형임대료보다 낮을 경우, 임대료 규제가 지속되면 장기적으로는 음성적 거래가 발생할 수 있다.

⑤ 임대료 규제는 임대료에 대한 이중가격을 형성시킬 우려가 있다.

30 정부가 임대료의 상한을 규제하는 임대료 규제를 실시할 경우에 예상되는 효과로 **틀린**
것은?　　　　　　　　　　　　　　　　　　　　　　　　　　　　　　상**중**하

① 정부가 규제하는 임대료의 상한이 시장균형임대료보다 높다면, 임대료 규제는 시장
에서 임대주택 공급량에 영향을 미치지 않는다.

② 임대료의 상한이 시장균형임대료보다 낮다면, 임대료가 규제 이전의 균형수준보다
낮아져서 단기에 비해 장기에 초과수요가 더 발생할 수 있다.

③ 임대료의 상한이 시장균형임대료보다 낮다면, 기존의 임대주택이 다른 용도로 전환
되는 현상이 나타날 수 있다.

④ 임대료의 상한이 시장균형임대료보다 낮다면, 임대주택에 대한 투자를 기피하는 현
상이 발생할 수 있다.

⑤ 임대료의 상한이 시장균형임대료보다 낮다면, 단기에는 장기보다 초과수요가 커서
정책효과는 작으며, 장기에는 단기보다 초과수요가 작아져 정책효과는 커진다.

대표문제　**임대료 규제 계산문제**

임대차시장에서 임대아파트에 대한 수요곡선은 $Q_D = 900 - 10P$이며, 공급곡선은
$Q_S = 300 + 5P$라고 한다. 만약 정부가 임대용 아파트의 임대료를 30원으로 규제한
다면 초과수요의 크기는? (단, Q_D : 수요량, Q_S : 공급량, P : 임대료)

① 50　　　　　　　　② 100　　　　　　　　③ 120
④ 150　　　　　　　　⑤ 200

POINT

임대료 규제정책을 수요·공급함수 문제로 주어질 경우도 규제임대료를 수요함수에 대입하여 초과
수요의 크기를 계산하면 됩니다.

해설

균형임대료는 수요량(Q_D)과 공급량(Q_S)이 일치할 때의 임대료이다.
따라서 균형임대료는 $900 - 10P = 300 + 5P$에서 $15P = 600$, $P = 40$이므로 균형임대료는
40원이며, 이를 수요함수나 공급함수에 대입하면 균형거래량은 500이다.
그런데 정부가 아파트 임대료를 30원으로 규제했으므로 $P = 30$을 수요함수와 공급함수에 대입하
면 수요량은 $900 - (10 \times 30) = 600$, 공급량은 $300 + (5 \times 30) = 450$이므로 150의 초과수
요가 발생한다.

정답 ④

31 A지역 임대아파트의 시장수요함수는 $Q_D = 1,000 - 7P$이고 시장공급함수는 $Q_S = 200 + 3P$이다. 정부가 임대료를 시장균형임대료에서 30만원을 낮추었을 경우 어떠한 상황이 발생하는가? (단, Q_D : 수요량, Q_S : 공급량, P : 임대료, 단위는 호 및 만원이고, 다른 조건은 불변임) ⑻⟨중⟩⑼

① 100호의 초과수요 발생
② 100호의 초과공급 발생
③ 200호의 초과수요 발생
④ 200호의 초과공급 발생
⑤ 300호의 초과수요 발생

32 임대주택시장에서 임대주택에 대한 수요곡선은 $Q_D = 500 - 4P$이고, 공급곡선은 $Q_S = -100 + 2P$라고 한다. 만약 정부가 임대주택의 임대료를 균형임대료보다 20원 낮은 금액으로 임대료의 상한을 설정한다면 초과수요의 크기는? [단, Q_D : 수요량, Q_S : 공급량, P : 임대료(단위:원)] ⑻⟨중⟩⑼

① 70
② 80
③ 90
④ 100
⑤ 120

임대료 보조정책에 관한 설명으로 틀린 것은?

① 저소득층에 정부가 임대료의 일부를 보조해 주는 것으로 저소득층의 실질소득을 증가시키는 효과를 갖는다.

② 다른 조건이 같을 경우 임대주택의 수요를 증가시킨다.

③ 정부가 임차인에게 임대료를 보조해주면 단기적으로 시장임대료는 상승하여 장기적으로 시장임대료는 원래수준보다 높은 수준이 된다.

④ 저소득층에 임대료를 보조할 경우 주택소비량도 증가하지만, 다른 재화의 소비량도 증가할 수 있다.

⑤ 저소득층의 주택문제를 해결하기 위한 정부의 시장개입정책 중 하나이다.

POINT

주택 보조금정책은 주로 임대료 보조를 말하는 경우가 많으므로, 수요 측 보조를 중심으로 정리해둡니다.

해설

정부가 임차인에게 임대료를 보조해주면 단기적으로 시장임대료는 상승하지만, 장기적으로 시장임대료는 낮아져 원래수준이 된다.

이론+ 주택 보조금정책 – 수요 측 보조

구 분	가격(임대료)보조 ⇨ 집세보조	소득보조 ⇨ 현금보조
의 의	주택의 상대가격을 낮춤으로써 저소득 임차가구의 주택소비를 증가시킴	실질소득이 현금보조액만큼 증가한 것과 같으므로 주택임차가구의 주택 부담 능력이 높아짐
정책적 효과	소비↑, 효용↑, 임대료↑, 공급↑ ⇨ 소비 증대 효과가 큼	소비↑, 효용↑, 임대료↑, 공급↑ ⇨ 효용 증대 효과가 큼

정답 ③

33 주택 보조금정책에 관한 설명으로 틀린 것은?

① 수요 측면의 주택보조금은 주택임차가구들의 임대료 부담능력을 높이기 위해 지급되며, 가격보조와 소득보조 등의 유형으로 나눌 수 있다.

② 가격보조는 주택의 상대가격을 낮춰 줌으로써 지원대상가구의 주택소비를 증가시킨다.

③ 소득보조가 가격보조에 비해 주택소비 증대라는 정책목표달성 측면에서 효과적이다.

④ 소득보조의 경우, 수혜가구의 효용을 일정수준으로 높이는 데 드는 비용이 더 작다.

⑤ 공급 측 보조금은 단기적으로는 공급곡선이 수직에 가까우므로 아무런 효과가 없으나, 장기적으로는 주택의 생산비를 절감시켜 주택공급이 증가하고 시장임대료가 하락하여 주택소비가 증가한다.

대표문제 공공임대주택

공공임대주택에 관한 설명으로 틀린 것은?

① 공공임대주택은 공공부문이 시장임대료보다 낮은 수준의 임대주택을 공급하는 것이다.

② 임차인을 보호할 수 있는 방법의 하나로, 정부의 직접적인 개입에 해당하는 정책이다.

③ 임대주택시장은 사적 시장과 공공시장으로 분리되며, 사적 시장의 임대주택에 대한 수요는 증가한다.

④ 공공임대주택 거주자들은 사적 시장과의 임대료 차액만큼 정부로부터 보조받는 것과 같은 효과를 얻는다.

⑤ 장기적으로는 사적 시장의 임대주택 공급량은 감소하나, 사회 전체의 임대주택 공급량은 불변이다.

> **POINT**
> 시장이 사적 시장과 공공시장으로 분리되며, 공공시장의 임대료 결정은 수요공급의 시장논리가 아닌 정부의 정책논리에 의해 결정된다는 것을 생각해야 합니다.
>
> **해설**
> 임대주택시장은 사적 시장과 공공시장으로 분리되며, 사적 시장의 임대주택에 대한 수요는 감소한다.

이론 **+** 공공임대주택의 효과		
구 분	사적 시장	공공시장
단 기	수요 감소 ⇨ 임대료 하락 ⇨ 임차인 혜택	공급 증가 & 낮은 임대료 ⇨ 수요 증가 ⇨ 임차인 혜택
단 기	단기적으로 사적 시장과 공공시장의 임차인 모두 혜택	
장 기	공급 감소 ⇨ 임대료 상승 ⇨ 임차인 혜택 소멸	공급 증가 & 낮은 임대료 ⇨ 임차인 혜택
장 기	• 장기적으로 공공시장으로 이동해 온 임차인만 혜택 • 장기적으로 사회 전체의 임대주택 공급량 ⇨ 불변	

정답 ③

34 임대주택정책에 관한 설명으로 **틀린** 것은? (단, 다른 조건은 동일함)

① 정부의 규제임대료가 균형임대료보다 낮아야 저소득층의 주거비 부담 완화효과를 기대할 수 있다.

② 다른 조건이 일정할 때 정부가 임대료 한도를 시장균형임대료보다 높게 설정하면 초과수요가 발생하여 임대부동산의 부족현상이 초래된다.

③ 주택임대료 보조정책을 시행할 경우 장기적으로 임대주택의 공급은 증가할 수 있다.

④ 주택임대료보조는 임차인이 임대주택에 실제 지불하는 임대료를 낮추는 효과가 있다.

⑤ 공공임대주택의 임대료가 시장임대료보다 낮은 경우 임대료 차액만큼 주거비 보조효과를 볼 수 있다.

35 정부의 주택임대정책에 관한 설명으로 <u>틀린</u> 것은? (단, 규제임대료가 시장임대료보다 낮다고 가정함) 26회 수정 ⓢⓒⓗ

① 주택 바우처(housing voucher)는 임대료 보조정책의 하나이다.
② 임대료 보조금 지급은 저소득층의 주거 여건 개선에 기여할 수 있다.
③ 임대료 규제는 장기적으로 민간 임대주택 공급을 위축시킬 우려가 있다.
④ 임대료 규제는 임대부동산을 질적으로 향상시키고 기존 세입자의 주거 이동을 촉진시킨다.
⑤ 장기전세주택이란 국가나 지방자치단체의 재정이나 주택도시기금의 자금을 지원받아 전세계약의 방식으로 공급하는 공공임대주택을 말한다.

36 공공주택 특별법령상 공공임대주택의 용어 정의로 <u>틀린</u> 것은? 31회 ⓢⓒⓗ

① 국민임대주택은 국가나 지방자치단체의 재정이나 주택도시기금의 자금을 지원받아 대학생, 사회초년생, 신혼부부 등 젊은층의 주거안정을 목적으로 공급하는 공공임대주택을 말한다.
② 영구임대주택은 국가나 지방자치단체의 재정을 지원받아 최저소득 계층의 주거안정을 위하여 50년 이상 또는 영구적인 임대를 목적으로 공급하는 공공임대주택을 말한다.
③ 장기전세주택은 국가나 지방자치단체의 재정이나 주택도시기금의 자금을 지원받아 전세계약의 방식으로 공급하는 공공임대주택을 말한다.
④ 분양전환공공임대주택은 일정기간 임대 후 분양전환할 목적으로 공급하는 공공임대주택을 말한다.
⑤ 기존주택전세임대주택은 국가나 지방자치단체의 재정이나 주택도시기금의 자금을 지원받아 기존주택을 임차하여 「국민기초생활 보장법」에 따른 수급자 등 저소득층과 청년 및 신혼부부 등에게 전대(轉貸)하는 공공임대주택을 말한다.

대표문제 **분양가상한제**

분양가상한제에 관한 설명으로 옳은 것을 모두 고른 것은? (다만, 단기적으로 다른 조건은 일정하다고 가정함)

> ㉠ 분양가상한제의 목적은 주택가격을 안정시키고 무주택자의 신규주택 구입부담을 경감시키기 위해서이다.
> ㉡ 주택법령상 분양가상한제 적용주택의 분양가격은 택지비와 건축비로 구성된다.
> ㉢ 민간택지에 대해서도 분양가상한제를 실시하고 있다.
> ㉣ 도시형 생활주택은 분양가상한제를 적용하지 않는다.

① ㉠, ㉡
② ㉡, ㉢
③ ㉢, ㉣
④ ㉠, ㉡, ㉣
⑤ ㉠, ㉡, ㉢, ㉣

POINT

분양가상한제나 임대료 규제 모두 가격통제방법 중 최고가격제에 해당하므로 같은 논리가 적용됩니다.

해설

㉠㉡㉢㉣ 모두 맞는 내용이다.

이론 ➕ **주택의 분양가격 제한**

> 사업주체가 「주택법」 제54조에 따라 일반인에게 공급하는 공동주택 중 다음의 어느 하나에 해당하는 지역에서 공급하는 주택의 경우에는 「주택법」 제57조에서 정하는 기준에 따라 산정되는 분양가격 이하로 공급(이에 따라 공급되는 주택을 '분양가상한제 적용주택'이라 한다)하여야 한다(주택법 제57조 제1항).
> 1. 공공택지
> 2. 공공택지 외의 택지로서 「주택법」 제58조에 따라 국토교통부장관이 「주거기본법」 제8조에 따른 주거정책심의위원회 심의를 거쳐 지정하는 지역

정답 ⑤

37 분양가상한제로 인해 발생할 수 있는 문제점과 그 보완책을 연결한 것으로 <u>틀린</u> 것은?

(상)**(중)**(하)

① 분양주택의 질 하락 – 분양가상한제의 기본 건축비 현실화
② 분양주택 배분 문제 – 주택청약제도를 통한 분양
③ 신규주택 공급량 감소 – 공공의 저렴한 택지 공급
④ 신규주택 공급량 감소 – 신규주택건설에 대한 금융지원
⑤ 분양프리미엄 유발 – 분양주택의 전매제한 완화

38 분양가상한제에 관한 설명으로 <u>틀린</u> 것은? (단, 단기적으로 다른 조건은 일정하다고 가정함)

(상)(중)**(하)**

① 분양가상한제의 목적은 주택가격을 안정시키고 무주택자의 신규주택 구입부담을 경감시키기 위해서이다.
② 주택법령상 분양가상한제 적용주택의 분양가격은 택지비와 건축비로 구성된다.
③ 주택법령상 분양가상한제 적용주택 및 그 주택의 입주자로 선정된 지위에 대하여 전매를 제한할 수 있다.
④ 도시형 생활주택은 분양가상한제를 적용하지 않는다.
⑤ 분양가상한제로 인해 분양주택에 대한 프리미엄이 형성되면 분양권을 불법으로 전매하는 등의 현상이 나타날 수 있으므로 분양주택의 전매제한을 완화해야 한다.

39 분양가 규제 이후 자율화를 시행할 경우에 예상되는 효과에 관한 설명으로 **틀린** 것은?

① 분양가 자율화는 신규주택가격의 상승을 가져오고, 장기적으로는 신규주택공급의 확대효과가 있다.

② 분양가를 자율화하기 위해서는 택지의 확보, 금융지원 등을 통한 공급증대에 관한 노력이 선행되어야 한다.

③ 분양가를 자율화할 경우 주택시장의 기능에 의하여 일정수준 이하의 저소득층의 주거안정을 도모할 수 있다.

④ 분양가를 자율화하면 전매차익을 노리는 투기적 수요를 감소시킬 수 있다.

⑤ 분양가를 자율화하면 주택수요는 감소하고 대형주택 위주로 주택공급이 확대될 가능성이 높으므로 대형주택 보유에 관한 과세를 강화하여야 한다.

40 주택선분양제도와 주택후분양제도에 관한 설명으로 **틀린** 것은?

① 주택선분양제도란 주택이 완공되기 이전에 소비자에게 분양하고 계약금, 중도금 등을 완공 이전에 납부하도록 하여 건설금융에 충당할 수 있게 허용한 제도이다.

② 주택후분양제도란 일정규모 이상 건설공사가 이루어진 뒤 공급하는 방식으로 건설자금은 건설업자가 직접 조달하는 제도이다.

③ 주택선분양제도는 건설자금 조달이 용이하고 주택공급이 증가하여 주택시장이 활성화될 수 있으나, 분양권 매매차익이 발생하여 투기가 발생할 수 있다.

④ 주택후분양제도는 완제품을 비교하여 선택할 수 있어 소비자의 선택폭이 확대되나, 주택가격을 일시납부하므로 목돈마련에 어려움이 있을 수 있다.

⑤ 주택선분양제도는 업체의 품질경쟁으로 인해 주택의 품질향상을 기대할 수 있으나, 건설업체의 부도가능성이 확대되어 건설업체의 시장위험부담이 증가하는 문제가 발생할 수 있다.

정부가 임대주택시장에서 주택의 임대인에게 재산세를 중과하기로 했다. 만약 임대주택 수요의 가격탄력성이 비탄력적이고, 공급의 가격탄력성이 탄력적이라고 할 때 임대주택시장에 미치는 영향을 설명한 것으로 **틀린** 것은? (단, 다른 조건은 일정하다고 가정함)

① 재산세의 중과 후에 임차인이 지불하는 임대료는 재산세가 중과되기 전보다 높아진다.

② 재산세 납부 후 임대인이 받는 금액은 재산세가 중과되기 전보다 높아질 것이다.

③ 재산세가 중과되기 전보다 중과 후 주택거래량이 감소할 것이다.

④ 재산세의 중과 효과는 임대인보다 임차인에게 더 크게 나타날 것이다.

⑤ 임차인은 임대료 변화에 민감하게 반응하지 않는 반면, 임대인은 매우 민감하게 반응할 것이다.

POINT

납세의무자에게 부담된 조세가 납세의무자의 부담이 되지 않고 다른 사람에게 이전되는 것을 '조세의 전가'라고 하며, 조세의 사실상 부담이 최종적으로 어떤 사람에게 귀속되는 것을 '조세의 귀착'이라 합니다.

해설

재산세는 임차인에게 일부 전가되지만 나머지는 임대인도 부담하므로 재산세 납부 후 임대인이 받는 금액은 재산세가 중과되기 전보다 낮아질 것이다.

정답 ②

---

41 부동산 조세정책에 관한 설명으로 **틀린** 것은? (단, 다른 조건은 동일함) ⑤⑤⑤

① 정부가 임대주택에 재산세를 부과하면 임대주택의 공급이 증가하고 임대료는 하락할 것이다.

② 임대주택에 재산세가 부과되면, 증가된 세금은 장기적으로 임차인에게 전가될 수 있다.

③ 임대주택에 재산세가 부과되면, 임차인은 실질적으로 지불하는 금액이 상승하므로 소비자잉여는 감소할 수 있다.

④ 임대주택에 대한 정부의 재산세 부과는 임차인과 임대인 모두에게 세금을 부담하게 하나, 상대적으로 가격탄력성이 비탄력적인 쪽이 세금을 더 많이 부담하게 된다.

⑤ 공공임대주택의 공급확대는 임대주택의 재산세가 임차인에게 전가되는 현상을 완화시킬 수 있다.

42 정부가 어떤 임대용 부동산의 임대인에게 재산세를 부과하면 어떤 효과가 나타나는가? (단, 임대용 부동산의 수요곡선과 공급곡선은 각각 수요법칙과 공급법칙을 충족하는 일반적인 경우라고 가정함) ㉑㉞㉤

① 수요량은 감소하고, 임대료는 하락한다.

② 수요량은 증가하고, 임대료는 하락한다.

③ 재산세를 임대인이 전부 부담하여 임대료를 상승시킨다.

④ 재산세의 일부만 임대인이 부담하고, 임대료는 재산세 부과액보다 적게 상승한다.

⑤ 재산세의 일부를 임차인이 부담하고, 임대료는 재산세 부과액보다 많이 상승한다.

43 정부가 주택임대차시장에서 주택소유자인 임대인에게 재산세를 부과할 경우 조세의 전가와 귀착에 관한 설명으로 <u>틀린</u> 것은? ㉑㉞㉤

① 수요와 공급이 모두 탄력적이면 임대인과 임차인이 모두 조세를 부담한다.

② 수요의 탄력성이 0이고 공급이 탄력적이면 임차인에게 전액 전가된다.

③ 공급보다 수요가 비탄력적이면 상대적으로 임차인의 부담이 크다.

④ 공급의 탄력성이 0이면 전액 임대인의 부담이 된다.

⑤ 공급이 완전탄력적이면 조세전가액은 0이 된다.

44 정부가 어떤 임대용 부동산의 임대인에게 재산세를 부과할 경우 조세의 귀착에 관한 설명으로 옳은 것은? (단, 임대용 부동산의 수요곡선과 공급곡선은 각각 수요법칙과 공급법칙을 충족하는 일반적인 경우라고 가정함) ㉑㉞㉤

① 수요가 탄력적일수록 임차인에게 전가되는 부분이 크다.

② 수요가 탄력적일수록 임대인에게 귀착되는 부분이 작다.

③ 공급이 탄력적일수록 임차인에게 전가되는 부분이 작다.

④ 공급이 탄력적일수록 임차인에게 전가되는 부분이 크다.

⑤ 공급이 비탄력적일수록 임차인에게 전가되는 부분이 크다.

45 조사결과 A지역 아파트의 공급함수는 $Q_S = 3,000$, 수요함수는 $Q_D = 5,000 - 20P$라고 한다. 정부가 아파트의 매도인에게 양도차익의 50%를 양도소득세로 부과하였다. 다른 조건이 일정할 때, 조세귀착에 관한 설명으로 옳은 것은? (P는 가격, Q_D, Q_S는 각각 수요량과 공급량을 나타내며, 다른 조건은 일정하다고 가정함) 상ⓒ하

① 매수인과 매도인이 각각 1/2씩 부담한다.

② 매수인이 전액을 부담한다.

③ 매도인이 전액을 부담한다.

④ 매수인이 1/3을 부담하고 매도인이 2/3를 부담한다.

⑤ 매도인이 1/2을 부담하고 매수인은 부담이 없다.

46 어느 임대용 부동산의 공급곡선이 완전탄력적이고 임대용 부동산에 대한 수요곡선은 우하향하는 직선이라고 하자. 임대용 부동산에 대해 단위당 500원의 재산세를 부과한다면 임대료는 어떻게 되겠는가? 상ⓒ하

① 500원만큼 오른다.

② 500원보다 더 오른다.

③ 500원보다 덜 오른다.

④ 불변이다.

⑤ 수요의 탄력성에 의존하므로 정확히 알 수 없다.

부동산 조세의 경제적 효과에 관한 설명으로 옳은 것은? (단, 다른 조건은 일정함)

① 공급이 비탄력적일수록 재산세 부과로 인한 자원배분의 왜곡은 적어진다.

② 공급의 가격탄력성은 탄력적인 반면 수요의 가격탄력성은 비탄력적인 시장에서 세금이 부과될 경우, 실질적으로 공급자가 수요자보다 더 많은 세금을 부담하게 된다.

③ 양도소득세가 중과되면, 주택공급의 동결효과(lock-in effect)로 인해 주택가격이 하락할 수 있다.

④ 임대주택의 공급곡선이 완전비탄력적일 경우 주택에 부과되는 재산세는 전부 임차인에게 귀착된다.

⑤ 수요곡선이 변하지 않을 때, 세금부과에 의한 경제적 순손실은 공급이 비탄력적일수록 커진다.

POINT

조세를 부과할 경우 나타나는 부작용으로 조세의 전가, 자원배분의 왜곡, 공급의 동결효과, 사회적 후생손실 등을 정리해두어야 합니다.

해설

② 공급의 가격탄력성은 탄력적인 반면 수요의 가격탄력성은 비탄력적인 시장에서 세금이 부과될 경우, 실질적으로 수요자가 공급자보다 더 많은 세금을 부담하게 된다.

③ 양도소득세가 중과되면, 주택공급의 동결효과(lock-in effect)로 인해 주택가격이 상승할 수 있다.

④ 임대주택의 공급곡선이 완전비탄력적일 경우 주택에 부과되는 재산세는 전부 임대인에게 귀착된다.

⑤ 수요곡선이 변하지 않을 때, 세금부과에 의한 경제적 순손실(사회적 후생손실)은 공급이 비탄력적일수록 작아진다.

정답 ①

기출응용 33회

47 우리나라의 부동산 조세제도에 관한 설명으로 틀린 것은?   상중하

① 취득세와 증여세는 부동산의 취득단계에 부과한다.

② 양도소득세와 취득세는 신고납부방식이다.

③ 양도소득세와 종합부동산세는 국세에 속한다.

④ 상속세와 증여세는 누진세율을 적용한다.

⑤ 종합부동산세와 재산세의 과세기준일은 매년 6월 30일이다.

48 부동산 조세에 관한 설명으로 옳은 것은? (단, 우하향하는 수요곡선과 우상향하는 공급곡선을 가정하며, 다른 조건은 일정함) 〔상〕〔중〕〔하〕

① 임대주택에 재산세를 부과하면 임대주택의 공급이 증가하고 임대료는 하락할 것이다.

② 재산세는 지방세로서 취득단계에 부과하는 조세이다.

③ 양도소득세는 양도로 인해 발생하는 소득에 대해 부과되는 것으로 타인에게 전가되지는 않는다.

④ 양도소득세의 중과는 부동산 보유자로 하여금 매각을 뒤로 미루게 하는 동결효과(lock-in effect)를 발생시킬 수 있다.

⑤ 조세 부과는 수요자와 공급자 모두에게 세금을 부담하게 하나, 상대적으로 가격탄력성이 낮은 쪽이 세금을 더 적게 부담하게 된다.

49 정부에서 주택시장을 안정시키기 위해 주택의 매도인(공급자)에게 양도소득세를 중과하기로 했다. 만약 주택수요의 가격탄력성이 비탄력적이고, 공급의 가격탄력성이 탄력적이라고 할 때 주택시장에 미치는 영향을 설명한 것으로 옳은 것은? (단, 다른 조건은 일정하다고 가정함) 〔상〕〔중〕〔하〕

① 양도소득세 납부 후 매도인(공급자)이 받는 대금은 양도소득세가 중과되기 전보다 항상 높아질 것이다.

② 양도소득세의 중과 후에 매수인(수요자)이 지불하는 가격은 양도소득세가 중과되기 전보다 낮아진다.

③ 양도소득세가 중과되기 전보다 중과 후 주택거래량이 늘어날 것이다.

④ 매도인(공급자)은 가격변화에 민감하게 반응하지 않는 반면, 매수인(수요자)은 매우 민감하게 반응할 것이다.

⑤ 양도소득세의 중과효과는 매도인(공급자)보다 매수인(수요자)에게 더 크게 나타날 것이다.

50 임대주택시장에서 현재의 주택의 임대료는 100만원이다. 정부가 임대인에게 10만원의 재산세를 부과하였을 때 주택의 임대료는 얼마로 변하는가? (단, 조사결과 수요의 임대료 탄력성은 2, 공급의 임대료탄력성은 3으로 조사됨)

① 94만원
② 96만원
③ 104만원
④ 106만원
⑤ 110만원

51 다음과 같은 주장을 한 학자는? 상**중**하

> • 지대는 자연적 기회를 이용하는 반대급부로 토지소유자에게 지불하는 대가로 보았다.
> • 토지지대는 토지이용으로부터 얻는 순소득을 의미하며, 이 순소득을 잉여라고 하였다.
> • 토지의 몰수가 아닌 지대의 몰수라고 주장하면서 토지가치에 대한 조세 이외의 모든 조세를 철폐하자고 하였다.
> • 토지에서 발생하는 지대수입을 100% 징세할 경우, 토지세 수입만으로 재정을 충당할 수 있기 때문에 토지세 이외의 모든 조세는 철폐하자고 주장하였다.

① 리카도(D. Ricardo)
② 마르크스(K. Marx)
③ 튀넨(J.H. von Thünen)
④ 알론소(W. Alonso)
⑤ 헨리 조지(H. George)

그대의 길을 가라,
다른 사람이 뭐라 하든 신경 쓰지 말고.

– 단테 알리기에리(Dante Alighieri)

01 부동산투자에 관한 설명으로 <u>틀린</u> 것은?

① 투자란 불확실한 미래의 수익을 기대하고 확실한 현재의 소비를 희생하는 행위이다.

② 투자는 취득, 운영, 처분의 과정을 거치는 것이 일반적이며, 미래의 수익은 불확실하므로 항상 위험을 내포하고 있다.

③ 투자의 대상이 되는 부동산을 투자성 부동산 또는 수익성 부동산이라 한다.

④ 부동산투자에서는 부동산 보유기간 동안의 임대료수입 등의 자본이득(capital gains)과 처분 시 가치 상승으로 발생하는 소득이득(income gains)을 얻을 수 있다.

⑤ 부동산투자에서 타인자본을 이용하여 투자를 하였다면 금융위험부담이 존재할 수 있다.

02 부동산투자에서 레버리지(leverage)에 관한 설명으로 <u>틀린</u> 것은?

① 정(+)의 레버리지는 이자율의 변화 등에 따라 부(−)의 레버리지로 변화될 수 있다.

② 차입이자율이 총자본수익률보다 높은 경우에는 부(−)의 레버리지가 발생한다.

③ 총자본수익률에서 지분수익률을 차감하여 정(+)의 수익률이 나오는 경우에는 정(+)의 레버리지가 발생한다.

④ 부채비율이 상승할수록 레버리지효과로 인한 지분투자자의 수익률 증대효과가 나타날 수 있지만, 한편으로는 차입금리의 상승으로 지분투자자의 수익률 감소효과가 발생할 수도 있다.

⑤ 부채비율을 낮추는 것은 부(−)의 레버리지 발생 시 적용할 수 있는 대안 중 하나이다.

03 부동산투자의 레버리지효과에 관한 설명으로 옳은 것을 모두 고른 것은? (단, 주어진 조건에 한함) (상)(중)(하)

> ⊙ 총자본수익률에서 지분수익률을 차감하여 정(+)의 수익률이 나오는 경우에는 정(+)의 레버리지가 발생한다.
> ⊙ 정(+)의 레버리지가 나타날 때 차입이자율에 변화가 없을 경우 부채비율이 감소하면 지분수익률도 감소한다.
> ⊙ 부(−)의 레버리지는 이자율의 하락함에 따라 정(+)의 레버리지로 변화될 수 있다.
> ⊙ 차입이자율과 부채비율이 모두 변한다면 총자본수익률도 변할 수 있다.

① ㉠, ㉢
② ㉡, ㉢
③ ㉡, ㉣
④ ㉠, ㉡, ㉢
⑤ ㉠, ㉢, ㉣

부동산투자에 따른 1년간 자기자본수익률은? (단, 주어진 조건에 한함)

- 투자 부동산가격 : 5억원
- 금융기관 대출 : 3억원, 자기자본 : 2억원
- 대출조건
  - 대출기간 : 1년
  - 대출이자율 : 연 5%
  - 대출기간 만료 시 이자지급과 원금은 일시상환
- 1년간 순영업소득(NOI) : 3천만원
- 1년간 부동산가격 상승률 : 0%

① 5% 　　　　　　　　　　　② 7.5%

③ 8% 　　　　　　　　　　　④ 10%

⑤ 12%

POINT

자기자본수익률의 공식을 기억해두고 주어지는 조건에 따라 대입하면 됩니다.

해설

1년간 순영업소득(소득이득)은 3천만원이고, 자기자본이 2억원, 타인자본이 3억원이며, 대출금리가 5%이므로 이자지급액은 1,500만원이다. 또한 1년간 부동산가격 상승률이 0%이므로 자본이득은 존재하지 않는다. 따라서 총자본수익은 3천만원이다.

$$\therefore \text{자기자본수익률} = \frac{3천만원 - (3억원 \times 0.05)}{2억원} \times 100(\%) = 7.5\%$$

정답 ②

04 대상부동산의 종합수익률(총자본수익률)은 12%이며 대출이자율은 10%이다. 부채비율이 4이면 자기자본수익률은? 상중**하**

① 10% 　　　　　　　　　　② 12%

③ 18% 　　　　　　　　　　④ 20%

⑤ 24%

05 대상부동산의 종합수익률(총자본수익률)은 10%이며 대출이자율은 8%이다. 대부비율이 50%에서 60%로 높아진다면 자기자본수익률은 몇 %p 상승하는가? 상⬤하

① 1%p
② 3%p
③ 5%p
④ 7%p
⑤ 10%p

06 투자자 甲은 차입자금을 활용하여 A부동산에 투자를 한다. A부동산의 투자수익률은 15%이며, 대출금리는 10%이다. 현재 甲이 활용하고 있는 차입금이 투자액의 60%라고 한다면 甲의 자기자본수익률은 얼마인가? 상⬤하

① 12%
② 15%
③ 22.5%
④ 25%
⑤ 27.5%

07 부동산투자 시 타인자본을 60% 활용하는 경우, 1년간 자기자본수익률은? (단, 주어진 조건에 한함) 상⬤하

- 기간 초 부동산가격 : 10억원
- 1년간 순영업소득(NOI) : 연 3천만원(기간 말 발생)
- 1년간 부동산가격 상승률 : 연 2%
- 1년 후 부동산을 처분함
- 대출조건 : 이자율 연 5%, 대출기간 1년, 원리금은 만기 시 일시 상환함

① 3%
② 4%
③ 5%
④ 6%
⑤ 7%

08 부동산투자 시 (㉠)타인자본을 활용하지 않는 경우와 (㉡)타인자본을 50% 활용하는 경우, 각각의 1년간 자기자본수익률은? (단, 주어진 조건에 한함) 29회 ⓢ중하

> • 기간 초 부동산가격 : 10억원
> • 1년간 순영업소득(NOI) : 연 3천만원(기간 말 발생)
> • 1년간 부동산가격 상승률 : 연 2%
> • 1년 후 부동산을 처분함
> • 대출조건 : 이자율 연 4%, 대출기간 1년, 원리금은 만기 시 일시 상환함

① ㉠ : 3%, ㉡ : 6%
② ㉠ : 3%, ㉡ : 8%
③ ㉠ : 5%, ㉡ : 6%
④ ㉠ : 5%, ㉡ : 8%
⑤ ㉠ : 7%, ㉡ : 8%

09 부동산투자의 위험에 관한 설명으로 틀린 것은? 상중ⓗ

① 운영위험(operating risk)이란 사무실의 관리, 근로자의 파업, 영업경비의 변동 등으로 인해 야기될 수 있는 수익성의 불확실성을 폭넓게 지칭하는 개념이다.
② 위치적 위험(locational risk)이란 환경이 변하면 대상부동산의 상대적 위치가 변화하는 위험이다.
③ 금융위험(financial risk)이란 투자자가 투자를 결정할 때, 자기자본만을 사용하여 투자하기보다는 부채를 사용하여 투자를 하면 자기자본에 대한 수익률이 증가한다는 것을 말한다.
④ 법적 위험(legal risk)이란 정부의 정책이나 법률개정 등으로 인해 투자수익률이 변화하는 것을 말한다.
⑤ 유동성 위험(liquidity risk)이란 대상부동산을 현금화하는 과정에서 발생하는 시장가치의 손실가능성을 말한다.

10 부동산투자 분석에서 수익률에 관한 설명으로 옳은 것은? 　상中하

① 요구수익률이란 투자로부터 기대되는 장래의 예상수익률로서 내부수익률로 표현할 수도 있다.

② 기대수익률은 투자에 대한 위험이 주어졌을 때, 투자자가 투자부동산에 대하여 자금을 투자하기 위해 충족되어야 할 최소한의 수익률을 말한다.

③ 요구수익률은 투자가 이루어지고 난 후에 현실적으로 달성된 수익률을 의미하며, 실제수익률 또는 사후수익률이라고도 한다.

④ 기대수익률과 요구수익률은 사후수익률이며, 실현수익률은 사전수익률이다.

⑤ 기대수익률이 요구수익률보다 크다면 투자는 증가하고 대상부동산 가치는 상승하며, 기대수익률은 하락할 것이다.

11 부동산투자 분석과정을 설명한 것이다. 투자자가 기꺼이 투자결정할 것을 모두 고른 것은? 　상중下

> ㉠ 투자가치가 시장가치보다 클 경우
> ㉡ 투자사업에 대한 순현가가 0(영)보다 작을 경우
> ㉢ 실현수익률이 요구수익률보다 클 경우
> ㉣ 실현수익률이 기대수익률보다 작을 경우
> ㉤ 기대수익률이 요구수익률보다 클 경우

① ㉠, ㉤　　　　　　　　　　② ㉢, ㉣

③ ㉠, ㉢, ㉣　　　　　　　　④ ㉡, ㉢, ㉤

⑤ ㉠, ㉡, ㉢, ㉤

상가의 경제상황별 추정수익률의 예상치가 다음과 같은 부동산의 기대수익률은? (단, 주어진 조건에 한함)

시장상황	수익률	확 률
불 황	11%	20%
보 통	16%	30%
호 황	20%	50%

① 8%
② 15%
③ 17%
④ 20%
⑤ 25%

POINT

기대수익률을 계산할 때 추정수익률과 발생확률 모두 백분율(%)이므로 단위문제를 해결하기 위해 추정수익률은 %로 하고 발생확률은 소수로 하여 계산하면 간단히 계산할 수 있습니다.

해설

개별자산의 기대수익률이란 각 상황이 발생할 경우 실현될 수 있는 수익률들을 평균한 것을 말한다. 이는 해당 상품의 경제상황별 추정수익률에 경제상황별 확률을 곱하여 계산한다.

기대수익률 = Σ(각 경제상황별 추정수익률 × 발생확률)

$\quad$ = (0.11 × 0.2) + (0.16 × 0.3) + (0.2 × 0.5) = 0.17(17%)

정답 ③

12 상가의 경제상황별 예측된 확률이 다음과 같을 때, 상가의 기대수익률이 6%라고 한다. 정상적 경제상황의 경우 (   )에 들어갈 예상수익률은? (단, 주어진 조건에 한함)

상가의 경제상황		경제상황별 예상수익률(%)	상가의 기대수익률(%)
상황별	확률(%)		
비관적	20	4	
정상적	30	( )	6
낙관적	50	8	

① 4
② 6
③ 8
④ 10
⑤ 12

13 시장상황별 추정수익률의 예상치가 다음과 같은 부동산의 기대수익률과 분산은? 22회

시장상황	수익률	확률
불 황	10%	30%
보 통	20%	40%
호 황	30%	30%

① 기대수익률 : 20%, 분산 : 0.6%
② 기대수익률 : 20%, 분산 : 0.4%
③ 기대수익률 : 25%, 분산 : 4%
④ 기대수익률 : 25%, 분산 : 5%
⑤ 기대수익률 : 25%, 분산 : 6%

부동산투자에 있어 위험과 위험분석에 관한 설명으로 옳은 것은?

① 부동산투자자가 위험회피형이라면 부동산투자의 위험이 증가할 때 요구수익률을 낮춘다.

② 투자금액을 모두 자기자본으로 조달할 경우라도 금융위험(financial risk)을 제거할 수는 없다.

③ 어떤 부동산에 대한 투자자의 요구수익률이 기대수익률보다 큰 경우에는 대상부동산에 대한 기대수익률은 점차 하락하게 된다.

④ 부동산투자에서 일반적으로 위험과 수익은 반비례관계를 가지고 있다.

⑤ 위험조정할인율을 적용하는 방법으로 장래 기대되는 소득을 현재가치로 환산하는 경우, 위험한 투자일수록 높은 할인율을 적용한다.

POINT

부동산투자에서 일반적으로 위험과 수익은 비례관계에 있으며, 위험한 투자일수록 높은 할인율이 적용됩니다.

해설

① 투자자가 위험회피형이라면 부동산투자의 위험이 증가할 때 위험이 증가한 만큼 더 높은 수익을 요구한다. 따라서 부동산투자의 위험이 증가할 때 요구수익률은 높아진다.

② 투자금액을 모두 자기자본으로 조달할 경우 금융위험(financial risk)을 제거할 수 있다.

③ 어떤 부동산에 대한 투자자의 요구수익률이 기대수익률보다 큰 경우에는 대상부동산에 대한 기대수익률도 점차 상승하게 되어 요구수익률과 같게 되는 수준에서 균형을 이루게 된다.

④ 부동산투자에서 일반적으로 위험과 수익은 비례관계를 가지고 있다.

정답 ⑤

14 부동산투자의 위험과 수익에 관한 설명으로 **틀린** 것은? (단, 다른 조건은 동일하다고 가정함)

① 투자결정은 기대수익률과 요구수익률을 비교함으로써 이루어지는데, 투자자는 투자 대안의 기대수익률이 요구수익률보다 큰 경우 투자를 하게 된다.

② 어떤 부동산에 대한 투자자의 요구수익률이 기대수익률보다 큰 경우에는 대상부동산에 대한 기대수익률은 점차 하락하게 된다.

③ 부동산투자에서 일반적으로 위험과 수익은 비례관계를 가지고 있다.

④ 위험회피형 투자자라고 할지라도 피할 수 없는 위험이나 대가가 주어지는 위험은 감수할 수 있다.

⑤ 부동산투자자가 위험회피형이라면 요구수익률을 결정하는 데 있어 감수해야 할 위험의 정도에 따라 위험할증률을 더한다.

15 투자자의 유형과 부동산투자의 위험과 수익의 관계에 관한 설명으로 **틀린** 것은?

① 투자자가 위험회피적이란 것은 투자자가 전혀 위험을 감수하려고 하지 않는다는 것을 의미한다.

② 투자이론에서는 특별한 언급이 없다면 위험회피형 투자자를 전제하고 있다.

③ 위험회피형 투자자는 보수적 투자자와 공격적 투자자로 나뉘는데, 동일한 위험 증가에 대해 보수적인 투자자는 공격적인 투자자보다 더 높은 수익률을 요구한다.

④ 부담하는 위험이 크면 투자자의 요구수익률이 커지는데, 위험과 수익의 이 같은 관계를 위험-수익의 상쇄관계(risk-return trade-off)라고 한다.

⑤ 위험을 전혀 감수하지 않을 경우, 투자자가 얻을 수 있는 수익률은 무위험률밖에 없다.

16 부동산투자에 관한 설명으로 **틀린** 것은?

① 부동산투자에서 일반적으로 위험과 수익은 비례관계를 가지고 있다.

② 부동산투자자가 위험회피형이라면 요구수익률을 결정하는 데 있어 감수해야 할 위험의 정도에 따라 위험할증률을 더한다.

③ 경기변동, 인플레이션, 이자율의 변화 등에 의해 야기되는 시장위험은 피할 수 없는 위험으로 이를 체계적 위험이라 한다.

④ 위험회피형 투자자 중에서 보수적인 투자자는 공격적인 투자자에 비해 위험이 높더라도 기대수익률이 높은 투자안을 선호한다.

⑤ 민감도 분석은 투자효과를 분석하는 모형의 투입요소가 변화함에 따라, 그 결과치에 어떠한 영향을 주는가를 분석하는 기법이다.

17 부동산투자의 기대수익률과 위험에 관한 설명으로 **옳은** 것은? (단, 위험회피형 투자자라고 가정함) 26회

① 부동산투자안이 채택되기 위해서는 요구수익률이 기대수익률보다 커야 한다.

② 평균−분산 지배원리에 따르면, A투자안과 B투자안의 기대수익률이 같은 경우 A투자안보다 B투자안의 기대수익률의 표준편차가 더 크다면 A투자안이 선호된다.

③ 투자자가 위험을 회피할수록 위험(표준편차, X축)과 기대수익률(Y축)의 관계를 나타낸 투자자의 무차별곡선의 기울기는 완만해진다.

④ 투자위험(표준편차)과 기대수익률은 부(−)의 상관관계를 가진다.

⑤ 무위험(수익)률의 상승은 투자자의 요구수익률을 하락시키는 요인이다.

18 부동산투자의 위험과 수익에 관한 설명으로 **틀린** 것은? (단, 위험회피형 투자자라고 가정함)

① 표준편차 값이 클수록 변동성이 심하므로 위험이 크고, 표준편차 값이 작을수록 위험이 작다고 할 수 있다.

② 표준편차를 기대수익률로 나눈 값을 변이계수(CV ; coefficient of variation)라 하며, 기대수익률 한 단위당 위험도를 나타낸다.

③ 무위험(수익)률의 상승은 투자자의 요구수익률을 상승시키는 요인이다.

④ 투자자의 요구수익률은 개인으로서 피할 수 없는 위험이 증대됨에 따라 감소한다.

⑤ 투자자가 위험을 회피할수록 위험(표준편차, X축)과 기대수익률(Y축)의 관계를 나타낸 투자자의 무차별곡선의 기울기는 급해진다.

19 A, B, C부동산에 대해서 경제환경별로 나누어서 향후 3년간의 수익률을 추정한 결과는 아래와 같았다. 모든 투자자가 위험회피적이라고 할 때 다음의 설명 중에서 **틀린** 것은?

투자대상 부동산	기대수익률	표준편차
A	15.00%	3.54%
B	18.52%	8.02%
C	20.00%	9.68%

① 3가지 유형의 부동산 수익률이 완전히 상호 연관되어 있지 않다면, 세 부동산에 분산투자할 경우 위험이 감소될 수 있다.

② B부동산과 C부동산에 비해서 A부동산의 실제수익률이 기대수익률에 가까울 가능성이 크다.

③ 세 부동산 유형별로 위험이 클수록 더 높은 기대수익률을 얻을 수 있다.

④ 보수적인 투자자라면 기대수익률이 가장 높은 것으로 추정된 C부동산에 우선적으로 투자한다.

⑤ A부동산투자의 경우, 기대수익률 1단위당 위험도가 가장 낮다.

20 무위험률(risk-free rate)이 4%, 위험할증률(risk premium rate)이 2%, 예상인플레율(inflation rate)이 1%인 특정 부동산시장에서 투자자의 요구수익률은? (상)(중)(하)

① 4%   ② 6%

③ 7%   ④ 8%

⑤ 9%

21 다음과 같은 투자안에서 부동산의 투자가치는? (단, 연간 기준이며, 주어진 조건에 한함)
(상)(중)(하)

> • 무위험률 : 4%
> • 위험할증률 : 2%
> • 예상인플레이션율 : 1%
> • 예상 순수익 : 3,500만원

① 3억원   ② 3억 5천만원

③ 4억원   ④ 4억 5천만원

⑤ 5억원

22 부동산투자에 있어 위험과 위험분석에 관한 설명으로 틀린 것은? (상)(중)(하)

① 요구수익률을 결정하는 데 있어 감수해야 할 위험의 정도에 따라 위험할증률을 줄인다.

② 수익은 가능한 한 낮게 그리고 비용은 가능한 한 높게 추정하여 수익과 비용의 불확실성을 투자결정에 반영하기도 한다.

③ 수익률의 분포가 정규분포라면 수익률의 분산이나 표준편차로 위험을 측정할 수 있다.

④ 수익성에 결정적인 영향을 주는 변수들에 대해서는 민감도 분석을 하기도 한다.

⑤ 산출된 기대수익률의 하향 조정을 통해 투자의사결정을 보수적으로 함으로써 위험관리를 할 수 있다.

부동산투자의 포트폴리오 이론에 관한 설명으로 틀린 것은?

① 포트폴리오의 기대수익률은 포트폴리오를 구성하는 개별자산들의 기대수익률을 구성비율로 가중평균한 값이다.

② 개별자산들의 수익률 간의 상관관계는 포트폴리오의 기대수익률에 영향을 미치지 않는다.

③ 자산들 간의 수익률이 완전 양(+)의 상관관계, 즉 상관계수가 +1인 경우도 포트폴리오효과가 나타날 수 있다.

④ 포트폴리오에 포함된 자산 수가 늘어남에 따라 포트폴리오 위험에 대한 개별자산위험의 영향력(비체계적 위험)이 감소한다는 것이 위험분산효과의 본질이다.

⑤ 포트폴리오에 편입되는 투자안의 수를 늘리면 늘릴수록 비체계적인 위험이 감소되는 것을 분산효과(diversification effect) 또는 포트폴리오효과(portfolio effect)라고 한다.

POINT

포트폴리오의 위험은 체계적 위험과 비체계적 위험으로 구분되며, 포트폴리오 구성을 통해 제거할 수 있는 위험은 비체계적 위험입니다.

해설

자산들 간의 수익률이 완전 양(+)의 상관관계, 즉 상관계수가 +1인 경우 포트폴리오 효과는 전혀 나타나지 않는다.

정답 ③

23 포트폴리오 이론에 관한 설명으로 **틀린** 것은?

① 포트폴리오를 구성하는 투자자산 종목의 수를 늘릴수록 비체계적 위험이 감소되어 포트폴리오 전체의 위험도 감소된다.

② 상관계수가 +1의 값을 갖는 경우를 제외하면 구성자산의 수를 많이 하여 포트폴리오를 구성한다면 비체계적 위험은 감소될 수 있다.

③ 효율적 프론티어는 평균-분산 지배원리에 의해 모든 위험수준에서 최대의 기대수익률을 얻을 수 있는 포트폴리오의 집합을 말하는데, 동일한 위험에서 최고의 수익률을 나타내는 포트폴리오를 연결한 선이다.

④ 위험회피도의 차이에 따라 무차별곡선의 모양이나 기울기가 달라지는데, 투자자가 위험을 회피할수록 위험(표준편차, X축)과 기대수익률(Y축)의 관계를 나타낸 투자자의 무차별곡선의 기울기는 완만해지게 된다.

⑤ 최적 포트폴리오는 효율적 프론티어(또는 효율적 투자선, 효율적 전선)와 투자자의 무차별곡선이 접하는 점에서 결정된다.

기출응용 33회

24 포트폴리오의 위험과 수익에 관한 설명으로 **옳은** 것은?

① 포트폴리오의 기대수익률은 포트폴리오를 구성하는 개별자산의 기대수익률과 구성비율(weights)에 의해서 결정된다.

② 비체계적 위험(nonsystematic risk)이란 시장의 전반적인 상황과 관련이 있는 위험으로 분산투자를 하여도 제거할 수 없는 위험을 말한다.

③ 부동산투자의 위험에는 피할 수 있는 위험과 피할 수 없는 위험이 있는데, 전자는 체계적 위험이고, 후자는 비체계적 위험이다.

④ 상관계수가 0의 값을 갖는 경우를 제외하면, 구성자산의 수를 많이 하여 포트폴리오를 구성한다면 비체계적 위험은 감소될 수 있다.

⑤ 최적 포트폴리오는 효율적 프론티어와 투자자의 무차별곡선이 교차하는 점에서 결정된다.

25 포트폴리오 이론에 관한 설명으로 틀린 것은?

① 부동산투자에 수반되는 총위험은 체계적 위험과 비체계적 위험을 합한 것으로, 포트폴리오를 구성함으로써 제거될 수 있는 위험은 비체계적 위험이다.

② 포트폴리오를 구성하는 자산들의 수익률 간 상관계수가 1인 경우에는 포트폴리오를 구성한다고 하더라도 위험은 감소되지 않는다.

③ 2개의 투자자산의 수익률이 서로 다른 방향으로 움직일 경우, 상관계수는 음(−)의 값을 가지므로 위험분산효과가 커질 수 있다.

④ 효율적 프론티어(efficient frontier)는 각각의 위험수준에서 최대의 기대수익률을 올릴 수 있는 포트폴리오의 집합을 연결한 선이다.

⑤ 위험자산으로 구성된 부동산투자의 최적 포트폴리오는 효율적 프론티어(efficient frontier)와 투자자의 무차별곡선이 접하는 점에서 결정되는데, 투자자가 보수적 투자자일 경우 최적 포트폴리오는 공격적 투자자에 비해 고위험−고수익 포트폴리오가 된다.

26 자산비중 및 경제상황별 예상수익률이 다음과 같을 때, 전체 포트폴리오의 기대수익률은? (단, 확률은 호황 60%, 불황 40%임)

구 분	자산비중	경제상황별 예상수익률	
		호 황	불 황
A부동산	50%	20%	−10%
B부동산	50%	10%	5%

① 8% ② 8.5%

③ 9% ④ 9.5%

⑤ 10%

27 투자자 甲은 부동산투자 시에 A, B, C 3개의 부동산자산으로 이루어진 포트폴리오에 분산투자를 한다고 하자. 투자 비중 및 경제상황별 예상수익률 분포가 다음 표와 같을 때 이 투자의 포트폴리오의 기대수익률은? (단, 호황의 확률은 40%, 불황의 확률은 60%임)

구 분	포트폴리오 비중(%)	경제상황별 예상수익률(%)	
		호 황	불 황
A부동산	20	6	4
B부동산	40	10	5
C부동산	40	8	3

① 4.25%
② 4.75%
③ 5.47%
④ 5.76%
⑤ 5.96%

28 평균-분산결정법에 관한 설명으로 틀린 것은?

① 평균-분산결정법은 수익만으로는 결정하기 어려운 투자대안에 있어 위험을 분석하여 투자를 결정하는 방법이다.
② 기대수익률이 동일할 경우 다른 조건이 동일하다면, 표준편차가 작은 쪽에 투자를 한다.
③ A의 기대수익률은 B보다 크고 표준편차가 B보다 작거나 같을 때는 A를 선택한다.
④ 평균-분산결정법은 기대수익률도 크고 표준편차도 큰 투자대안의 결정에 유효하게 적용된다.
⑤ 평균-분산지배원리로 투자 선택을 할 수 없을 때 변동계수(변이계수)를 활용하여 투자안의 우위를 판단할 수 있다.

29 1,000억원의 부동산펀드가 빌딩 A, B, C로 구성되어 있으며, 투자자의 요구수익률은 10%이다. 다음 설명 중 <u>틀린</u> 것은? (단, 위험회피형 투자자이며, 다른 조건은 동일하다고 가정함) (상)**(중)**(하)

구 분	빌딩 A	빌딩 B	빌딩 C
매입가격	200억원	300억원	500억원
기대수익률	연 8%	연 10%	연 15%
위험(수익률의 표준편차)	5%	7%	12%

① 빌딩 C는 빌딩 A보다 고위험·고수익의 투자대상이다.

② 부동산펀드에 빌딩을 추가로 편입시킬 경우 이 펀드의 비체계적 위험이 줄어들 것이다.

③ 빌딩 A, B, C 중에서 변이계수가 가장 높은 것은 빌딩 C이다.

④ 보수적인 투자자라면 기대수익률이 가장 높은 것으로 추정된 빌딩 C에 우선적으로 투자할 것이다.

⑤ 평균-분산지배원리를 기준으로 볼 때, 빌딩 A와 빌딩 C 중 투자우선순위 결정기준을 제시하지 못한다.

30 포트폴리오 이론에 관한 설명으로 <u>틀린</u> 것은? (단, 투자자는 위험회피형으로서 기대수익률과 위험을 기준으로 투자결정을 한다고 가정함) (상)**(중)**(하)

① 포트폴리오의 구성에서 상관계수가 +1이 아니라면 구성자산 수가 많을수록 통계학적으로 비체계적 위험을 제거할 확률이 높아진다.

② 2개의 투자자산의 수익률이 서로 같은 방향으로 움직일 경우, 상관계수는 양(+)의 값을 가지므로 위험분산효과가 작아진다.

③ 평균-분산지배원리로 투자 선택을 할 수 없을 때는 변동계수(변이계수)를 활용하여 투자안의 우위를 판단하기 어렵다.

④ 효율적 프론티어(efficient frontier)란 평균-분산지배원리를 만족시키는 효율적 포트폴리오의 집합을 말한다.

⑤ 효율적 프론티어(efficient frontier)의 우상향의 모양은 투자자가 높은 수익률을 얻기 위해 많은 위험을 감수하는 것을 의미한다.

31 포트폴리오 이론에 따른 부동산투자의 포트폴리오 분석에 관한 설명으로 옳은 것은?

(상)**(중)**(하)

① 인플레이션, 경기변동 등의 시장 전체와 관련된 위험은 분산투자를 통해 제거가 가능하다.

② 포트폴리오에 편입되는 투자자산 수를 늘림으로써 체계적 위험을 줄여나갈 수 있으며, 그 결과로 총위험은 줄어들게 된다.

③ 부동산 A, B, C 중 하나와 주식과 채권을 결합하여 포트폴리오를 구성할 경우, 부동산 A, B, C 중 주식과 채권의 수익률과의 상관계수가 낮은 부동산이 좋은 포트폴리오 구성 대상이 된다.

④ 상관계수가 0의 값을 갖는 경우를 제외하면, 구성자산 수를 많이 하여 포트폴리오를 구성한다면 비체계적 위험은 감소될 수 있다.

⑤ 효율적 프론티어(efficient frontier)와 투자자의 무차별곡선이 교차하는 지점에서 최적 포트폴리오가 결정된다.

화폐의 시간가치 계산에 관한 설명으로 틀린 것은? 기출응용 32회

① 화폐의 평가는 현 시점에서 이루어지는 데 반해, 투자로 인한 현금흐름은 미래에 발생하므로 서로 다른 시점의 현금흐름을 동일 시점의 가치로 환산함을 화폐의 시간가치 계산이라고 한다.

② 현재 5억원인 주택의 가격이 매년 5%씩 상승한다고 가정할 때, 일시불의 미래가치계수를 사용하여 10년 후의 주택가격을 산정할 수 있다.

③ 정년퇴직자가 매월 연금형태로 받는 퇴직금을 일정기간 적립한 후에 달성되는 금액을 산정할 경우 연금의 미래가치계수를 사용한다.

④ 10년 후에 1억원이 될 것으로 예상되는 토지의 현재가치를 계산할 경우 일시불의 현재가치계수를 사용한다.

⑤ 저당상수는 미래에 사용할 금액을 적립하기 위한 매월의 적립금을 계산하는 데 사용된다.

> **POINT**
> 화폐의 시간가치 계산에서 자본환원계수의 의미와 활용에 대해 확실하게 이해하고 정리를 해두어야 합니다.
>
> **해설**
> ⑤는 감채기금계수에 대한 설명이다. 저당상수는 주택마련을 위해 은행으로부터 원리금균등분할상환방식으로 주택구입자금을 대출한 가구가 매월 상환할 금액을 산정하는 경우에 사용한다.
>
> 정답 ⑤

32 화폐의 시간가치에 관한 설명으로 <u>틀린</u> 것은? (단, 다른 조건은 동일함) 상ⓒⓗ

① 상환비율과 잔금비율을 합하면 1이 된다.

② 연금의 현재가치계수와 저당상수는 역수관계에 있으며, 연금의 미래가치계수와 감채기금계수는 역수관계에 있다.

③ 원금균등상환방식으로 주택저당대출을 받은 경우 저당대출의 매 기간 원리금 상환액은 저당상수를 이용하여 계산한다.

④ 매월 말 100만원씩 3년간 들어올 것으로 예상되는 임대료 수입의 현재가치를 계산하려면, 연금의 현재가치계수(월 기준)를 활용할 수 있다.

⑤ 5년 후 주택구입에 필요한 자금 3억원을 모으기 위해 매월 말 불입해야 하는 적금액을 계산하려면, 3억원에 감채기금계수(월 기준)를 곱하여 구한다.

33 화폐의 시간가치 계산에 관한 설명으로 옳은 것은?

① 원금균등분할상환방식에서 매 기간의 상환액을 계산할 경우 저당상수를 사용한다.

② 연금의 현재가치계수에 일시불의 미래가치계수를 곱하면 연금의 미래가치계수가 된다.

③ 기말에 일정누적액을 만들기 위해 매 기간마다 적립해야 할 금액을 계산할 경우 연금의 현재가치계수를 사용한다.

④ 연금의 미래가치계수에 일시불의 현재가치계수를 곱하면 일시불의 미래가치계수가 된다.

⑤ 저당상수에 연금의 현재가치계수를 곱하면 일시불의 현재가치가 된다.

34 화폐의 시간가치에 관한 설명으로 옳은 것은 모두 몇 개인가? (단, 다른 조건은 동일함)

㉠ 일시불의 미래가치계수는 이자율이 상승할수록 작아진다.

㉡ 감채기금이란 일정기간 후에 일정금액을 만들기 위해 매 기간 납입해야 할 금액을 말한다.

㉢ 연금의 미래가치란 매 기간마다 일정금액을 불입해 나갈 때, 미래 일정시점에서의 불입금액 총액의 가치를 말한다.

㉣ 현재가치에 대한 미래가치를 산출하기 위하여 사용하는 이율을 이자율이라 하고, 미래가치에 대한 현재가치를 산출하기 위하여 사용하는 이율을 할인율이라 한다.

㉤ 3년 후에 주택자금 5억원을 만들기 위해 매 기간 납입해야 할 금액을 계산하는 경우, 연금의 미래가치계수를 곱하여 구한다.

---

① 1개　　　　　　　　　② 2개

③ 3개　　　　　　　　　④ 4개

⑤ 5개

35 현재 1억원인 부동산가격이 매년 전년 대비 10%씩 상승한다고 가정할 때, 3년 후의 해당 부동산가격의 미래가치는 얼마인가? (단, 주어진 조건에 한함)

① 110,000,000원
② 121,000,000원
③ 133,100,000원
④ 145,200,000원
⑤ 151,300,000원

36 5년 후에 5,000만원이 될 것으로 예상되는 토지의 현재가치는? (단, 주어진 조건에 한함) 상**중**하

- 할인율 : 연 5%(복리 계산)
- 최종 현재가치 금액은 십만원 자리 반올림함

① 3,500만원
② 3,900만원
③ 4,300만원
④ 4,700만원
⑤ 5,100만원

37 甲은 A은행에 매년 말 2,000,000원씩을 불입하는 정기적금에 가입했다. 은행이자율이 연 10%라면, 3년 후 이 적금의 미래가치는? 상**중**하

① 3,310,000원
② 3,912,500원
③ 4,912,500원
④ 5,912,500원
⑤ 6,620,000원

38 甲은 부동산자금을 마련하기 위하여 2023년 1월 1일 현재, 3년 동안 매년 연말 3,000 원을 불입하는 금융상품에 가입했다. 이 금융상품의 이자율이 연 5%라면, 이 금융상품의 현재가치는? (단, 십원 단위 이하는 절사함) 상**중**하

① 6,400원　　　　　　　　　　② 6,800원

③ 7,300원　　　　　　　　　　④ 7,800원

⑤ 8,100원

39 A는 매월 말에 50만원씩 5년 동안 적립하는 적금에 가입하였다. 이 적금의 명목금리는 연 3%이며, 월복리 조건이다. 이 적금의 미래가치를 계산하기 위한 식으로 옳은 것은? (단, 주어진 조건에 한함) 31회　상**중**하

① $500,000 \times \left\{ \dfrac{(1+0.03)^5 - 1}{0.03} \right\}$

② $500,000 \times \left\{ \dfrac{\left(1+\dfrac{0.03}{12}\right)^{5\times12} - 1}{\dfrac{0.03}{12}} \right\}$

③ $500,000 \times \left(1+\dfrac{0.03}{12}\right)^{5\times12}$

④ $500,000 \times \left\{ \dfrac{0.03}{1-(1+0.03)^{-5}} \right\}$

⑤ $500,000 \times \left\{ \dfrac{\dfrac{0.03}{12}}{1-\left(1+\dfrac{0.03}{12}\right)^{-5\times12}} \right\}$

40 다음과 같이 고정금리부 원리금균등분할상환조건의 주택저당대출을 받은 경우 매월 상환해야 하는 원리금을 구하는 산식은? (단, 주어진 조건에 한함) 상⬤하

- 대출원금 : 1억원
- 대출기간 : 10년(대출일 : 2023년 7월 1일)
- 대출이자율 : 연 5%
- 원리금상환일 : 매월 말일

---

① 1억원 $\times \left\{ \dfrac{(1+0.05)^{10}-1}{0.05} \right\}$

② 1억원 $\times \left\{ \dfrac{\left(1+\dfrac{0.05}{12}\right)^{10\times12}-1}{\dfrac{0.05}{12}} \right\}$

③ 1억원 $\times \left(1+\dfrac{0.05}{12}\right)^{10\times12}$

④ 1억원 $\times \left\{ \dfrac{0.05}{1-(1+0.05)^{-10}} \right\}$

⑤ 1억원 $\times \left\{ \dfrac{\dfrac{0.05}{12}}{1-\left(1+\dfrac{0.05}{12}\right)^{-10\times12}} \right\}$

41 甲은 A은행에 융자기간 10년, 이자율 10%, 원리금균등상환의 대출조건으로 1억원의 대출을 받았다. 4년을 상환한 후 현재 미상환저당잔금은 얼마인가? [단, 이자율은 연 10%이며, 저당상수(10년) : 0.16이며, 연금의 현가계수(6년) : 4.35임] 상⦿하

① 3,600만원

② 5,520만원

③ 6,960만원

④ 7,180만원

⑤ 7,760만원

42 임대인 A와 임차인 B는 임대차계약을 체결하려고 한다. 향후 3년간 순영업소득의 현재 가치 합계는? (단, 주어진 조건에 한하며, 모든 현금유출입은 매 기간 말에 발생함) 30회

- 연간 임대료는 1년 차 5,000만원에서 매년 200만원씩 증가
- 연간 영업경비는 1년 차 2,000만원에서 매년 100만원씩 증가
- 1년 후 일시불의 현가계수 0.95
- 2년 후 일시불의 현가계수 0.90
- 3년 후 일시불의 현가계수 0.85

① 8,100만원

② 8,360만원

③ 8,620만원

④ 9,000만원

⑤ 9,300만원

부동산투자의 현금흐름 측정에 관한 설명으로 틀린 것은?

① 현금흐름의 측정에서 예상수익의 측정은 내용연수 전 기간이 아닌 예상보유기간 동안 측정한다.

② 영업 현금흐름의 계산이란 투자대상 부동산의 운영(영업)으로 인해 연간 발생하는 예상된 현금유입과 현금유출을 측정하는 것을 말한다.

③ 영업경비는 투자대상 부동산을 운영하는 데 들어가는 수리비, 관리비, 수수료, 재산세, 보험료, 광고비 등을 포함하며, 운영경비라고도 한다.

④ 투자 시 전액을 자기자본으로만 사용한 경우에도 부채서비스액으로 인해 순영업소득이 세전현금흐름보다 크다고 할 수 있다.

⑤ 과세대상 소득이 적자이거나 투자자가 과세대상이 아니라면, 세전현금흐름과 세후현금흐름은 동일할 수 있다.

POINT
현금흐름의 측정과정을 문장으로 표현한 것을 정확하게 이해하여야 합니다.

해설
투자 시 전액을 자기자본으로만 사용한 경우에는 부채서비스액이 존재하지 않아 순영업소득과 세전현금흐름이 동일할 수 있다.

정답 ④

---

43 **현금흐름의 측정에 관한 설명으로 틀린 것은?**

① 투자분석에서 가장 중요한 것은 현금흐름을 정확하게 측정하는 것이다.

② 부동산은 내구성이 있는 재화이므로 예상수익 측정은 예상 보유기간 동안뿐만 아니라 내구연한의 전 기간에 행하는 것이 바람직하다.

③ 부동산에서 예상되는 수익은 운영에서 발생하는 운영수익과 매도 시에 발생하는 자본이득이 있다.

④ 영업의 현금흐름은 세후현금흐름을, 복귀액의 현금흐름은 세후지분복귀액을 추계한다.

⑤ 영업의 현금흐름계산에서 판매수수료는 영업경비에 산입한다.

44 부동산투자의 현금흐름 추정에 관한 설명으로 <u>틀린</u> 것은? 30회

① 순영업소득은 유효총소득에서 영업경비를 차감한 소득을 말한다.

② 영업경비는 부동산 운영과 직접 관련 있는 경비로, 광고비, 전기세, 수선비가 이에 해당된다.

③ 세전현금흐름은 지분투자자에게 귀속되는 세전소득을 말하는 것으로, 순영업소득에 부채서비스액(원리금 상환액)을 가산한 소득이다.

④ 세전지분복귀액은 자산의 순매각금액에서 미상환 저당잔액을 차감하여 지분투자자 의 몫으로 되돌아오는 금액을 말한다.

⑤ 부동산투자에 대한 대가는 보유 시 대상부동산의 운영으로부터 나오는 소득이득과 처분 시의 자본이득의 형태로 나타난다.

45 오피스 빌딩의 순영업소득(net operating income)을 추정할 때 필요한 항목으로 <u>틀린</u> 것은?   상중**하**

① 임대료 수입   ② 공실률

③ 이자비용   ④ 화재보험료

⑤ 주차료 수입

46 부동산투자의 현금흐름 측정 중 영업의 현금흐름계산과 관련이 <u>없는</u> 것은?   상중**하**

① 순영업소득   ② 지분복귀액

③ 세전현금흐름   ④ 저당지불액

⑤ 영업소득세

47 어느 임대용 부동산의 1년간 소득 및 비용명세서이다. 다음 자료를 이용하여 순영업소득을 구하면?

• 유효총소득	50,000,000원	• 유지관리비	9,000,000원
• 화재보험료	2,000,000원	• 영업소득세	8,000,000원
• 수도료	2,000,000원	• 전기료	3,000,000원
• 재산세	8,000,000원	• 부채서비스액	10,000,000원
• 감가상각비	3,000,000원		

① 26,000,000원   ② 28,000,000원

③ 30,000,000원   ④ 33,000,000원

⑤ 34,500,000원

48 수익성 부동산의 장래 현금흐름에 관한 설명으로 틀린 것은?

① 투자에 따른 현금흐름은 영업 현금흐름과 매각 현금흐름으로 나누어 예상할 수 있다.

② 유효총소득은 가능총소득에서 공실손실상당액과 불량부채액(충당금)을 가산하고, 기타 수입을 차감하여 구한 소득이다.

③ 순영업소득은 유효총소득에서 영업경비를 뺀 소득으로 순운영소득이라고도 한다.

④ 세전현금흐름은 순영업소득에서 부채서비스액(debt service)을 차감하여 계산한다.

⑤ 세후현금흐름은 세전현금흐름에서 영업소득세를 차감하여 계산한다.

49 순영업소득을 계산할 때 영업경비에 포함되는 것은?

① 공실 및 불량부채   ② 부채서비스액

③ 건물 수선유지비   ④ 영업소득세

⑤ 부동산 감가상각비

$$
\begin{array}{rl}
& \text{임대단위당 연간예상임대료} \\
\times & \text{임대단위 수} \\
\hline
= & (\ A\ ) \\
- & \text{공실 및 불량부채액} \\
+ & \text{기타 소득} \\
\hline
= & (\ B\ ) \\
- & \text{영업경비} \\
\hline
= & (\ C\ ) \\
- & \text{부채서비스액} \\
\hline
= & \text{세전현금흐름} \\
- & \text{영업소득세} \\
\hline
= & \text{세후현금흐름}
\end{array}
$$

	A	B	C
①	유효총소득	순영업소득	가능총소득
②	가능총소득	순영업소득	유효총소득
③	순영업소득	가능총소득	유효총소득
④	유효총소득	가능총소득	순영업소득
⑤	가능총소득	유효총소득	순영업소득

51 임대용 부동산의 현금흐름 측정에 관한 설명으로 **틀린** 것은? 상 **중** 하

① 가능총소득에서 공실 및 불량부채를 제하고 기타 소득을 합하면 유효총소득이 된다.

② 유효총소득은 순영업소득에 비해서 큰 편이다.

③ 순영업소득은 세전현금흐름과 동일할 수도 있다.

④ 과세대상 소득이 적자가 아니고 투자자가 과세대상이라면 세전현금흐름은 세후현금흐름과 같다.

⑤ 매각시점에 미상환 대출잔액이 있다면 세전지분복귀액이 총매도액보다 적다.

다음은 어느 임대용 건물의 한 해 동안의 영업의 현금흐름과 관련된 자료이다. 세후현금흐름을 계산하면 얼마인가?

• 임대가능 단위 수	40실
• 단위당 임대료	500만원
• 공실 및 대손충당금	5%
• 기타 수입	500만원
• 영업경비	8,000만원
• 대체충당금	2,500만원
• 원금상환분	500만원
• 이자지급액	1,500만원
• 감가상각액	3,000만원
• 세율	20%

① 56,000,000원 ② 61,000,000원 ③ 76,000,000원
④ 82,000,000원 ⑤ 85,400,000원

POINT

현금흐름의 측정은 영업의 현금흐름계산과 지분복귀액의 계산으로 나뉘는데, 특히 출제빈도가 높은 영업의 현금흐름계산 과정은 반드시 익숙하게 정리해두어야 합니다.

해설

현금흐름(현금수지)의 측정은 다음과 같다.

단위당 임대료		5,000,000원
× 임대가능 단위 수	×	40실
가능총소득		200,000,000원
− 공실 및 불량부채	−	10,000,000원
+ 기타 소득	+	5,000,000원
유효총소득		195,000,000원
− 영업경비	−	80,000,000원
순영업소득(NOI)		115,000,000원
− 부채서비스액	−	20,000,000원
세전현금흐름		95,000,000원
− 영업소득세	−	19,000,000원
세후현금흐름		76,000,000원

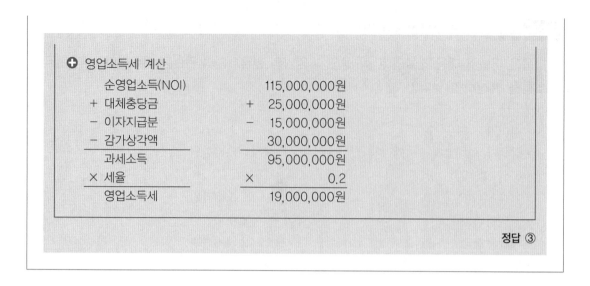

52 다음은 어느 임대용 건물의 한 해 동안의 영업의 현금흐름과 관련된 자료이다. 세전현금흐름을 계산하면 얼마인가? 상⬤하

• 임대가능 단위 수	20실
• 단위당 임대료	500만원
• 공실 및 대손충당금	5%
• 영업경비	유효총소득의 40%
• 부채서비스액	700만원

① 3,800만원 ② 4,550만원
③ 5,000만원 ④ 5,700만원
⑤ 9,500만원

53 다음은 임대주택의 1년간 운영실적에 관한 자료이다. 순영업소득은 얼마인가? (단, 문제에서 제시한 것 외의 기타 조건은 고려하지 않음) 상**중**하

• 호당 임대료	5,000,000원
• 임대가능 호수	40호
• 공실률	가능총소득의 5%
• 기타 수입	가능총소득의 3%
• 영업경비	유효총소득의 40%
• 원리금 상환액	70,000,000원
• 융자이자	20,000,000원

① 92,500,000원　　　　　② 117,600,000원
③ 128,200,000원　　　　　④ 135,500,000원
⑤ 140,200,000원

54 다음은 투자 예정인 어느 임대용 부동산의 1년 동안 예상되는 현금흐름이다. 연간 세후 현금흐름은 얼마인가? (단, 주어진 조건에 한함) 상**중**하

• 단위면적당 월 임대료	20,000원/m²
• 임대면적	100m²
• 공실손실상당액	가능총소득의 5%
• 영업경비	유효총소득의 40%
• 부채서비스액	연 6,000,000원
• 이자비용	연 4,000,000원
• 감가상각비	2,000,000원
• 영업소득세율	연 20%

① 6,144,000원　　　　　② 6,235,000원
③ 6,254,000원　　　　　④ 6,363,000원
⑤ 6,436,000원

부동산투자 분석기법에 관한 설명으로 옳은 것은?

① 내부수익률(IRR)이란 투자로부터 기대되는 현금유입의 현재가치와 현금유출의 현재가치를 같게 하는 할인율이다.

② 순현가법에서는 재투자율로 내부수익률을 사용하고, 내부수익률법에서는 요구수익률을 사용한다.

③ 순현재가치법은 가치가산원리가 적용되지 않으나 내부수익률법은 적용된다.

④ 어림셈법 중 순소득승수법의 경우 승수값이 작을수록 자본회수기간이 길어진다.

⑤ 회수기간은 투자시점에서 발생한 비용을 회수하는 데 걸리는 기간을 말하며, 회수기간법에서는 투자안 중에서 회수기간이 가장 장기인 투자안을 선택한다.

POINT

부동산투자 분석기법 중 할인현금흐름분석법에 해당하는 순현가법, 내부수익률법, 수익성지수법을 비교하여 정리해두어야 합니다.

해설

② 순현가법에서는 재투자율로 요구수익률을 사용하고, 내부수익률법에서는 내부수익률을 사용한다.

③ 순현재가치법은 가치가산원리가 적용되나 내부수익률법은 적용되지 않는다.

④ 어림셈법 중 순소득승수법의 경우 승수값이 작을수록 자본회수기간이 짧아진다.

⑤ 회수기간은 투자시점에서 발생한 비용을 회수하는 데 걸리는 기간을 말하며, 회수기간법에서는 투자안 중에서 회수기간이 가장 단기인 투자안을 선택한다.

이론＋ 순현가법과 내부수익률법의 비교

1. 재투자율 : 순현가법에서는 모든 예상되는 미래현금흐름이 요구수익률로 재투자된다는 가정을 하고 있지만, 내부수익률법에서는 내부수익률로 재투자된다는 가정을 하고 있다.

2. 가치의 가산원칙(value additivity principle) : 순현가법은 가치의 가산원칙이 성립하는 반면, 내부수익률법은 가치의 가산원칙이 성립하지 않는다.

3. 부(富)의 극대화 : 순현가법을 이용하여 투자안의 경제성을 평가하는 것이 내부수익률법보다 투자자의 부(富)의 극대화에 부합되는 의사결정방법이 된다.

정답 ①

55 다음 부동산투자의 타당성 분석방법 중 화폐의 시간가치를 고려한 투자분석기법을 모두 고른 것은? (상)(중)**(하)**

> ㉠ 순현가(net present value)법
> ㉡ 단순회수기간(simple payback period)법
> ㉢ 내부수익률(internal rate of return)법
> ㉣ 수익성지수(profitability index)법
> ㉤ 회계적 수익률(accounting rate of return)법

① ㉠, ㉡
② ㉡, ㉢
③ ㉠, ㉡, ㉢
④ ㉠, ㉢, ㉣
⑤ ㉡, ㉢, ㉣

56 부동산투자 타당성 분석기법에 관한 설명으로 옳은 것은? (상)**(중)**(하)

① 여러 투자안의 투자 우선순위를 결정할 때, 순현가법과 내부수익률법 중 어느 방법을 적용하느냐에 따라 투자 우선순위는 달라질 수 있다.

② 순현재가치(NPV)가 1인 단일 투자안의 경우, 수익성지수(PI)는 1이 된다.

③ 부동산 타당성 분석기법에서 도출된 값이 동일하다면 부동산투자자는 투자성향이나 투자목적에 관계없이 동일한 판단을 내리게 된다.

④ 순현가법에서는 모든 예상되는 미래 현금흐름이 내부수익률로 재투자된다는 가정을 하고 있지만, 내부수익률법은 요구수익률로 재투자된다는 가정을 하고 있다.

⑤ 부채감당률(DCR)이 1보다 작다는 것은 순영업소득이 부채의 할부금을 상환하고도 잔여액이 있다는 의미이다.

57 할인현금흐름 분석기법에 관한 설명으로 <u>틀린</u> 것은?

① 재투자율로 내부수익률법에서는 내부수익률을 사용하지만, 순현재가치법에서는 요구수익률을 사용한다.

② 부동산 보유기간 동안 예상되는 매년의 세후현금흐름의 현재가치와 부동산의 처분시에 예상되는 세후지분복귀액의 현재가치의 합이 현재의 투자금액보다 크다는 것은 순현가가 '0'보다 크다는 것을 의미한다.

③ 내부수익률이란 순현가를 '0'으로 만드는 할인율이다.

④ 내부수익률법을 이용하여 투자안의 경제성을 평가하는 것이 기업의 부(富)의 극대화에 부합되는 의사결정방법이 된다.

⑤ 일반적으로 순현가법이 내부수익률법보다 투자판단의 준거로서 선호된다.

58 부동산투자 분석기법에 관한 설명으로 <u>틀린</u> 것은? 26회

① 할인현금수지(discounted cash flow)법은 부동산투자기간 동안의 현금흐름을 반영하지 못한다는 단점이 있다.

② 회계적 이익률법은 화폐의 시간가치를 고려하지 않는다.

③ 순현재가치(NPV)가 0인 단일 투자안의 경우, 수익성지수(PI)는 1이 된다.

④ 투자안의 경제성 분석에서 민감도 분석을 통해 투입요소의 변화가 그 투자안의 순현재가치에 미치는 영향을 분석할 수 있다.

⑤ 투자금액이 동일하고 순현재가치가 모두 0보다 큰 2개의 투자안을 비교·선택할 경우, 부의 극대화 원칙에 따르면 순현재가치가 큰 투자안을 채택한다.

59 부동산투자의 할인현금흐름기법(DCF)과 관련된 설명으로 옳은 것을 모두 고른 것은?

> ㉠ 순현재가치(NPV)법이란 투자로부터 발생하는 현재와 미래의 모든 현금흐름을 적절한 할인율로 할인하여 현재가치로 환산하고 이를 통하여 투자의사결정에 이용하는 기법이다.
> ㉡ 내부수익률(IRR)은 투자로부터 발생하는 현금흐름의 순현재가치를 1로 만드는 할인율을 말한다.
> ㉢ 순현가법에서는 재투자율로 시장수익률을 사용하고, 내부수익률법에서는 요구수익률을 사용한다.
> ㉣ 수익성지수(PI)는 투자로 인해 발생하는 현금유입의 현재가치를 현금유출의 현재가치로 나눈 비율로서 1보다 크면 경제적 타당성이 있는 것으로 판단된다.

① ㉠, ㉡   ② ㉠, ㉣

③ ㉡, ㉢   ④ ㉢, ㉣

⑤ ㉠, ㉡, ㉣

60 부동산투자 분석기법에 관한 설명으로 옳은 것은?

① 투자규모가 상이한 투자안에서 수익성지수(PI)가 큰 투자안이 순현재가치(NPV)도 크다.

② 순현재가치법과 수익성지수법에서는 화폐의 시간가치를 고려하지 않는다.

③ 수익성지수가 1보다 크면 순현재가치는 0보다 크다.

④ 서로 다른 투자안 A, B를 결합한 새로운 투자안의 내부수익률(IRR)은 A의 내부수익률과 B의 내부수익률을 합한 값이다.

⑤ 투자안마다 단일의 내부수익률만 대응된다.

61 부동산투자 분석기법에 관한 설명으로 옳은 것을 모두 고른 것은? (단, 다른 조건은 동일함)

> ㉠ 현금유출의 현가합이 4,000만원이고 현금유입의 현가합이 5,000만원이라면, 수익성지수는 0.8이다.
> ㉡ 내부수익률법, 순현재가치법, 수익성지수법은 할인현금흐름기법에 해당한다.
> ㉢ 내부수익률은 투자로부터 발생하는 현재와 미래현금흐름의 순현재가치를 1로 만드는 할인율을 말한다.
> ㉣ 내부수익률법에서는 내부수익률과 요구수익률을 비교하여 투자 여부를 결정한다.
> ㉤ 재투자율로 내부수익률법에서는 요구수익률을 사용하지만, 순현재가치법에서는 시장이자율을 사용한다.

① ㉠, ㉢
② ㉡, ㉣
③ ㉣, ㉤
④ ㉠, ㉢, ㉣
⑤ ㉡, ㉣, ㉤

62 부동산투자의 분석기법에 관한 설명으로 <u>틀린</u> 것은?

① 순현가법에서 순현가란 투자로부터 예상되는 현금유입의 현가합에서 현금유출의 현가합을 공제한 금액이다.
② 연평균순현가는 사업기간이 서로 다른 사업 간의 평균적인 순현가의 비교를 가능케 한다.
③ 내부수익률법에서 내부수익률이란 투자로부터 예상되는 현금유입의 현가합과 현금유출의 현가합을 서로 같게 만드는 할인율이다.
④ 수익성지수법에서 수익성지수는 투자로부터 예상되는 현금유입의 현가합을 현금유출의 현가합으로 나눈 비율을 말한다.
⑤ 일반적으로 내부수익률법이 순현가법보다 투자판단의 준거로서 선호된다.

63 투자자 甲은 1,000만원을 토지매입에 투자하여 모든 경비를 제하고 1년 후에는 1,200만원의 현금유입이 있다는 것을 알았다. 이때 甲의 투자대안의 내부수익률은? 상중**하**

① 10%　　　　　　② 20%　　　　　　③ 30%

④ 40%　　　　　　⑤ 50%

대표문제　**순현가 · 내부수익률의 계산**

다음과 같은 현금흐름을 갖는 투자안 A의 순현가(NPV)와 내부수익률(IRR)은? [단, 할인율은 연 10%, 사업기간은 1년이며, 사업 초기(1월 1일)에 현금지출만 발생하고 사업 말기(12월 31일)에 현금유입만 발생함]

투자안	초기 현금지출	말기 현금유입
A	5,000만원	5,500만원

　　　NPV　　　IRR　　　　　　　　　　NPV　　　IRR
①　　0원　　　5%　　　　　②　　0원　　　10%

③　　0원　　　20%　　　　④　500만원　　20%

⑤　1,000만원　　25%

POINT

특히 내부수익률의 계산에서 사업기간이 1년인 경우에는 교재의 풀이법과 달리 단순하게 투자액에 대한 순수익의 비율로 계산하면 쉽습니다.

해설

• 순현가(NPV)는 현금유입의 현가합에서 현금유출의 현가합을 뺀 값이다.
　사업기간은 1년이므로 순현가 = 현금유입의 현재가치 − 현금유출의 현재가치이다.

　이때 현금유입의 현재가치는 $\dfrac{5,500만원}{1 + 0.1}$ = 5,000만원이고, 현금유출의 현재가치도 5,000만

　원이므로 순현가 = 5,000만원 − 5,000만원 = 0원이다.

• 내부수익률(IRR)은 현금유입의 현재가치$\left(\dfrac{5,500만원}{1 + x}\right)$와 현금유출의 현재가치(5,000만원)를

　일치시켜 주는 할인율이다.

　따라서 $\dfrac{5,500만원}{1 + x}$ = 5,000만원이므로 내부수익률(x) = 0.1(10%)이다.

정답 ②

향후 3년간 현금흐름을 이용한 다음 사업의 수익성지수(PI)는? (단, 연간 기준이며, 주어진 조건에 한함) 상중하

- 모든 현금의 유입과 유출은 매년 말에만 발생
- 현금유입은 1년 차 3,000만원, 2년 차 3,100만원, 3년 차 3,200만원
- 현금유출은 현금유입의 80%
- 1년 후 일시불의 현가계수 0.95
- 2년 후 일시불의 현가계수 0.90
- 3년 후 일시불의 현가계수 0.85

① 1.2

② 1.25

③ 1.3

④ 1.35

⑤ 1.5

---

65 다음은 투자부동산의 매입, 운영 및 매각에 따른 현금흐름이다. 이에 기초한 순현재가치는? (단, 0년 차 현금흐름은 초기투자액, 1년 차부터 7년 차까지 현금흐름은 현금유입과 유출을 감안한 순현금흐름이며, 기간이 7년인 연금의 현가계수는 3.50, 7년 일시불의 현가계수는 0.60이고, 주어진 조건에 한함) 32회 상중하

(단위 : 만원)

기간(년)	0	1	2	3	4	5	6	7
현금흐름	−1,100	120	120	120	120	120	120	1,420

① 100만원

② 120만원

③ 140만원

④ 160만원

⑤ 180만원

66 다음 표와 같은 투자사업들이 있다. 이 사업들은 모두 사업기간이 1년이며, 사업 초기 (1월 1일)에 현금 지출만 발생하고 사업 말기(12월 31일)에 현금유입만 발생한다고 한다. 할인율이 연 5%라고 할 때 다음 중 틀린 것은?   상중하

사 업	초기 현금지출	말기 현금유입
A	3,000만원	6,300만원
B	1,000만원	3,675만원
C	1,000만원	2,625만원
D	2,000만원	5,250만원

① A와 D의 순현재가치(NPV)는 같다.

② 수익성지수(PI)가 가장 큰 사업은 B이다.

③ 순현재가치(NPV)가 가장 작은 사업은 C이다.

④ 수익성지수(PI)가 가장 작은 사업은 A이다.

⑤ B의 수익성지수(PI)와 D의 수익성지수(PI)는 같다.

67 다음 표와 같은 투자사업들이 있다. 이 사업들은 모두 사업기간이 1년이며, 사업 초기 (1월 1일)에 현금지출만 발생하고 사업 말기(12월 31일)에 현금유입만 발생한다고 한다. 할인율이 연 7%라고 할 때 다음 중 옳은 것은?   상중하

사 업	초기 현금지출	말기 현금유입
A	1,000만원	2,675만원
B	1,500만원	4,815만원
C	1,500만원	3,210만원

① 수익성지수(PI)가 가장 큰 사업은 A이다.

② 순현재가치(NPV)가 가장 큰 사업은 C이다.

③ 수익성지수(PI)가 가장 작은 사업은 A이다.

④ A의 순현재가치(NPV)는 B의 순현재가치(NPV)의 2배이다.

⑤ A와 C의 순현재가치(NPV)는 같다.

68 부동산투자 타당성 분석에 관한 설명으로 <u>틀린</u> 것은?

① 수익성지수(PI)가 1보다 크면 투자 타당성이 있다고 판단할 수 있다.

② 지분배당률이란 지분투자액에 대한 세전현금흐름의 비율이다.

③ 내부수익률법에서 내부수익률을 구하기 위해서는 사전적으로 요구수익률을 결정하지 않아도 된다.

④ 연평균 순현가는 사업기간이 서로 다른 사업 간의 비교를 가능하게 한다.

⑤ 연평균 순현가의 계산은 전체 순현가에 감채기금계수를 곱하면 된다.

대표문제 | **부동산투자 분석기법**

부동산투자의 타당성 분석기법에 관한 설명으로 <u>틀린</u> 것은?

① 순현가법에서 순현가란 투자로부터 예상되는 현금유입의 현가합에서 현금유출의 현가합을 공제한 값이다.

② 내부수익률법에서 내부수익률이란 순현가를 '0'으로 만드는 할인율을 말한다.

③ 수익성지수법에서 수익성지수는 투자로부터 예상되는 현금유입의 현가합을 현금유출의 현가합으로 나눈 비율을 말한다.

④ 단순회수기간법은 화폐의 시간적 가치를 고려하지 않고 투자한 금액을 회수하는 데 걸리는 기간을 분석한다.

⑤ 부채감당률이 '1'보다 작다는 것은 순영업소득이 부채의 할부금을 상환하고도 잔여액이 있다는 의미이다.

POINT

부채감당률은 '1'과 비교하며 부채감당률이 '1'보다 작다는 것은 순영업소득이 매 기간의 원리금 상환액을 감당하기에 부족하다는 것을 의미하며, 부채감당률이 '1'보다 크다는 것은 순영업소득이 부채의 할부금을 상환하고도 잔여액이 있다는 의미를 정리해두어야 합니다.

해설

부채감당률은 순영업소득의 부채서비스액에 대한 비율을 말하는 것으로 순영업소득이 부채서비스액의 몇 배 정도 되는가를 표시해 준다. 그러므로 부채감당률이 '1'보다 작다는 것은 순영업소득이 매 기간의 원리금 상환액을 감당하기에 부족하다는 것을 의미한다. 따라서 부채감당률이 '1'보다 크다는 것은 순영업소득이 부채의 할부금을 상환하고도 잔여액이 있다는 의미이다.

69 전통적인 투자안의 평가방법 중 회수기간법에 관한 설명으로 **틀린** 것은?

① 회수기간의 계산이 쉽고 비용이 들지 않는다.

② 투자안의 회수기간이 목표회수기간보다 짧을 경우에는 투자안을 채택하며, 투자안의 회수기간이 목표회수기간보다 길 경우에는 투자안을 기각한다.

③ 회수기간은 투자시점에서 발생한 비용을 회수하는 데 걸리는 기간을 말하며, 회수기 간법에서는 투자안 중에서 회수기간이 가장 장기인 투자안을 선택한다.

④ 자본회수기간 이후의 현금흐름을 전혀 고려하고 있지 않다.

⑤ 모든 미래 현금흐름에 대하여 동일한 가중치를 부여하고 있기 때문에 화폐의 시간가 치를 무시하고 있다.

70 다음 부동산투자안에 관한 단순회수기간법의 회수기간은? (단, 주어진 조건에 한함)

(상)**(중)**(하)

기 간	1기	2기	3기	4기	5기
초기 투자액 1억원(유출)					
순현금흐름	3,000만원	3,000만원	2,000만원	6,000만원	1,000만원

※ 기간은 연간 기준이며, 회수기간은 월 단위로 계산함
※ 초기 투자액은 최초시점에 전액 투입하고, 이후 각 기간 내 현금흐름은 매월 말 균등하게 발생

① 2년 6개월　　　　　　　　　② 3년 4개월
③ 3년 6개월　　　　　　　　　④ 4년
⑤ 4년 3개월

71 부동산투자와 관련된 재무비율 및 승수에 관한 설명으로 틀린 것은?　　(상)**(중)**(하)

① 종합자본환원율(overall capitalization rate)의 역수는 순소득승수(net income multiplier)
이다.
② 대부비율(loan to value ratio)이 높을수록 투자의 레버리지효과가 커진다.
③ 부채감당률(debt coverage ratio)이 '1'보다 작으면 차입자의 원리금 지불능력이 충분
하다고 판단할 수 있다.
④ 채무불이행률(default ratio)은 유효총소득이 영업경비와 부채서비스액을 감당할 수
있는 능력이 있는가를 측정한다.
⑤ 총자산회전율(total asset turnover ratio)은 투자된 총자산에 대한 총소득의 비율
이다.

72 부동산투자와 관련한 재무비율과 승수를 설명한 것으로 **틀린** 것은?

① 동일한 투자안의 경우, 일반적으로 총소득승수가 순소득승수보다 크다.

② 동일한 투자안의 경우, 일반적으로 세후현금흐름승수가 세전현금흐름승수보다 크다.

③ 부채감당률(DCR)이 1보다 작으면, 투자로부터 발생하는 순영업소득이 부채서비스액을 감당할 수 없다고 판단된다.

④ 담보인정비율(LTV)을 통해서 투자자가 재무레버리지를 얼마나 활용하고 있는지를 평가할 수 있다.

⑤ 총부채상환비율(DTI)은 차입자의 상환능력을 평가할 때 사용할 수 있다.

73 부채감당률(debt coverage ratio)에 관한 설명으로 **틀린** 것은?

① 부채감당률이란 순영업소득이 부채서비스액의 몇 배가 되는가를 나타내는 비율이다.

② 부채감당률이 1보다 작다는 것은 순영업소득이 부채서비스액을 감당하기에 부족하다는 것이다.

③ 부채서비스액은 매월 또는 매년 지불하는 이자지급액을 제외한 원금 상환액을 말한다.

④ 부채감당률은 1.5이고 순영업소득이 3,000만원일 경우 부동산을 담보로 차입할 수 있는 최대의 부채서비스액은 2,000만원이다.

⑤ 대출기관이 채무불이행 위험을 낮추기 위해서는 해당 대출조건의 부채감당률을 높이는 것이 유리하다.

74 부동산투자 분석기법 중 비율분석법에 관한 설명으로 <u>틀린</u> 것은? 28회

① 채무불이행률은 유효총소득이 영업경비와 부채서비스액을 감당할 수 있는 능력이 있는지를 측정하는 비율이며, 채무불이행률을 손익분기율이라고도 한다.

② 대부비율은 부동산가치에 대한 융자액의 비율을 가리키며, 대부비율을 저당비율이라고도 한다.

③ 부채비율은 부채에 대한 지분의 비율이며, 대부비율이 50%일 경우에는 부채비율은 100%가 된다.

④ 총자산회전율은 투자된 총자산에 대한 총소득의 비율이며, 총소득으로 가능총소득 또는 유효총소득이 사용된다.

⑤ 비율분석법의 한계로는 요소들에 대한 추계산정의 오류가 발생하는 경우에 비율 자체가 왜곡될 수 있다는 점을 들 수 있다.

75 비율분석법을 이용하여 산출한 것으로 <u>틀린</u> 것은? (단, 주어진 조건에 한하며, 연간 기준임)

- 주택담보대출액 : 2억원
- 주택담보대출의 연간 원리금 상환액 : 1,000만원
- 부동산가치 : 4억원
- 차입자의 연소득 : 5,000만원
- 가능총소득 : 4,000만원
- 공실손실상당액 및 대손충당금 : 가능총소득의 25%
- 영업경비 : 가능총소득의 50%

---

① 담보인정비율(LTV) = 0.5

② 부채감당률(DCR) = 1.0

③ 총부채상환비율(DTI) = 0.2

④ 영업경비비율(OER, 유효총소득 기준) = 0.8

⑤ 채무불이행률(DR) = 1.0

76 甲은 아래 조건으로 부동산에 10억원을 투자하였다. 이에 관한 투자분석의 산출값으로 **틀린** 것은? (단, 주어진 조건에 한함) 상중하

- 순영업소득(NOI) : 2억원/년
- 원리금상환액 : 5,000만원/년
- 유효총소득승수 : 4
- 지분투자액 : 5억원

① 유효총소득은 2억 5,000만원이다.

② 부채비율은 100%이다.

③ 지분배당률은 25%이다.

④ 순소득승수는 5이다.

⑤ 종합환원율은 20%이다.

77 甲은 시장가치 5억원의 부동산을 인수하고자 한다. 해당 부동산의 부채감당률(DCR)은? (단, 모든 현금유출입은 연말에만 발생하며, 주어진 조건에 한함) 상중하

- 담보인정비율(LTV) : 시장가치의 60%
- 연간 저당상수 : 0.1
- 가능총소득(PGI) : 6,000만원
- 공실손실상당액 및 대손충당금 : 가능총소득의 5%
- 영업경비비율 : 유효총소득의 40%

① 0.93   ② 1.05

③ 1.14   ④ 1.35

⑤ 1.56

다음은 A부동산 투자에 따른 1년간 예상 현금흐름이다. 종합자본환원율과 부채감당률을 순서대로 나열한 것은? (단, 주어진 조건에 한함) 상❸하

- 총투자액 : 10억원(자기자본 6억원)
- 세전현금흐름 : 6,000만원
- 부채서비스액 : 4,000만원
- 유효총소득승수 : 5

① 10%, 0.4　　　　　　② 10%, 2.5

③ 15%, 0.4　　　　　　④ 15%, 2.0

⑤ 20%, 2.5

다음은 A부동산 투자에 따른 1년간 예상 현금흐름이다. 영업경비율(OER)과 부채감당률(DCR)을 순서대로 나열한 것은? (단, 주어진 조건에 한함) 상❸하

- 총투자액 : 10억원(자기자본 6억원)
- 세전현금흐름 : 6,000만원
- 부채서비스액 : 4,000만원
- 유효총소득승수 : 5

① 20%, 0.4　　　　　　② 20%, 2.0

③ 20%, 2.5　　　　　　④ 50%, 0.4

⑤ 50%, 2.5

80 현재 대상부동산의 가치는 3억원이다. 향후 1년 동안 예상되는 현금흐름이 다음 자료와 같을 경우, 대상부동산의 **자본환원율**(종합환원율)은? (단, 가능총소득에는 기타 소득이 포함되어 있지 않고, 주어진 조건에 한함) 상⦿하

- 가능총소득 : 20,000,000원
- 기타 소득 : 500,000원
- 공실손실상당액 : 1,000,000원
- 영업경비 : 7,500,000원

① 4.0% ② 4.5%

③ 5.5% ④ 6.0%

⑤ 6.5%

81 어느 투자부동산에 대한 총투자액이 1억원이고, 순소득승수는 5이다. 부채감당률이 2라면, 매 기간 부채서비스액은 얼마인가? 상⦿하

① 1,000만원 ② 2,000만원

③ 2,500만원 ④ 3,000만원

⑤ 4,000만원

대표문제 부동산금융

부동산금융에 관한 설명으로 옳은 것은?

① 대부비율(loan to value)이 높아질수록 대출기관 입장에서는 원금회수위험이 높아지므로 주택담보대출금리는 낮아진다.

② 일반적으로 대출상환기간이 짧을수록 자금 수요자는 매번 상환부담이 가벼워져 부동산 수요가 증가한다.

③ 부동산금융에서 변동이자율을 적용하는 융자는 차입자를 인플레이션 위험으로부터 보호해 준다.

④ 고정이자율저당에서 시장이자율이 대출약정이자율보다 높아지면 차입자는 기존 대출금을 조기상환하는 것이 유리하다.

⑤ 변동이자율저당에서 이자율 조정주기가 짧을수록 대출기관은 이자율변동위험을 차입자에게 전가시키기가 용이하다.

POINT

부동산금융에서 고정이자율저당과 변동이자율저당의 특징을 비교하여 정리해두어야 합니다.

해설

① 대부비율(loan to value)이 높아질수록 대출기관 입장에서는 원금회수위험이 높아지므로 주택담보대출금리는 높아진다.

② 일반적으로 대출상환기간이 길수록 자금 수요자는 매번 상환부담이 가벼워져 부동산 수요가 증가한다.

③ 부동산금융에서 변동이자율을 적용하는 융자는 대출자를 인플레이션 위험으로부터 보호해 준다.

④ 고정이자율저당에서 시장이자율이 대출약정이자율보다 낮아지면 차입자는 기존 대출금을 조기상환하는 것이 유리하다.

정답 ⑤

01 주택금융에 관한 설명으로 옳은 것을 모두 고른 것은? 상중하

> ⊙ 주택소비금융은 주택을 구입하려는 사람이 신용을 담보로 제공하고, 자금을 제공받
> 는 형태의 금융을 의미한다.
> ⓛ 주택개발금융은 서민에게 주택을 담보로 하고 자금을 융자해주는 실수요자 금융이다.
> ⓒ 주택금융은 주택수요자에게 자금을 융자해 줌으로써 주택구매력을 높여준다.
> ⓔ 주택자금융자는 주로 장기융자 형태이므로, 대출기관의 유동성 제약이 발생할 우려
> 가 있어 주택저당채권의 유동화 필요성이 있다.

① ㉠, ㉡

② ㉠, ㉣

③ ㉡, ㉢

④ ㉡, ㉣

⑤ ㉢, ㉣

02 대출기관이 고정이자율로 대출을 하는 경우 융자상환 도중에 시장이자율이 저당이자율보다 하락할 경우 차입자들은 기존의 융자를 조기에 상환하려고 할 것이며, 이 경우 대출자는 (   )에 직면하게 된다. (   )에 해당하는 것은? 상중하

① 금리(이자율) 위험

② 유동성 위험

③ 조기상환(만기 전 변제) 위험

④ 재무적 위험

⑤ 채무불이행 위험

03 부동산금융에 관한 설명으로 <u>틀린</u> 것은? (단, 주어진 조건에 한함)

① 주택저당대출의 기준인 담보인정비율(LTV)과 총부채원리금상환비율(DSR)이 변경되면 주택수요가 변화될 수 있다.

② 총부채원리금상환비율(DSR)과 담보인정비율(LTV)은 소득기준으로 채무불이행위험을 측정하는 지표이다.

③ 금리하락기에 변동금리대출은 고정금리대출에 비해 대출자의 조기상환위험이 낮다.

④ 금리상승기에 변동금리대출의 금리조정주기가 짧을수록 대출자의 금리위험은 낮아진다.

⑤ 대출채권의 듀레이션(평균회수기간)은 만기일시상환대출이 원리금균등분할상환대출보다 길다.

04 부동산금융에서 이자율에 관한 설명으로 <u>틀린</u> 것은?

① 대출시점의 명목이자율로 표시된 대출이자율은 실질이자율에 예상인플레율을 합한 것이다.

② 변동금리의 대출이자율은 기준금리에 은행이 자체적으로 정하는 가산금리를 더하여 결정한다.

③ 코픽스(cost of funds index)는 대출금리 중 은행자금조달비용을 반영한 기준금리로 CD금리가 은행의 자금조달비용을 제대로 반영하지 못한다는 지적에 따라 도입되었다.

④ 고정금리 주택담보대출은 차입자가 대출기간 동안 지불해야 하는 이자율이 동일한 형태로 시장금리의 변동에 관계없이 대출 시 확정된 이자율이 만기까지 계속 적용된다.

⑤ 변동금리 주택담보대출은 이자율 변동으로 인한 위험을 대출자에게 전가하는 방식으로 차입자의 이자율 변동위험을 줄일 수 있는 장점이 있다.

05 고정금리대출과 변동금리대출에 관한 설명으로 옳은 것은? (단, 대출금액과 다른 조건은 동일함) 상중**하**

① 일반적으로 대출일 기준 시 이자율은 변동금리대출이 고정금리대출보다 높다.

② 변동금리대출은 시장상황에 따라 이자율을 변동시킬 수 있으므로 기준금리 외에 가산금리는 별도로 고려하지 않는다.

③ 변동금리대출의 경우 시장이자율 상승 시 이자율 조정주기가 짧을수록 대출기관에게 불리하다.

④ 예상치 못한 인플레이션이 발생할 경우 대출기관에게 유리한 유형은 고정금리대출이다.

⑤ 시장이자율 하락 시 고정금리대출을 실행한 대출기관은 차입자의 조기상환으로 인한 위험이 커진다.

06 부동산금융에서 변동이자율저당에 관한 설명으로 <u>틀린</u> 것은? (단, 인플레이션기를 가정하며, 다른 조건은 일정함) 상중**하**

① 대출 시 초기이자율은 고정이자율저당보다 낮은 것이 일반적이다.

② 이자율의 조정주기가 짧을수록 이자율변동의 위험을 차입자에게 신속하게 전가시킬 수 있으므로 대출자들은 짧은 조정주기를 원하며, 차입자들은 긴 조정주기를 원한다.

③ 이자율변동의 부담을 상당부분 차입자에게 전가시키게 되므로 채무불이행 위험도는 고정이자율저당에 비해서 커지게 된다.

④ 융자기간 동안 시장상황의 변동에 따라 예상치 못한 인플레이션이 발생하면 그만큼 명목이자율이 변동하므로 대출자의 실질이자율은 하락한다.

⑤ 예상치 못한 인플레이션이 발생하면 저당이자율에 반영되므로 이자율변동 위험은 대출자로부터 차입자에게 전가된다.

07 실질이자율에 관한 설명으로 옳은 것은?

① 시장이자율

② 저당이자율

③ 사채(私債)시장에서의 이자율

④ 명목이자율에 인플레율을 가산한 것

⑤ 명목이자율에서 인플레율을 차감한 것

08 甲은 은행에 100만원을 예금하고 1년 후 105만원을 받으며, 같은 기간 중 소비자물가
상승률은 2%라고 할 경우 명목이자율과 실질이자율은?

	명목이자율	실질이자율
①	2%	5%
②	3%	5%
③	5%	2%
④	5%	3%
⑤	7%	2%

저당의 상환방법에 관한 설명으로 옳은 것은? (단, 대출금액과 기타 대출조건은 동일함)

① 상환 첫 회의 원리금 상환액은 원리금균등상환방식이 원금균등상환방식보다 크다.

② 원금균등상환방식은 원리금균등상환방식에 비해 전체 대출기간 만료 시 누적원리금 상환액이 더 적다.

③ 대출기간 만기까지 대출기관의 총이자수입 크기는 '원금균등상환방식 > 점증(체증)상환방식 > 원리금균등상환방식' 순이다.

④ 차입자가 대출액을 중도상환할 경우 원리금균등상환방식은 원금균등상환방식보다 대출잔액이 적다.

⑤ 원금균등상환방식의 경우, 매 기간에 상환하는 원리금 상환액은 일정하나 대출잔액은 점차적으로 감소한다.

POINT

저당의 상환방법의 특징을 비교하여 정리해두어야 합니다.

해설

① 상환 첫 회의 원리금 상환액은 원금균등상환방식이 원리금균등상환방식보다 크다.

③ 대출기간 만기까지 대출기관의 총이자수입 크기는 '점증(체증)상환방식 > 원리금균등상환방식 > 원금균등상환방식' 순이다.

④ 차입자가 대출액을 중도상환할 경우 원금균등상환방식은 원리금균등상환방식보다 대출잔액이 적다.

⑤ 원금균등상환방식의 경우, 매 기간에 상환하는 원리금 상환액과 대출잔액이 점차적으로 감소한다.

이론+ **저당의 상환방법 – 금리고정식**

1. 원금균등상환저당방식 : 융자기간 동안 원리금 상환액이 점차 감소하는 방식으로, 원금 상환액은 동일하나 이자지급액은 점차 감소하는 방식이다.
2. 원리금균등상환저당방식 : 융자기간 동안 원리금 상환액이 동일한 방식으로, 원금 상환액은 점차 증가하고 이자지급액은 점차 감소하는 방식이다.
3. 체증식 융자금상환방식(점증상환방식) : 초기에는 지불금이 낮은 수준이나, 차입자의 수입이 증가함에 따라 지불금도 점진적으로 증가하는 방식이다.

정답 ②

09 원금균등상환저당(CAM)과 원리금균등상환저당(CPM)에 관한 설명으로 **틀린** 것은? (단, 융자금액과 대출조건은 동일함) (상)(중)**하**

① 원리금균등상환저당은 융자기간 동안 원리금 상환액은 동일하나 원금 상환액은 점차 증가하고 이자지급액은 점차 감소한다.

② 원금균등상환저당은 융자기간 동안 원리금 상환액은 점차 감소하나 원금 상환액은 동일하고 이자지급액은 점차 감소한다.

③ 대출 초기에 대출자의 원금회수 위험은 원리금균등상환저당이 원금균등상환저당보다 작다.

④ 양 방식 모두 첫 회 이자지급액은 동일하다.

⑤ 양 방식 모두 기간이 지날수록 이자지급액은 점차 감소한다.

10 저당상환방법에 관한 설명으로 옳은 것을 모두 고른 것은? (단, 대출금액과 기타 대출조건은 동일함) (상)(중)**하**

ㄱ 대출기간 초기에는 원금균등상환방식의 원리금이 원리금균등상환방식의 원리금보다 많다.

ㄴ 원리금균등상환방식은 원금균등상환방식에 비해 초기 원리금에서 이자가 차지하는 비중이 크다.

ㄷ 차입자가 대출액을 중도상환할 경우 원금균등상환방식은 원리금균등상환방식보다 대출잔액이 크다.

ㄹ 전체 대출기간 만료 시 차입자의 누적 원리금 상환액의 크기는 '원금균등상환방식 > 원리금균등상환방식 > 점증(체증)상환방식' 순이다.

① ㄱ, ㄴ   ② ㄱ, ㄷ
③ ㄴ, ㄷ   ④ ㄴ, ㄹ
⑤ ㄷ, ㄹ

11 저당상환방법 중 융자기간 동안 원리금 상환액은 동일하나 원금 상환액은 점차 증가하고 이자지급액은 점차 감소하는 상환방식은? (다만, 대출은 고정금리로 20년 만기이며, 다른 조건은 동일하다고 가정함)

① 원리금균등분할상환　　② 원금균등분할상환　　③ 점증상환
④ 원금만기일시상환　　　⑤ 부분원리금상환

12 주택저당대출방식 중 고정금리대출방식인 원금균등상환과 원리금균등상환에 관한 설명으로 **틀린** 것은? (단, 다른 대출조건은 동일하다고 가정함) (상)**(중)**(하)

① 원금균등상환방식과 원리금균등상환방식의 1회 차 월 불입액은 동일하다.
② 대출기간 초기에는 원금균등상환방식의 원리금이 원리금균등상환방식의 원리금보다 많다.
③ 대출자 측에서 볼 때 원금균등상환방식이 원리금균등상환방식보다 원금회수 위험이 상대적으로 작다.
④ 원리금균등상환방식은 원금균등상환방식에 비해 초기원리금에서 이자가 차지하는 비중이 크다.
⑤ 차입자가 대출액을 중도상환할 경우 원금균등상환방식은 원리금균등상환방식보다 대출잔액이 적다.

13 저당상환방법에 관한 설명으로 **틀린** 것은? (상)**(중)**(하)

① 원리금균등상환방법은 융자기간 동안 월부금은 균등하게 지불되는데, 초기에는 월부금 중 이자가 차지하는 부분이 많지만, 후기에는 원금 상환액의 비중이 커진다.
② 원리금균등상환방법에서 월부금(저당지불액)은 저당대부액에 저당상수를 곱하여 계산한다.
③ 원금균등상환방법은 원금 상환분은 일정하지만 이자분은 시간이 지날수록 대출잔액(저당잔금)이 적어지므로 줄어들게 된다.
④ 원금균등상환방법에서의 월부금은 초기에 많고 후기에 적어지는 특성을 지닌다.
⑤ 대출조건이 동일할 경우 원금균등상환방법이 원리금균등상환방법보다 첫 회 이자지급액은 많다.

14 대출상환방식에 관한 설명으로 <u>틀린</u> 것은? (단, 대출금액과 기타 대출조건은 동일함)

① 원금균등분할상환방식, 원리금균등분할상환방식, 점증(체증)상환방식 중 원금균등분할상환방식은 대출 초기에 대출 원리금의 지급액이 가장 크기에 차입자의 원리금지급 부담도 대출 초기에 가장 크다.

② 원리금균등분할상환방식은 매기의 대출 원리금이 동일하기에 대출 초기에는 대체로 원금상환 부분이 작고 이자지급 부분이 크다.

③ 원금균등분할상환방식이나 원리금균등분할상환방식에서 거치기간을 별도로 정할 수 있다.

④ 대출기간 만기까지 대출기관의 총이자수입 크기는 '원금균등분할상환방식 > 원리금균등분할상환방식 > 점증(체증)상환방식' 순이다.

⑤ 만기일시상환방식은 대출만기 때까지는 원금상환이 전혀 이루어지지 않기에 매월 내는 이자가 만기 때까지 동일하다.

15 주택저당대출방식에 관한 설명으로 <u>틀린</u> 것은?

① 원금균등분할상환방식은 대출기간 동안 매기 원금을 균등하게 분할상환하고 이자는 점차적으로 감소하는 방식이다.

② 원리금균등분할상환방식은 원금이 상환됨에 따라 매기 이자액의 비중은 점차적으로 줄고 매기 원금 상환액 비중은 점차적으로 증가한다.

③ 원리금균등분할상환방식의 원리금은 대출금에 감채기금계수를 곱하여 산출한다.

④ 체증분할상환방식은 원리금 상환액 부담을 초기에는 적게 하는 대신 시간이 경과할수록 원리금 상환액 부담을 늘려가는 상환방식이다.

⑤ 만기일시상환방식은 만기 이전에는 이자만 상환하다가 만기에 일시로 원금을 상환하는 방식이다.

16 저당의 상환방법 중 체증식 상환방법에 관한 설명으로 옳은 것은?

① 원리금 상환액이 매 기간 동일하므로 차입자가 이해하기 쉽다.

② 대출 초기의 원리금 상환부담이 크다.

③ 초기에는 원리금 상환액이 이자도 감당하지 못하는 부(−)의 상환이 발생할 수 있다.

④ 인플레율에 따라 이자율이 변동하지 않고 저당잔금을 조정한다.

⑤ 대출기간 중에는 이자만 변제하고 원금은 만기에 상환한다.

대표문제 　원금균등상환방식에서의 상환액

주택구입을 위해 은행으로부터 3억원을 대출받았다. 대출조건이 다음과 같을 때, 2회차에 상환해야 할 원리금은? (단, 주어진 조건에 한함) _기출응용 32회_

- 대출금리 : 고정금리, 연 5%
- 대출기간 : 20년
- 원리금 상환조건 : 원금균등상환방식으로 연 단위로 매기 말 상환

① 2,800만원　　　　　　　　② 2,850만원

③ 2,925만원　　　　　　　　④ 2,950만원

⑤ 3,000만원

POINT

원금균등상환방식에서는 주로 원리금을 구하라는 문제가 출제되는데, 매기의 원금, 이자를 계산하여 원리금을 구합니다.

해설

- 매 기간 원금상환액 : 3억원 ÷ 20년 = 1,500만원
- 1년 말까지의 원금 상환액 : 1,500만원 × 1 = 1,500만원
- 1년 말의 대출잔액(저당잔금) : 3억원 − 1,500만원 = 2억 8,500만원
- 2년 말의 이자지급액 : 2억 8,500만원 × 0.05 = 1,425만원

따라서 2년 말의 원리금 상환액은 1,500만원 + 1,425만원 = 2,925만원이다.

정답 ③

17 甲은 주택 구입을 위해 은행으로부터 5억원을 대출받았다. 대출조건이 다음과 같을 때, 2회 차에 상환해야 할 원리금은? (단, 주어진 조건에 한함) 상 **중** 하

> • 대출금리 : 고정금리, 연 5%
> • 대출기간 : 20년
> • 원리금 상환조건 : 원금균등상환방식으로 연 단위로 매기 말 상환

① 2,800만원   ② 3,850만원   ③ 4,250만원
④ 4,875만원   ⑤ 5,035만원

18 어떤 사람이 주택을 구입하기 위하여 은행으로부터 3억원을 연 이자율 5%, 10년간 매년 상환조건으로 대출받았다. 원금균등분할상환조건일 경우, 3년 말에 상환해야 할 원금과 이자의 합계는 얼마인가? 상 **중** 하

① 4,200만원   ② 4,500만원   ③ 5,200만원
④ 5,560만원   ⑤ 6,200만원

19 A씨는 주택을 구입하기 위해 은행으로부터 5억원을 대출받았다. 은행의 대출조건이 다음과 같을 때, 9회 차에 상환할 원리금 상환액과 13회 차에 납부하는 이자납부액을 순서대로 나열한 것은? (단, 주어진 조건에 한함) 28회 **상** 중 하

> • 대출금리 : 고정금리, 연 5%
> • 대출기간 : 20년
> • 원리금 상환조건 : 원금균등상환이고, 연 단위 매기 말 상환

① 4,000만원, 1,000만원   ② 4,000만원, 1,100만원
③ 4,500만원, 1,000만원   ④ 4,500만원, 1,100만원
⑤ 5,000만원, 1,100만원

어떤 사람이 가격이 5억원인 아파트를 구입하기 위해 2억원을 대출받았다. 대출이자율은 연리 6%이며, 15년간 원리금균등분할상환방식으로 매년 상환하기로 하였다. 첫 회에 상환해야 할 원금은? (단, 연리 6%, 기간 15년의 저당상수는 0.102963이며, 매기 말에 상환하는 것으로 함)

① 6,253,300원

② 7,013,500원

③ 7,523,700원

④ 8,592,600원

⑤ 9,253,200원

POINT
원리금균등상환방식에서는 주로 원금을 구하라는 문제가 출제되는데, 매기의 원리금, 이자를 계산하여 원금을 구합니다.

해설
원리금균등상환방식에서 원리금은 저당대부액에 저당상수를 곱하여 구한다.
즉, 원리금(저당지불액) = 저당대부액 × 저당상수이다.
• 매회 원리금(저당지불액) : 2억원 × 0.102963 = 20,592,600원
• 첫 회 지급해야 할 이자 : 2억원 × 0.06 = 12,000,000원
따라서 첫 회 상환해야 할 원금은 20,592,600원 − 12,000,000원 = 8,592,600원이다.

정답 ④

20 甲은 가격이 5억원인 아파트를 구입하기 위해 2억원을 대출받았다. 대출조건이 다음과 같을 때, 甲이 2회 차에 상환해야 할 원금은? (단, 주어진 조건에 한함) 상**중**하

• 대출금리 : 고정금리, 연 6%
• 대출기간 : 15년
• 저당상수 : 0.102963
• 원리금 상환조건 : 원리금균등상환방식, 연 단위 매 기간 말 상환

① 7,253,300원

② 8,013,500원

③ 8,592,600원

④ 9,108,156원

⑤ 9,253,200원

21 甲은 아파트를 구입하기 위해 A은행으로부터 연초에 3억원을 대출받았다. 甲이 받은 대출 조건이 다음과 같을 때, 대출금리(㉠)와 2회 차에 상환할 원금(㉡)은? (단, 주어진 조건에 한함) 상⑬⑪

- 대출금리 : 고정금리
- 대출기간 : 20년
- 연간 저당상수 : 0.09
- 1회 차 원금 상환액 : 900만원
- 원리금 상환조건 : 원리금균등상환방식, 매년 말 연단위 상환

① ㉠ : 연간 5%, ㉡ : 935만원
② ㉠ : 연간 6%, ㉡ : 954만원
③ ㉠ : 연간 6%, ㉡ : 1,050만원
④ ㉠ : 연간 6.5%, ㉡ : 1,065만원
⑤ ㉠ : 연간 6.5%, ㉡ : 1,260만원

22 A는 아파트를 구입하기 위해 은행으로부터 연초에 5억원을 대출받았다. A가 받은 대출 조건이 다음과 같을 때, 대출금리(㉠)와 2회 차에 상환할 원금(㉡)은? (단, 주어진 조건에 한함) 상⑬⑪

- 대출금리 : 고정금리
- 대출기간 : 20년
- 연간 저당상수 : 0.087
- 1회 차 원금 상환액 : 1,350만원
- 원리금 상환조건 : 원리금균등상환방식, 매년 말 연 단위 상환

① ㉠ : 연간 5.5%, ㉡ : 1,365만원
② ㉠ : 연간 6.0%, ㉡ : 1,431만원
③ ㉠ : 연간 6.0%, ㉡ : 1,455만원
④ ㉠ : 연간 6.5%, ㉡ : 1,065만원
⑤ ㉠ : 연간 6.5%, ㉡ : 1,260만원

부동산금융의 자금조달방식 중 지분금융(equity financing)에 해당하는 것을 모두 고른 것은?

> ㉠ 부동산 신디케이트(real estate syndicate)
> ㉡ 조인트벤처(joint venture)
> ㉢ 저당금융(mortgage financing)
> ㉣ 부동산투자회사(REITs)
> ㉤ 주택상환사채
> ㉥ 공모(public offering)에 의한 증자

① ㉠, ㉡, ㉣, ㉥　　　　　　　② ㉠, ㉢, ㉤, ㉥

③ ㉡, ㉢, ㉤, ㉥　　　　　　　④ ㉡, ㉣, ㉤, ㉥

⑤ ㉢, ㉣, ㉤, ㉥

POINT

자금조달방법에는 크게 자기가 소유한 것을 파는 방법인 지분금융과 빌리는 방법인 부채금융이 있습니다.

해설

자금조달방법 중 지분금융(equity financing)이란 부동산투자회사나 개발회사가 지분권을 팔아 자기자본을 조달하는 것을 말하며, 부채금융(debt financing)이란 저당을 설정하거나 사채를 발행하여 타인자본을 조달하는 것을 말한다. 부동산 신디케이트(syndicate), 조인트벤처(joint venture), 부동산투자회사(REITs), 공모(public offering)에 의한 증자 등은 지분금융에 해당한다. 신탁증서 금융, 주택상환사채, 저당금융(mortgage financing), 자산유동화증권(ABS), 주택저당증권(MBS), 프로젝트 금융 등은 부채금융에 해당한다.

정답 ①

23 자금조달방법 중 부채금융(debt financing)을 모두 고른 것은? 상 중 **하**

> ㉠ 주택상환사채　　　　　　㉡ 담보금융
> ㉢ 부동산투자회사(REITs)　　㉣ 공모(public offering)에 의한 증자
> ㉤ 부동산 신디케이트(syndicate)

① ㉠, ㉡　　　　　　② ㉠, ㉤　　　　　　③ ㉡, ㉢
④ ㉢, ㉣　　　　　　⑤ ㉢, ㉤

24 부동산금융의 자금조달방식 중 지분금융(equity financing)에 해당하는 것을 모두 고른 것은? 상 **중** 하

> ㉠ 저당금융　　　　　　　　㉡ 신탁증서금융
> ㉢ 부동산 신디케이트(syndicate)　㉣ 자산유동화증권(ABS)
> ㉤ 신주인수권부사채

① ㉢　　　　　　　② ㉡, ㉤　　　　　　③ ㉢, ㉣
④ ㉢, ㉤　　　　　⑤ ㉠, ㉢, ㉤

25 메자닌금융(mezzanine financing)에 해당하는 것을 모두 고른 것은? 32회 상 **중** 하

> ㉠ 후순위대출　　　　　　　㉡ 전환사채
> ㉢ 주택상환사채　　　　　　㉣ 신주인수권부사채
> ㉤ 보통주

① ㉠, ㉡, ㉢　　　　② ㉠, ㉡, ㉣　　　　③ ㉠, ㉢, ㉣
④ ㉡, ㉢, ㉤　　　　⑤ ㉡, ㉣, ㉤

부동산금융의 동원방법 중 프로젝트 금융(project financing)의 장단점에 관한 설명으로 틀린 것은?

① 사업성을 기초로 대출이 이루어져 사업주에 대한 신용평가 없이 대출금에 대한 상환이 가능해지므로 정보의 비대칭성 문제를 해결할 수 있다.

② 사업주가 금융기관으로부터 대출에 제한을 받는 경우에도 유망한 프로젝트에는 대출이 가능하다.

③ 위험 분담을 위해 다양한 참여주체가 계약을 통해 금융이 이루어지므로 절차의 간소화로 신속하게 처리되기 때문에 사업지연이 발생하지 않는다.

④ 부외금융(簿外金融, off-balance)의 특징을 가지고 있어 사업주는 추가 부채부담 없이 사업을 진행할 수 있으므로 사업주의 재무구조는 현 상태로 유지 가능하다.

⑤ 위험을 전가하는 대신에 추가되는 금융비용부담이 증가한다는 단점이 있다.

> **POINT**
> 공급자 금융의 하나인 프로젝트 금융(project financing)은 담보대출이 아니라 사업성이 담보가 된다는 점에 유의해야 합니다.
>
> **해설**
> 위험 분담을 위해 다양한 참여주체가 계약을 통해 금융이 이루어지므로 절차의 복잡성에 따른 사업지연이 발생할 수 있다.
>
> 정답 ③

26 프로젝트 금융(project financing)에 관한 설명으로 틀린 것은?

① 개발사업주와 개발사업의 현금흐름을 분리시킬 수 있어 개발사업주의 파산이 개발사업에 영향을 미치지 못하게 할 수 있다.

② 일반적으로 기업대출보다 금리 등이 높아 사업이 성공할 경우 해당 금융기관은 높은 수익을 올릴 수 있다.

③ 프로젝트 금융에 의한 해당 개발사업이 실패할 경우에는 대출받은 모기업의 신용도 및 재무구조가 취약하게 된다.

④ 프로젝트 금융이 부실화될 경우 해당 금융기관의 부실로 이어질 수 있다.

⑤ 에스크로우 계정(escrow account)을 통하여 부동산개발사업의 현금흐름을 통제하여 사업주의 도덕적 해이를 방지할 수 있다.

27 프로젝트 사업주(sponsor)가 특수목적회사인 프로젝트 회사를 설립하여 특정 프로젝트 수행에 필요한 자금을 금융회사로부터 대출받는 방식의 프로젝트 금융(PF)에 관한 설명으로 옳은 것을 모두 고른 것은? ⟨상⟩⟨중⟩**하**

> ㉠ 기업 전체의 자산 또는 신용을 바탕으로 자금을 조달하고, 기업의 수익으로 원리금을 상환하거나 수익을 배당하는 방식의 자금조달기법이다.
> ㉡ 프로젝트 사업주는 기업 또는 개인일 수 있으나, 법인은 될 수 없다.
> ㉢ 프로젝트 사업주는 대출기관으로부터 상환청구를 받지는 않으나, 이러한 방식으로 조달한 부채는 사업주의 재무상태표에는 부채로 계상된다.
> ㉣ 프로젝트 회사가 파산 또는 청산할 경우, 채권자들은 프로젝트 회사에 대해 원리금 상환을 청구할 수 없다.
> ㉤ 프로젝트 사업주의 도덕적 해이를 방지하기 위해 금융기관은 제한적 소구금융의 장치를 마련해두기도 한다.

① ㉤
② ㉢, ㉣
③ ㉣, ㉤
④ ㉠, ㉡, ㉢
⑤ ㉡, ㉢, ㉣

28 부동산금융에서 저당과 역저당에 관한 설명으로 틀린 것은? ⟨상⟩⟨중⟩**하**

① 저당(mortgage)은 차입자가 저당대부액에 대한 대가로 매 기간마다 일정액의 원금과 이자를 지급한다.
② 역저당(reverse mortgage)은 대출자가 차입자에게 일시불로 대출하며, 기간 말에 그동안 지급한 원금과 이자를 정기적으로 분할하여 지급받는다.
③ 역저당의 대표적인 역연금저당(reverse annuity mortgage)은 대출자가 차입자의 주택을 담보로 매월 일정액을 평생 연금의 형태로 지급하는 것이다.
④ 역저당에서 대출자가 차입자에게 매 기간마다 일정액을 지급할 때 매 기간 지급되는 지급액은 감채기금계수를 통해 계산할 수 있다.
⑤ 역저당의 일종인 매후환대차(sale & leaseback)는 매도인이 다시 임대차한다는 조건으로 대상부동산을 대출기관(또는 매수인)에 매도하는 것으로서 상업용 부동산에 주로 이용된다.

한국주택금융공사의 주택담보노후연금(주택연금)에 관한 설명으로 틀린 것은?

① 주택연금은 저당권방식과 신탁방식이 있다. 저당권방식은 주택소유자가 주택에 저당권을 설정하고 연금방식으로 노후생활자금을 대출받는 방식이며, 신탁방식은 주택소유자와 공사가 체결하는 신탁계약에 따른 신탁 등기(소유권 이전)를 하고 연금방식으로 노후생활자금을 대출받는 방식이다.

② 담보주택의 대상으로 업무시설인 오피스텔도 포함된다.

③ 주택연금은 수령기간이 경과할수록 대출잔액이 누적된다.

④ 주택연금(주택담보노후연금) 관련 법령상 주택연금의 보증기관은 한국주택금융공사이다.

⑤ 한국주택금융공사는 주택연금 담보주택의 가격하락에 대한 위험을 부담할 수 있다.

POINT

주택연금제도는 이용자격, 대상주택, 지급방식, 보증기한, 적용금리, 대출금 상환 등을 정리해두어야 합니다.

해설

담보주택의 대상으로 「주택법」상 단독주택, 공동주택 또는 「노인복지법」상의 분양형 노인복지주택(지방자치단체에 신고된 노인복지주택), 주거용 오피스텔, 전체 건물면적에서 주택면적이 차지하는 비중이 1/2 이상인 복합용도주택 등은 해당되나, 업무시설인 오피스텔은 포함되지 않는다.

정답 ②

---

29 **한국주택금융공사의 주택연금제도에 관한 설명으로 틀린 것은?** (상)(중)**하**

① 한국주택금융공사는 연금가입자를 위해 은행에 보증서를 발급하고, 은행은 한국주택금융공사의 보증서에 근거하여 연금가입자에게 주택연금을 지급한다.

② 이용자격은 주택소유자 또는 배우자가 만 55세 이상으로 부부 기준 공시가격 등이 12억원 이하의 1주택 소유자 또는 보유주택 공시가격 등의 합산가격이 12억원 이하인 다주택자가 해당된다.

③ 주택연금의 대상주택은 공시가격 등이 12억원 이하의 주택, 「노인복지법」상의 분양형 노인복지주택, 주거목적의 오피스텔 등이다.

④ 주택연금 지급방식 중 종신방식에는 종신지급방식과 종신혼합방식이 있다.

⑤ 종신지급방식에서 가입자가 사망할 때까지 지급된 주택연금 대출원리금이 담보주택 처분가격을 초과한 경우 초과 지급된 금액은 법정상속인이 상환해야 한다.

30 「한국주택금융공사법」에 의한 주택담보노후연금에 관한 설명으로 **틀린** 것은? 상중하

① 단독주택, 공동주택, 주거목적 오피스텔, 「노인복지법」상의 분양형 노인복지주택 등이 연금의 대상주택이 되지만 상가주택과 같은 복합용도의 주택은 대상이 되지 못한다.

② 우대방식은 주택소유자 또는 배우자가 만 65세 이상의 기초연금수급자로 2억원 미만 1주택자만 가입이 가능하다.

③ 연금의 방식에는 주택소유자가 선택하는 일정기간 동안 노후생활자금을 매월 지급받는 방식이 있다.

④ 가입자와 그 배우자는 종신거주, 종신지급이 보장되며, 가입자는 보증료를 납부해야 한다.

⑤ 연금의 방식에는 주택소유자가 생존해 있는 동안 노후생활자금을 매월 지급받는 방식이 있다.

31 현재 한국주택금융공사의 업무에 해당하지 <u>않는</u> 것은? 상중하

① 장기모기지론 공급
② 주택신용보증업무
③ 학자금대출증권의 발행
④ 주택연금에 대한 공적 보증업무
⑤ 주택저당증권의 발행

32 주택저당증권(MBS)의 발행효과에 관한 설명으로 **틀린** 것은? 상중하

① 주택수요자에게 안정적으로 장기대출을 해줄 가능성이 증가한다.
② 금융기관은 보유하고 있는 주택담보대출채권을 유동화하여 자금을 조달할 수 있다.
③ 채권투자자는 안정적인 장기투자를 할 수 있는 기회를 가진다.
④ 정부는 주택저당채권을 발행하여 단기적으로 주택가격을 하락시킬 수 있다.
⑤ 주택금융자금의 수급불균형을 해소할 수 있다.

대표문제 · 저당의 유동화와 저당시장의 구조

저당시장의 구조에 관한 설명으로 틀린 것은?

① 제1차 저당시장은 저당대부를 원하는 수요자와 저당대부를 제공하는 금융기관으로 이루어지는 시장으로 주택자금 대출시장을 말한다.

② 제2차 저당시장은 저당대출기관과 다른 기관투자자들 사이에 저당을 사고파는 시장으로 주택자금 공급시장을 말한다.

③ 제1차 저당대출자들은 설정된 저당을 자신들의 자산포트폴리오의 일부로 보유하기도 하고, 자금의 여유가 없을 경우에는 제2차 저당시장에 팔기도 한다.

④ 저당의 유동화에 기여하는 시장은 제1차 저당시장이다.

⑤ 제2차 저당시장은 저당대부를 받은 원래의 저당차입자와는 아무런 직접적인 관계가 없다.

POINT

저당의 유동화를 이해하기 위해서는 저당시장의 구조를 잘 정리해두어야 합니다.

해설

저당의 유동화에 기여하는 시장은 제2차 저당시장이다.

이론 ➕ 저당시장

1. 제1차 저당시장(primary mortgage market)
   - 저당대부를 원하는 수요자와 저당대부를 제공하는 금융기관으로 이루어지는 시장이다.
   - 제1차 저당대출자들은 설정된 저당을 자신들의 자산포트폴리오의 일부로 보유하기도 하고, 자금의 여유가 없을 경우에는 제2차 저당시장에 팔기도 한다.
2. 제2차 저당시장(secondary mortgage market)
   - 저당대출기관과 다른 기관투자자들 사이에 저당을 사고파는 시장이다.
   - 제1차 대출기관들은 자신들이 설정한 저당을 팔아 저당대부에 필요한 자금을 조달한다.
   - 저당의 유동화에 기여하는 시장은 제2차 저당시장이다.
   - 제2차 저당시장이 활성화되기 위해서는 주택대출상품과 대출심사기준을 표준화하는 것이 필요하다.

정답 ④

33 저당의 유동화제도에 관한 설명으로 **틀린** 것은?

① 저당채권이 형성되는 시장은 제1차 저당시장이고, 저당채권이 매매되는 시장은 제2차 저당시장이다.
② 제2차 저당시장은 원래의 저당차입자의 신용을 바탕으로 운영된다.
③ 주택저당증권이 유동화되기 위해서는 제2차 대출기관의 공신력이 필수적이다.
④ 저당의 유동화가 성공하려면 저당수익률이 투자자의 요구수익률보다 커야 한다.
⑤ 저당의 유동화에 기여하는 시장은 제2차 저당시장이다.

34 저당유동화의 기능에 관한 설명으로 **틀린** 것은?

① 투자자 입장에서 자산포트폴리오(asset portfolio) 선택의 대안을 제공하는 역할을 한다.
② 대출자(금융기관)들은 보다 적은 재원을 가지고 보다 많은 차입자(자금수요자)에게 자금을 공급할 수 있다.
③ 주택저당채권의 유동화를 통해 자본시장으로부터의 주택자금대출 재원조달을 확대한다.
④ 장기대출채권을 투자자에게 매각함으로써 국제결제은행(BIS ; bank for international settlements) 기준 자기자본비율을 제고할 수 있다.
⑤ 주택금융기관의 대출자금의 장기고정화에 따른 유동성 위험과 금리변동에 따른 금리위험이 증가된다.

주택저당증권(MBS ; mortgage backed securities)**의 종류에 관한 설명으로 옳은 것은?**

기출응용 32회

① MPTS(mortgage pass-through securities)는 발행기관이 주택저당채권 집합물에 대한 소유권을 보유하고, 투자자에게는 원리금 수취권을 이전시킨다.

② MBB(mortgage-backed bond)는 주택저당대출차입자의 채무불이행이 발생하더라도 MBB에 대한 원리금을 발행자가 투자자에게 지급하여야 한다.

③ MBB는 발행기관이 원리금 수취권을 보유하고, 주택저당채권 집합물에 대한 소유권은 투자자에게 이전시킨다.

④ MPTB(mortgage pay-through bond)는 발행기관이 원리금 수취권과 주택저당채권 집합물에 대한 소유권을 모두 투자자에게 이전시킨다.

⑤ CMO(collateralized mortgage obligation)는 저당채권의 총발행액을 그룹별로 나눈 후, 그룹마다 서로 동일한 이자율을 적용한다.

POINT

주택저당증권의 특징을 종류별(MPTS, MBB, MPTB, CMO)로 비교해서 정리해두어야 합니다.

해설

① MPTS(mortgage pass-through securities)는 발행기관이 투자자에게 주택저당채권 집합물에 대한 소유권과 원리금 수취권 모두를 이전시킨다.

③ MBB(mortgage-backed bond)는 발행기관이 주택저당채권 집합물에 대한 소유권과 원리금 수취권 모두를 보유한다.

④ MPTB(mortgage pay-through bond)는 발행기관이 주택저당채권 집합물에 대한 소유권을 보유하고, 투자자에게 원리금 수취권을 이전시킨다.

⑤ CMO(collateralized mortgage obligation)는 저당채권의 총발행액을 그룹별로 나눈 후, 그룹마다 서로 다른 이자율을 적용한다.

이론+ 주택저당증권(MBS)의 비교

구 분	MPTS	MBB	MPTB	CMO
유 형	지분형	채권형	혼합형	혼합형
트랜치 수	1	1	1	여러 개
주택저당채권 집합물에 대한 소유권자	투자자	발행자	발행자	발행자
원리금 수취권자	투자자	발행자	투자자	투자자
조기상환 위험부담자	투자자	발행자	투자자	투자자
콜방어	불가	가능	미약	가능(트랜치별로 다름)
초과담보	없음	큼	작음	작음

정답 ②

35 부동산증권에 관한 설명으로 옳은 것은?

① MPTS(mortgage pass-through securities)는 지분을 나타내는 증권으로서 유동화 기관의 부채로 표기되지 않는다.

② MPTB(mortgage pay-through bond)의 주택저당채권 집합물은 투자자에게 이전되고, 원리금 수취권은 발행자가 보유한다.

③ MBB(mortgage backed bond)의 조기상환위험과 채무불이행위험은 투자자가 부담한다.

④ CMO(collateralized mortgage obligations)는 지분형 증권으로만 구성되어 있다.

⑤ MBB는 주택저당대출차입자의 채무불이행이 발생하게 되면 MBB에 대한 원리금을 발행자가 투자자에게 지급하지 않을 수 있다.

36 부동산증권에 관한 설명으로 <u>틀린</u> 것은?

① 저당채권이체증권(MPTS ; mortgage pass-through securities)이란 지분형 주택저당증권으로 관련 위험이 투자자에게 이전된다.

② 주택저당담보부채권(MBB ; mortgage backed bond)의 투자자는 대출금의 조기상환에 따른 위험을 부담한다.

③ MPTB(mortgage pay-through bond)는 MPTS(mortgage pass-through securities)와 MBB(mortgage backed bond)를 혼합한 성격의 주택저당증권(mortgage backed securities)이다.

④ 다계층채권(CMO ; collateralized mortgage obligation)의 발행자는 주택저당채권 집합물의 소유권을 갖는다.

⑤ CMO의 발행자는 저당채권의 풀(pool)에 대한 소유권을 가지면서 동 풀(pool)에 대해 채권을 발행하는 것이다.

37 주택저당증권(MBS)에 관한 설명으로 <u>틀린</u> 것은?

① MPTS(mortgage pass-through securities)는 원리금수취권과 주택저당채권 집합물에 대한 소유권을 투자자에게 모두 매각하는 방식으로 조기상환위험은 발행자가 부담한다.

② MBB(mortgage backed bond)는 채권형 증권으로 발행자는 초과담보를 제공하는 것이 일반적이다.

③ MBB는 주택저당대출차입자의 채무불이행이 발생하더라도 MBB에 대한 원리금을 발행자가 투자자에게 지급하여야 한다.

④ MPTB(mortgage pay-through bond)는 MPTS와 MBB를 혼합한 특성을 지닌다.

⑤ CMO(collateralized mortgage obligation)는 트랜치별로 적용되는 이자율과 만기가 다른 것이 일반적이다.

38 부동산증권에 관한 설명으로 <u>틀린</u> 것은?

① 저당담보부채권(MBB)의 투자자는 채무불이행위험을 부담한다.

② 저당이체증권(MPTS)은 지분형 증권이며 유동화기관의 부채로 표기되지 않는다.

③ 지불이체채권(MPTB)의 투자자는 조기상환위험을 부담한다.

④ 한국주택금융공사는 유동화증권의 발행을 통해 자본시장에서 정책모기지 재원을 조달할 수 있다.

⑤ 금융기관은 주택저당증권(MBS)을 통해 유동성 위험을 감소시킬 수 있다.

우리나라의 부동산투자회사(REITs)에 관한 설명으로 틀린 것은?

① 자기관리 부동산투자회사는 실체형 회사의 형태로 운영되며, 기업구조조정 부동산투자회사는 명목형 회사의 형태로 운영된다.

② 부동산투자회사는 발기설립의 방법으로 하여야 하며, 현물출자에 의한 설립이 가능하다.

③ 부동산투자회사는 영업인가를 받거나 등록을 하고 최저자본금 이상을 갖추기 전에는 현물출자를 받는 방식으로 신주를 발행할 수 없다.

④ 부동산투자회사의 상근 임원은 다른 회사의 상근 임직원이 되거나 다른 사업을 하여서는 아니 된다.

⑤ 영업인가를 받거나 등록을 한 날부터 6개월이 지난 부동산투자회사의 자본금은 자기관리 부동산투자회사는 70억원, 위탁관리 부동산투자회사 및 기업구조조정 부동산투자회사는 50억원 이상이 되어야 한다.

POINT

부동산투자회사 부분에서는 「부동산투자회사법」이 주로 출제되므로 「부동산투자회사법」을 잘 정리해두어야 합니다.

해설

부동산투자회사는 발기설립의 방법으로 하여야 하며, 현물출자에 의한 설립을 할 수 없다.

이론➕ 부동산투자회사

1. 의의 : 부동산투자회사란 자산을 부동산에 투자하여 운용하는 것을 주된 목적으로 설립된 회사를 말한다.
2. 종류
   • 자기관리 부동산투자회사 : 자산운용 전문인력을 포함한 임직원을 상근으로 두고 자산의 투자·운용을 직접 수행하는 회사이다.
   • 위탁관리 부동산투자회사 : 자산의 투자·운용을 자산관리회사에 위탁하는 회사이다.
   • 기업구조조정 부동산투자회사 : 「부동산투자회사법」 제49조의2 제1항 각 호의 부동산을 투자대상으로 하며, 자산의 투자·운용을 자산관리회사에 위탁하는 회사이다.

정답 ②

39 「부동산투자회사법」상 부동산투자회사에 관한 설명으로 <u>틀린</u> 것은?

① 부동산투자회사란 자산을 부동산에 투자하여 운용하는 것을 주된 목적으로 설립된 회사를 말한다.

② 부동산투자회사는 부동산에 대한 간접투자상품의 일종이다.

③ 부동산투자회사는 주식회사로 하며, 그 상호 중에 부동산투자회사라는 명칭을 사용하여야 한다.

④ 부동산투자회사의 주식에 투자한 자는 투자원금의 손실이 발생하지 않으며, 배당에 따른 이익과 주식매매차익을 향유할 수 있다는 장점이 있다.

⑤ 부동산투자회사의 설립은 발기설립의 방법으로 하여야 하며, 현물출자에 의한 설립을 할 수 없다.

40 「부동산투자회사법」상 부동산투자회사에 관한 설명으로 옳은 것은?

① 자기관리 부동산투자회사는 그 설립등기일부터 7일 이내에 대통령령으로 정하는 바에 따라 설립보고서를 작성하여 국토교통부장관에게 제출하여야 한다.

② 자기관리 부동산투자회사의 설립자본금은 10억원 이상으로 한다.

③ 위탁관리 부동산투자회사는 본점 외의 지점을 설치할 수 있으며, 직원을 고용하거나 상근 임원을 둘 수 있다.

④ 위탁관리 부동산투자회사 및 기업구조조정 부동산투자회사의 설립자본금은 5억원 이상으로 한다.

⑤ 부동산투자회사는 영업인가를 받거나 등록을 한 날부터 2년 이내에 발행하는 주식 총수의 100분의 30 이상을 일반의 청약에 제공하여야 한다.

41 「부동산투자회사법」상 부동산투자회사에 관한 설명으로 <u>틀린</u> 것은?

① 자기관리 부동산투자회사는 그 자산을 투자·운용할 때에는 전문성을 높이고 주주를 보호하기 위하여 대통령령으로 정하는 바에 따라 자산운용 전문인력을 상근으로 두어야 한다.

② 부동산투자회사는 「상법」에 따른 해당 연도 이익배당한도의 100분의 90 이상을 주주에게 배당하여야 한다. 이 경우 이익준비금은 적립하지 아니한다.

③ 부동산투자회사는 최저자본금 준비기간이 끝난 후에는 매 분기 말 현재 총자산의 100분의 80 이상을 부동산, 부동산 관련 증권 및 현금으로 구성하여야 한다.

④ 주주 1인과 그 특별관계자는 최저자본금 준비기간이 끝난 후에는 부동산투자회사가 발행한 주식 총수의 100분의 50을 초과하여 주식을 소유하지 못한다.

⑤ 자금차입 및 사채발행은 자기자본의 2배를 초과할 수 없으나 주주총회의 특별결의를 한 경우에는 그 합계가 자기자본의 5배를 넘지 아니하는 범위에서 자금차입 및 사채발행을 할 수 있다.

대표문제 **LTV와 DTI 제약하의 대출가능액**

甲은 다음과 같이 시중은행에서 주택을 담보로 대출을 받고자 할 때 甲이 추가로 받을 수 있는 최대 대출가능금액은?

- 甲의 주택의 담보평가가격 : 500,000,000원
- 甲의 연간소득 : 40,000,000원
- 기존대출 : 연간 6,000,000원 부채상환
- 연간 저당상수 : 0.1(단, 상환방법은 원리금균등분할상환방식)
- 대출승인기준
  - 담보인정비율(LTV) : 60%
  - 총부채상환비율(DTI) : 50%
※ 두 가지의 대출승인기준을 모두 충족시켜야 함

① 80,000,000원 ② 100,000,000원
③ 120,000,000원 ④ 140,000,000원
⑤ 150,000,000원

LTV조건과 DTI조건을 동시에 충족하는 대출승인기준하의 융자가능액은 두 조건을 충족하는 융자가능액 중 적은 것으로 합니다. 단, 추가 대출가능액은 두 조건을 충족하는 융자가능액 중 적은 것에서 기존 대출액을 뺀 것입니다.

해설

1. 담보인정비율(LTV) = $\dfrac{융자액}{부동산가치}$ = $\dfrac{x}{5억원}$ = 60%

   따라서 최대 대출가능금액(x)은 3억원이다. 즉, 부동산가치가 5억원이므로 LTV 60%를 적용할 경우 최대 대출가능금액은 3억원이다.

2. 총부채상환비율(DTI) = $\dfrac{연간\ 부채상환액}{연간소득액}$ = $\dfrac{x}{4,000만원}$ = 50%

   따라서 연간 부채상환액(x) = 4,000만원 × 0.5 = 2,000만원이다. 즉, A의 연간소득이 4,000만원이고 DTI를 50% 적용할 경우 총부채의 연간 원리금 상환액이 2,000만원을 초과하지 않도록 대출규모가 제한된다. 따라서 연간 부채상환액 2,000만원을 우선 부채서비스액으로 간주한다면 저당대부액 × 저당상수 = 부채서비스액이므로

   DTI조건에 의한 대출가능액(저당대부액) = $\dfrac{부채서비스액}{저당상수}$ = $\dfrac{2,000만원}{0.1}$ = 2억원이 된다.

3. 두 가지의 대출승인기준을 모두 충족시켜야 하므로 LTV조건의 3억원과 DTI조건의 2억원 중 적은 2억원이 최대 대출가능금액이 된다. 그런데 기존자금대출에 의한 연간 부채상환액이 6,000,000원 존재하므로 기존 저당대출액은

   저당대부액 = $\dfrac{6,000,000원}{0.1}$ = 60,000,000원이다.

   따라서 기존 주택담보대출이 6,000만원 존재하므로 추가로 대출가능한 최대금액은 2억원에서 기존 주택담보대출 6,000만원을 뺀 금액이 된다.

   즉, 추가로 대출가능한 최대금액은 2억원 - 6,000만원 = 140,000,000원이다.

정답 ④

42 금융기관이 대출비율 50%와 총부채상환비율 40% 중에서 적은 금액을 한도로 주택담보대출을 제공하고 있다. 다음과 같은 상황일 때 차입자의 첫 월 불입액은? (단, 주어진 조건에 한함) (상)**(중)**(하)

- 주택가격이 5억원이고 차입자의 연소득은 6,000만원이다.
- 대출기간은 20년, 대출이자율은 연 6%, 상환방법은 원리금균등상환방식이다(월 저당상수 : 0.007265).
- 차입자는 대출을 최대한 많이 받고 싶어한다.
- 숫자는 소수점 첫째 자리 이하에서 절상한다.

① 1,816,250원 ② 1,835,250원
③ 1,865,350원 ④ 1,873,650원
⑤ 1,892,550원

43 甲은 이미 은행에서 부동산을 담보로 6,000만원을 대출받은 상태이다. 甲이 은행으로부터 추가로 받을 수 있는 최대 담보대출금액은? (단, 주어진 조건에 한함) (상)**(중)**(하)

- 담보 부동산의 시장가치 : 4억원
- 연소득 : 4,000만원
- 연간 저당상수 : 0.1
- 대출승인기준
  - 담보인정비율(LTV) : 시장가치기준 50%
  - 총부채상환비율(DTI) : 40%
  ※ 두 가지 대출승인기준을 모두 충족시켜야 함

① 1억원 ② 1억 2,000만원
③ 1억 5,000만원 ④ 1억 6,000만원
⑤ 2억원

44 주택담보대출을 희망하는 甲의 소유 주택 시장가치가 4억원이고 연소득이 6,000만원이며 다른 부채가 없다면, 甲이 받을 수 있는 최대 대출가능금액은? (단, 주어진 조건에 한함) (상)**(중)**(하)

- 연간 저당상수 : 0.1
- 대출승인기준
  - 담보인정비율(LTV) : 시장가치기준 50%
  - 총부채상환비율(DTI) : 40%
  ※ 두 가지 대출승인기준을 모두 충족시켜야 함

① 1억원
② 1억 5,000만원
③ 1억 8,000만원
④ 2억원
⑤ 2억 4,000만원

45 시장가치가 5억원이고 순영업소득이 연 1억원인 상가를 보유하고 있는 A가 추가적으로 받을 수 있는 최대 대출가능금액은? (단, 주어진 조건에 한함) (상)**(중)**(하)

- 연간 저당상수 : 0.2
- 대출승인조건(모두 충족하여야 함)
  - 담보인정비율(LTV) : 시장가치기준 60% 이하
  - 부채감당률(DCR) : 2 이상
- 상가의 기존 저당대출금 : 1억 2,000만원

① 1억원
② 1억 3,000만원
③ 2억원
④ 2억 5,000만원
⑤ 3억원

46 금융기관의 상업용 부동산에 대한 대출기준이 다음 〈보기〉와 같다면, 금융기관이 추가로 대출해 줄 수 있는 최대금액은? 상**중**하

〈보기〉

- 대출기준
  - 부채감당비율(debt service coverage ratio) : 2 이상
  - 대부비율(loan to value ratio) : 0.6 이하
  - 위의 2개 조건 모두 충족
- 연저당상수(annual mortgage constant) : 0.1
  (단, 상환방법은 원리금균등분할상환방식이다)
- 상업용 부동산의 현황
  - 평가가격 : 10억원
  - 연간 순영업소득(NOI) : 1억원
- 상업용 부동산의 기존 저당대출금 : 2억원

① 2억원
② 3억원
③ 3억 5,000만원
④ 4억원
⑤ 4억 5,000만원

대표문제 토지이용의 집약도

토지이용에 관한 설명으로 **틀린** 것은?

① 어떤 토지이용에 있어 단위면적당 투입되는 노동과 자본의 양을 토지이용의 집약도라고 한다.

② 집약적 토지이용은 토지이용의 집약도가 높은 토지이용을 의미하고, 조방적 토지이용은 토지이용의 집약도가 낮은 토지이용을 의미한다.

③ 집약한계란 투입의 한계비용이 한계수입과 일치하는 선까지 투입이 추가되는 경우의 집약도이고, 조방한계는 최적의 조건하에서 겨우 생산비를 감당할 수 있는 산출밖에 얻을 수 없는 집약도이다.

④ 동일한 산업경영이라도 입지조건이 양호한 경우에는 특별한 이익을 낳는데, 이를 한계입지라 한다.

⑤ 입지잉여는 입지조건이 나쁘면 나쁠수록 감소되는데, 입지잉여가 영(0)이 되는 위치를 그 산업의 관점에서는 한계입지라 한다.

POINT

토지이용과 관련해서는 집약적 토지이용, 집약한계, 조방적 토지이용, 조방한계, 입지잉여 등의 용어를 위주로 정리해두어야 합니다.

해설

동일한 산업경영이라도 입지조건이 양호한 경우에는 특별한 이익을 낳는데, 이를 입지잉여라 한다.

정답 ④

토지이용에 있어 단위면적당 투입되는 노동·자본의 양을 토지이용의 집약도라 하는데, 투입의 한계비용이 한계수입과 일치되는 선까지 투입이 추가되는 경우의 집약도, 즉 이윤극대화를 가져오는 토지이용의 집약도를 말한다.

① 집약한계　　　　　　　　　② 조방한계
③ 손익분기점　　　　　　　　　④ 입지잉여
⑤ 한계입지

02 직·주분리의 원인이 <u>아닌</u> 것은?

① 도심의 지가 상승　　　　　　② 도심의 환경 악화
③ 공적 규제　　　　　　　　　④ 도심의 주거용 건물의 고층화
⑤ 교통의 발달

03 다음 설명에 적합한 용어는?

인구의 시 외곽 이주로 도심의 상주인구가 감소하면서 낮에만 사람이 북적대어 상업·업무지구화되는 현상이다.

① 도심공동화(doughnut) 현상　　② 도시스프롤(urban sprawl) 현상
③ 도심회춘화 현상　　　　　　　④ 도심고등 현상
⑤ 직·주접근 현상

04 도시스프롤 현상과 유형에 관한 설명으로 <u>틀린</u> 것은? ⓢⓩⓗ

① 도시스프롤 현상은 도시의 성장이 무계획적이지만, 규칙적이고 질서 있게 확산하는 현상이다.

② 도시스프롤 현상은 도시 외곽부의 팽창인 도시의 평면적 확산이며, 경우에 따라서는 입체슬럼 형태를 보이기도 한다.

③ 도시스프롤 현상은 토지의 최유효이용과 괴리됨으로써 일어나는 현상이다.

④ 도시스프롤 현상은 주거지역에서만 생기는 것이 아니고 상업지역이나 공업지역에서도 발생한다.

⑤ 도시스프롤 현상의 한 유형으로 개구리가 뛰는 것처럼 도시에서 중간중간에 상당한 공지를 남기면서 교외로 확산되는 현상이 있다.

05 침입적 토지이용에 관한 내용으로 <u>틀린</u> 것은? ⓢⓩⓗ

① 침입은 확대적 침입과 축소적 침입으로 구분되는데, 확대적 침입이 통상적이다.

② 낮은 지가수준, 강한 흡인력 등은 침입활동을 유발하는 인자(因子)라고 할 수 있다.

③ 지가수준이 높은 곳에 침입적 이용을 함으로써 지가수준이 낮아지는 경향이 있다.

④ 침입적 토지이용에는 수요층의 매력을 끌 수 있는 강한 흡인력이 있는 개발이 효과적이다.

⑤ 주로 기존의 영세적인 취락이나 지역에 침입활동이 이루어지는데, 때로는 원주민의 저항을 초래하기도 하며, 행정적 규제 등으로 인해 침입이 용이하지 않은 경우도 있다.

06 도시지역의 토지가격이 정상지가 상승분을 초과하여 급격히 상승한 경우 발생할 수 있는 현상이 <u>아닌</u> 것은? 23회 ⓢⓩⓗ

① 택지가격을 상승시켜 택지취득을 어렵게 만든다.

② 직·주분리 현상을 심화시켜 통근거리가 길어진다.

③ 토지의 조방적 이용을 촉진하고, 주거지의 외연적 확산을 조장한다.

④ 한정된 사업비 중 택지비의 비중이 높아져 상대적으로 건축비의 비중이 줄어들기 때문에 주택의 성능이 저하될 우려가 있다.

⑤ 높은 택지가격은 공동주택의 고층화를 촉진시킨다.

부동산개발에 관한 설명으로 <u>틀린</u> 것은?

① 부동산개발이란 타인에게 공급할 목적으로 토지를 조성하거나 건축물을 건축, 공작물을 설치하는 행위로 조성·건축·대수선·리모델링·용도변경 또는 설치되거나 될 예정인 부동산을 공급하는 것을 말한다. 다만, 시공을 담당하는 행위는 제외된다.

② 부동산개발사업의 진행과정에서 행정의 변화에 의한 사업 인·허가 지연위험은 시행사 또는 시공사가 스스로 관리할 수 있는 위험에 해당한다.

③ 부동산개발사업의 위험은 법률적 위험(legal risk), 시장위험(market risk), 비용위험(cost risk) 등으로 분류할 수 있다.

④ 개발사업에 있어서 법률적 위험은 용도지역·지구제와 같은 공법적 측면과 소유권 관계와 같은 사법적 측면에서 형성될 수 있다.

⑤ 공사기간 중 이자율의 변화, 시장침체에 따른 공실의 장기화 등은 시장위험으로 볼 수 있다.

POINT

법령에서 규정한 부동산개발의 개념을 정리해두어야 하며, 시공을 담당하는 행위는 부동산개발의 정의에 포함되지 않는다는 점도 기억해야 합니다.

해설

부동산개발사업의 진행과정에서 행정의 변화에 의한 사업 인·허가 지연위험은 시행사 또는 시공사가 스스로 관리할 수 있는 위험이 아니며, 이 밖에 매장문화재 출토로 인한 사업위험, 거시적 시장환경의 변화위험, 사업지 주변 사회간접자본시설 확충의 지연위험 등도 시행사 또는 시공사가 스스로 관리할 수 있는 위험이 아니다. 그러나 부실공사 하자에 따른 책임위험은 부동산개발사업의 진행과정에서 시행사 또는 시공사가 스스로 관리할 수 있는 위험에 해당한다고 볼 수 있다.

이론+ 부동산개발

> 부동산개발이란 다음의 어느 하나에 해당하는 행위를 말한다. 다만, 시공을 담당하는 행위는 제외한다(부동산개발업의 관리 및 육성에 관한 법률 제2조 제1호).
> 1. 토지를 건설공사의 수행 또는 형질변경의 방법으로 조성하는 행위
> 2. 건축물을 건축·대수선·리모델링 또는 용도변경하거나 공작물을 설치하는 행위. 이 경우 '건축', '대수선', '리모델링'은 「건축법」 제2조 제1항 제8호부터 제10호까지의 규정에 따른 '건축', '대수선' 및 '리모델링'을 말하고, '용도변경'은 같은 법 제19조에 따른 '용도변경'을 말한다.

정답 ②

07 부동산개발업의 관리 및 육성에 관한 법령상 부동산개발에 해당하지 <u>않는</u> 행위는?

① 토지를 건설공사의 수행으로 조성하는 행위
② 토지를 형질변경의 방법으로 조성하는 행위
③ 건축물을 「건축법」의 규정에 따라 건축·대수선·리모델링 또는 용도변경하는 행위
④ 시공을 담당하는 행위
⑤ 공작물을 설치하는 행위

08 부동산개발을 설명한 내용으로 가장 옳은 것은? 14회

① 택지개발은 필요한 공간을 제공하기 위하여 토지를 조성하고 건물을 건축하는 일련의 활동이며, 공공부문에만 허용된 행위이다.
② 부동산개발은 허가 등의 법적 위험부담과 함께 공사기간 중 비용증가 문제, 분양률 저하와 같은 시장 위험부담을 안고 있는데, 이러한 위험은 실질적인 시장조사로도 감소시킬 수 없다.
③ 개발주체는 공적 주체로 한국토지주택공사, 토지소유자조합이 있으며, 사적 주체로 개인, 주택건설사업자 등이 있다.
④ 민간개발방식에는 자체사업, 지주공동사업, 토지신탁개발 그리고 컨소시엄 구성방식이 있다.
⑤ 개발과정은 일반적으로 계획 단계 ⇨ 계획인가 단계 ⇨ 시행 단계 ⇨ 협의 단계 ⇨ 처분 단계의 순으로 구분할 수 있다.

09 부동산개발 과정의 순서를 가장 적절하게 나열한 것은?

> ㉠ 건설 단계 ㉡ 타당성 분석의 단계
> ㉢ 부지 모색 및 확보 단계 ㉣ 아이디어 단계
> ㉤ 마케팅 단계 ㉥ 예비적 타당성 분석의 단계
> ㉦ 금융 단계

① ㉢ − ㉣ − ㉥ − ㉡ − ㉦ − ㉠ − ㉤
② ㉣ − ㉥ − ㉡ − ㉦ − ㉢ − ㉠ − ㉤
③ ㉣ − ㉥ − ㉢ − ㉡ − ㉦ − ㉠ − ㉤
④ ㉥ − ㉣ − ㉡ − ㉢ − ㉤ − ㉠ − ㉦
⑤ ㉥ − ㉣ − ㉢ − ㉡ − ㉦ − ㉠ − ㉤

10 시행사가 아파트 개발사업에 대한 타당성을 검토하고 있다. 다음 중에서 시행사의 예상 사업이익에 부정적인 영향을 끼치는 것은? (다만, 다른 조건은 동일하다고 가정함) 20회

① 분양가격의 상승
② 대출금리의 하락
③ 용적률의 감소
④ 토지가격의 하락
⑤ 공사비의 하락

11 토지개발방식으로서 수용방식과 환지방식의 비교에 관한 설명으로 <u>틀린</u> 것은? (단, 사업구역은 동일함) 　　　　　(상)(중)(하)

① 수용방식은 환지방식에 비해 종전 토지소유자에게 개발이익이 귀속될 가능성이 큰 편이다.
② 수용방식은 환지방식에 비해 기반시설의 확보가 용이한 편이다.
③ 수용방식은 환지방식에 비해 사업비의 부담이 큰 편이다.
④ 환지방식은 수용방식에 비해 종전 토지소유자의 재정착이 쉬운 편이다.
⑤ 환지방식은 수용방식에 비해 사업시행자의 개발토지 매각부담이 적은 편이다.

12 다음에 해당하는 도시개발사업의 시행방식은? 　　　　　(상)(중)(하)

> • 대지로서의 효용증진과 공공시설의 정비를 위하여 토지의 교환·분할·합병, 그 밖의 구획변경, 지목 또는 형질의 변경이나 공공시설의 설치·변경이 필요한 경우
> • 도시개발사업을 시행하는 지역의 지가가 인근의 다른 지역에 비하여 현저히 높은 경우

① 환지방식
② 수용방식
③ 혼용방식
④ 신탁방식
⑤ 합동방식

13 도시개발법령상 부동산개발사업에 관한 설명으로 **틀린** 것은?

① 도시개발사업이란 도시개발구역에서 주거, 상업, 산업, 유통, 정보통신, 생태, 문화, 보건 및 복지 등의 기능이 있는 단지 또는 시가지를 조성하기 위하여 시행하는 사업을 말한다.

② 도시개발구역이란 도시개발사업을 시행하기 위하여 법령에 따라 지정·고시된 구역을 말한다.

③ 도시개발사업은 시행자가 도시개발구역의 토지 등을 수용 또는 사용하는 방식이나 환지방식 또는 이를 혼용하는 방식으로 시행할 수 있다.

④ 도시개발사업의 시행방식 중 대지로서의 효용증진과 공공시설의 정비를 위하여 토지의 교환·분합, 그 밖의 구획변경, 지목 또는 형질의 변경이나 공공시설의 설치·변경이 필요한 경우는 수용 또는 사용방식으로 할 수 있다.

⑤ 도시개발사업을 시행하는 지역의 지가가 인근의 다른 지역에 비하여 현저히 높아 수용 또는 사용방식으로 시행하는 것이 어려운 경우는 환지방식으로 할 수 있다.

14 부동산개발사업의 진행 과정에서 시행사 또는 시공사가 스스로 관리할 수 있는 위험으로 **옳은** 것은? 21회

① 매장문화재 출토로 인한 사업위험

② 거시적 시장환경의 변화위험

③ 사업지 주변 사회간접자본시설 확충의 지연위험

④ 행정의 변화에 의한 사업 인·허가 지연위험

⑤ 부실공사 하자에 따른 책임위험

15 부동산개발에 관한 설명으로 <u>틀린</u> 것은? 32회 　　　상 **중** 하

① 부동산개발사업 진행 시 행정의 변화에 따른 사업의 인·허가 지연위험은 사업시행자가 스스로 관리할 수 없는 위험이다.

② 공영(공공)개발은 공공성과 공익성을 위해 택지를 조성한 후 분양 또는 임대하는 토지개발방식을 말한다.

③ 환지방식은 택지가 개발되기 전 토지의 위치·지목·면적 등을 고려하여 택지개발 후 개발된 토지를 토지소유자에게 재분배하는 방식을 말한다.

④ 부동산개발은 미래의 불확실한 수익을 근거로 개발을 진행하기 때문에 위험성이 수반된다.

⑤ 흡수율 분석은 재무적 사업타당성 분석에서 사용했던 주요 변수들의 투입 값을 낙관적·비관적 상황으로 적용하여 수익성을 예측하는 것을 말한다.

16 부동산개발의 위험 중 시장위험(market risk)에 관한 설명으로 <u>틀린</u> 것은? 　　　상 중 **하**

① 개발업자는 개발기간 중에도 시장상황이 변할 수 있다는 점을 고려해야 한다.

② 개발기간이 장기화될수록 개발업자의 시장위험은 높아진다.

③ 금융조달비용의 상승과 같은 시장의 불확실성은 개발업자의 시장위험을 증가시킨다.

④ 부동산시장은 항상 끊임없이 변화하기 때문에 개발업자의 시장위험을 증가시킨다.

⑤ 개발부동산의 후분양제도는 선분양제도에 비해 개발업자가 부담하는 시장위험을 줄일 수 있다.

부동산개발의 타당성 분석에 관한 설명으로 틀린 것은?

① 부동산개발의 타당성 분석은 법률적·경제적·기술적 타당성 분석이 행해지는데, 일반적으로 경제적 타당성 분석이 가장 중요시된다.

② 개발사업에 대한 타당성 분석 결과가 동일한 경우에도 분석된 사업안은 개발업자에 따라 채택될 수도 있고, 그렇지 않을 수도 있다.

③ 부동산개발의 타당성 분석의 순서는 개발사업에 대한 시장분석을 먼저 하고, 다음에는 경제성 분석을 실시한다.

④ 시장분석을 통해 개발사업에 대한 수익성 여부를 평가하여 특정 개발사업에 대한 최종적인 투자결정을 한다.

⑤ 부동산개발의 타당성 분석 중 시장분석은 특정 개발사업이 시장에서 채택될 수 있는가를 분석하는 것으로, 개발사업이 안고 있는 물리적·법률적·경제적·사회적 제약조건에 대한 분석도 포함된다.

POINT

부동산개발의 타당성 분석은 시장분석과 경제성 분석의 특징을 정리해두어야 하는데, 수익성 평가, 투자결정 등은 주로 경제성 분석에 해당합니다.

해설

시장분석은 특정 개발사업에 대한 채택가능성을 평가하기 위한 것이지만, 경제성 분석은 시장분석에서 수집된 자료를 활용하여 개발사업에 대한 수익성을 평가하고, 최종적인 투자결정을 하는 것이다.

정답 ④

---

17 부동산분석은 단계별 분석 과정을 거쳐 이루어진다. 단계를 순서대로 나열한 것은? 17회

상중**하**

① 지역경제분석 ⇨ 시장성 분석 ⇨ 시장분석 ⇨ 타당성 분석 ⇨ 투자분석
② 지역경제분석 ⇨ 시장분석 ⇨ 시장성 분석 ⇨ 타당성 분석 ⇨ 투자분석
③ 지역경제분석 ⇨ 시장분석 ⇨ 타당성 분석 ⇨ 시장성 분석 ⇨ 투자분석
④ 지역경제분석 ⇨ 시장성 분석 ⇨ 타당성 분석 ⇨ 시장분석 ⇨ 투자분석
⑤ 지역경제분석 ⇨ 타당성 분석 ⇨ 시장분석 ⇨ 시장성 분석 ⇨ 투자분석

18 부동산개발의 타당성 분석에 관한 설명으로 <u>틀린</u> 것은? (상)**(중)**(하)

① 지역경제분석에서는 대상지역의 부동산 수요에 영향을 미치는 인구, 고용, 소득 등의 요인을 분석한다.

② 시장분석에서는 특정지역이나 부동산 유형에 대한 수요·공급 등을 분석하는데, 시장 세분화는 공급상품의 특성에 따라, 시장차별화는 수요자의 특성에 따라 시장을 구분 하는 것이다.

③ 시장성 분석은 개발될 부동산이 현재나 미래의 시장상황에서 매매·임대될 수 있는 가능성 정도를 조사하는 것을 말한다.

④ 흡수율 분석은 부동산시장의 추세파악에 많은 도움을 주는데, 단순히 과거의 추세를 파악하는 것만이 아니라 이를 기초로 개발사업의 미래의 흡수율을 파악하는 데 목적 이 있다.

⑤ 개발사업에 대한 타당성 분석 결과가 동일한 경우에도 분석된 사업안은 개발업자에 따라 채택될 수도 있고, 그렇지 않을 수도 있다.

19 부동산개발의 타당성 분석에서 흡수율(absorption rate) 분석에 관한 설명으로 <u>틀린</u> 것은?
(상)(중)**(하)**

① 시장성 분석의 방법 중 하나로 사용되는 것이 흡수율 분석이다.

② 흡수율 분석이란 일정기간에 특정한 지역에 공급된 부동산이 얼마의 비율로 흡수되 었는가를 분석하는 것을 말한다.

③ 흡수율 분석은 지역별·유형별로 부동산의 질과 양에 대해서 구체적으로 행해진다.

④ 흡수율 분석에서 흡수율이 높을수록 시장위험은 작다고 볼 수 있다.

⑤ 흡수율 분석은 부동산시장의 추세파악에 많은 도움을 주는데, 흡수율 분석의 궁극적 인 목적은 과거 및 현재의 추세를 정확하게 파악하는 데 있다.

20 부동산개발사업의 타당성 분석은 시장분석과 경제성 분석으로 구분할 수 있다. 시장분석의 구성요소에 해당하지 <u>않는</u> 것은? 상중하

① 지역분석　　　　　　　　　　　② 현금흐름분석

③ 수요·공급분석　　　　　　　　　④ 부지분석

⑤ 근린분석

21 부동산개발에 관한 설명으로 <u>틀린</u> 것은? 상중하

① 부동산개발은 미래의 불확실한 수익을 근거로 개발을 진행하기 때문에 위험성이 수반된다.

② 예비적 타당성 분석은 개발사업으로 예상되는 수입과 비용을 개략적으로 계산하여 수익성을 검토하는 것이다.

③ 시장분석은 특정 부동산에 관련된 시장의 수요와 공급 상황을 분석하는 것이다.

④ 시장성 분석단계에서는 향후 개발될 부동산이 현재나 미래의 시장상황에서 매매되거나 임대될 수 있는지에 대한 경쟁력을 분석한다.

⑤ 흡수율 분석은 부동산시장의 추세를 파악하는 데 도움을 주는 것으로, 과거의 추세를 정확하게 파악하는 것이 주된 목적이다.

22 도시재개발에 관한 설명으로 틀린 것은? 상**중**하

① 수복재개발은 기존 도시환경의 시설기준 및 구조 등이 현재의 수준에 크게 미달되는 경우, 기존 시설의 확장·개선 또는 새로운 시설의 첨가를 통하여 도시기능을 제고시키고자 하는 형태이다.

② 보전재개발은 도시지역에 아직 노후·불량 상태가 발생되지 않았으나, 앞으로 노후·불량화가 야기될 우려가 있을 때 사전에 노후·불량화의 진행을 방지하기 위하여 채택하는 가장 소극적인 도시재개발이다.

③ 철거재개발은 부적당한 기존 환경을 완전히 제거하고 새로운 환경, 즉 시설물로 대체시키는 가장 전형적인 도시재개발의 유형이다.

④ 주거환경개선사업은 도시 저소득 주민이 집단으로 거주하는 지역으로서 정비기반시설이 극히 열악하고 노후·불량 건축물이 과도하게 밀집한 지역에서 주거환경을 개선하기 위하여 시행하는 사업이다.

⑤ 재개발사업은 정비기반시설이 열악하고 노후·불량건축물이 밀집한 지역에서 주거환경을 개선하거나 상업지역·공업지역 등에서 도시기능의 회복 및 상권활성화 등을 위하여 도시환경을 개선하기 위한 사업을 말한다.

23 도시재개발의 형태 중 시행방법에 의한 분류에 해당하지 <u>않는</u> 것은? 상중**하**

① 수복재개발　　　　　　　　② 개량재개발

③ 보전재개발　　　　　　　　④ 철거재개발

⑤ 주거지재개발

24 개발권양도제(TDR ; transferable development rights)에 관한 설명으로 <u>틀린</u> 것은?

ⓢⓩⓗ

① 개발권에 대한 수요가 발생하도록 하기 위해서는 개발지역에 있어서 토지를 보다 집약적으로 이용하려는 강한 경제적 동기가 팽배하도록 여건을 조성해야 한다.

② 개발권에 대한 수요가 발생하도록 하기 위해서는 개발권의 취득 없이는 토지개발자가 원하는 정도로 토지를 집약적으로 이용할 수 없도록 개발행위가 효과적으로 규제되고 있어야 한다.

③ 개발권에 대한 수요가 발생하도록 하기 위해서는 개발지역에서의 개발단위당 취득해야 하는 개발권의 수를 많게 하면 그만큼 개발권에 대한 수요도 커질 것이다.

④ 지가수준이 낮거나 개발지역에서의 토지이용밀도가 약하면 양도 가능한 개발권에 대한 수요가 많을 것이다.

⑤ 형평성을 높여 용도지역제의 한계를 보완하려는 제도이다.

민간의 부동산개발에 관한 설명으로 옳은 것은?

① 지주공동사업은 불확실하거나 위험도가 큰 부동산개발사업에 대한 위험을 토지소유자와 개발업자 간에 분산할 수 있는 장점이 있다.

② 토지신탁방식은 토지소유자가 개발업자에게 사업시행을 의뢰하고, 개발업자는 사업시행에 대한 수수료를 취하는 방식이다.

③ 공사비를 분양금으로 정산하는 사업방식에서는 사업시행은 건설회사가 하지만, 이익은 토지소유자에게 귀속된다.

④ 사업위탁방식은 토지소유자로부터 형식적인 소유권을 이전받은 신탁회사가 토지를 개발·관리·처분하여 그 수익을 수익자에게 돌려주는 방식이다.

⑤ 토지소유자의 자체사업일 경우 사업시행은 토지소유자가 하지만, 자금조달과 이익귀속의 주체는 건설회사이다.

> **POINT**
>
> 민간의 부동산개발방식은 자체사업의 특징과 지주공동사업의 특징을 비교하여 정리해두고, 특히 지주공동사업의 각 사업방식들의 포인트를 암기해두어야 합니다.
>
> **해설**
> ② 사업위탁방식에 대한 설명이다. 토지신탁방식은 토지소유자로부터 형식적인 소유권을 이전받은 신탁회사가 토지를 개발·관리·처분하여 그 수익을 수익자에게 돌려주는 방식이다.
> ③ 공사비를 분양금으로 정산하는 사업방식에서는 자금조달은 개발업자가, 사업시행은 토지소유자가 하며, 이익은 토지소유자와 개발업자에게 귀속된다.
> ④ 토지신탁방식에 대한 설명이다. 사업위탁방식은 토지소유자가 개발업자에게 사업시행을 의뢰하고, 개발업자는 사업시행에 대한 수수료를 취하는 방식이다.
> ⑤ 토지소유자의 자체사업일 경우에는 자금조달, 사업시행, 이익귀속의 주체는 모두 토지소유자이다.

구 분		자체사업	지주공동사업				토지신탁 개발방식	컨소시엄 방식
			공사비 대물변제 등가교환	공사비 분양금 정산	투자자 모집	사업위탁 방식		
사 업 주 체	토지 소유	토지 소유자	토지 소유자	토지 소유자	사업 시행자	토지 소유자	신탁회사	토지 소유자
	건축 시공		개발업자	개발업자	사업 시행자	개발업자	신탁회사	컨소시엄 구성회사
	자금 조달		개발업자	개발업자	투자자	토지 소유자	신탁회사	
	사업 시행		토지 소유자	토지 소유자	사업 시행자	개발업자	신탁회사	토지 소유자
	이익 귀속		토지 소유자, 개발업자	토지 소유자, 개발업자	토지 소유자, 투자자	토지 소유자	수익자	토지 소유자, 컨소시엄 구성회사
내 용		토지 소유자에 의한 자금 조달, 시공, 분양	토지 소유자가 공사비를 대물변제	토지 소유자가 공사비를 분양금으로 변제	토지 소유자나 개발업자가 투자자 모집	토지 소유자가 개발업자 에게 사업 전 과정을 위탁	토지 소유자가 신탁회사에 수수료를 주고 신탁개발	대규모 토지개발에 시공사가 공동 참여
비 고		일반적으로 이용됨	시공사와 공사비 산정 문제	대표적 지주 공동사업	새로운 유형	소규모 사업에 활용	신탁수수료 협의문제	지주공동 사업과 유사 형태

정답 ①

25 부동산개발사업의 방식에 관한 설명 중 (㉠)과 (㉡)에 해당하는 것은? 상중하

> ㉠ 토지소유자가 제공한 토지에 개발업자가 공사비를 부담하여 부동산을 개발하고, 개발된 부동산을 제공된 토지가격과 공사비의 비율에 따라 나누는 방식
> ㉡ 토지소유자로부터 형식적인 소유권을 이전받은 신탁회사가 토지를 개발·관리·처분하여 그 수익을 수익자에게 돌려주는 방식

① ㉠ : 사업위탁(수탁)방식, ㉡ : 등가교환방식
② ㉠ : 사업위탁(수탁)방식, ㉡ : 합동개발방식
③ ㉠ : 등가교환방식, ㉡ : 신탁개발방식
④ ㉠ : 자체개발방식, ㉡ : 합동개발방식
⑤ ㉠ : 자체개발방식, ㉡ : 신탁개발방식

26 민간의 토지개발방식에 관한 설명으로 틀린 것은? 상중하

① 지주공동사업은 토지소유자와 개발업자 간에 부동산개발을 공동으로 시행하는 것으로서 토지소유자는 토지를 제공하고, 개발업자는 개발의 노하우를 제공하여 서로의 이익을 추구하는 형태이다.
② 공사비를 분양금으로 정산하는 사업방식에서는 자금조달은 개발업자가, 사업시행은 토지소유자가 하며, 이익은 토지소유자와 개발업자에게 귀속된다.
③ 토지소유자의 자체사업일 경우에는 자금조달, 사업시행, 이익귀속의 주체는 모두 토지소유자이다.
④ 공사비 대물변제형은 토지소유자가 건설공사의 도급발주 시에 개발업자가 토지소유자의 토지에 건축시공 후 공사비의 변제를 준공된 건축물의 일부로 받는 방식으로 자금조달은 토지소유자가 하고, 건축시공과 사업시행은 개발업자가 한다.
⑤ 컨소시엄 구성형은 대규모 개발사업에서 사업의 안정성 확보라는 점에서 장점이 있으나, 사업시행에 시간이 오래 걸리고, 출자회사 간 상호 이해조정이 필요하며, 책임의 회피현상이 있을 수 있다는 단점이 있다.

27 다음에 해당하는 민간의 부동산개발방식은?

> • 토지소유자는 신탁회사에 토지소유권을 신탁을 원인으로 이전하고, 신탁회사는 토지
>   소유자와의 약정에 의해 신탁수익증권을 발행한다.
> • 신탁회사는 금융기관으로부터 자금을 차입하여 건설회사에 공사를 발주한다.
> • 건물이 준공되면 신탁회사가 입주자를 모집하고, 임대수익금에서 제세공과금을 제한
>   후에 수익증권의 소유자에게 수익을 배당한다.

① 자체사업방식
② 공사비 대물변제방식
③ 공사비 분양금 정산방식
④ 사업위탁방식
⑤ 토지신탁개발방식

28 부동산신탁에 관한 설명으로 <u>틀린</u> 것은?

① 부동산신탁에 있어서 당사자는 부동산소유자인 위탁자와 부동산신탁사인 수탁자 및
   신탁재산의 수익권을 배당받는 수익자로 구성되어 있다.
② 관리신탁은 부동산의 소유권관리, 건물수선 및 유지, 임대차관리 등 제반 부동산 관
   리업무를 신탁회사가 수행하는데, 부동산 소유권의 이전 없이 신탁회사가 부동산의
   관리업무를 수행하게 된다.
③ 처분신탁은 처분방법이나 절차가 까다로운 부동산에 대한 처분업무 및 처분 완료시
   까지의 관리업무를 신탁회사가 수행하는 것이다.
④ 담보신탁은 부동산소유자가 소유권을 신탁회사에게 이전하고 신탁회사로부터 수익
   증권을 교부받아 수익증권을 담보로 금융기관에서 대출을 받는 신탁을 말한다.
⑤ 분양관리신탁은 상가 등 건축물 분양의 투명성과 안전성을 확보하기 위하여 신탁회
   사에게 사업부지의 신탁과 분양에 따른 자금관리업무를 부담시키는 것이다.

29 부동산신탁에 관한 설명으로 <u>틀린</u> 것을 모두 고른 것은? ⓢⓒ🅗

㉠ 신탁회사의 전문성을 통해 이해관계자들에게 안전성과 신뢰성을 제공해 줄 수 있다.

㉡ 부동산신탁의 수익자란 신탁행위에 따라 신탁이익을 받는 자를 말하며, 일반적으로 수익자는 위탁자가 되고 제3자는 될 수 없다.

㉢ 부동산신탁계약에서의 소유권 이전은 등기부상의 형식적 소유권 이전이 아니라 실질적 이전이다.

㉣ 신탁재산은 법률적으로 수탁자에게 귀속되지만 수익자를 위한 재산이므로 수탁자의 고유재산 및 위탁자의 고유재산으로부터 독립된다.

㉤ 부동산담보신탁은 저당권 설정보다 소요되는 경비가 많고, 채무불이행 시 부동산 처분 절차가 복잡하다.

---

① ㉠, ㉡

② ㉠, ㉣, ㉤

③ ㉡, ㉢, ㉤

④ ㉢, ㉣, ㉤

⑤ ㉠, ㉡, ㉣, ㉤

30 다음에서 설명하는 민간투자 사업방식을 〈보기〉에서 옳게 연결한 것은?

> ㉠ 사회기반시설의 준공과 동시에 해당 시설의 소유권이 국가 또는 지방자치단체에 귀속되며, 사업시행자에게 일정기간의 시설관리운영권을 인정하는 방식
> ㉡ 사회기반시설의 준공과 동시에 해당 시설의 소유권이 국가 또는 지방자치단체에 귀속되며, 사업시행자에게 일정기간의 시설관리운영권을 인정하되, 그 시설을 국가 또는 지방자치단체 등이 협약에서 정한 기간 동안 임차하여 사용·수익하는 방식
> ㉢ 사회기반시설의 준공 후 일정기간 동안 사업시행자에게 해당 시설의 소유권이 인정되며 그 기간이 만료되면 시설소유권이 국가 또는 지방자치단체에 귀속되는 방식
> ㉣ 사회기반시설의 준공과 동시에 소유권 및 관리운영권이 사업시행자에게 귀속되는 방식

─────────── 〈보기〉 ───────────

㉮ BTO(build-transfer-operate) 방식
㉯ BOT(build-operate-transfer) 방식
㉰ BTL(build-transfer-lease) 방식
㉱ BLT(build-lease-transfer) 방식
㉲ BOO(build-own-operate) 방식

① ㉠ : ㉮, ㉡ : ㉯, ㉢ : ㉲, ㉣ : ㉰
② ㉠ : ㉮, ㉡ : ㉰, ㉢ : ㉱, ㉣ : ㉯
③ ㉠ : ㉮, ㉡ : ㉰, ㉢ : ㉯, ㉣ : ㉲
④ ㉠ : ㉯, ㉡ : ㉱, ㉢ : ㉲, ㉣ : ㉰
⑤ ㉠ : ㉯, ㉡ : ㉲, ㉢ : ㉮, ㉣ : ㉰

31 다음 민간투자사업방식을 바르게 연결한 것은? (상)(중)(하)

> ㉠ 민간사업자가 시설준공 후 소유권을 공공에게 귀속시키고, 그 대가로 일정기간 동안 시설운영권을 받아 운영수익을 획득하는 방식
>
> ㉡ 민간사업자가 시설준공 후 소유권을 공공에게 귀속시키고, 그 대가로 받은 시설운영권으로 그 시설을 공공에게 임대하여 임대료를 획득하는 방식
>
> ㉢ 민간사업자가 시설준공 후 소유권을 취득하여 일정기간 동안 운영을 통해 운영수익을 획득하고, 그 기간이 만료되면 공공에게 소유권을 이전하는 방식
>
> ㉣ 민간사업자가 시설준공 후 소유권을 취득하여 그 시설을 운영하는 방식으로, 소유권이 민간사업자에게 계속 귀속되는 방식

① ㉠ : BTO방식, ㉡ : BTL방식, ㉢ : BOT방식, ㉣ : BOO방식

② ㉠ : BOT방식, ㉡ : BTL방식, ㉢ : BTO방식, ㉣ : BOO방식

③ ㉠ : BOT방식, ㉡ : BTO방식, ㉢ : BOO방식, ㉣ : BTL방식

④ ㉠ : BTL방식, ㉡ : BOT방식, ㉢ : BOO방식, ㉣ : BTO방식

⑤ ㉠ : BOT방식, ㉡ : BOO방식, ㉢ : BTO방식, ㉣ : BTL방식

32 민간투자사업방식에 관한 설명으로 옳은 것은?

① BTL(build-transfer-lease)방식은 민간사업자가 사회간접자본시설을 준공한 후 일 정기간 동안 운영권을 정부에 임대하여 투자비를 회수하며, 약정 임대기간 종료 후 시설물을 정부 또는 지방자치단체에 이전하는 방식이다.

② BLT(build-lease-transfer)방식은 민간사업자가 스스로 자금을 조달하여 시설을 건설하고, 국가 또는 지방자치단체 등에 시설의 소유권을 이전하고 일정기간 동안 시설의 사용·수익권한을 획득하게 되며, 시설을 공공에 임대하고 그 임대료를 받아 시설 투자비를 회수하는 방식이다.

③ BTO(build-transfer-operate)방식은 민간사업자가 스스로 자금을 조달하여 시설을 건설하고, 일정기간 소유·운영한 후, 사업이 종료한 때 국가 또는 지방자치단체 등에 시설의 소유권을 이전하는 것을 말한다.

④ BOT(build-operate-transfer)방식은 사회간접자본시설의 준공과 동시에 해당 시설의 소유권이 정부 또는 지방자치단체에 귀속되며, 민간사업자에게 일정기간의 시설 관리 운영권을 부여하는 방식이다.

⑤ BOO(build-own-operate)방식은 사회간접자본시설의 준공과 동시에 민간사업자에게 해당 시설의 소유권 및 운영권을 인정하는 방식이다.

33 경제기반이론에 관한 설명으로 틀린 것은?

① 경제기반이론이란 어떤 지역의 비기반산업이 활성화되면 기반산업도 함께 활성화됨으로써 지역경제의 성장과 발전이 유도된다는 이론이다.

② 입지계수를 통해 해당 지역 특정산업의 특화도를 파악할 수 있다.

③ 입지계수가 1보다 큰 경우는 수출기반산업으로, 1보다 작은 경우에는 비수출기반산업으로 볼 수 있다.

④ 경제기반승수는 기반산업의 고용인구변화에 대한 지역사회 총고용인구 증가의 비율이다.

⑤ 경제기반승수를 통해 경제기반산업의 고용 증가 등이 지역사회 총고용인구 증가에 미치는 영향을 예측할 수 있다.

각 지역과 산업별 고용자 수가 다음과 같을 때, A지역 Y산업과 B지역 X산업의 입지계수(LQ)를 올바르게 계산한 것은? (단, 주어진 조건에 한하며, 결과값은 소수점 셋째자리에서 반올림함)

구 분		A지역	B지역	전 지역 고용자 수
X산업	고용자 수	1,000	1,400	2,400
	입지계수	0.83	(㉠)	
Y산업	고용자 수	1,000	600	1,600
	입지계수	(㉡)	0.75	
고용자 수 합계		2,000	2,000	4,000

① ㉠ : 0.75, ㉡ : 0.83
② ㉠ : 0.75, ㉡ : 1.33
③ ㉠ : 1.17, ㉡ : 1.25
④ ㉠ : 0.83, ㉡ : 1.20
⑤ ㉠ : 0.83, ㉡ : 1.33

POINT
입지계수를 계산하여 구하는 문제가 아니면 두 도시의 각 산업의 입지계수 중 분자값 부분만 비교하여 큰 것이 특화되어 있는 것으로 판단하면 됩니다.

해설
㉠ B지역 X산업의 입지계수(LQ)

$$LQ = \frac{\dfrac{1,400}{2,000}}{\dfrac{2,400}{4,000}} \fallingdotseq 1.16666$$

문제 조건에서 소수점 셋째자리에서 반올림한다고 했으므로 1.17이 된다.
㉡ A지역 Y산업의 입지계수(LQ)

$$LQ = \frac{\dfrac{1,000}{2,000}}{\dfrac{1,600}{4,000}} = 1.25$$

정답 ③

34 각 산업별·도시별 고용자 수에 대한 통계를 통해 입지계수(LQ)를 계산해 볼 때, A도시가 B도시에 비해 특화되어 있는 산업은? 상**중**하

산업 구분	A도시	B도시	전 국
제조업	200명	1,000명	1,200명
금융업	800명	1,000명	1,800명
합 계	1,000명	2,000명	3,000명

① 제조업
② 금융업
③ 모든 산업에 특화되어 있다.
④ 특화되어 있는 산업이 없다.
⑤ 모든 산업의 입지계수가 1이므로 전국 평균수준에 있다.

35 다음은 각 도시별, 산업별 고용자 수를 나타낸 표이다. 전자산업의 입지계수가 높은 도시 순으로 나열된 것은? (다만, 전국에 세 개의 도시와 두 개의 산업만이 존재한다고 가정함)

(단위 : 명)

구 분	전자산업	섬유산업	전체 산업
A도시	150	250	400
B도시	250	250	500
C도시	600	500	1,100
전 국	1,000	1,000	2,000

① A > B > C
② A > C > B
③ B > C > A
④ C > A > B
⑤ C > B > A

36 각 지역과 산업별 고용자 수가 다음과 같을 때, A지역과 B지역에서 입지계수(LQ)에 따른 기반산업의 개수는? (단, 주어진 조건에 한하며, 결과 값은 소수점 셋째자리에서 반올림함)

32회 상 중 하

구 분		A지역	B지역	전지역 고용자 수
X산업	고용자 수	30	50	80
	입지계수	0.79	?	
Y산업	고용자 수	30	30	60
	입지계수	?	?	
Z산업	고용자 수	30	20	50
	입지계수	?	0.76	
고용자 수 합계		90	100	190

① A지역 : 0개, B지역 : 1개
② A지역 : 1개, B지역 : 0개
③ A지역 : 1개, B지역 : 1개
④ A지역 : 1개, B지역 : 2개
⑤ A지역 : 2개, B지역 : 1개

37 X와 Y지역의 산업별 고용자수가 다음과 같을 때, X지역의 입지계수(LQ)에 따른 기반산업의 개수는? (단, 주어진 조건에 한함) 34회 상 중 하

구 분	X지역	Y지역	전지역
A산업	30	50	80
B산업	50	40	90
C산업	60	50	110
D산업	100	20	120
E산업	80	60	140
전산업 고용자 수	320	220	540

① 0개
② 1개
③ 2개
④ 3개
⑤ 4개

38 경제기반이론에 관한 설명으로 <u>틀린</u> 것은?

① 경제기반(economic base)은 수출산업으로 그 지역경제를 지배하는 산업을 가리킨다.

② 비기반활동비율이란 도시 전체 소득에서 비기반활동부분의 소득이 차지하는 비율이다.

③ '1 − 비기반활동비율'은 기반활동비율이다.

④ 경제기반승수는 '1 / (1 − 비기반활동비율)'이다.

⑤ 경제기반승수를 통해, 기반산업 수출부문분의 고용인구변화가 지역의 전체 고용인구에 미치는 영향을 예측할 수는 없다.

39 A지역의 기반산업비율이 25%, 비기반산업비율이 75%라고 하자. 기반산업 고용 증가가 100명이라면 A지역 전체의 예상되는 총고용인구 증가는? (상)(중)**하**

① 100명　　　　　　　　② 200명

③ 300명　　　　　　　　④ 400명

⑤ 500명

40 부동산관리에 관한 설명으로 <u>틀린</u> 것은? (상)(중)**하**

① 부동산을 그 목적에 맞게 최유효이용할 수 있도록 하는 부동산의 유지·보존·개량 및 그 운용에 관한 일체의 행위를 말한다.

② 도시화, 건축기술의 발전, 부재자 소유의 증가 등으로 인하여 부동산관리의 필요성이 커지고 있다.

③ 부동산관리는 시설관리, 재산관리(건물 및 임대차관리), 자산관리 등으로 구분할 수 있는데, 그중 시설관리가 가장 중요하다.

④ 부동산의 매입과 매각관리는 자산관리에 해당한다.

⑤ 대상부동산을 행정적 내지 법률적 측면에서 관리하는 것을 법률적 관리라 한다.

41 부동산관리에 관한 설명으로 <u>틀린</u> 것은?

① 시설관리(facility management)는 부동산시설을 운영하고 유지하는 것으로 시설사용자나 기업의 요구에 따르는 소극적 관리에 해당한다.

② 법률적 측면의 부동산관리는 부동산의 유용성을 보호하기 위하여 법률상의 제반 조치를 취함으로써 법적인 보장을 확보하려는 것이다.

③ 경제적 측면의 부동산관리는 대상부동산의 물리적·기능적 하자의 유무를 판단하여 필요한 조치를 취하는 것이다.

④ 자가관리방식은 위탁관리방식에 비해 기밀 유지에 유리하고 의사결정이 신속한 경향이 있다.

⑤ 임차 부동산에서 발생하는 총수입(매상고)의 일정 비율을 임대료로 지불한다면, 이는 임대차의 유형 중 비율 임대차에 해당한다.

42 부동산관리에 관한 설명으로 <u>틀린</u> 것은?

① 부동산관리 업무 중 포트폴리오 관리, 투자리스크 관리, 재투자 결정 등은 자산관리에 해당한다.

② 부동산관리 업무 중 설비의 운전 및 보수, 부동산의 매입과 매각관리, 에너지 관리, 건물 청소관리 등은 시설관리에 해당한다.

③ 임차부동산에서 발생하는 총수입(매상고)의 일정 비율을 임대료로 지불한다면, 이는 임대차의 유형 중 비율임대차에 해당한다.

④ 부동산 유지·관리상의 문제가 발생한 후 처리하면 고비용의 지출, 임차인의 불편 등을 야기하므로 예방적 유지활동을 강화할 필요가 있다.

⑤ 위탁(간접)관리방식은 관리업무의 전문성과 합리성을 제고할 수 있는 반면, 기밀유지에 있어서 자가(직접)관리방식보다 불리하다.

43 부동산관리에 관한 설명으로 <u>틀린</u> 것은?

① 협의의 관리는 위생, 설비, 보안 등을 다루는 기술적 관리를 의미한다.

② 대상부동산의 물리적·기능적인 하자에 대한 기술적인 조치를 하는 것을 기술적 관리라고 한다.

③ 대상부동산을 행정적 내지 법률적 측면에서 관리하는 것을 법률적 관리라 한다.

④ 건물과 부지의 부적응을 개선시키는 활동은 경제적 관리에 해당한다.

⑤ 부동산활동에서 순이익의 합리적 도출을 위해 산출하는 것을 경제적 관리라 한다.

44 부동산관리를 외부의 전문가 집단에게 위탁하는 비중이 늘고 있는 요인으로 <u>틀린</u> 것은?

18회 상중하

① 부동산펀드의 오피스빌딩 투자 증가

② 부동산투자회사의 상업용 부동산 투자 증가

③ 국내 연기금의 오피스빌딩 투자 증가

④ 외국계 부동산펀드의 복합용도시설 투자 증가

⑤ 단독주택의 자가소유 비중 확대

45 부동산관리에 관한 설명으로 <u>틀린</u> 것은? 상중하

① 부동산관리에는 기술·경영·법·제도 등의 측면이 있어서 물리적 설비뿐만 아니라 경영 및 법률을 포함하는 복합적인 접근이 필요하다.

② 시설관리(facility management)는 각종 부동산시설을 운영하고 유지하는 것으로 시설사용자나 기업의 요구에 부응하는 정도의 소극적 관리에 해당한다.

③ 재산관리(property management)는 건물 및 임대차관리라고도 하며, 임대 및 수지관리로서 수익목표의 수립, 자본적·수익적 지출계획 수립, 연간 예산 수립, 임대차 유치 및 유지, 비용통제 등을 수행한다.

④ 자산관리(asset management)란 소유주나 기업의 부(富)를 극대화하기 위하여 해당 부동산의 가치를 증진시킬 수 있는 다양한 방법을 모색하는 것이다.

⑤ 관리방식 중 기밀유지 및 보안관리 측면에서는 자가관리보다 위탁관리가 더 유리하다.

부동산관리의 방식에 관한 장단점을 설명한 것으로 틀린 것은?

① 자가관리방식은 소유자의 의사능력과 지휘통제력이 발휘될 수 있으며, 의사결정과 업무처리가 신속하다.
② 위탁관리방식은 관리하는 각 부분을 종합적으로 운영할 수 있을 뿐만 아니라 기밀유지에도 유리하다.
③ 위탁관리방식은 전문적인 계획관리를 통해 시설물의 노후화를 늦출 수 있다는 장점이 있다.
④ 위탁관리방식은 건물관리의 전문성으로 인해 효율적이고 합리적인 관리가 가능하다.
⑤ 혼합관리방식은 자가관리와 위탁관리 부분의 책임소재가 불명확하여 전문업자를 충분히 활용할 수 없다는 단점이 있다.

POINT
부동산관리의 방식은 위탁관리방식의 장단점을 중심으로 정리하되, 위탁관리방식의 장(단)점을 반대로 하면 자가관리방식의 단(장)점이 된다고 기억하면 됩니다.

해설
자가관리방식은 관리하는 각 부분을 종합적으로 운영할 수 있을 뿐만 아니라 기밀유지에도 유리하다.

이론➕ 부동산관리의 방식

구 분	장 점	단 점
자가 관리	• 입주자에 대한 최대한의 서비스 제공 • 소유자의 강한 지시통제력 발휘 • 관리 각 부문을 종합적으로 운영 • 기밀유지와 보안관리가 양호 • 설비에 대한 애착이 강하고 유사시 협동 신속 • 양호한 환경보전이 가능	• 업무의 적극적 의욕 결여(안일화, 개혁 곤란, 매너리즘화) • 관리의 전문성 결여 • 인력관리가 비효율적(참모체제 방대) • 인건비가 불합리하게 지불될 우려 • 임대료의 결정·수납이 불합리적
위탁 관리	• 전문적 관리와 서비스가 가능 • 소유자는 본업에 전념할 수 있음 • 부동산관리비용의 저렴 및 안정 • 관리의 위탁으로 자사 참모체계의 단순화 가능 • 급여 체제나 노무의 단순화 • 관리의 전문성으로 인하여 전문업자의 활용이 합리적	• 전문관리회사의 선정이 어려움 • 관리요원의 인사이동이 심해 관리하자 우려 • 종업원의 소질과 기술 저하 • 종업원의 신뢰도 저하 • 부동산 관리요원들의 부동산설비에 대한 애호정신의 저하 • 기밀유지 및 보안의 불안전
혼합 관리	• 강한 지도력의 계속 확보, 위탁관리의 이점 이용 • 부득이한 업무부분(기술적)만을 위탁 • 과도기(자가관리 ➩ 위탁관리)적 방식으로 이용이 편리	• 책임소재가 불명확하며 전문업자를 충분히 활용할 수 없음 • 관리요원 사이의 원만한 협조 곤란 • 운영이 악화되면 양 방식의 결점만 노출

정답 ②

46 다음 설명에 모두 해당하는 부동산관리 방식은?　　　　　　　　상 중 **하**

> • 관리업무의 전문성과 합리성을 제고할 수 있다.
> • 관리업무의 안일화를 방지할 수 있다.
> • 기밀유지 및 보안관리 측면에서 취약하다.
> • 관리요원들의 부동산설비에 대한 애호정신이 낮을 수 있다.

① 위탁관리　　　　　② 자가관리　　　　　③ 혼합관리
④ 직접관리　　　　　⑤ 신탁관리

47 부동산관리에 관한 설명으로 옳은 것은?　　　　　　　　상 중 **하**

① 자가관리방식은 위탁관리방식에 비해 관리 업무의 전문성과 효율성을 제고할 수 있다.
② 자가관리방식은 입주자와의 소통 측면에 있어서 위탁관리방식에 비해 유리한 측면이 있다.
③ 위탁관리방식은 자가관리방식에 비해 기밀유지가 유리한 측면이 있다.
④ 혼합관리방식은 자가관리방식에 비해 문제발생 시 책임소재 파악이 용이하다.
⑤ 건물의 고층화와 대규모화가 진행되면서 위탁관리방식에서 자가관리방식으로 바뀌는 경향이 있다.

48 부동산관리방식에 관한 설명으로 <u>틀린</u> 것은?　　　　　　　　상 중 **하**

① 자가관리방식은 일반적으로 의사결정이 신속한 경향이 있으며, 소유자의 지시와 통제 권한이 강하다.
② 자가관리방식은 부동산관리의 전문성을 통하여 노후화의 최소화 및 효율적 관리가 가능하며, 관리업무의 타성(惰性)을 방지할 수 있다.
③ 혼합관리방식은 자가관리에서 위탁관리로 이행하는 과도기에 유용할 수 있다.
④ 자가관리방식에 있어 소유자가 관리의 전문성이 결여될 경우 효율적 관리에 한계가 있을 수 있다.
⑤ 혼합관리방식은 필요한 부분만 선별하여 위탁할 수 있으나, 관리의 책임소재가 불분명해지는 단점이 있다.

49 부동산의 임대차유형에 관한 설명으로 <u>틀린</u> 것은?　(상)(중)**하**

① 임대차유형은 임대료를 어떠한 방법으로 결정하는가에 따라 총임대차, 순임대차, 비율임대차 등으로 구분한다.

② 총임대차(gross lease)는 주거용 부동산에 일반적으로 적용된다.

③ 순임대차(net lease)는 공업용 부동산에 일반적으로 적용된다.

④ 공업용 부동산의 경우 2차 순임대차(net lease)가 가장 일반적으로 적용된다.

⑤ 비율임대차(percentage lease)는 매장용 부동산에 일반적으로 적용되는데, 임차인의 총수입의 일정비율을 임대료로 지불한다.

50 A회사는 분양면적 500㎡의 매장을 손익분기점 매출액 이하이면 기본임대료만 부담하고, 손익분기점 매출액을 초과하는 매출액에 대하여 일정 임대료율을 적용한 추가임대료를 가산하는 비율임대차(percentage lease) 방식으로 임차하고자 한다. 향후 1년 동안 A회사가 지급할 것으로 예상되는 연 임대료는? (단, 주어진 조건에 한하며, 연간 기준임)

- 예상매출액 : 분양면적 ㎡당 20만원
- 기본임대료 : 분양면적 ㎡당 4만원
- 손익분기점 매출액 : 5,000만원
- 손익분기점 매출액 초과 매출액에 대한 임대료율 : 5%

① 2,000만원　　　　　　　　② 2,250만원

③ 2,400만원　　　　　　　　④ 2,500만원

⑤ 2,600만원

51 임차인 A는 작년 1년 동안 분양면적 1,000m²의 매장을 비율임대차(percentage lease) 방식으로 임차하였다. 계약내용에 따르면, 매출액이 손익분기점 매출액 이하이면 기본임대료만 지급하고, 이를 초과하는 매출액에 대해서는 일정 임대료율을 적용한 추가임대료를 기본임대료에 가산하도록 하였다. 전년도 연 임대료로 총 3,500만원을 지급한 경우, 해당 계약내용에 따른 손익분기점 매출액은? (단, 연간 기준이며, 주어진 조건에 한함)

- 예상매출액 : 분양면적 m²당 20만원
- 기본임대료 : 분양면적 m²당 3만원
- 손익분기점 매출액을 초과하는 매출액에 대한 임대료율 : 5%

① 1억원
② 1억 2,000만원
③ 1억 7,000만원
④ 1억 8,000만원
⑤ 2억원

기출응용 34회

52 A회사는 전년도에 임대면적 500m²의 매장을 비율임대차(percentage lease)방식으로 임차하였다. 계약내용에 따르면, 매출액이 손익분기점 매출액 이하이면 기본임대료만 지급하고, 이를 초과하는 매출액에 대해서는 일정 임대료율을 적용한 추가임대료를 기본임대료에 가산하도록 하였다. 전년도 연 임대료로 총 1억원을 지급한 경우, 해당 계약내용에 따른 추가임대료율은? (단, 연간 기준이며, 주어진 조건에 한함)

- 전년도 매출액 : 임대면적 m²당 100만원
- 손익분기점 매출액 : 임대면적 m²당 60만원
- 기본임대료 : 임대면적 m²당 15만원

① 12.5%
② 15%
③ 17.5%
④ 20%
⑤ 22.5%

53 대상부동산의 유지활동에 관한 설명으로 **틀린** 것은?

① 일상적 유지활동은 정기적 유지활동으로 늘 수행하는 유지활동을 말한다.

② 예방적 유지활동은 시설 등이 본래의 기능을 발휘하는 데 장애가 없도록 유지계획에 따라 시설을 교환하고 수리하는 사전적 유지활동을 의미한다.

③ 부동산 유지·관리상의 문제가 발생한 후 처리하면 고비용의 지출, 임차인의 불편 등을 야기하므로 대응적 유지활동을 강화할 필요가 있다.

④ 대응적 유지활동을 사후적 유지활동, 수정적 유지활동이라고도 한다.

⑤ 대응적 유지활동은 문제가 발생하고 난 후에 행하는 유지활동을 말한다.

대표문제 **건물의 생애주기**

건물의 수명현상에 관한 설명으로 틀린 것은?

① 전개발단계는 건축계획 및 건축 후의 관리계획, 도시계획상의 규제 및 고층건물에 대한 규제, 건축설계사·감정평가사·공인중개사 등의 전문가를 활용하는 단계이다.

② 신축단계는 건물이 완성된 단계로 유사성이 있는 건물의 신축동향 등을 파악해야 한다.

③ 안정단계에서 건물의 양호한 관리가 이루어진다면 안정단계의 국면이 연장될 수 있다.

④ 노후단계는 일반적으로 건물의 구조, 설비, 외관 등이 악화되는 단계이다.

⑤ 완전폐물단계는 건물의 설비 등이 쓸모가 거의 없어져 건물의 경제적 가치가 거의 없어지는 단계이다.

> **POINT**
> 건물의 수명현상 순서 및 특징을 위주로 정리해두어야 합니다.
>
> **해설**
> 유사성이 있는 건물의 신축동향 등을 파악해야 하는 단계는 전개발단계 중 시장조사에 해당한다.
>
> 정답 ②

54 건물의 수명현상(age cycle)에 관한 설명으로 <u>틀린</u> 것은?

① 전개발단계에서는 처음으로 건물이 신축되는 용지도 있고, 택지이용의 전환에 따라 기존 건물이 철거되고 새 건물이 건설될 용지도 있다.

② 신축단계는 건물이 완성된 단계를 말하는데, 신축된 건물의 기능이 사전계획과 완전히 부합하는 일은 많지 않다.

③ 안정단계에서는 주변 건물의 임대상황이나 유사성이 있는 건물의 신축동향 등에 특히 유의해야 한다.

④ 노후단계에서 건물의 기능개선 등을 목적으로 새로운 투자를 한다면, 문제를 더욱 어렵게 만드는 수도 있다.

⑤ 완전폐물단계는 건물의 설비 등이 쓸모가 거의 없어져 건물의 경제적 가치가 거의 없어지는 단계이다.

부동산마케팅에 관한 설명으로 틀린 것은?

① 공급자의 전략 차원으로서 표적시장을 선점하거나 틈새시장을 점유하는 것을 시장점유 마케팅이라 한다.

② 소비자의 구매의사 결정과정의 각 단계에서 소비자와의 심리적 접점을 마련하고 전달되는 메시지의 톤과 강도를 조절하여 마케팅 효과를 극대화하는 것이 관계마케팅 (interactive marketing)의 핵심이다.

③ 공급자와 소비자의 상호작용을 중요시하여 양자 간 장기적·지속적인 관계 유지를 주축으로 하는 것이 관계마케팅이다.

④ 4P MIX 전략이란 제품(product), 가격(price), 유통경로(place), 홍보(promotion)의 제 측면에 있어서 차별화를 도모하는 전략을 말한다.

⑤ STP 전략 중 시장세분화(segmentation) 전략이란 수요자 집단을 인구·경제학적 특성에 따라서 세분하고, 세분된 시장에 있어서 상품의 판매지향점을 분명히 하는 전략을 말한다.

POINT

부동산마케팅 부분은 주로 부동산마케팅 전략 위주로 정리해두어야 합니다.

해설

소비자의 구매의사 결정과정의 각 단계에서 소비자와의 심리적 접점을 마련하고 전달되는 메시지의 톤과 강도를 조절하여 마케팅 효과를 극대화하는 것이 고객점유 마케팅의 핵심이다.

정답 ②

55 부동산마케팅에 관한 설명으로 <u>틀린</u> 것은?

① 부동산마케팅은 부동산에 대한 소비자 및 고객의 태도와 행동을 형성·유지·변경하게 만드는 제반활동이다.

② 셀링포인트(selling point)는 상품으로서 부동산이 지니는 여러 특징 중 구매자(고객)의 욕망을 만족시켜 주는 특징을 말한다.

③ 부동산마케팅은 부동산시장이 구매자 주도 시장에서 공급자 주도 시장으로 전환됨에 따라 더욱 중요하게 되었다.

④ 부동산마케팅을 수행하기 위한 주요 수단으로 제품(product), 가격(price), 유통경로(place), 판매촉진(promotion) 등의 마케팅 믹스(marketing mix)가 있다.

⑤ 부동산마케팅을 효과적으로 수행하기 위해서는 마케팅 환경을 잘 고려해야 한다.

56 부동산마케팅 전략에 관한 설명으로 옳은 것은?

① 시장점유 마케팅 전략은 AIDA원리에 기반을 두면서 소비자의 욕구를 파악하여 마케팅효과를 극대화하는 전략이다.

② 고객점유 마케팅 전략은 공급자 중심의 마케팅 전략으로 표적시장을 선정하거나 틈새시장을 점유하는 전략이다.

③ STP 전략은 시장세분화(segmentation), 표적시장 선정(targeting), 판매촉진(promotion)으로 구성된다.

④ 4P Mix 전략은 제품(product), 가격(price), 유통경로(place), 포지셔닝(positioning)으로 구성된다.

⑤ 관계마케팅 전략은 생산자와 소비자의 지속적인 관계를 통해서 마케팅효과를 도모하는 전략이다.

57 부동산마케팅에 관한 설명으로 옳은 것은? 감정평가사 27회

① 표적시장(target market)은 목표시장에서 고객의 욕구를 파악하여 경쟁 제품과 차별성을 가지도록 제품 개념을 정하고 소비자의 지각 속에 적절히 위치시키는 것이다.

② 포지셔닝(positioning)은 세분화된 시장 중 가장 좋은 시장기회를 제공해 줄 수 있는 특화된 시장이다.

③ 4P에 의한 마케팅 믹스 전략의 구성요소는 제품(product), 유통경로(place), 판매촉진(promotion), 포지셔닝(positioning)이다.

④ STP란 시장세분화(segmentation), 표적화(targeting), 가격(price)을 표상하는 약자이다.

⑤ 고객점유 마케팅 전략은 AIDA(attention, interest, desire, action)원리를 적용하여 소비자의 욕구를 충족시키기 위한 마케팅 전략이다.

58 부동산마케팅에 관한 설명으로 **틀린** 것은? 감정평가사 29회

① 부동산 공급자가 부동산시장을 점유하기 위한 일련의 활동을 시장점유 마케팅 전략이라 한다.

② AIDA원리는 소비자가 대상 상품을 구매할 때까지 나타나는 심리 변화의 4단계를 의미한다.

③ 시장점유 마케팅 전략에 해당되는 STP 전략은 시장세분화(segmentation), 표적시장선정(targeting), 포지셔닝(positioning)으로 구성된다.

④ 고객점유 마케팅 전략에 해당되는 4P MIX 전략은 유통경로(place), 제품(product), 위치선점(position), 판매촉진(promotion)으로 구성된다.

⑤ 고객점유 마케팅 전략은 AIDA원리를 적용하여 소비자의 욕구를 충족시키기 위해 수행된다.

PART

3

부동산 감정평가론

최근 5개년 출제경향 분석

CHAPTER	문항 수					비중	☆ 빈출 키워드
	30회	31회	32회	33회	34회		
CH.01	1	1	1	1	1	15.6%	감정평가 관련 용어
CH.02	1	0	1	1	1	12.5%	부동산가격과 가치, 지역분석과 개별분석, 부동산가격 제 원칙
CH.03	3	5	3	4	3	56.3%	감정평가방법, 원가법, 물건별 감정평가
CH.04	1	1	1	1	1	15.6%	표준지공시지가, 개별공시지가, 부동산가격공시제도

* 복합문제이거나, 법률이 개정 및 제정된 경우 분류 기준에 따라 위 수치와 달라질 수 있습니다.

CHAPTER 01 감정평가의 기초이론

빠른 정답 CHECK! p.3 / 정답 및 해설 p.102

대표문제 | 감정평가 관련 용어

감정평가에 관한 설명으로 틀린 것은?

① 대상물건이 불법적인 이용인 경우에는 합법적인 이용을 기준으로 감정평가하되, 합법적인 이용으로 전환하기 위한 비용을 고려한다.

② 감정평가는 기준시점에서의 대상물건의 이용상황 및 공법상 제한을 받는 상태를 기준으로 한다.

③ 기준시점은 대상물건의 가격조사를 완료한 날짜로 하나, 기준시점을 미리 정하였을 때에는 그 날짜에 가격조사가 가능한 경우에만 기준시점으로 할 수 있다.

④ 조건부평가란 장래에 도달할 확실한 일정시점을 기준으로 한 평가로서 그 시점에서의 가치를 상정하여 평가하는 것을 말한다.

⑤ 감정평가는 대상물건마다 개별로 하여야 한다.

> **POINT**
>
> 감정평가의 용어가 반복 출제되므로 용어와 개념을 정리해두어야 합니다.
>
> **해설**
>
> 장래에 도달할 확실한 일정시점을 기준으로 한 평가로서 그 시점에서의 가치를 상정하여 평가하는 것은 기한부평가이다. 조건부평가란 부동산가치의 증감요인이 되는 새로운 상황의 발생을 상정하여 그 조건이 성취되는 경우를 전제로 부동산을 평가하는 것을 말한다.
>
> 정답 ④

01 기준시점에 관한 설명으로 <u>틀린</u> 것은?　　　

① 기준시점은 대상물건의 감정평가액을 결정하는 기준이 되는 날짜를 말한다.

② 감정평가에 있어서 기준시점이 중요시되는 가치원칙은 변동의 원칙이다.

③ 일반적으로 물건의 가격은 시일의 경과에 따라 변동하는 것이므로 감정평가에 있어 기준시점을 명확히 할 필요가 있다.

④ 기준시점을 미리 정하였을 때에는 그 날짜에 가격조사가 가능한 경우에만 기준시점으로 할 수 있다.

⑤ 기준시점은 원칙적으로 감정평가서를 실제 작성 완료한 날짜로 함으로써 감정평가사의 책임시점을 분명히 할 수 있다.

02 2024년 7월 20일 현재의 시점에서 2023년 8월 10일을 기준시점으로 감정평가하는 것은?　　　상중**하**

① 현황평가

② 조건부평가

③ 기한부평가

④ 소급평가

⑤ 구분평가

「감정평가에 관한 규칙」상 용어의 정의로 옳은 것은?

기출응용 32회

① 시장가치란 대상물건이 통상적인 시장에서 충분한 기간 동안 거래를 위하여 공개된 후 그 대상물건의 내용에 정통한 당사자 사이에 신중하고 자발적인 거래가 있을 경우 성립될 가능성이 가장 높다고 인정되는 대상물건의 가액(價額)을 말한다.

② 가치발생요인이란 대상물건의 경제적 가치에 영향을 미치는 일반요인, 지역요인 및 개별요인 등을 말한다.

③ 유사지역이란 대상부동산이 속한 지역으로서 부동산의 이용이 동질적이고 가치형성 요인 중 지역요인을 공유하는 지역을 말한다.

④ 거래사례비교법이란 대상물건과 가치형성요인이 같거나 비슷한 물건의 임대사례와 비교하여 대상물건의 현황에 맞게 사정보정, 시점수정, 가치형성요인 비교 등의 과정 을 거쳐 대상물건의 임대료를 산정하는 감정평가방법을 말한다.

⑤ 수익분석법이란 대상물건이 장래 산출할 것으로 기대되는 순수익이나 미래의 현금흐 름을 환원하거나 할인하여 대상물건의 가액을 산정하는 감정평가방법을 말한다.

POINT

「감정평가에 관한 규칙」에서 규정하고 있는 용어에 대한 정리를 해두어야 합니다.

해설

② 가치형성요인에 대한 정의이다. 가치발생요인은 부동산의 효용, 부동산의 상대적 희소성, 부동산 의 유효수요, 부동산의 이전성을 말한다.

③ 인근지역에 관한 설명이다. 유사지역이란 대상부동산이 속하지 아니하는 지역으로서 인근지역과 유사한 특성을 갖는 지역을 말한다.

④ 임대사례비교법에 대한 정의이다. 거래사례비교법이란 대상물건과 가치형성요인이 같거나 비슷 한 물건의 거래사례와 비교하여 대상물건의 현황에 맞게 사정보정, 시점수정, 가치형성요인 비교 등의 과정을 거쳐 대상물건의 가액을 산정하는 감정평가방법을 말한다.

⑤ 수익환원법에 대한 정의이다. 수익분석법이란 일반기업 경영에 의하여 산출된 총수익을 분석하 여 대상물건이 일정한 기간에 산출할 것으로 기대되는 순수익에 대상물건을 계속하여 임대하는 데에 필요한 경비를 더하여 대상물건의 임대료를 산정하는 감정평가방법을 말한다.

정답 ①

03 감정평가의 분류에 관한 설명으로 옳은 것은? (상)(중)(하)

① 부동산의 이용방법, 구조, 상태, 권리의 부착상태 등을 있는 그대로 평가하는 것은 조건부평가에 해당한다.

② 부동산의 증·감가요인이 되는 새로운 상태의 발생을 가상하여 이것이 성취되는 경우를 전제로 부동산가치를 평가하는 경우는 현황평가에 해당한다.

③ 2024년 7월 1일 현재의 시점에서 2023년 10월 15일을 기준시점으로 평가하는 것은 기한부평가에 해당한다.

④ 하나의 물건이라도 가치를 달리하는 부분에 대하여 평가하는 경우를 부분평가라 한다.

⑤ 둘 이상의 물건이 일체로 거래되거나 대상물건 상호간에 용도상 불가분의 관계가 있는 경우에는 일괄하여 평가할 수 있다.

04 「감정평가에 관한 규칙」상 현황기준 원칙에 관한 내용으로 <u>틀린</u> 것은? (단, 감정평가조건이란 기준시점의 가치형성요인 등을 실제와 다르게 가정하거나 특수한 경우로 한정하는 조건을 말함) (상)(중)(하)

① 현황기준 원칙에도 불구하고 법령에 다른 규정이 있는 경우에는 감정평가조건을 붙여 감정평가할 수 있다.

② 현황기준 원칙에도 불구하고 감정평가 의뢰인이 요청하는 경우에는 감정평가조건을 붙여 감정평가할 수 있다.

③ 현황기준 원칙에도 불구하고 대상물건의 특성에 비추어 사회통념상 필요하다고 인정되는 경우에는 감정평가조건을 붙여 감정평가할 수 있다.

④ 감정평가의 목적에 비추어 사회통념상 필요하다고 인정되어 감정평가조건을 붙여 감정평가하는 경우에는 감정평가조건의 합리성, 적법성 및 실현가능성의 검토를 생략할 수 있다.

⑤ 감정평가법인등은 감정평가조건의 합리성, 적법성이 결여되거나 사실상 실현불가능하다고 판단할 때에는 의뢰를 거부하거나 수임을 철회할 수 있다.

05 다음의 경우에 적용되는 감정평가의 기법은?

> • 둘 이상의 대상물건이 일체로 거래되거나 대상물건 상호간에 용도상 불가분의 관계가 있는 경우
> • 하나의 획지가 여러 개의 필지가 되는 경우나 물건 상호간에 용도상 불가분의 관계가 있는 주물과 종물, 토지와 건물이 일체로 거래가 되는 경우

① 개별평가
② 일괄평가
③ 구분평가
④ 부분평가
⑤ 독립평가

06 「감정평가에 관한 규칙」에 규정된 내용으로 <u>틀린</u> 것은?

① 시장가치란 한정된 시장에서 성립될 가능성이 있는 대상물건의 최고가액을 말한다.
② 감정평가법인등은 감정평가 의뢰인이 요청하는 경우에는 대상물건의 감정평가액을 시장가치 외의 가치를 기준으로 결정할 수 있다.
③ 감정평가는 기준시점에서의 대상물건의 이용상황(불법적이거나 일시적인 이용은 제외) 및 공법상 제한을 받는 상태를 기준으로 한다.
④ 둘 이상의 대상물건이 일체로 거래되거나 대상물건 상호간에 용도상 불가분의 관계가 있는 경우에는 일괄하여 감정평가할 수 있다.
⑤ 하나의 대상물건이라도 가치를 달리하는 부분은 이를 구분하여 감정평가할 수 있다.

07 「감정평가에 관한 규칙」에서 직접 규정하고 있는 사항이 <u>아닌</u> 것은? 26회

① 시장가치기준 원칙
② 현황기준 원칙
③ 개별물건기준 원칙
④ 원가방식, 비교방식, 수익방식
⑤ 최유효이용 원칙

08 「감정평가에 관한 규칙」상 용어의 정의로 옳은 것은?

① 가치발생요인이란 대상물건의 경제적 가치에 영향을 미치는 일반요인, 지역요인 및 개별요인 등을 말한다.

② 유사지역이란 대상부동산이 속한 지역으로서 부동산의 이용이 동질적이고 가치형성요인 중 지역요인을 공유하는 지역을 말한다.

③ 시장가치란 대상물건이 통상적인 시장에서 충분한 기간 동안 거래를 위하여 공개된 후 그 대상물건의 내용에 정통한 당사자 사이에 신중하고 자발적인 거래가 있을 경우 성립될 가능성이 가장 높다고 인정되는 대상물건의 가액(價額)을 말한다.

④ 수익분석법이란 대상물건이 장래 산출할 것으로 기대되는 순수익이나 미래의 현금흐름을 환원하거나 할인하여 대상물건의 가액을 산정하는 감정평가방법을 말한다.

⑤ 거래사례비교법이란 대상물건과 가치형성요인이 같거나 비슷한 물건의 임대사례와 비교하여 대상물건의 현황에 맞게 사정보정, 시점수정, 가치형성요인 비교 등의 과정을 거쳐 대상물건의 임대료를 산정하는 감정평가방법을 말한다.

빠른 정답 CHECK! p.3 / 정답 및 해설 p.104

대표문제 **부동산의 가치발생요인**

부동산의 가치발생요인에 관한 설명으로 틀린 것은?

① 효용(유용성)은 인간의 필요나 욕구를 만족시켜 줄 수 있는 재화의 능력을 말한다.

② 대상부동산의 물리적 특성뿐 아니라 토지이용규제 등과 같은 공법상의 제한 및 소유권의 법적 특성도 대상부동산의 효용에 영향을 미친다.

③ 상대적 희소성이란 부동산에 대한 수요에 비해 공급이 부족하다는 것이다.

④ 유효수요란 대상부동산을 구매하고자 하는 욕구로, 지불능력(구매력)을 필요로 하는 것은 아니다.

⑤ 부동산의 가치는 가치발생요인인 효용, 유효수요, 상대적 희소성의 상호 결합에 의해 발생한다.

> **POINT**
> 부동산의 가치는 가치발생요인인 효용, 유효수요, 상대적 희소성 중 어느 하나에 의해서 결정되는 것이 아니라 가치발생요인의 상호 결합에 의해 발생합니다.

> **해설**
> 유효수요란 대상부동산을 구매하고자 하는 욕구로 구매력(지불능력)이 있는 수요이어야 하며, 효용, 희소성과 함께 합리적인 가치발생요인을 나타내는 요소이다. 여기서 구매력(purchasing power)은 경제적인 개념으로 부동산을 구입할 수 있는 지불능력을 말하는데, 지역과 시기에 따라 변화하며 부동산의 가격수준의 높고 낮음에 따라서 영향을 받는다.
>
> 정답 ④

01 부동산가치(value)에 관한 설명으로 <u>틀린</u> 것은?

① 부동산가치는 부동산의 소유에서 비롯되는 현재의 편익을 미래가치로 환원한 값이다.
② 부동산가치 결정과정에서 가치형성요인은 가치발생요인에 영향을 미치는데, 부동산가치는 효용, 상대적 희소성, 유효수요 등의 가치발생요인이 상호 결합하여 결정된다.
③ 부동산의 가치형성요인은 부단히 변동하며 따라서 각 요인은 서로 영향을 주고받는 상호의존성을 가지고 있다.
④ 대상물건에 대한 감정평가액은 시장가치를 기준으로 결정한다.
⑤ 두 가지 이상의 권리가 동일 부동산에 있을 때에는 그 각각의 권리에 가치가 발생할 수 있다.

02 부동산가치의 결정과정에 관한 설명으로 <u>틀린</u> 것은?

① 수요를 결정하는 요소인 효용과 유효수요, 공급을 결정하는 요소인 상대적 희소성의 상호작용에 의해 발생하게 되는데, 이를 부동산의 가치발생요인이라 한다.
② 가치형성요인이란 대상물건의 경제적 가치에 영향을 미치는 일반요인, 지역요인 및 개별요인 등을 말한다.
③ 부동산의 가치발생요인은 가치형성요인에 영향을 미친다.
④ 대상물건에 대한 감정평가액은 시장가치를 기준으로 결정된다.
⑤ 시장가치란 대상물건이 통상적인 시장에서 충분한 기간 동안 거래를 위하여 공개된 후 그 대상물건의 내용에 정통한 당사자 사이에 신중하고 자발적인 거래가 있을 경우 성립될 가능성이 가장 높다고 인정되는 대상물건의 가액(價額)을 말한다.

03 부동산가치에 관한 설명으로 <u>틀린</u> 것은?

① 사용가치란 대상부동산이 특정한 용도로 사용되었을 때 가질 수 있는 가치를 지칭한다.
② 투자가치란 대상부동산이 특정한 투자자에게 부여하는 객관적 가치이다.
③ 교환가치란 부동산이 시장에서 매매되었을 때 형성될 수 있는 가치를 의미한다.
④ 공익가치란 부동산의 최고·최선의 이용이 보전이나 보존과 같은 공공목적의 비경제적 이용에 있을 때 대상부동산이 지니는 가치를 말한다.
⑤ 장부가치란 대상부동산의 당초의 취득가격에서 법적으로 허용되는 방법에 의한 감가상각분을 제외한 장부상의 잔존가치를 의미한다.

지역분석과 개별분석에 관한 설명으로 옳은 것은?

① 개별분석은 해당 지역의 표준적 이용의 장래의 동향을 명백히 하는 것이고, 지역분석은 지역적 특성하에서의 해당 부동산의 최유효이용을 판정하는 것이다.

② 지역분석은 개개 부동산의 가격을 판정하는 것을 말하며, 개별분석은 그 지역에 속하는 부동산의 가격수준을 판정하는 것을 말한다.

③ 부동산 감정평가에 있어 지역분석이 중요시되는 이유는 부동산의 가격은 그 부동산의 최유효이용을 전제로 해당 부동산의 가격을 판정하기 때문이다.

④ 범위와 분석방법상으로는 지역분석은 부분적·구체적인 개념인 데 비하여, 개별분석은 전체적·광역적인 개념이다.

⑤ 지역분석에서 사용되는 유사지역은 특성이 인근지역과 유사하여 인근지역과 가격면에서 대체관계가 성립될 수 있는 지역을 말한다.

POINT
지역분석과 개별분석의 관계에서 분석순서는 지역분석이 먼저이고 개별분석이 나중입니다.

해설
① 지역분석은 해당 지역의 표준적 이용의 장래의 동향을 명백히 하는 것이고, 개별분석은 지역적 특성하에서의 해당 부동산의 최유효이용을 판정하는 것이다.
② 지역분석은 그 지역에 속하는 부동산의 가격수준을 판정하는 것을 말하며, 개별분석은 개개 부동산의 가격을 판정하는 것을 말한다.
③ 부동산 감정평가에 있어 개별분석이 중요시되는 이유는 부동산의 가격은 그 부동산의 최유효이용을 전제로 해당 부동산의 가격을 판정하기 때문이다.
④ 범위와 분석방법상으로는 지역분석은 전체적·광역적인 개념인 데 비하여, 개별분석은 부분적·구체적인 개념이다.

이론➕ **지역분석과 개별분석**

구 분	지역분석	개별분석
분석순서	선행분석	후행분석
분석내용	가치형성의 지역요인을 분석	가치형성의 개별요인을 분석
분석범위	대상지역(대상지역에 대한 전체적·광역적·거시적 분석)	대상부동산(대상부동산에 대한 부분적·구체적·미시적 분석)
분석방법	전반적 분석	개별적 분석
분석기준	표준적 이용	최유효이용
가격 관련	가격수준	가격
가치원칙	적합의 원칙	균형의 원칙

정답 ⑤

04 지역분석에 관한 설명으로 <u>틀린</u> 것은?

① 지역분석이란 대상부동산의 특성이 지역 내의 다른 부동산 가치형성에 대하여 전반적으로 어떠한 관련성을 갖는가를 분석하는 것이다.

② 지역분석은 인근지역, 유사지역 및 동일수급권을 대상으로 한다.

③ 인근지역이란 대상부동산이 속하지 아니하는 지역으로서 부동산의 이용이 동질적이고 가치형성요인 중 지역요인을 공유하는 지역을 말한다.

④ 유사지역이란 대상부동산이 속하지 아니하는 지역으로서 인근지역과 유사한 특성을 갖는 지역을 말한다.

⑤ 동일수급권이란 대상부동산과 대체·경쟁관계가 성립하고 가치형성에 서로 영향을 미치는 관계에 있는 다른 부동산이 존재하는 권역(圈域)을 말하며, 인근지역과 유사지역을 포함한다.

05 인근지역의 조건에 해당하지 <u>않는</u> 것은?

① 대상부동산이 속해 있는 지역의 일부분이어야 한다.

② 도시·농촌 같은 종합 형태의 지역사회보다 작은 지역이어야 한다.

③ 유사지역과 인접하고 대체성이 있어야 한다.

④ 일상생활과 관련하여 특정한 토지용도를 중심으로 집중된 형태이어야 한다.

⑤ 인근지역의 지역특성은 부동산의 가치에 영향을 미친다.

06 인근지역에 관한 설명으로 <u>틀린</u> 것은?

① 인근지역은 대상부동산이 속해 있는 용도적 지역이다.

② 인근지역은 그 지역의 특성을 형성하는 지역요인의 추이·동향에 따라 변화하게 된다.

③ 인근지역은 하천 등 자연적 경계와 토지행정규제 등 공법상 규제에 의해 지역범위가 획정될 수도 있다.

④ 인근지역은 대상부동산의 가치형성에 간접적으로 영향을 미치는 지역적 특성을 갖는 지역을 말한다.

⑤ 인근지역은 유사지역과 함께 용도적 지역을 구성한다.

07 인근지역의 수명현상에 관한 설명으로 <u>틀린</u> 것은?

① 인근지역의 수명현상은 성장기 ⇨ 성숙기 ⇨ 쇠퇴기 ⇨ 천이기 ⇨ 악화기 등의 단계를 거친다.

② 성장기에는 지가가 상승하고 새로 입주하는 주민의 교육수준이 높고 젊은 계층이 많으며, 지역 내의 입지경쟁이 치열하고, 투기현상이 개재되기 쉽다.

③ 성숙기에는 부동산의 가격수준·지역기능이 최고가 되며 지역주민의 사회적·경제적 수준도 최고로 높고 안정적이며, 신축부동산의 거래가 부동산시장의 중심을 이룬다.

④ 쇠퇴기에는 지역의 건물들이 점차 노후하기 시작하여 새로운 건축은 불리하고 지가는 낮아진다.

⑤ 천이기에는 필터링(filtering) 현상이 활발하며, 보다 낮은 수준의 주민의 이동이 활발해짐으로써 수요가 자극되어 가벼운 지가 상승을 보인다.

08 동일수급권의 판정기준에 관한 설명으로 <u>틀린</u> 것은?

① 주거지의 동일수급권은 도심으로부터 통근 가능한 지역범위와 일치하는 경향이 있다.

② 상업지의 동일수급권은 일반적인 상업배후지를 기초로 상업수익에 관한 대체성을 갖는 지역범위와 일치하는 경향이 있다.

③ 공업지에서는 일반적으로 제품의 생산 및 판매비용의 경쟁성이 대체성을 갖는 지역범위와 일치하는 경향이 있다.

④ 후보지의 동일수급권은 일반적으로 전환 전의 토지의 종별 동일수급권과 일치하는 경향이 있다.

⑤ 이행지의 동일수급권은 일반적으로 이행 후의 토지종별의 동일수급권과 일치하는 경향이 있다.

부동산가치의 제 원칙에 관한 설명으로 틀린 것은?

① 균형의 원칙이란 부지(敷地)와 건물 등 구성요소 간의 적응상태를 분석하는 것이라는 원칙이다.

② 기여의 원칙이란 토지, 자본, 노동 및 경영의 각 생산요소에 의하여 발생하는 총수익은 이들 제 요소에 배분되는데 자본, 노동 및 경영에 배분된 몫 이외의 잔여액은 그 배분이 정당하게 행해지는 한 토지에 귀속된다는 원칙이다.

③ 적합의 원칙이란 부동산의 유효성이 최고도로 발휘되기 위해서는 그 부동산이 속한 지역의 환경에 적합하여야 한다는 원칙이다.

④ 경쟁의 원칙이란 초과이윤은 경쟁을 야기하며, 경쟁은 결국 초과이윤을 감소 또는 소멸시킨다는 원칙이다.

⑤ 변동의 원칙이란 부동산의 가치도 일반재화와 마찬가지로 가치형성요인의 변화에 따라 상호 인과관계의 변동과정에서 형성된다는 원칙이다.

POINT
수익배분의 원칙이란 토지가치는 자본과 노동의 비용을 지불하고 남은 잉여소득에 의해서 결정된다는 평가원칙입니다.

해설
②는 수익배분의 원칙에 대한 설명이다. 기여의 원칙이란 부동산의 가치는 각 구성부분이 전체 부동산의 가치형성에 기여한 정도를 합한 것이라는 평가원칙이다.

정답 ②

부동산 평가활동에서 부동산가격의 제 원칙에 관한 설명으로 <u>틀린</u> 것을 모두 고른 것은?

> ㉠ 예측의 원칙이란 평가활동에서 가치형성요인의 변동추이 또는 동향을 주시해야 한 다는 것을 말한다.
> ㉡ 대체의 원칙이란 부동산의 가격이 대체관계의 유사부동산으로부터 영향을 받는다는 것을 말한다.
> ㉢ 균형의 원칙이란 부동산의 유용성이 최고도로 발휘되기 위해서는 부동산이 외부환 경과 균형을 이루어야 한다는 것을 말한다.
> ㉣ 변동의 원칙이란 가치형성요인이 시간의 흐름에 따라 지속적으로 변화함으로써 부 동산가격도 변화한다는 것을 말한다.
> ㉤ 기여의 원칙이란 부동산의 가격이 대상부동산의 각 구성요소가 기여하는 정도의 합 으로 결정된다는 것을 말한다.

① ㉡
② ㉢
③ ㉡, ㉢
④ ㉢, ㉣
⑤ ㉣, ㉤

10 부동산가치의 제 원칙에 관한 설명으로 <u>틀린</u> 것은?

① 변동의 원칙이란 부동산가치에 대한 영향을 미치는 제 요인이 변동하면 대상부동산 의 가치도 달라진다는 평가원칙이다.
② 기여의 원칙이란 부동산의 가치는 각 구성부분이 전체 부동산의 가치형성에 기여한 정도를 합한 것이라는 평가원칙이다.
③ 수익배분의 원칙이란 토지가치는 자본과 노동의 비용을 지불하고 남은 잉여소득에 의해서 결정된다는 평가원칙이다.
④ 경쟁의 원칙이란 경쟁에 의해 초과이윤이 없어지고 부동산은 그 가치에 적합한 가격 을 갖게 된다는 평가원칙이다.
⑤ 대체의 원칙이란 부동산의 가치는 그것을 특정용도로 사용함으로써 희생된 대안적 이용에 지불하려는 대가에 의해 결정된다는 평가원칙이다.

11 부동산가치 제 원칙에 관한 설명 중 (   )에 들어갈 내용으로 옳은 것은?

> • 부동산의 유용성이 최고도로 발휘되기 위해서는 그 구성요소의 결합에 균형이 있어야
>   한다는 원칙은 (㉠)이다.
> • 감정평가에 있어서 기준시점이 중요시되는 근거를 제공하는 원칙은 (㉡)이다.
> • 부동산의 인문적 특성 중 용도의 다양성과 가장 관련이 깊은 원칙은 (㉢)이다.

① ㉠ : 적합의 원칙, ㉡ : 대체의 원칙, ㉢ : 균형의 원칙
② ㉠ : 균형의 원칙, ㉡ : 변동의 원칙, ㉢ : 최유효이용의 원칙
③ ㉠ : 적합의 원칙, ㉡ : 변동의 원칙, ㉢ : 균형의 원칙
④ ㉠ : 균형의 원칙, ㉡ : 경쟁의 원칙, ㉢ : 기회비용의 원칙
⑤ ㉠ : 경쟁의 원칙, ㉡ : 대체의 원칙, ㉢ : 수요·공급의 원칙

12 부동산가치의 제 원칙에 관한 설명으로 틀린 것은?

① 균형의 원칙은 기능적 감가와 관련이 있고, 적합의 원칙은 경제적 감가와 관련이
   있다.
② 변동의 원칙은 감정평가 시 기준시점 및 시점수정과 관련이 있다.
③ 기여의 원칙은 인근토지를 매수·합필하거나 기존 건물을 증축하는 경우, 그 추가투
   자의 적부를 결정하는 데 유용한 원칙이다.
④ 적합의 원칙은 내부 구성요소 간의 결합이 적합해야 최유효이용이 된다는 점에서 최
   유효이용의 원칙과 관련성이 깊다.
⑤ 수익배분의 원칙은 토지잔여법의 성립근거가 된다.

대표문제 **감정평가방법**

감정평가에 관한 규칙상의 감정평가의 방식에 관한 설명으로 틀린 것은?

① 원가법은 대상물건의 재조달원가에 감가수정을 하여 대상물건의 가액을 산정하는 감정평가방법을 말한다.

② 거래사례비교법은 대상물건과 가치형성요인이 같거나 비슷한 물건의 거래사례와 비교하여 대상물건의 현황에 맞게 사정보정, 시점수정, 가치형성요인 비교 등의 과정을 거쳐 대상물건의 가액을 산정하는 감정평가방법을 말한다.

③ 공시지가기준법은 대상토지와 가치형성요인이 같거나 비슷하여 유사한 이용가치를 지닌다고 인정되는 표준지의 공시지가를 기준으로 대상토지의 현황에 맞게 시점수정, 지역요인 및 개별요인 비교, 그 밖의 요인의 보정(補正)을 거쳐 대상토지의 가액을 산정하는 감정평가방법을 말한다.

④ 수익환원법은 대상물건이 장래 산출할 것으로 기대되는 순수익이나 미래의 현금흐름을 환원하거나 할인하여 대상물건의 가액을 산정하는 감정평가방법을 말한다.

⑤ 적산법은 기준시점에 있어서의 대상물건의 가치를 기대이율로 곱하여 산정한 금액에 사정보정 등을 가하여 임대료를 산정하는 방법을 말한다.

> **POINT**
> 감정평가의 방식을 구분하고 3방식, 6방법의 명칭과 개념을 정리해두어야 합니다.

> **해설**
> 적산법이란 대상물건의 기초가액에 기대이율을 곱하여 산정된 기대수익에 대상물건을 계속하여 임대하는 데에 필요한 경비를 더하여 대상물건의 임대료를 산정하는 감정평가방법을 말한다(감정평가에 관한 규칙 제2조 제6호).
>
> 정답 ⑤

01 감정평가의 방식을 나열한 것이다. ( )에 들어갈 내용으로 옳은 것은?

- 원가방식 : (㉠)의 원리, 가액 – 원가법, 임료 – 적산법
- 비교방식 : 시장성의 원리, 가액 – (㉡), 임료 – 임대사례비교법
- 수익방식 : 수익성의 원리, 가액 – (㉢), 임료 – 수익분석법

	㉠	㉡	㉢
①	비용성	수익환원법	거래사례비교법
②	비용성	상환기금법	배분법
③	비용성	거래사례비교법	수익환원법
④	비용성	수익분석법	원가법
⑤	비용성	거래사례비교법	공시지가기준법

02 다음은 감정평가방법에 관한 설명이다. ( )에 들어갈 내용으로 옳은 것은? 26회

- 원가법은 대상물건의 재조달원가에 (㉠)을 하여 대상물건의 가액을 산정하는 감정평가방법이다.
- 거래사례비교법을 적용할 때 (㉡), 시점수정, 가치형성요인 비교 등의 과정을 거친다.
- 수익환원법에서는 장래 산출할 것으로 기대되는 순수익이나 미래의 현금흐름을 환원하거나 (㉢)하여 가액을 산정한다.

---

① ㉠ : 감가수정, ㉡ : 사정보정, ㉢ : 할인
② ㉠ : 감가수정, ㉡ : 지역요인 비교, ㉢ : 할인
③ ㉠ : 사정보정, ㉡ : 감가수정, ㉢ : 할인
④ ㉠ : 사정보정, ㉡ : 개별요인 비교, ㉢ : 공제
⑤ ㉠ : 감가수정, ㉡ : 사정보정, ㉢ : 공제

원가법에서 재조달원가에 관한 설명으로 <u>틀린</u> 것은?

① 재조달원가는 대상물건을 기준시점에 재생산하거나 재취득하는 데 필요한 적정원가의 총액을 말한다.

② 자가건설의 경우 재조달원가는 도급건설한 경우에 준하여 처리한다.

③ 대치원가(replacement cost)를 이용하여 재조달원가를 산정할 경우 물리적 감가수정은 필요하지 않지만 기능적 감가수정 작업은 필요하다.

④ 재조달원가는 표준적 건설비용과 통상의 부대비용의 합으로 구성되는데, 표준적 건설비용에는 직접공사비와 간접공사비, 수급인의 적정이윤이 포함된다.

⑤ 복제원가(reproduction cost)는 기준시점 현재 대상부동산과 동일하거나 유사한 자재를 사용하여 신규의 복제부동산을 재생산하는 데 소요되는 물리적 측면의 원가를 말한다.

POINT

건물의 재조달원가는 도급건설한 경우에 준하여 처리하며, 대치원가를 사용할 경우 기능적 감가를 하지 않습니다.

해설

대치원가(replacement cost)를 이용하여 재조달원가를 산정할 경우 물리적·경제적 감가수정은 필요하지만 기능적 감가수정은 고려하지 않는다.

정답 ③

---

03 원가법에서 재조달원가에 관한 설명으로 <u>틀린</u> 것은?

① 복제원가는 물리적 측면의 동일성을, 대치원가는 효용 측면의 동일성을 강조한다는 점에서 구별된다.

② 대치원가를 이용하여 재조달원가를 산정할 경우 물리적 감가수정은 필요하지 않지만 기능적 감가수정 작업은 필요하다.

③ 이론적으로 복제원가보다 대치원가가 설득력이 있으나 실무상으로는 대치원가보다는 복제원가를 채택하는 것이 더 정확한 가액을 구할 수 있다.

④ 건물의 재조달원가는 자가건설이든 도급건설이든 도급건설에 준하여 처리된다.

⑤ 재조달원가를 구할 때 직접법과 간접법은 필요한 경우에 병용할 수 있다.

원가법에서 감가수정에 관한 설명으로 틀린 것은? 기출응용 32회

① 감가수정이란 대상물건에 대한 재조달원가를 감액하여야 할 요인이 있는 경우에 물리적 감가, 기능적 감가 또는 경제적 감가 등을 고려하여 그에 해당하는 금액을 재조달원가에서 공제하여 기준시점에 있어서의 대상물건의 가액을 적정화하는 작업을 말한다.

② 회계목적의 감가상각은 취득가격을 기준으로 하지만, 감정평가의 감가수정은 재조달원가를 기준으로 한다.

③ 회계목적의 감가상각은 관찰감가법을 인정하지 않으나, 감정평가의 감가수정은 관찰감가법이 인정된다.

④ 감정평가에서 감가수정을 할 때 내용연수는 경제적 내용연수를 기준으로 한다.

⑤ 감가수정의 방법 중 정률법은 기계와 기구·선박 등 동산의 평가에 적용되며, 상각률은 첫해가 가장 크고, 재산의 가치가 체감됨에 따라 상각률도 체감된다.

> **POINT**
> 감가수정은 감정평가에 적용하기 위하여 회계에 적용하는 감가상각의 개념으로부터 구분한 것입니다. 따라서 감가상각과 감가수정을 비교하여 정리해두어야 합니다.
>
> **해설**
> 감가수정의 방법 중 정률법은 기계와 기구·선박 등 동산의 평가에 적용되며, 상각액은 첫해가 가장 크고, 재산의 가치가 체감됨에 따라 상각액도 체감된다.
>
> 정답 ⑤

04 ( ) 안에 들어갈 적합한 용어는? (상)(중)(하)

> 원가법이란 대상물건의 재조달원가에 ( )을(를) 하여 대상물건의 가액을 산정하는 감정평가방법을 말한다.

① 사정보정 ② 시점수정
③ 감가수정 ④ 관찰감가
⑤ 자본환원

감가상각과 감가수정에 관한 설명으로 틀린 것은?

① 감가수정은 경제적 내용연수를 기초로 하되 장래 보존연수에 중점을 두나, 감가상각은 법정 내용연수를 기초로 하되 경과연수에 중점을 둔다.

② 감가수정은 취득가격을 기초로 하는 데 반하여, 감가상각은 재조달원가를 기초로 한다.

③ 감가수정은 물리적·기능적·경제적 감가요인 모두 취급하나, 감가상각은 물리적·기능적 감가요인만 취급한다.

④ 감가수정은 잔가율이 물건에 따라 다른 개별성이 있으나, 감가상각은 잔가율이 물건에 따라 일정하다.

⑤ 감가수정은 관찰감가법을 인정하는 데 반하여, 감가상각은 이를 인정하지 않는다.

감가의 요인에 관한 설명으로 틀린 것은?

① 대상부동산의 사용에 따른 마멸 및 파손, 시간의 경과에서 오는 손모, 자연적 작용에 의하여 생기는 노후화 및 우발적 사고로 인한 손상 등은 물리적 감가요인이다.

② 건물과 부지의 부적응, 설계의 불량, 형식의 구식화, 설비의 부족 및 능률의 저하 등에 의한 기능적 진부화 등은 기능적 감가요인이다.

③ 부동산의 경제적 부적응, 즉 인근지역의 쇠퇴, 부동산과 부근환경의 부적합, 해당 부동산과 부근의 다른 부동산의 비교에 있어서 시장성의 감퇴 등은 경제적 감가요인이다.

④ 경제적 감가란 대상부동산 자체와는 상관없이 어떤 외부적 힘에 의해 발생하는 가치 손실분을 말한다.

⑤ 물리적·기능적 요인에 의한 감가는 치유 가능한 감가에 해당하며, 경제적 요인에 의한 감가는 치유 가능 혹은 치유 불가능한 감가에 해당한다.

내용연수에 의한 감가수정의 방법으로 틀린 것은?　　　기출응용 32회

① 정액법이란 대상부동산의 감가형태가 매년 일정액씩 감가된다는 가정하에 부동산의 감가총액을 단순한 경제적 내용연수로 평분하여 매년의 상각액으로 삼는 방법이다.

② 정액법은 건물이나 구축물 등의 평가에 적용되며, 감가누계액이 경과연수에 정비례한다.

③ 정률법이란 대상부동산의 가치가 매년 일정한 비율로 감가된다는 가정하에 매년 말 부동산의 잔존가액에 일정한 상각률을 곱하여 매년의 상각액을 산출하는 방법이다.

④ 정률법은 기계와 기구·선박 등 동산의 평가에 적용되며, 상각률은 첫해가 가장 크고, 재산의 가치가 체감됨에 따라 상각률도 체감된다.

⑤ 상환기금법은 감가수정방법 중 건물 등의 내용연수가 만료하는 때의 감가누계상당액과 그에 대한 복리 계산의 이자상당액분을 포함하여 해당 내용연수로 상환하는 방법이다.

POINT

감가수정의 방법 중 내용연수에 의한 방법은 정액법, 정률법, 상환기금법으로 구분되며, 이들 각 특징을 비교하여 정리해두어야 합니다.

해설

정률법은 기계와 기구·선박 등 동산의 평가에 적용되며, 상각액은 첫해가 가장 크고, 재산의 가치가 체감됨에 따라 상각액도 체감된다. 즉, 상각률은 불변이며 상각액이 점차 감소한다.

정답 ④

---

07 원가법으로 산정한 대상물건의 적산가액은? (단, 주어진 조건에 한함)　　

- 준공시점 : 2019년 7월 1일
- 기준시점 : 2024년 7월 1일
- 기준시점 재조달원가 : 500,000,000원
- 경제적 내용연수 : 50년
- 감가수정은 정액법에 의하고, 내용연수 만료 시 잔존가치율은 10%

① 3억 2,600만원　　　　　　　② 3억 7,500만원

③ 4억 2,500만원　　　　　　　④ 4억 5,500만원

⑤ 4억 8,500만원

다음 자료를 활용하여 원가법으로 평가한 대상건물의 가액은? (단, 주어진 조건에 한함)

- 대상건물 현황 : 단독주택, 연면적 200m²
- 사용승인시점 : 2019.6.25.
- 기준시점 : 2024.6.25.
- 사용승인시점의 신축공사비 : 1,000,000원(신축공사비는 적정함)
- 건축비지수
  - 사용승인시점 : 100
  - 기준시점 : 110
- 경제적 내용연수 : 40년
- 감가수정방법 : 정액법
- 내용연수 만료 시 잔존가치 없음

① 175,000,000원 ② 180,000,000원
③ 192,500,000원 ④ 198,000,000원
⑤ 203,500,000원

다음과 같이 조사된 건물의 기준시점 현재의 원가법에 의한 감정평가액은? (단, 감가수정은 정액법에 의함)

- 기준시점 : 2024.7.1.
- 건축비 : 100,000,000원(2021.7.1. 준공)
- 건축비는 매년 10%씩 상승하였음
- 기준시점 현재 잔존내용연수 : 48년
- 내용연수 만료 시 잔존가치율 : 10%

① 108,900,000원 ② 116,644,000원
③ 121,000,000원 ④ 233,288,000원
⑤ 232,925,000원

10 원가법에 의한 대상물건의 적산가액은? (단, 주어진 조건에 한함)

- 신축에 의한 사용승인시점 : 2022.7.1.
- 기준시점 : 2024.7.1.
- 사용승인시점의 신축공사비 : 4억원(신축공사비는 적정함)
- 공사비 상승률 : 매년 전년 대비 5%씩 상승
- 경제적 잔존내용연수 : 48년
- 감가수정방법 : 정액법
- 내용연수 만료 시 잔존가치율 : 10%

① 402,562,000원
② 412,400,000원
③ 425,124,000원
④ 467,520,000원
⑤ 501,750,000원

기출응용 34회

11 다음 자료를 활용하여 원가법으로 산정한 대상건물의 시산가액은? (단, 주어진 조건에 한함)

- 대상건물 현황 : 철근콘크리트조, 단독주택, 연면적 250m²
- 기준시점 : 2024.7.20.
- 사용승인일 : 2019.7.20.
- 사용승인일의 신축공사비 : 1,000,000원/m²(신축공사비는 적정함)
- 건축비지수(건설공사비지수)
  - 2019.7.20. : 100
  - 2024.7.20. : 120
- 경제적 내용연수 : 50년
- 감가수정방법 : 정액법
- 내용연수 만료 시 잔존가치 없음

① 240,000,000원
② 250,000,000원
③ 270,000,000원
④ 320,000,000원
⑤ 350,000,000원

12 원가법에 의한 공장건물의 적산가액은? (단, 주어진 조건에 한함)

- 신축공사비 : 2억원
- 준공시점 : 2022년 6월 20일
- 기준시점 : 2024년 6월 20일
- 건축비 지수
  - 2022년 6월 : 100
  - 2024년 6월 : 150
- 전년 대비 잔가율 : 60%
- 신축공사비는 준공 당시 재조달원가로 적정하며, 감가수정방법은 공장건물이 설비에 가까운 점을 고려하여 정률법을 적용함

① 5,920만원   ② 7,900만원
③ 8,600만원   ④ 1억 800만원
⑤ 1억 3,500만원

13 감가수정의 방법 중 건물의 내용연수가 만료될 때의 감가누계상당액과 그에 대한 복리계산의 이자상당액분을 포함하여 해당 내용연수로 상환하는 방법은? 23회

① 관찰감가법   ② 상환기금법
③ 시장추출법   ④ 정액법
⑤ 정률법

14 적산법에 관한 설명으로 <u>틀린</u> 것은?

① 적산법이란 대상물건의 기초가액에 기대이율을 곱하여 산정된 기대수익에 대상물건을 계속하여 임대하는 데에 필요한 경비를 더하여 대상물건의 임대료를 산정하는 감정평가방법을 말한다.

② 기초가액이란 적산임료를 구하는 데 기초(원본)가 되는 가액을 말하며, 임료의 기준시점에 있어서 대상부동산이 갖는 시장가치를 말한다.

③ 기초가액은 최유효이용을 전제로 파악되는 가액이다.

④ 취득세는 제세공과에는 해당하나 필요제경비에 계상하여서는 아니 된다.

⑤ 필요제경비 중 결손준비비는 보증금 등의 일시금이 수수되어 있는 경우에는 결손준비금을 계상할 필요가 없다.

대표문제 │ 거래사례비교법

거래사례비교법에 관한 설명으로 <u>틀린</u> 것은?

① 거래사례는 사정보정의 가능성, 시점수정의 가능성, 위치의 유사성, 물적 유사성을 고려하여 선택하여야 한다.

② 거래사례는 거래관계자의 특수한 사정, 개별적 동기가 개재되어 있는 경우가 많아 반드시 사정보정을 하여야 한다.

③ 거래사례는 대상물건의 기준시점과 유사한 시점의 거래사례일수록 효과적이다.

④ 거래시점을 알 수 없으면 시점수정을 할 수 없으므로 거래사례로 선택할 수 없다.

⑤ 지역요인의 비교는 거래사례가 속한 지역의 표준적 이용과 대상부동산이 속한 지역의 표준적 이용을 기준으로 비교하여야 한다.

> **POINT**
> 거래사례비교법은 거래시점의 사례가액에 사례의 정상화 과정을 거쳐 기준시점의 비준가액을 구하는 방법입니다.

> **해설**
> 특별한 사정이 개입되지 않은 거래사례(대표성이 있는 거래사례)이거나 표준지공시지가를 기준으로 평가할 경우는 사정보정을 하지 않아도 된다.

정답 ②

15 감정평가방법 중 거래사례비교법과 관련된 설명으로 <u>틀린</u> 것은?

① 거래사례비교법은 대상부동산과 동질·동일성이 있어서 비교 가능한 사례를 채택하는 것이 중요하다.

② 거래사례는 위치에 있어서 동일성 내지 유사성이 있어야 하며, 인근지역에 소재하는 경우에는 지역요인 비교를 하여야 한다.

③ 거래사례비교법과 관련된 가격원칙은 대체의 원칙이고, 구해진 가액은 비준가액이라 한다.

④ 거래사례에 사정보정요인이 있는 경우 우선 사정보정을 하고, 거래시점과 기준시점 간의 시간적 불일치를 정상화하는 작업인 시점수정을 하여야 한다.

⑤ 거래사례비교법은 실제 거래되는 가격에 준거하므로 현실성이 있으며 설득력이 풍부하다는 장점이 있다.

16 시점수정에 관한 설명으로 <u>틀린</u> 것은? 상**중**하

① 시점수정이란 평가대상의 기준시점을 보정하는 것이 아니라 거래시점과 기준시점의 불일치를 보정하는 작업을 말한다.

② 시점수정 후의 가액은 기준시점으로 시점수정된 사례부동산의 가액이 된다.

③ 표준지공시지가를 기준으로 평가하는 경우에는 시점수정이 필요 없다.

④ 사례물건의 거래시점이 대상물건의 기준시점과 불일치하더라도 시장상황에 변화가 없다면 시점수정의 필요성은 없다.

⑤ 거래시점을 알 수 없으면 시점수정을 할 수 없으므로 거래사례로 선택할 수 없다.

다음 자료를 활용하여 거래사례비교법으로 산정한 대상토지의 비준가액은? (단, 주어진 조건에 한함)

기출응용 33회

- 평가대상토지 : A시 B동 110번지, 대, 130m², 일반상업지역
- 기준시점 : 2024.7.1.
- 거래사례
    - 소재지 : A시 B동 150번지
    - 지목 및 면적 : 대, 120m²
    - 용도지역 : 일반상업지역
    - 거래가격 : 360,000,000원
    - 거래시점 : 2024.2.1.
    - 거래사례는 정상적인 매매임
- 지가변동률(2024.2.1. ~ 7.1.) : A시 상업지역 4% 상승함
- 지역요인 : 대상토지는 거래사례의 인근지역에 위치함
- 개별요인 : 대상토지는 거래사례에 비해 2% 우세함
- 상승식으로 계산할 것

① 352,511,999원   ② 367,930,000원   ③ 397,560,000원

④ 413,712,000원   ⑤ 456,516,000원

POINT

거래사례가격에 사정보정치, 시점수정치, 지역요인 비교치, 개별요인 비교치를 곱하여 계산하되, 주어진 조건을 고려하여 계산하지 않아도 되는 것은 곱하지 않습니다.

해설

거래사례가격은 3억 6,000만원에 거래되었으며, 사례토지의 면적이 120m²이고, 대상토지의 면적은 130m²이므로 $\frac{130}{120}$ 이다. 사정보정요인은 없으므로 사정보정은 하지 않아도 되며, 지가상승률은 4%이므로 시점수정치는 (1 + 0.04) = 1.04이다. 대상토지는 거래사례의 인근지역에 위치하므로 지역요인은 비교하지 않아도 되며, 대상토지는 거래사례에 비해 2% 우세하므로 개별요인 비교치는 $\frac{102}{100}$ =1.02이다.

∴ 360,000,000원 $\times \frac{130}{120}$ × 1.04 × 1.02 = 413,712,000원이다.

정답 ④

17 사례토지가 대상토지보다 20% 저가로 거래된 경우, 사례부동산의 사정보정치는?

(상)(중)(하)

① 0.8　　　　② 0.9　　　　③ 1

④ 1.1　　　　⑤ 1.25

18 감정평가의 대상이 되는 부동산(이하 '대상부동산'이라 함)과 거래사례부동산의 개별요인 항목별 비교내용이 다음과 같은 경우 상승식으로 산정한 개별요인 비교치는? (단, 주어진 조건에 한하며, 결과값은 소수점 넷째자리에서 반올림함)

(상)(중)(하)

- 가로의 폭·구조 등의 상태에서 대상부동산이 5% 우세함
- 고객의 유동성과의 적합성에서 대상부동산이 4% 열세함
- 형상 및 고저는 동일함
- 행정상의 규제정도에서 대상부동산이 3% 우세함

① 1.015　　　　② 1.029　　　　③ 1.038

④ 1.059　　　　⑤ 1.060

19 다음과 같이 조사된 사례에 근거하여 거래사례비교법으로 대상부동산의 비준가액을 구하면?

(상)(중)(하)

- 사례부동산은 어제 10억원에 거래되었다.
- 대상지역의 상권이 사례지역보다 10% 열세하다.
- 대상부동산이 사례부동산보다 개별적으로 15% 우세하다.
- 거래당사자 간의 개별적인 사정으로 사례가액은 시세보다 15% 정도 높게 거래된 것으로 판단된다.

① 7억원　　　　② 8억원　　　　③ 9억원

④ 10억원　　　　⑤ 11억원

20 A용도로 이용하고 있는 부동산의 평가를 의뢰받은 감정평가사 甲은 아래 사례를 조사하였다. 거래사례비교법을 적용하여 대상부동산의 가액을 바르게 계산한 것은? 상⬤하

- 대상부동산은 사례부동산보다 개별적으로 5% 우세하다.
- 대상지역의 상권이 사례지역보다 10% 열세이다.
- 사례부동산은 2일 전 1억원에 거래되었다.

① 9,450만원　　　　　　　　② 9,650만원

③ 9,850만원　　　　　　　　④ 1억 450만원

⑤ 1억 1,550만원

21 다음 자료를 활용하여 거래사례비교법으로 산정한 대상토지의 감정평가액은? (단, 주어진 조건에 한함) 상⬤하

- 대상토지 : A시 B동 130번지, 토지 130m², 제3종 일반주거지역
- 기준시점 : 2024.7.1.
- 거래사례의 내역
  - 소재지 및 면적 : A시 B동 125번지, 토지 100m²
  - 용도지역 : 제3종 일반주거지역
  - 거래사례가격 : 2억원
  - 거래시점 : 2024.2.1.
  - 거래사례의 사정보정요인은 없음
- 지가변동률(2024.2.1. ~ 7.1.) : A시 주거지역 5% 상승함
- 지역요인 : 대상토지는 거래사례의 인근지역에 위치함
- 개별요인 : 대상토지는 거래사례에 비해 3% 열세함
- 상승식으로 계산할 것

① 255,680,000원　　　　　② 264,810,000원

③ 285,680,000원　　　　　④ 296,400,000원

⑤ 327,600,000원

22 다음 자료를 활용하여 거래사례비교법으로 평가한 대상토지의 감정평가액은? (단, 주어진 조건에 한함) 상**중**하

- 대상토지 : A시 B대로 150, 토지면적 130m², 제3종 일반주거지역, 주거용 토지
- 기준시점 : 2024.7.1.
- 거래사례의 내역(거래시점 : 2024.2.1.)

소재지	용도지역	토지면적	이용상황	거래사례가격
A시 B대로 125	제3종 일반주거지역	100m²	주거용	5억원

- 지가변동률(2024.2.1. ~ 2024.7.1.) : A시 주거지역은 4% 상승함
- 지역요인 : 대상토지는 거래사례의 인근지역에 위치함
- 개별요인 : 대상토지는 거래사례에 비해 6% 우세함
- 그 밖의 다른 조건은 동일함
- 상승식으로 계산할 것

① 562,952,000원 ② 652,950,000원
③ 673,953,000원 ④ 716,560,000원
⑤ 736,850,000원

23 A군 B면 C리 자연녹지지역 내의 공업용 부동산을 비교방식으로 감정평가할 때 적용할 사항으로 옳은 것을 모두 고른 것은? 24회 상**중**하

ⓐ C리에 자연녹지지역 내의 이용상황이 공업용인 표준지가 없어 동일수급권인 인근 D리의 자연녹지지역에 소재하는 공업용 표준지를 비교표준지로 선정하였다.
ⓑ 공시지가기준법 적용에 따른 시점수정 시 지가변동률을 적용하는 것이 적절하지 아니하여 통계청이 조사·발표하는 소비자물가지수에 따라 산정된 소비자물가상승률을 적용하였다.
ⓒ C리에 소재하는 유사물건이 소유자의 이민으로 인해 시세보다 저가로 최근에 거래되었는데, 어느 정도 저가로 거래되었는지는 알 수 없어 비교사례로 선정하지 않았다.

① ㉠ ② ㉠, ㉡
③ ㉠, ㉢ ④ ㉡, ㉢
⑤ ㉠, ㉡, ㉢

대표문제　표준지공시지가 기준평가

다음 자료를 활용하여 공시지가기준법으로 평가한 대상토지의 단위면적당 가액(원/m²)은? (단, 주어진 조건에 한함)

기출응용 32회

- 대상토지 현황 : A시 B구 C동 175번지, 일반상업지역, 상업나지
- 기준시점 : 2024.7.1
- 비교표준지 : A시 B구 C동 183번지, 일반상업지역, 상업용
      2024.1.1.기준 공시지가 10,000,000원/m²
- 지가변동률(2024.1.1. ~ 2024.7.1) : A시 B구 상업지역 5% 상승함
- 지역요인 : 비교표준지와 대상토지는 인근지역에 위치하여 지역요인 동일함
- 개별요인 : 대상토지는 비교표준지에 비해 가로조건에서 10% 우세하고, 환경조건에서 3% 열세하며, 다른 조건은 동일함(상승식으로 계산할 것)
- 그 밖의 요인보정 : 대상토지 인근지역의 가치형성요인이 유사한 정상적인 거래사례 및 평가사례 등을 고려하여 그 밖의 요인으로 20% 증액 보정함

① 12,013,200원/m²
② 13,444,200원/m²
③ 13,564,500원/m²
④ 13,705,300원/m²
⑤ 14,302,500원/m²

POINT

표준지공시지가는 사정보정이 끝난 토지이므로 사정보정치를 계산하지 않으며, m²당으로 공시하므로 면적 비교치를 계산하지 않습니다.

해설

표준지공시지가를 기준으로 평가하므로 사정보정은 필요가 없다. 제시된 자료에 의하면 표준지공시지가는 10,000,000원/m², 시점수정치는 1.05, 개별요인 비교치 중 가로조건은 1.1, 환경조건은 0.97이다. 그 밖의 요인으로 20% 증액 보정하면 1.2이다.

이를 계산하면 10,000,000원/m² × 1.05 × 1.1 × 0.97 × 1.2 = 13,444,200원/m²이 된다.

정답 ②

24 다음 자료를 활용하여 공시지가기준법으로 평가한 대상토지의 단위면적당 가액(원/m²)은? (단, 주어진 조건에 한함) ㉠㉡㉢

- 대상토지 현황 : A시 B구 C동 175번지, 일반상업지역, 상업나지
- 기준시점 : 2024.7.25.
- 비교표준지 : A시 B구 C동 183번지, 일반상업지역, 상업용
  2024.1.1. 기준 공시지가 6,000,000원/m²
- 지가변동률(2024.1.1. ~ 2024.7.25.) : A시 B구 상업지역 2% 상승함
- 지역요인 : 비교표준지와 대상토지는 인근지역에 위치하여 지역요인 동일함
- 개별요인 : 대상토지는 비교표준지에 비해 가로조건에서 5% 우세하고, 환경조건에서 10% 열세하며, 다른 조건은 동일함(상승식으로 계산할 것)
- 그 밖의 요인보정 : 대상토지 인근지역의 가치형성요인이 유사한 정상적인 거래사례 및 평가사례 등을 고려하여 그 밖의 요인으로 50% 증액 보정함

① 5,700,000원/m²　　② 5,783,400원/m²　　③ 8,675,100원/m²

④ 8,721,000원/m²　　⑤ 8,925,000원/m²

25 제시된 자료를 활용해 감정평가에 관한 규칙에서 정한 공시지가기준법으로 평가한 토지평가액(원/m²)은? 26회 ㉠㉡㉢

- 기준시점 : 2015.10.24.
- 소재지 등 : A시 B구 C동 177, 제2종 일반주거지역, 면적 200m²
- 비교표준지 : A시 B구 C동 123, 제2종 일반주거지역
  2015.1.1. 공시지가 2,000,000원/m²
- 지가변동률(2015.1.1. ~ 2015.10.24.) : A시 B구 주거지역 5% 상승
- 지역요인 : 대상토지가 비교표준지의 인근지역에 위치하여 동일
- 개별요인 : 대상토지가 비교표준지에 비해 가로조건은 5% 열세, 환경조건은 20% 우세하고 다른 조건은 동일(상승식으로 계산할 것)
- 그 밖의 요인으로 보정할 사항 없음

① 1,995,000원/m²　　② 2,100,000원/m²　　③ 2,280,000원/m²

④ 2,394,000원/m²　　⑤ 2,520,000원/m²

26 다음 자료를 활용하여 공시지가기준법으로 산정한 대상토지의 가액(원/m²)은? (단, 주어진 조건에 한함) 상**중**하

- 대상토지 : A시 B구 C동 320번지, 일반상업지역, 상업나지
- 기준시점 : 2024.7.20.
- 비교표준지 : A시 B구 C동 300번지, 일반상업지역, 상업나지
  2024.1.1. 기준 표준지공시지가 10,000,000원/m²
- 지가변동률(A시 B구)
  1) 2024.1.1. ~ 2024.4.30. : − 5%
  2) 2024.5.1. ~ 2024.7.20. : − 2%
- 지역요인 : 대상토지와 비교표준지의 지역요인은 동일함
- 개별요인 : 대상토지는 비교표준지에 비해 가로조건에서 10% 우세하고, 환경조건에서 3% 열세하며, 다른 조건은 동일함
- 그 밖의 요인 : 20% 증액보정함
- 상승식으로 계산할 것
- 산정된 시산가액의 천원미만은 버릴 것

① 11,320,000원/m² ② 11,920,000원/m²
③ 12,564,500원/m² ④ 13,705,300원/m²
⑤ 14,302,500원/m²

27 다음 자료를 활용하여 공시지가기준법으로 산정한 대상토지의 단위면적당 시산가액은? (단, 주어진 조건에 한함) 상중하

- 대상토지 현황 : A시 B구 C동 120번지, 일반상업지역, 상업용
- 기준시점 : 2024.7.20.
- 표준지공시지가(A시 B구 C동, 2024.1.1.기준)

기 호	소재지	용도지역	이용상황	공시지가(원/m²)
1	C동 110	준주거지역	상업용	8,000,000
2	C동 130	일반상업지역	상업용	10,000,000

- 지가변동률(A시 B구, 2024.1.1.~2024.7.20.)
  - 주거지역 : 4% 상승
  - 상업지역 : 5% 상승
- 지역요인 : 표준지와 대상토지는 인근지역에 위치하여 지역요인은 동일함
- 개별요인 : 대상토지는 표준지 기호1에 비해 개별요인에서 6% 우세하고, 표준지 기호2에 비해 개별요인에서 5% 열세함
- 그 밖의 요인 보정 : 대상토지 인근지역의 가치형성요인이 유사한 정상적인 거래사례 및 평가사례 등을 고려하여 그 밖의 요인으로 20% 증액 보정함
- 상승식으로 계산할 것

① 7,850,000원/m²
② 9,535,000원/m²
③ 11,970,000원/m²
④ 12,250,000원/m²
⑤ 13,650,000원/m²

수익환원법에 관한 설명으로 틀린 것은?

① 수익환원법이란 대상물건이 장래 산출할 것으로 기대되는 순수익이나 미래의 현금흐름을 환원하거나 할인하여 대상물건의 가액을 산정하는 감정평가방법을 말한다.

② 수익환원법은 수익성의 사고방식에 기초를 두고 있으며, 교육용·주거용·공공용 부동산의 평가에도 적용할 수 있다는 장점이 있다.

③ 직접환원법은 단일기간의 순수익을 적절한 환원율로 환원하여 대상물건의 가액을 산정하는 방법을 말한다.

④ 할인현금흐름분석법은 대상물건의 보유기간에 발생하는 복수기간의 순수익(현금흐름)과 보유기간 말의 복귀가액에 적절한 할인율을 적용하여 현재가치로 할인한 후 더하여 대상물건의 가액을 산정하는 방법을 말한다.

⑤ 순수익이란 대상물건을 통하여 일정기간에 획득할 총수익에서 그 수익을 발생시키는 데 소요되는 경비를 공제한 금액, 즉 순영업소득을 말하는데, 대상물건에 귀속하는 적절한 수익으로서 유효총수익에서 운영경비를 공제하여 산정한다.

> **POINT**
> 수익환원법은 수익성의 사고방식에 기초를 두고 있으며, 수익이 없는 교육용·주거용·공공용 부동산의 평가에는 적용할 수 없고, 임대용이나 기업용 부동산과 같은 수익성 부동산에만 적용할 수 있다는 점을 정리해두어야 합니다.

> **해설**
> 수익환원법은 수익성의 사고방식에 기초를 두고 있으며, 수익을 발생하는 물건을 대상으로 하므로 수익성이 없는 교육용·주거용·공공용 부동산의 평가에는 적용할 수 없다.

정답 ②

---

28 수익환원법에서 순영업소득을 구할 때 고려하지 <u>않아도</u> 되는 것은?

① 단위당 임대료, 공실 및 불량부채
② 영업경비
③ 재산세, 유지관리비
④ 화재보험료, 수수료
⑤ 영업소득세, 부채서비스액

29 순영업소득을 계산할 때 영업경비에 포함되지 <u>않는</u> 것을 모두 고른 것은?

> ㉠ 공실 및 불량부채 ㉡ 재산세
> ㉢ 유지관리비 ㉣ 부채서비스액
> ㉤ 광고비 ㉥ 영업소득세
> ㉦ 감가상각비 ㉧ 소멸성 화재보험료

① ㉠, ㉡, ㉤, ㉧ ② ㉠, ㉢, ㉤, ㉥ ③ ㉠, ㉣, ㉥, ㉦

④ ㉡, ㉣, ㉥, ㉦ ⑤ ㉡, ㉣, ㉥, ㉧

대표문제 환원이율

감정평가이론상 환원이율을 산정할 경우, 다음 산식에 들어갈 내용으로 옳은 것은? 18회

> • 환원이율 = $\dfrac{(\ ㉠\ )}{가격}$
>
> • 환원이율 = 부채감당비율 × 대부비율 × (㉡)

	㉠	㉡
①	순영업소득(NOI)	저당상수
②	순영업소득(NOI)	감채기금계수
③	순영업소득(NOI)	연금의 현가계수
④	세후현금흐름	감채기금계수
⑤	세후현금흐름	저당상수

POINT

환원이율을 구하는 방법 등 환원이율과 관련된 공식을 정리해두어야 합니다.

해설

환원이율은 다음과 같이 구할 수 있다.

• 환원이율 = $\dfrac{순영업소득}{부동산가치}$

• 환원이율 = 부채감당률 × 대부비율 × 저당상수

정답 ①

30 자본환원율(환원이율)을 다음과 같이 나타낼 경우 (   ) 안에 들어갈 적당한 용어는?

> 자본환원율 = 자본수익률 + (   )

① 자본회수율　　　　　　　② 지분환원율

③ 저당환원율　　　　　　　④ 저당수익률

⑤ 지분수익률

31 다음 〈보기〉의 자료를 이용해 환원이율(capitalization rate)을 바르게 계산한 것은?

─────── 〈보기〉 ───────

• 총투자액 : 1억원
• 연간 가능총소득(potential gross income) : 2,000만원
• 연간 공실에 따른 손실 : 연간 가능총소득의 5%
• 연간 기타 소득 : 100만원
• 연간 영업경비(operating expenses) : 연간 유효총소득(effective gross income)의 40%

① 8%　　　　　　　　　　② 9%

③ 10%　　　　　　　　　④ 12%

⑤ 15%

32 수익환원법에서 환원이율을 구하는 방법에 해당하지 <u>않는</u> 것은?

① 시장추출법　　　　　　　② 조성법

③ 관찰감가법　　　　　　　④ 투자결합법

⑤ 엘우드(Ellwood)법

33 환원이율을 구하는 방법 중 저당투자자의 입장을 고려하는 방법은? 　상중**하**

① 시장추출법　　　　　　　　　② 조성법
③ 투자결합법　　　　　　　　　④ 저당지분환원법
⑤ 부채감당법

34 수익환원법에서 환원이율의 결정방법에 관한 설명으로 틀린 것은? 　상**중**하

① 환원이율의 결정방법에는 시장비교방식, 요소시장구성방식, 투자결합법, 저당지분방식, 부채감당법 등이 있다.
② 시장추출법(market extraction method)이란 대상부동산과 유사한 최근의 거래사례로부터 환원이율을 찾아내는 방법이다.
③ 요소시장구성방식(build-up method)은 환원이율을 결정하는 과정에 주관성이 개입될 여지가 많아 현재 잘 쓰이지 않는 방법이다.
④ 투자결합법 중 금융적 투자결합법에서는 금융적 측면에 따라 투자자본을 저당자본과 지분자본으로 나누어 환원이율을 구한다.
⑤ 부채감당법(debt coverage method)은 환원이율을 객관적이고 간편하게 구할 수 있다는 장점이 있으나, 지분투자자의 입장에 지나치게 치우치고 있다는 비판이 있다.

35 부채감당법에 의한 환원이율을 구하는 방법에 의하면 (　) 안에 들어갈 내용으로 옳은 것은? 　상중**하**

환원이율 = 부채감당률 × (㉠) × (㉡)

	㉠	㉡		㉠	㉡
①	부채비율	저당상수	②	대부비율	저당상수
③	대부비율	연금의 현가계수	④	저당환원율	감채기금계수
⑤	대부비율	감채기금계수			

다음 자료를 활용하여 직접환원법으로 산정한 대상 부동산의 수익가액은? (단, 연간 기준이며, 주어진 조건에 한함)

- 가능총소득(PGI) : 72,000,000원
- 공실상당액 및 대손충당금 : 가능총소득의 10%
- 수선유지비 : 가능총소득의 5%
- 화재보험료 : 3,000,000원
- 재산세 : 5,000,000원
- 영업소득세 : 2,000,000원
- 부채서비스액 : 10,000,000원
- 개인업무비 : 가능총소득의 10%
- 환원율 : 10%

① 245,000,000원 ② 266,000,000원
③ 385,000,000원 ④ 399,000,000원
⑤ 532,000,000원

POINT

직접환원법으로 평가한 대상부동산의 수익가액을 구하기 위해서는 먼저 순영업소득을 구한 후 환원이율로 나누어 구한다는 것을 정리해두어야 합니다.

해설

직접환원법으로 평가한 대상부동산의 수익가액을 구하기 위해서는 먼저 순영업소득을 구해야 한다.

가능총소득	72,000,000원
− 공실 및 대손충당금	− 7,200,000원(= 72,000,000원 × 0.1)
유효총소득	64,800,000원
− 영업경비	− 11,600,000원
순영업소득	53,200,000원

영업경비는 수선유지비 3,600,000원(= 72,000,000원 × 0.05), 화재보험료 3,000,000원, 재산세 5,000,000원을 합한 11,600,000원이 된다.

영업경비 계산 시 영업소득세, 부채서비스액, 개인업무비는 포함되지 않는다.

$$\therefore \ 수익가액 = \frac{순영업소득}{환원이율} = \frac{53,200,000원}{0.1} = 532,000,000원이 \ 된다.$$

정답 ⑤

36 다음의 자료와 같이 주어진 조건에서 대상부동산의 수익가액 산정 시 적용할 환원이율 (capitalization rate)은? 상**중**하

- 유효총소득 : 100,000,000원
- 재산세 : 3,000,000원
- 화재보험료 : 2,000,000원
- 재산관리 수수료 : 1,000,000원
- 수선유지비 : 1,000,000원
- 영업소득세 : 2,000,000원
- 관리직원 인건비 : 3,000,000원
- 부채서비스액(debt service) : 연 45,000,000원
- 대부비율 : 40%
- 대출조건 : 이자율 연 6%로 20년간 매년 원리금균등분할상환(고정금리)
- 저당상수(이자율 연 6%, 기간 20년) : 0.087

① 3.96% ② 4.96%

③ 5.96% ④ 6.96%

⑤ 7.96%

 기출응용 32회

37 다음 자료를 이용하여 수익가액을 구하면 얼마인가? (단, 환원이율은 10%라고 함)
상**중**하

- 연간 가능총소득(potential gross income) : 19,500,000원
- 연간 공실에 따른 손실 : 500,000원
- 연간 기타 소득 : 1,000,000원
- 연간 영업경비(operating expenses) : 연간 유효총소득(effective gross income) 의 40%

① 100,000,000원 ② 110,000,000원

③ 115,000,000원 ④ 120,000,000원

⑤ 125,000,000원

38 수익방식의 직접환원법에 의한 대상부동산의 시산가액은? (단, 주어진 조건에 한함)

상**중**하

- 가능총수익 : 연 2,000만원
- 공실 및 대손충당금 : 가능총수익의 10%
- 임대경비비율 : 유효총수익의 30%
- 가격구성비 : 토지, 건물 각각 50%
- 토지환원율 : 연 5%
- 건물환원율 : 연 7%

① 190,000,000원　　　　　② 200,000,000원

③ 210,000,000원　　　　　④ 220,000,000원

⑤ 230,000,000원

기출응용 33회

39 다음과 같은 조건에서 수익환원법에 의해 평가한 대상부동산의 가액은? (단, 주어진 조건에 한함)

상**중**하

- 가능총소득(PGI) : 1억원
- 공실손실상당액 및 대손충당금 : 가능총소득의 5%
- 재산세 : 300만원
- 화재보험료 : 200만원
- 영업소득세 : 400만원
- 건물주 개인업무비 : 500만원
- 토지가액 : 건물가액 = 40% : 60%
- 토지환원이율 : 5%
- 건물환원이율 : 10%

① 1,025,000,000원　　　　② 1,075,000,000원

③ 1,125,000,000원　　　　④ 1,175,000,000원

⑤ 1,225,000,000원

40 시산가액의 조정에 관한 설명으로 **틀린** 것은?

① 시산가액이란 감정평가의 3방식을 적용시켜 도출한 대상부동산의 각각의 추계치를 말한다.

② 3방식에 의하여 구한 시산가액은 평가방식에 따라 달라질 수 있으므로 시산가액을 감정평가액으로 확정하기 위해서는 시산가액 조정이라는 작업이 필요하다.

③ 3면성 이론에 기초가 되는 수요·공급의 이론을 전개하였으며, 등가성(等價性)의 의견을 밝힌 최초의 학자는 마샬(A. Marshall)이다.

④ 시산가액의 조정이란 3방식에 의하여 구한 시산가액을 상호 관련시켜 재검토함으로써 시산가액 상호간의 격차를 조정하는 작업을 말한다.

⑤ 시산가액의 조정방법 중 가장 많이 사용되는 것은 산술평균을 이용하는 방법이다.

대표문제 **물건별 감정평가**

「감정평가에 관한 규칙」상 감정평가에 관한 설명으로 **틀린** 것은?

① 토지를 감정평가할 때에는 공시지가기준법을 적용해야 한다.

② 공시지가기준법에 따라 토지를 감정평가할 때에는 비교표준지 선정, 시점수정, 지역요인 비교, 개별요인 비교, 그 밖의 요인 보정의 순서에 따라야 한다.

③ 건물을 감정평가할 때에 거래사례비교법을 원칙적으로 적용해야 한다.

④ 과수원을 감정평가할 때에 거래사례비교법을 원칙적으로 적용해야 한다.

⑤ 자동차를 감정평가할 때에 거래사례비교법을 원칙적으로 적용해야 하나, 본래 용도의 효용가치가 없는 물건은 해체처분가액으로 감정평가할 수 있다.

> **POINT**
> 물건별 감정평가는 종류별로 평가할 때 적용되는 방법을 중심으로 기억해두어야 합니다.
>
> **해설**
> 건물을 감정평가할 때에 원가법을 원칙적으로 적용해야 한다.
>
> 정답 ③

41 「감정평가에 관한 규칙」상 주된 감정평가방법 중 원가법을 적용하는 것을 모두 고른 것은?

상중**하**

㉠ 토지	㉡ 건물
㉢ 선박	㉣ 임대료
㉤ 광업재단	㉥ 항공기
㉦ 자동차	㉧ 동산

① ㉠, ㉡, ㉦   ② ㉡, ㉢, ㉥

③ ㉡, ㉤, ㉧   ④ ㉢, ㉣, ㉤

⑤ ㉢, ㉥, ㉧

42 「감정평가에 관한 규칙」상 대상물건별 주된 감정평가방법으로 틀린 것은?   상중**하**

① 임대료 – 임대사례비교법   ② 자동차 – 거래사례비교법

③ 비상장채권 – 수익환원법   ④ 건설기계 – 원가법

⑤ 과수원 – 공시지가기준법

43 「감정평가에 관한 규칙」상 대상물건별 주된 감정평가방법으로 틀린 것은? (단, 대상물건은 본래 용도의 효용가치가 있음을 전제함)   상중**하**

① 선박 – 거래사례비교법   ② 항공기 – 원가법

③ 건설기계 – 원가법   ④ 자동차 – 거래사례비교법

⑤ 동산 – 거래사례비교법

빠른 정답 CHECK! p.3 / 정답 및 해설 p.116

대표문제 **공시지가제도**

「부동산 가격공시에 관한 법률」에 규정된 내용으로 틀린 것은?

① 표준지공시지가는 국가·지방자치단체 등이 그 업무와 관련하여 지가를 산정하거나 감정평가법인등이 개별적으로 토지를 감정평가하는 경우에 기준이 된다.

② 표준지공시지가에 이의가 있는 자는 그 공시일부터 30일 이내에 서면으로 국토교통 부장관에게 이의를 신청할 수 있다.

③ 개별공시지가에 이의가 있는 자는 그 결정·공시일부터 30일 이내에 서면으로 시장· 군수 또는 구청장에게 이의를 신청할 수 있다.

④ 표준지로 선정된 토지에 대하여 개별공시지가를 결정·공시하지 않아도 된다.

⑤ 국토교통부장관은 공시기준일 이후에 분할·합병 등이 발생한 토지에 대하여는 대통 령령으로 정하는 날을 기준으로 하여 개별공시지가를 결정·공시하여야 한다.

POINT
공시지가제도는 표준지공시지가와 개별공시지가로 나누어 공시일 및 공시기준일, 공시주체 등을 정리해두어야 합니다.

해설
시장·군수 또는 구청장은 공시기준일 이후에 분할·합병 등이 발생한 토지에 대하여는 대통령령으로 정하는 날을 기준으로 하여 개별공시지가를 결정·공시하여야 한다.

정답 ⑤

01 표준지 선정기준에 해당하지 <u>않는</u> 것은?

① 대표성   ② 중용성

③ 안전성   ④ 확정성

⑤ 안정성

02 표준지 선정기준에 관한 내용 중 (　)에 들어갈 용어를 차례대로 나열한 것은?

ⓐ (　　) : 표준지는 표준지 선정 단위구역의 지가수준을 대표할 수 있는 토지이어야 한다.

ⓑ (　　) : 표준지는 해당 인근지역 내에서 토지의 이용상황·형상·면적 등이 표준적인 토지가 되어야 한다.

ⓒ (　　) : 표준지는 가능한 한 표준지 선정 단위구역의 일반적인 용도에 적합한 토지로서 그 이용상태가 일시적이 아니어야 한다.

ⓓ (　　) : 표준지는 다른 토지와 구분이 명확하고 용이하게 확인할 수 있는 토지이어야 한다.

---

① 대표성, 중용성, 확정성, 안정성

② 대표성, 중용성, 안정성, 확정성

③ 대표성, 확정성, 중용성, 안정성

④ 대표성, 확정성, 안정성, 중용성

⑤ 대표성, 안정성, 확정성, 중용성

03 표준지공시지가에 관한 설명으로 <u>틀린</u> 것은?

상中하

① 표준지공시지가란 국토교통부장관이 토지이용상황이나 주변 환경, 그 밖의 자연적·사회적 조건이 일반적으로 유사하다고 인정되는 일단의 토지 중에서 선정한 표준지에 대하여 매년 공시기준일 현재의 단위면적당 적정가격을 조사·평가하고, 중앙부동산가격공시위원회의 심의를 거쳐 공시한 가격을 말한다.

② 국토교통부장관이 표준지공시지가를 조사·평가할 때에는 업무실적, 신인도(信認度) 등을 고려하여 둘 이상의 감정평가법인등에게 이를 의뢰하여야 한다.

③ 국토교통부장관은 표준지공시지가를 공시하기 위하여 표준지의 가격을 조사·평가할 때에는 대통령령으로 정하는 바에 따라 해당 토지소유자의 의견을 들어야 한다.

④ 표준지에 건물 또는 그 밖의 정착물이 있거나 지상권 또는 그 밖의 토지의 사용·수익을 제한하는 권리가 설정되어 있을 때에는 그 정착물 또는 권리가 존재하는 것으로 보고 적정가격을 평가한다.

⑤ 표준지공시지가는 토지시장에 지가정보를 제공하고 일반적인 토지거래의 지표가 되며, 국가·지방자치단체 등이 그 업무와 관련하여 지가를 산정하거나 감정평가법인등이 개별적으로 토지를 감정평가하는 경우에 기준이 된다.

04 개별공시지가에 관한 설명으로 <u>틀린</u> 것은?

상中하

① 개별공시지가란 시장·군수 또는 구청장이 국세·지방세 등 각종 세금의 부과, 그 밖의 다른 법령에서 정하는 목적을 위한 지가산정에 사용되도록 하기 위하여 시·군·구 부동산가격공시위원회의 심의를 거쳐 매년 공시지가의 공시기준일 현재 관할구역 안의 개별토지의 단위면적당 가격을 결정·공시한 가격을 말한다.

② 표준지로 선정된 토지, 조세 또는 부담금 등의 부과대상이 아닌 토지, 그 밖에 대통령령으로 정하는 토지에 대해서도 개별공시지가를 결정·공시해야 한다.

③ 시장·군수 또는 구청장은 공시기준일 이후에 분할·합병 등이 발생한 토지에 대하여는 대통령령으로 정하는 날을 기준으로 하여 개별공시지가를 결정·공시하여야 한다.

④ 시장·군수 또는 구청장은 매년 5월 31일까지 개별공시지가를 결정·공시하여야 한다.

⑤ 개별공시지가에 이의가 있는 자는 그 결정·공시일부터 30일 이내에 서면으로 시장·군수 또는 구청장에게 이의를 신청할 수 있으며, 시장·군수 또는 구청장은 이의신청의 내용이 타당하다고 인정될 때에는 해당 개별공시지가를 조정하여 다시 결정·공시하여야 한다.

05 개별공시지가의 활용 범위에 해당하지 <u>않는</u> 것은? 23회

① 토지가격비준표 작성의 기준

② 재산세 과세표준액 결정

③ 종합부동산세 과세표준액 결정

④ 국유지의 사용료 산정기준

⑤ 개발부담금 부과를 위한 개시시점지가 산정

06 「부동산 가격공시에 관한 법률」에 규정된 내용으로 <u>틀린</u> 것은?

① 표준지공시지가는 국가·지방자치단체 등이 그 업무와 관련하여 지가를 산정하거나 감정평가법인등이 개별적으로 토지를 감정평가하는 경우에 기준이 된다.

② 표준지로 선정된 토지에 대하여 개별공시지가를 결정·공시하여야 한다.

③ 시장·군수 또는 구청장은 공시기준일 이후에 분할·합병 등이 발생한 토지에 대하여는 대통령령으로 정하는 날을 기준으로 하여 개별공시지가를 결정·공시하여야 한다.

④ 표준주택가격은 국가·지방자치단체 등의 기관이 그 업무와 관련하여 개별주택가격을 산정하는 경우에 그 기준이 된다.

⑤ 개별주택가격 및 공동주택가격은 주택시장의 가격정보를 제공하고, 국가·지방자치단체 등이 과세 등의 업무와 관련하여 주택의 가격을 산정하는 경우에 그 기준으로 활용될 수 있다.

「부동산 가격공시에 관한 법률」에 규정된 내용으로 틀린 것은? 기출응용 32회

① 국토교통부장관은 표준주택가격을 조사·산정하고자 할 때에는 한국부동산원에 의뢰한다.

② 표준주택가격은 국가·지방자치단체 등이 그 업무와 관련하여 개별주택가격을 산정하는 경우에 그 기준이 된다.

③ 표준주택으로 선정된 단독주택, 그 밖에 대통령령으로 정하는 단독주택에 대하여는 개별주택가격을 결정·공시하지 아니할 수 있다.

④ 개별주택가격 및 공동주택가격은 주택시장의 가격정보를 제공하고, 국가·지방자치단체 등이 과세 등의 업무와 관련하여 주택의 가격을 산정하는 경우에 그 기준으로 활용될 수 있다.

⑤ 표준주택을 선정할 때에는 일반적으로 유사하다고 인정되는 일단의 단독주택 및 공동주택에서 해당 일단의 주택을 대표할 수 있는 주택을 선정하여야 한다.

POINT

주택가격공시제도는 단독주택은 표준주택과 개별주택으로 구분되나, 공동주택은 표준주택과 개별주택으로 구분하지 않는다는 것에 유의하여야 합니다.

해설

국토교통부장관은 표준주택을 선정할 때에는 일반적으로 유사하다고 인정되는 일단의 단독주택 중에서 해당 일단의 단독주택을 대표할 수 있는 주택을 선정하여야 한다. 공동주택은 표준주택과 개별주택으로 구분하지 않는다.

정답 ⑤

07 주택가격공시제도에서 단독주택가격 공시제도 중 개별주택가격에 관한 설명으로 **틀린** 것은? 생중**하**

① 시장·군수 또는 구청장은 시·군·구 부동산가격공시위원회의 심의를 거쳐 매년 표준 주택가격의 공시기준일 현재 관할구역 안의 개별주택가격을 결정·공시하고, 이를 관계 행정기관 등에 제공하여야 한다.

② 표준주택으로 선정된 단독주택, 그 밖에 대통령령으로 정하는 단독주택에 대하여는 개별주택가격을 결정·공시하지 아니할 수 있다. 이 경우 표준주택으로 선정된 주택 에 대하여는 해당 주택의 표준주택가격을 개별주택가격으로 본다.

③ 시장·군수 또는 구청장은 공시기준일 이후에 토지의 분할·합병이나 건축물의 신축 등이 발생한 경우에는 대통령령으로 정하는 날을 기준으로 하여 개별주택가격을 결 정·공시하여야 한다.

④ 개별주택의 가격은 국가·지방자치단체 등의 기관이 과세 등의 업무와 관련하여 주택 의 가격을 산정하는 경우에 그 기준으로 활용될 수 있다.

⑤ 개별주택가격에 대하여 이의가 있는 주택소유자 등이 개별주택가격 공시일부터 30 일 이내에 국토교통부장관에게 이의신청을 할 수 있다.

08 주택가격공시제도 중에서 공동주택가격 공시제도에 관한 설명으로 **틀린** 것은? 생중**하**

① 국토교통부장관은 공동주택에 대하여 매년 공시기준일 현재의 적정가격(공동주택가 격)을 조사·산정하여 중앙부동산가격공시위원회의 심의를 거쳐 공시하고, 이를 관계 행정기관 등에 제공하여야 한다.

② 공동주택가격은 표준주택과 개별주택으로 구분하여 공시한다.

③ 국토교통부장관은 공동주택가격을 공시하기 위하여 그 가격을 산정할 때에는 대통 령령으로 정하는 바에 따라 공동주택소유자와 그 밖의 이해관계인의 의견을 들어야 한다.

④ 국토교통부장관은 공시기준일 이후에 토지의 분할·합병이나 건축물의 신축 등이 발 생한 경우에는 대통령령으로 정하는 날을 기준으로 하여 공동주택가격을 결정·공시 하여야 한다.

⑤ 국토교통부장관은 매년 4월 30일까지 공동주택가격을 산정·공시하여야 한다.

09 「부동산 가격공시에 관한 법률」에 규정된 내용으로 **틀린** 것은?

① 표준주택을 선정할 때에는 일반적으로 유사하다고 인정되는 일단의 단독주택 및 공동주택에서 해당 일단의 주택을 대표할 수 있는 주택을 선정하여야 한다.

② 국토교통부장관은 표준주택가격을 조사·산정하고자 할 때에는 한국부동산원에 의뢰한다.

③ 시장·군수 또는 구청장은 공시기준일 이후에 분할·합병이나 건축물의 신축 등이 발생한 경우에는 대통령령으로 정하는 날을 기준으로 하여 개별주택가격을 결정·공시하여야 한다.

④ 표준지공시지가에 이의가 있는 자는 그 공시일부터 30일 이내에 서면(전자문서 포함)으로 국토교통부장관에게 이의를 신청할 수 있다.

⑤ 표준지로 선정된 토지, 조세 또는 부담금 등의 부과대상이 아닌 토지, 그 밖에 대통령령으로 정하는 토지에 대하여는 개별공시지가를 결정·공시하지 아니할 수 있다.

10 부동산가격공시제도에 관한 설명으로 **틀린** 것은?

① 표준지공시지가는 토지시장에 지가정보를 제공하고 일반적인 토지거래의 지표가 되며, 국가·지방자치단체 등이 그 업무와 관련하여 지가를 산정하거나 감정평가법인등이 개별적으로 토지를 감정평가하는 경우에 기준이 된다.

② 개별공시지가에 대하여 이의가 있는 자는 개별공시지가의 결정·공시일부터 30일 이내에 서면으로 국토교통부장관에게 이의를 신청할 수 있다.

③ 시장·군수 또는 구청장은 공시기준일 이후에 분할·합병 등이 발생한 토지에 대하여는 대통령령으로 정하는 날을 기준으로 하여 개별공시지가를 결정·공시하여야 한다.

④ 개별주택 및 공동주택의 가격은 주택시장의 가격정보를 제공하고, 국가·지방자치단체 등이 과세 등의 업무와 관련하여 주택의 가격을 산정하는 경우에 그 기준으로 활용될 수 있다.

⑤ 국토교통부장관은 공동주택에 대하여 매년 공시기준일 현재의 공동주택가격을 조사·산정하여 중앙부동산가격공시위원회의 심의를 거쳐 공시하고, 이를 관계 행정기관 등에 제공하여야 한다.

11 부동산가격공시제도에 관한 설명으로 옳은 것은?

① 개별공시지가란 시장·군수·구청장이 결정·공시하는 매년 공시지가의 공시기준일 현재 관할구역 안의 표준지의 단위면적당 가격을 말한다.

② 공동주택가격은 표준주택과 개별주택으로 구분하여 공시한다.

③ 국토교통부장관은 표준주택 및 공동주택의 가격을 결정·공시한다.

④ 개별공시지가 및 개별주택가격에 대하여 이의가 있는 자는 공시일부터 30일 이내에 국토교통부장관에게 이의를 신청할 수 있다.

⑤ 개별공시지가 및 표준주택의 가격은 국가·지방자치단체 등의 기관이 조세를 부과할 때 기준이 된다.

12 부동산가격공시제도에 관한 설명으로 옳은 것은?

① 표준지에 건물 또는 그 밖의 정착물이 있거나 지상권 또는 그 밖의 토지의 사용·수익을 제한하는 권리가 설정되어 있을 때에는 그 정착물 또는 권리가 존재하지 아니하는 것으로 보고 표준지공시지가를 평가하여야 한다.

② 개별공시지가에 대해서는 이의신청을 할 수 있지만, 표준지공시지가에 대해서는 이의신청을 할 수 없다.

③ 국토교통부장관은 공시기준일 이후에 분할·합병 등이 발생한 토지에 대하여는 대통령령으로 정하는 날을 기준으로 하여 개별공시지가를 결정·공시하여야 한다.

④ 표준주택에 전세권 또는 그 밖에 주택의 사용·수익을 제한하는 권리가 설정되어 있는 경우에는 그 권리가 설정되어 있는 상태로 적정가격을 평가한다.

⑤ 공동주택가격은 표준주택가격과 개별주택가격으로 구분하여 공시된다.

부동산가격공시제도 중 비주거용 일반부동산가격에 관한 설명으로 틀린 것은?

① 비주거용 표준부동산가격이란 국토교통부장관이 용도지역, 이용상황, 건물구조 등이 일반적으로 유사하다고 인정되는 일단의 비주거용 일반부동산 중에서 선정한 비주거용 표준부동산에 대하여 결정·공시한 매년 공시기준일 현재의 적정가격을 말한다.

② 비주거용 표준부동산가격의 공시기준일은 1월 1일로 한다.

③ 국토교통부장관은 비주거용 표준부동산가격을 조사·산정하려는 경우 감정평가법인 등 또는 대통령령으로 정하는 부동산가격의 조사·산정에 관한 전문성이 있는 자에게 의뢰한다.

④ 비주거용 일반부동산에 전세권 또는 그 밖에 비주거용 일반부동산의 사용·수익을 제한하는 권리가 설정되어 있을 때에는 그 권리가 존재하지 아니하는 것으로 보고 적정가격을 조사·산정하여야 한다.

⑤ 비주거용 표준부동산가격에 이의가 있는 자는 그 공시일부터 30일 이내에 서면(전자문서 포함)으로 시장·군수 또는 구청장에게 이의를 신청할 수 있다.

POINT

비주거용 부동산가격공시제도는 법이 개정되어 추가된 부분으로 비주거용 일반부동산과 비주거용 집합부동산으로 구분하여 정리해두어야 합니다.

해설

비주거용 표준부동산가격에 이의가 있는 자는 그 공시일부터 30일 이내에 서면(전자문서 포함)으로 국토교통부장관에게 이의를 신청할 수 있다.

정답 ⑤

13 부동산가격공시제도 중 비주거용 개별부동산가격에 관한 설명으로 틀린 것은? 상중하

① 국토교통부장관은 중앙부동산가격공시위원회의 심의를 거쳐 매년 비주거용 표준부동산가격의 공시기준일 현재 관할구역 안의 비주거용 개별부동산의 가격을 결정·공시할 수 있다.

② 시장·군수 또는 구청장이 비주거용 개별부동산가격을 결정·공시하는 경우에는 해당 비주거용 일반부동산과 유사한 이용가치를 지닌다고 인정되는 비주거용 표준부동산가격을 기준으로 비주거용 부동산가격비준표를 사용하여 가격을 산정하되, 해당 비주거용 일반부동산의 가격과 비주거용 표준부동산가격이 균형을 유지하도록 하여야 한다.

③ 시장·군수 또는 구청장은 공시기준일 이후에 토지의 분할·합병이나 건축물의 신축 등이 발생한 경우에는 대통령령으로 정하는 날을 기준으로 하여 비주거용 개별부동산가격을 결정·공시하여야 한다.

④ 비주거용 개별부동산가격에 대하여 이의가 있는 자는 비주거용 개별부동산가격의 결정·공시일부터 30일 이내에 서면으로 시장·군수 또는 구청장에게 이의를 신청할 수 있다.

⑤ 시장·군수 또는 구청장은 이의신청의 내용이 타당하다고 인정될 때에는 해당 비주거용 개별부동산가격을 조정하여 다시 결정·공시하여야 한다.

14 부동산가격공시제도 중 비주거용 집합부동산가격에 관한 설명으로 <u>틀린</u> 것은? 생중하

① 국토교통부장관은 비주거용 집합부동산에 대하여 매년 공시기준일 현재의 적정가격 (비주거용 집합부동산가격)을 조사·산정하여 중앙부동산가격공시위원회의 심의를 거쳐 공시할 수 있다.

② 국토교통부장관은 비주거용 집합부동산가격을 공시하기 위하여 비주거용 집합부동산의 가격을 산정할 때에는 대통령령으로 정하는 바에 따라 비주거용 집합부동산의 소유자와 그 밖의 이해관계인의 의견을 들어야 한다.

③ 비주거용 집합부동산가격을 조사·산정하는 경우에는 인근 유사 비주거용 집합부동산의 거래가격·임대료 및 해당 비주거용 집합부동산과 유사한 이용가치를 지닌다고 인정되는 비주거용 집합부동산의 건설에 필요한 비용추정액 등을 종합적으로 참작하여야 한다.

④ 시장·군수 또는 구청장은 공시기준일 이후에 토지의 분할·합병이나 건축물의 신축 등이 발생한 경우에는 대통령령으로 정하는 날을 기준으로 하여 비주거용 집합부동산가격을 결정·공시하여야 한다.

⑤ 비주거용 집합부동산가격을 조사·산정할 때에는 부동산원 또는 대통령령으로 정하는 부동산가격의 조사·산정에 관한 전문성이 있는 자에게 의뢰한다.

내가 꿈을 이루면
나는 누군가의 꿈이 된다.

– 이도준

여러분의 작은 소리
에듀윌은 크게 듣겠습니다.

본 교재에 대한 여러분의 목소리를 들려주세요.
공부하시면서 어려웠던 점, 궁금한 점,
칭찬하고 싶은 점, 개선할 점, 어떤 것이라도 좋습니다.

에듀윌은 여러분께서 나누어 주신 의견을
통해 끊임없이 발전하고 있습니다.

에듀윌 도서몰 book.eduwill.net
• 부가학습자료 및 정오표: 에듀윌 도서몰 → 도서자료실
• 교재 문의: 에듀윌 도서몰 → 문의하기 → 교재(내용, 출간) / 주문 및 배송

2024 에듀윌 공인중개사 1차 기출응용 예상문제집 부동산학개론

발 행 일	2024년 4월 15일 초판
편 저 자	이영방
펴 낸 이	양형남
펴 낸 곳	(주)에듀윌
등록번호	제25100-2002-000052호
주 소	08378 서울특별시 구로구 디지털로34길 55
	코오롱싸이언스밸리 2차 3층

www.eduwill.net
대표전화 1600-6700

에듀윌 직영학원에서
합격을 수강하세요

언제나 전문 학습 매니저와 상담이 가능한 안내데스크

고품질 영상 및 음향 장비를 갖춘 최고의 강의실

재충전을 위한 카페 분위기의 아늑한 휴게실

에듀윌의 상징 노란색의 환한 학원 입구

에듀윌 공인중개사
동문회 특권

1. 에듀윌 공인중개사 합격자 모임

2. 앰배서더 가입 자격 부여

3. 동문회 인맥북

업계 최대 네트워크

4. 개업 축하 선물

5. 온라인 커뮤니티

부동산 정보
실시간 공유

6. 오프라인 커뮤니티

지부/기수 정기모임

7. 공인중개사 취업박람회

8. 동문회 주최 실무 특강

9. 프리미엄 복지혜택

숙박/자기계발/의료
및 소식지 무료 구독

10. 마이오피스

동문 사무소
등록/조회

11. 동문회와 함께하는 사회공헌활동

※ 본 특권은 회원별로 상이하며, 예고 없이 변경될 수 있습니다.

2024

에듀윌 공인중개사
기출응용 예상문제집

1차 부동산학개론

오답 노트가 되는

정답 및 해설

2024

에듀윌 공인중개사
기출응용 예상문제집

1차 부동산학개론

2024

에듀윌 공인중개사
기출응용 예상문제집

1차 부동산학개론

오답 노트가 되는

정답 및 해설

빠른 정답 CHECK!

PART 1 부동산학 총론

CHAPTER 01 | 부동산학 서설　해설 p.4

01	①	02	⑤	03	②	04	⑤	05	④
06	⑤								

CHAPTER 02 | 부동산의 개념과 분류　해설 p.6

01	④	02	④	03	①	04	④	05	④
06	④	07	⑤	08	⑤	09	②	10	③
11	①	12	④	13	①	14	⑤	15	①
16	⑤	17	②	18	④	19	①	20	④
21	②	22	③						

CHAPTER 03 | 부동산의 특성　해설 p.10

01	③	02	④	03	③	04	②	05	②
06	④	07	④	08	②	09	⑤	10	③
11	④	12	④	13	④	14	②	15	③
16	①	17	①	18	②	19	⑤	20	④

PART 2 부동산학 각론

CHAPTER 01 | 부동산경제론　해설 p.14

01	③	02	⑤	03	④	04	①	05	④
06	①	07	④	08	④	09	④	10	②
11	③	12	⑤	13	②	14	④	15	③
16	③	17	④	18	④	19	②	20	③
21	②	22	④	23	①	24	④	25	②
26	⑤	27	④	28	④	29	③	30	①
31	③	32	②	33	①	34	④	35	①
36	①	37	④	38	④	39	④	40	①
41	③	42	③	43	①	44	③	45	③
46	③	47	④	48	①	49	④	50	④
51	②	52	⑤	53	②	54	③	55	③
56	①	57	⑤	58	③	59	①	60	⑤
61	③	62	③	63	①	64	③	65	②
66	③	67	④	68	④	69	②	70	④
71	③	72	②	73	⑤	74	⑤	75	⑤
76	②	77	③	78	⑤	79	③	80	②
81	①	82	①	83	④				

CHAPTER 02 | 부동산시장론　해설 p.34

01	③	02	③	03	①	04	②	05	①
06	①	07	①	08	①	09	①	10	①
11	①	12	②	13	⑤	14	④	15	④
16	③	17	②	18	①	19	①	20	④
21	③	22	②	23	②	24	①	25	⑤
26	⑤	27	②	28	②	29	③	30	⑤
31	③	32	③	33	①	34	③	35	⑤
36	①	37	④	38	①	39	④	40	④
41	③	42	④	43	⑤	44	⑤	45	⑤
46	④	47	④	48	⑤	49	①	50	②
51	⑤	52	⑤	53	⑤	54	④	55	②
56	③	57	③	58	④	59	③	60	⑤
61	④	62	④	63	④	64	④	65	③
66	④								

CHAPTER 03 | 부동산정책론　해설 p.48

01	⑤	02	①	03	③	04	①	05	③
06	④	07	③	08	④	09	④	10	⑤
11	①	12	④	13	③	14	③	15	②
16	④	17	①	18	①	19	②	20	①
21	②	22	④	23	⑤	24	⑤	25	④
26	③	27	④	28	①	29	①	30	③
31	⑤	32	⑤	33	③	34	②	35	⑤
36	①	37	⑤	38	③	39	③	40	⑤
41	①	42	④	43	⑤	44	④	45	④
46	①	47	⑤	48	④	49	⑤	50	④
51	⑤								

CHAPTER 04 | 부동산투자론 해설 p.58

01	④	02	③	03	②	04	④	05	①
06	③	07	③	08	③	09	③	10	⑤
11	①	12	①	13	①	14	②	15	①
16	④	17	②	18	④	19	④	20	③
21	⑤	22	①	23	④	24	①	25	⑤
26	①	27	④	28	④	29	④	30	③
31	③	32	③	33	②	34	④	35	③
36	②	37	⑤	38	⑤	39	②	40	⑤
41	③	42	②	43	②	44	⑤	45	③
46	③	47	①	48	②	49	⑤	50	⑤
51	④	52	③	53	②	54	①	55	④
56	①	57	④	58	①	59	②	60	③
61	②	62	⑤	63	②	64	②	65	①
66	⑤	67	⑤	68	⑤	69	③	70	②
71	③	72	①	73	③	74	③	75	④
76	③	77	③	78	②	79	⑤	80	①
81	①								

CHAPTER 05 | 부동산금융론 (부동산금융 · 증권론) 해설 p.78

01	⑤	02	③	03	②	04	⑤	05	⑤
06	④	07	⑤	08	④	09	③	10	①
11	①	12	①	13	⑤	14	④	15	③
16	③	17	④	18	①	19	①	20	④
21	②	22	②	23	①	24	①	25	②
26	③	27	②	28	②	29	③	30	①
31	③	32	④	33	②	34	⑤	35	①
36	②	37	①	38	①	39	②	40	⑤
41	⑤	42	①	43	①	44	④	45	②
46	②								

CHAPTER 06 | 부동산개발 및 관리론 해설 p.88

01	①	02	④	03	①	04	①	05	③
06	③	07	③	08	④	09	③	10	③
11	①	12	①	13	④	14	⑤	15	⑤
16	⑤	17	①	18	②	19	⑤	20	②
21	⑤	22	①	23	⑤	24	④	25	③
26	④	27	⑤	28	②	29	③	30	③
31	①	32	⑤	33	①	34	②	35	⑤
36	⑤	37	②	38	⑤	39	④	40	③
41	③	42	④	43	④	44	⑤	45	⑤
46	①	47	⑤	48	②	49	⑤	50	②
51	①	52	⑤	53	③	54	③	55	③
56	⑤	57	⑤	58	④				

PART 3 부동산 감정평가론

CHAPTER 01 | 감정평가의 기초이론 해설 p.102

01	⑤	02	④	03	⑤	04	④	05	②
06	①	07	⑤	08	③				

CHAPTER 02 | 부동산가격이론 해설 p.104

01	①	02	①	03	②	04	③	05	③
06	④	07	③	08	④	09	③	10	⑤
11	②	12	④						

CHAPTER 03 | 감정평가의 방식 해설 p.106

01	③	02	①	03	②	04	③	05	②
06	⑤	07	③	08	③	09	③	10	③
11	③	12	①	13	②	14	③	15	②
16	③	17	⑤	18	③	19	③	20	①
21	②	22	④	23	③	24	③	25	④
26	②	27	⑤	28	⑤	29	③	30	①
31	④	32	⑤	33	⑤	34	⑤	35	②
36	④	37	②	38	③	39	③	40	⑤
41	②	42	③	43	①				

CHAPTER 04 | 부동산가격공시제도 해설 p.116

01	③	02	②	03	④	04	②	05	①
06	②	07	⑤	08	②	09	①	10	②
11	③	12	①	13	①	14	④		

CHAPTER **01** 부동산학 서설

01	①	02	⑤	03	②	04	⑤	05	④
06	⑤								

01 부동산학   정답 ①

부동산학의 일반원칙으로서 능률성의 원칙은 소유활동에 있어서 최유효이용을, 거래활동에 있어서 거래질서확립의 원칙을 지도원리로 삼고 있다.

02 부동산학   정답 ⑤

부동산학의 접근방법 중 분산식 접근방법은 일반적 주변과학(법학·경제학·공학 등)에 의하여 각기 개별적·부분적으로 부동산을 다루는 접근방법이다. 즉, 각 학문분야별로 각기 개별적 또는 부분적으로 부동산을 다루는 방법이다. ⑤는 종합식 접근방법에 대한 설명이다.

03 부동산학   정답 ②

부동산학의 접근방법 중 인간은 합리적인 존재이며, 자기이윤의 극대화를 목표로 행동한다는 기본 가정에서 출발하는 것은 의사결정 접근방법이다. 행태과학적 접근방법은 부동산활동에 내재하는 인간적 요인에 착안하여 부동산행태(不動産行態, real estate behavior)를 중심으로 부동산활동의 본질을 규명하려는 방법이다.

04 한국표준산업분류상의 부동산업   정답 ⑤

주거용 건물 건설업은 한국표준산업분류(KSIC ; Korean standard industrial classification) 중 부동산업에 해당하지 않는다.

대분류	중분류	소분류	세분류	세세분류
부동산업	부동산업	부동산 임대 및 공급업	부동산 임대업	주거용 건물임대업
				비주거용 건물임대업
				기타 부동산임대업
			부동산개발 및 공급업	주거용 건물개발 및 공급업
				비주거용 건물개발 및 공급업
				기타 부동산개발 및 공급업
		부동산 관련 서비스업	부동산 관리업	주거용 부동산관리업
				비주거용 부동산관리업
			부동산중개, 자문 및 감정평가업	부동산중개 및 대리업
				부동산투자 자문업
				부동산 감정평가업

05 한국표준산업분류상의 부동산업   정답 ④

한국표준산업분류상 부동산개발 및 공급업은 부동산 관련 서비스업이 아닌 부동산임대 및 공급업에 해당한다. 부동산 관련 서비스업은 부동산관리업과 부동산중개, 자문 및 감정평가업으로 나뉜다. 부동산관리업은 주거용 부동산관리업, 비주거용 부동산관리업으로 구분되며, 부동산중개, 자문 및 감정평가업은 부동산중개 및 대리업, 부동산투자 자문업, 부동산 감정평가업으로 구분된다.

06 부동산활동   정답 ⑤

① 체계화된 지식으로 부동산활동의 원리를 설명할 때에는 과학성이 인정되고, 그것을 실무활동에 응용하는 측면에서는 기술성이 인정된다.

② 부동산활동은 정보활동이며, 이러한 정보활동이 중요한 것은 부동산에는 '부동성(不動性)'의 특성이 있고 부동산 주변현상에는 통제 불가능한 요인이 많기 때문이다.

③ 부동산활동을 임장활동으로 규정하는 근거는 부동산에는 '부동성(不動性)' 이라는 특성이 있으며, 부동산활동은 대인활동 및 대물활동이지만 부동산활동을 임장활동으로 규정하는 근거는 대물활동적 속성에 근거한다.

④ 부동산은 수평공간·공중공간·지중공간을 대상으로 부동산활동을 전개하며, 거래활동의 대상은 3차원의 공간이고, 부동산가격은 3차원 공간의 가격을 의미한다.

CHAPTER 02 부동산의 개념과 분류

01	④	02	④	03	①	04	④	05	④
06	④	07	⑤	08	⑤	09	②	10	③
11	①	12	④	13	①	14	⑤	15	①
16	⑤	17	②	18	④	19	①	20	④
21	②	22	③						

01 부동산의 법률적 개념   정답 ④

광업권의 객체가 되는 미채굴의 광물에 대해서는 토지소유자의 권리가 미치지 못한다.

02 토지정착물   정답 ④

가식(假植) 중인 수목은 토지에 종속되어 있는 정착물이 아니라 동산으로 취급된다.

03 부동산의 법률적 개념   정답 ①

입목등기가 되지 않은 수목이라도 명인방법을 갖춘 때에는 독립한 물건으로 거래의 객체가 될 수 있다.

04 부동산의 경제적 개념   정답 ④

토지는 생산요소 및 생산재로서의 성격을 갖는 동시에 인간생활의 편의를 제공해 주는 최종 소비재의 성격도 가지고 있다.

05 부동산의 개념   정답 ④

ⓒ 부동산의 법률적·경제적·물리적 측면을 결합한 개념을 복합개념의 부동산이라고 한다.

06 부동산의 물리적 개념   정답 ④

부동산의 개념 중 물리적 개념은 자연, 공간, 위치, 환경 등으로 나눌 수 있다. 자본은 경제적 개념에 해당한다.

07 부동산의 물리적 개념

정답 ⑤

오답 NOTE

부동산의 재산가치는 3차원의 공간개념인 수평공간·지하(지중)공간·공중공간의 가격으로 평가한다.

08 부동산의 물리적 개념

정답 ⑤

자연자원으로서의 부동산(토지)의 개념을 강조하면 개발보다는 보전을 더욱 중시하는 노력이 필요하게 된다.

09 부동산의 물리적 개념

정답 ②

접근성이 좋을수록 부동산의 입지조건은 양호하고 그 가치는 높다. 그러나 접근성이 좋다고 하여 그 가치가 항상 높은 것은 아니다. 위험·혐오시설이나 용도에 맞지 않는 경우는 접근성이 좋아도 오히려 감가의 요인으로 작용한다.

10 토지의 분류

정답 ③

「공간정보의 구축 및 관리 등에 관한 법률」(또는 부동산등기법)상 하나의 지번을 가진 토지로서 토지의 등기·등록단위를 필지(筆地)라 한다.

11 토지의 분류

정답 ①

토지이용을 상정하여 구획되는 경제적·부동산학적인 단위개념은 획지이다. 필지는 「공간정보의 구축 및 관리 등에 관한 법률」(또는 부동산등기법)상의 용어로서 토지소유자의 권리를 구분하기 위한 표시인데, 이는 권리를 구분하기 위한 법적 개념이다.

12 토지의 분류

정답 ④

나지(裸地)란 토지에 건물이나 그 밖의 정착물이 없고, 지상권 등 토지의 사용·수익을 제한하는 사법상의 권리가 설정되어 있지 아니한 토지를 말한다.

13 토지의 분류

정답 ①

공지(空地)는 「건축법」에 의한 건폐율 등의 제한으로 인해 한 필지 내에 건물을 꽉 메워서 건축하지 않고 남겨 둔 토지이다. 지력 회복을 위해 정상적으로 쉬게 하는 토지는 휴한지(休閑地)이다.

14 토지의 분류 정답 ⑤

건부증가(建附增價)는 재개발구역 지정결정, 택지개발 예정구역 지정결정, 소수 잔존자 보상 대상지역결정, 개발제한구역 지정결정, 용적률과 건폐율 규제강화결정 등의 경우에 발생한다. 즉, 건부증가는 주로 공법상의 규제가 강화되었을 때 발생한다.

15 토지의 분류 정답 ①

ⓛ 후보지(候補地)란 부동산의 용도적 지역인 택지지역, 농지지역, 임지지역 상호간에 전환되고 있는 지역의 토지를 말한다. 즉, 후보지나 이행지는 전환 중이거나 이행 중인 토지에 붙이는 용어이며 전환이나 이행이 이루어지고 난 후에는 바뀐 후의 용도를 따라 부른다는 것에 유의해야 한다.
ⓒ 필지(筆地)란 하나의 지번을 가진 토지로서 토지의 등기·등록의 단위를 말하는데, 토지소유자의 권리를 구분하기 위한 법적 개념이다.
ⓜ 획지(劃地)란 인위적·자연적·행정적 조건에 의해 다른 토지와 구별되는 가격수준이 비슷한 일단의 토지이다.

16 토지의 분류 정답 ⑤

① 지가의 공시를 위해 가치형성요인이 같거나 유사하다고 인정되는 일단의 토지 중에서 선정한 토지는 표준지이다. '표본지'란 지가변동률 조사·산정 대상지역에서 행정구역별·용도지역별·이용상황별로 지가변동을 측정하기 위하여 선정한 대표적인 필지를 말한다(지가변동률 조사·산정에 관한 규정 제2조 제1호).
② 「건축법」에 의한 건폐율 등의 제한으로 인해 한 필지 내에서 건축하지 않고 비워둔 토지는 공지(空地)이다. 나지(裸地)는 토지에 건물이나 그 밖의 정착물이 없고 지상권 등 토지의 사용·수익을 제한하는 사법상의 권리가 설정되어 있지 아니한 토지를 말한다.
③ 다른 토지와 구별되는 가격수준이 비슷한 일단의 토지는 획지(劃地)이다. 필지(筆地)는 법률적 개념으로 하나의 지번이 부여된 토지의 등록단위를 말한다.
④ 특정의 지점을 기준으로 한 택지이용의 최원방권의 토지는 한계지(限界地)이다. 공한지(空閑地)는 도시 토지로서 지가상승만을 기대하고 장기간 방치하는 토지이다.

17 토지의 분류 정답 ②

유휴지(遊休地)란 바람직스럽지 못하게 놀리는 토지이며, 휴한지(休閑地)란 농지 등을 정상적으로 쉬게 하는 토지이다.

18 토지의 분류   정답 ④

① 나지(裸地)란 토지에 건물이나 그 밖의 정착물이 없고, 지상권 등 토지의 사용·수익을 제한하는 사법상의 권리가 설정되어 있지 않은 토지이다.

② 건부지(建附地)란 건물 등 토지상의 부가물의 부지로 제공되고 있는 토지로서, 건부지의 평가액은 나지로서의 평가액을 한도로 한다.

③ 이행지(移行地)란 용도지역 내에서 지역 간 용도변경이 진행되고 있는 토지로서, 지목변경이 뒤따를 수도 있고 그렇지 않을 수도 있다.

⑤ 포락지(浦落地)에 대한 설명이다. 공한지(空閑地)란 도시 토지로서 지가상승만을 기대하고 장기간 방치하는 토지이다.

19 토지의 분류   정답 ①

옳은 것은 ⓒ이므로 1개이다.

㉠ 나지(裸地)는 토지에 건물이나 그 밖의 정착물이 없고, 지상권 등 토지의 사용·수익을 제한하는 사법상의 권리가 설정되어 있지 아니한 토지를 말한다. 공법상 제한은 존재할 수 있다.

㉡ 획지(劃地)는 인위적·자연적·행정적 조건에 의해 다른 토지와 구별되는 가격수준이 비슷한 일단의 토지로 하나의 필지가 여러 개의 획지로 이용될 수도 있고, 여러 개의 필지가 하나의 획지로 이용될 수도 있다.

㉢ 지가의 공시를 위해 가치형성요인이 같거나 유사하다고 인정되는 일단의 토지 중에서 선정한 토지는 표준지이다. '표본지(標本地)'란 지가변동률 조사·산정 대상지역에서 행정구역별·용도지역별·이용상황별로 지가변동을 측정하기 위하여 선정한 대표적인 필지를 말한다(지가변동률 조사·산정에 관한 규정 제2조 제1호).

㉣ 건부지(建附地)는 건축물의 부지로 이용 중인 토지를 말한다. 따라서 건축물의 부지로 이용가능한 토지는 건부지의 개념에 해당되지 않는다.

㉤ 일단지(一團地)는 용도상 불가분의 관계에 있는 두 필지 이상의 토지를 말한다. 그러나 합병한 토지를 말하지 않는다.

20 주택의 분류   정답 ④

「건축법 시행령」에 따른 주택의 분류 중 단독주택·다중주택·다가구주택은 단독주택에 해당하고, 아파트·연립주택·다세대주택·기숙사는 공동주택에 해당한다.

21 주택의 분류   정답 ②

다가구주택은 주택으로 쓰는 층수(지하층 제외)가 3개 층 이하이며, 1개 동의 주택으로 쓰이는 바닥면적(부설주차장 면적 제외)의 합계가 660m² 이하이어야 하고, 19세대(대지 내 동별 세대수를 합한 세대를 말함) 이하가 거주할 수 있어야 한다.

22 다중주택의 요건

정답 ③

'학교 또는 공장 등의 학생 또는 종업원 등을 위하여 사용하는 것으로서 해당 기숙사의 공동취사시설 이용 세대수가 전체 세대수(건축물의 일부를 기숙사로 사용하는 경우에는 기숙사로 사용하는 세대수로 한다)의 50% 이상인 것'은 **공동주택 중 일반기숙사**에 대한 내용이다.

이론 ✚ 다중주택의 요건

> 다중주택은 다음의 요건을 모두 갖춘 주택을 말한다.
> 1. 학생 또는 직장인 등 여러 사람이 장기간 거주할 수 있는 구조로 되어 있는 것
> 2. 독립된 주거의 형태를 갖추지 않은 것(각 실별로 욕실은 설치할 수 있으나, 취사시설은 설치하지 않은 것을 말한다)
> 3. 1개 동의 주택으로 쓰이는 바닥면적(부설주차장 면적은 제외한다)의 합계가 660m² 이하이고 주택으로 쓰는 층수(지하층은 제외한다)가 3개 층 이하일 것. 다만, 1층의 전부 또는 일부를 필로티 구조로 하여 주차장으로 사용하고 나머지 부분을 주택(주거 목적으로 한정한다) 외의 용도로 쓰는 경우에는 해당 층을 주택의 층수에서 제외한다.
> 4. 적정한 주거환경을 조성하기 위하여 건축조례로 정하는 실별 최소 면적, 창문의 설치 및 크기 등의 기준에 적합할 것

CHAPTER 03 부동산의 특성

01	③	02	④	03	③	04	②	05	②
06	④	07	④	08	②	09	⑤	10	③
11	④	12	③	13	⑤	14	②	15	③
16	①	17	①	18	②	19	⑤	20	④

01 부동산의 특성

정답 ③

부동산의 특성 중 **영속성**은 소모를 전제로 하는 재생산이론이나 사고방식을 토지에는 적용할 수 없게 한다.

02 부동산의 특성

정답 ④

토지에 감가상각의 적용을 배제시키는 근거가 되는 특성은 **영속성**이다. 다만, 토지에 감가상각의 적용배제라는 의미는 물리적 감가가 적용되지 않는다는 것이지 토지에도 기능적·경제적 감가는 가능하다.

03 부동산의 특성

정답 ③

오답 NOTE

토지의 가치보존력을 우수하게 하고, 소유이익과 이용이익을 분리하여 타인으로 하여금 이용 가능하게 하며, 소모를 전제로 하는 재생산이론이나 사고방식을 적용할 수 없게 하는 특성은 **영속성**이다.

04 부동산의 특성

정답 ②

부증성은 생산비법칙이 적용되지 않아 노동이나 생산비를 투입하여 생산할 수 없게 한다.

05 부동산의 특성

정답 ②

개별성은 물리적으로 완전히 동일한 복수의 토지는 있을 수 없다는 특성이다. 토지는 물리적으로는 비대체적이나 이용 측면에서는 대체가 가능하다.

06 부동산의 특성

정답 ④

영속성은 사용이나 시간의 흐름에 의해서 소모와 마멸이 되지 않는다는 특성이다. 주어진 자료에서 나열된 부동산의 특성들은 모두 영속성으로부터 파생되는 특징들이다.

07 부동산의 특성

정답 ④

옳은 것은 ㉠㉢㉣㉤으로 4개이다.
㉡ 영속성은 사용이나 시간의 흐름에 의해서 소모와 마멸이 되지 않는다는 특성으로 토지관리의 중요성을 강조하게 한다. 그러나 토지는 부증성으로 인해 재조달원가를 구할 수 없고 영속성으로 인해 감가누계액을 구할 수 없으므로 원가방식을 적용하기 어렵다.

08 부동산의 특성

정답 ②

㉢ 부증성으로 인해 토지의 물리적 공급은 불가능하나 용도의 다양성으로 인해 용도전환을 통한 용도적 공급은 가능하다.
㉣ 부동성과 인접성으로 인해 외부효과가 발생한다.

09 부동산의 특성

정답 ⑤

토지는 부증성으로 인해 물리적 공급은 불가능하지만, 용도의 다양성으로 인해 용도적 공급은 가능하다.

10 부동산의 특성

옳은 것은 ⓒⓔⓑ으로 3개이다.
ⓐ 소유이익과 이용이익으로 분리가 가능하게 하는 토지의 특성은 **영속성**이다.
ⓒ 공유수면의 매립 및 전환과 이행을 통한 공급을 가능하게 하는 토지의 특성
은 **용도의 다양성**이다.
ⓜ 중개업을 정착시키는 토지의 특성은 **부동성**이다.

11 부동산의 특성

개별성의 특성으로 인해 토지의 가격이나 수익이 개별로 형성되어 일물일가(一
物一價)의 법칙의 적용을 **배제시킨다**.

12 부동산의 특성

토지의 특성 중 개별성으로 인해 **물리적 대체는 곤란**하나, 인접성과 용도의 다
양성 등으로 인해 부동산의 **용도 면에서는 대체가능성이 존재**한다.

13 부동산의 특성

① **부동성**으로 인하여 부동산활동 및 부동산현상을 국지화하며, 지역마다
   거래관행, 임대료 등을 다르게 하여 감정평가 시 지역분석의 필요성이 요구
   된다.
② **영속성**으로 인하여 재고시장 형성에 영향을 주며, 부동산의 유량(flow) 공
   급뿐만 아니라 저량(stock) 공급도 가능하게 한다.
③ **부증성**으로 인하여 토지의 생산공급은 불가능하나 용도의 다양성으로 인해
   용도전환을 통한 공급은 가능하다.
④ **개별성**으로 인하여 표준지 선정을 어렵게 하며, 토지의 가격이나 수익이 개
   별로 형성되어 일물일가(一物一價)의 법칙 적용을 배제시킨다.

14 부동산의 특성

토지는 부증성의 특성으로 인해 다른 생산물처럼 노동이나 생산비를 투입하여
순수한 그 자체의 양을 늘릴 수 없다. 즉, **토지에 생산비의 법칙이 적용되지
않는다**.

15 부동산의 특성

개별성의 특성으로 인해 토지의 가격이나 수익이 개별로 형성되어 일물일가(一
物一價)의 법칙 적용을 **배제시킨다**.

16 부동산의 특성 정답 ①

② 부증성으로 인해 토지의 물리적 공급이 어려우므로 토지이용의 집약화가 요구된다.
③ 부동성으로 인해 주변 환경의 변화에 따른 외부효과가 나타날 수 있다.
④ 영속성으로 인해 재화의 소모를 전제로 하는 재생산이론과 물리적 감가상각이 적용되지 않는다.
⑤ 개별성으로 인해 토지별 완전한 대체 관계가 제약된다.

17 부동산의 특성 정답 ①

② 부동산활동에 대해서 장기적 배려를 필연적으로 고려하게 하는 특성은 영속성이다.
③ 토지의 이행과 전환을 가능하게 하는 특성은 용도의 다양성이다.
④ 부증성으로 인해 토지는 생산비를 투입하여 생산할 수 없게 하고 독점 소유욕을 갖게 하며, 토지이용을 집약화시킨다.
⑤ 물리적으로 완전히 동일한 토지는 없으므로 일물일가의 법칙이 적용되지 않고, 부동산시장은 불완전경쟁시장이 된다.

18 부동산의 특성 정답 ②

옳은 것은 ㉠㉢으로 2개이다.
㉡ 영속성은 소모를 전제로 하는 재생산이론이나 사고방식을 토지에는 적용할 수 없게 한다.
㉢ 부동성은 부동산활동을 임장(臨場)활동, 정보활동, 중개활동, 입지선정활동으로 만든다.
㉣ 개별성으로 인해 물리적 대체를 곤란하게 하나, 인접성으로 인해 이용 측면의 대체는 가능하다.

19 부동산의 특성 정답 ⑤

부동산의 특성 중 개개의 부동산을 독점화시키며, 부동산활동이나 현상을 개별화시키는 특징은 개별성이다.

20 부동산의 특성 정답 ④

부동산활동 및 부동산현상을 국지화하여 지역분석의 필요성을 요구하는 특징은 부동성(不動性)이다.

CHAPTER 01 부동산경제론

01	③	02	⑤	03	④	04	①	05	④
06	①	07	④	08	④	09	④	10	②
11	③	12	⑤	13	②	14	③	15	③
16	③	17	④	18	②	19	②	20	③
21	②	22	④	23	①	24	⑤	25	②
26	⑤	27	③	28	②	29	⑤	30	①
31	③	32	②	33	①	34	①	35	①
36	①	37	④	38	③	39	②	40	③
41	③	42	③	43	①	44	③	45	③
46	③	47	②	48	①	49	②	50	④
51	②	52	①	53	②	54	③	55	③
56	①	57	⑤	58	④	59	①	60	⑤
61	③	62	③	63	①	64	③	65	②
66	③	67	④	68	④	69	②	70	④
71	③	72	②	73	⑤	74	⑤	75	⑤
76	②	77	③	78	⑤	79	③	80	②
81	①	82	①	83	④				

01 부동산 수요

정답 ③

부동산 수요량은 주어진 가격수준에서 수요자들이 구매하려고 하는 의도된 양을 의미하는 것이지, 실제로 구입한 양을 의미하는 것은 아니다.

02 유량과 저량

정답 ⑤

① 저량(貯量, stock)은 일정시점을 밝혀서 표시하는 개념이다.
② 유량(流量, flow)은 일정기간을 명시해야만 비로소 그 의미가 명확히 전달될 수 있는 개념이다.

③ 유량의 예로는 임대료 수입, 신규주택 공급량, 주택거래량, 부동산회사의 당기순이익, 국민총생산 등이 있다.

④ 저량의 예로는 주택재고량, 국부(國富), 보유 부동산의 시장가치, 인구, 재산총액, 외환보유액, 외채 등이 있다.

03 유량과 저량
정답 ④

유량(流量, flow) 변수란 일정기간에 걸쳐서 측정하는 변수로서 임대료 수입, 신규주택 공급량, 주택의 거래량, 부동산회사의 당기순이익, 국민총생산 등이 있다. 저량(貯量, stock) 변수란 일정시점에 측정하는 변수로서 주택재고량, 국부(國富), 보유 부동산의 시장가치, 인구, 재산총액, 외환보유액, 외채 등이 있다.

04 대체효과와 소득효과
정답 ①

주택임대료가 상승하게 되면, 대체효과에 의해 다른 재화의 소비량이 상대적으로 증가한다.

05 부동산 수요량의 변화와 수요의 변화
정답 ④

어느 부동산의 가격이 가까운 장래에 상승할 것으로 예상된다면, 가격이 상승하기 전에 그 상품을 보다 많이 사두려 하기 때문에 그 상품에 대한 수요가 증가하게 된다. 따라서 수요곡선은 우측으로 이동한다.

06 부동산 수요량의 변화와 수요의 변화
정답 ①

해당 재화의 가격 변화는 수요량의 변화요인에 해당한다. 이는 해당 재화의 가격(임대료) 이외의 다른 요인들은 일정하고, 해당 재화의 가격(임대료)만의 변화에 의한 수요량의 변화를 말하며, 동일한 수요곡선상에서의 점의 이동으로 나타난다.

07 부동산 수요량의 변화와 수요의 변화
정답 ④

아파트 가격의 하락은 아파트의 수요량을 증가시키는 수요량의 변화요인이다. 그러나 소득수준의 증가, 대체주택 가격의 상승, 이자율의 하락, 가구 수의 증가는 아파트의 수요를 증가시키는 수요의 변화요인, 즉 수요곡선 자체를 이동시키는 요인에 해당한다.

08 부동산 수요의 변화

정답 ④

생산기술이나 요소가격의 변화는 주택 수요의 변화요인이 아니라 공급의 변화요인에 해당한다.

09 수요곡선의 이동요인

정답 ④

해당 재화 가격의 하락은 수요량 증가요인에 해당하며, 동일한 수요곡선상에서의 점의 이동으로 나타난다.

10 수요곡선의 이동요인

정답 ②

아파트시장의 수요곡선을 좌측으로 이동시킬 수 있는 요인은 수요 감소요인에 해당한다. 사회적 인구 감소, 아파트 선호도 감소, 대체주택 가격의 하락 등이 수요 감소요인에 해당한다. 수요자의 실질소득 증가, 아파트 담보대출금리의 하락 등은 수요 증가요인에 해당하고, 건축원자재 가격의 하락은 공급 증가요인에 해당하며, 아파트 가격의 하락은 수요곡선이 이동하는 것이 아니라 수요곡선상의 점의 이동요인에 해당한다.

11 수요곡선의 이동요인

정답 ③

㉠㉢은 공급 감소요인, ㉣은 수요 감소요인에 해당한다.
㉡ 만일 수요 측면에서 커피와 홍차가 대체재라면 '커피 가격 상승 ⇨ 커피 수요량 감소 ⇨ 홍차 수요량 증가 ⇨ 홍차 수요곡선 우측 이동'으로 나타난다. 따라서 대체재의 가격 상승은 주택의 수요곡선을 우측으로 이동시킬 수 있는 요인에 해당한다.
㉤ 금리의 인하는 수요와 공급을 모두 증가시킨다.

12 수요곡선의 이동요인

정답 ⑤

①②④는 수요의 감소요인에 해당하고, ③은 공급의 증가요인에 해당한다.

13 탄력성과 재화의 관계

정답 ②

소득이 증가함에 따라 수요가 감소하는 재화를 열등재라 한다.

14 탄력성과 재화의 관계

정답 ③

A부동산의 가격이 10% 상승할 때, B부동산의 수요는 5% 감소하였으므로 A와 B는 보완재 관계이다. 그리고 A부동산의 가격이 10% 상승할 때, C부동산의 수요는 7% 증가하였으므로 A와 C는 대체재 관계이다.

15 탄력성과 재화의 관계   정답 ③

A부동산의 가격이 상승하자 B부동산의 수요가 감소하였으므로 A부동산과 B부동산은 보완재 관계이다. A부동산의 가격이 상승하자 C부동산의 수요가 증가하였으므로 A부동산과 C부동산은 대체재 관계이다. 또한 소득이 증가하면서 B부동산의 수요가 감소하였으므로 B부동산은 열등재이다. 소득이 증가하면서 C부동산의 수요가 증가하였으므로 C부동산은 정상재이다. 주어진 문제에서 A부동산의 가격이 상승하자 B부동산의 수요가 감소하고 C부동산의 수요가 증가하였으므로 B부동산과 C부동산의 수요변화는 모두 A부동산의 가격 상승으로 인한 결과이다. 그러나 문제에서 B부동산의 수요와 C부동산의 수요변화의 원인과 결과관계가 주어지지 않았으므로 B부동산과 C부동산이 대체재인지 보완재인지를 정확하게 알 수는 없다.

16 시장수요함수   정답 ③

개별수요함수 $P = 20 - 5Q$를 수요량(Q)에 대해 정리하면 $Q = 4 - \frac{1}{5}P$이다. 그런데 부동산시장에 개별수요자가 50명 존재하므로 수요자 수를 곱하면, $50Q = Q_M$, $Q_M = 200 - 10P$이다. 이것을 다시 가격(P)에 대해 정리하면 $P = 20 - \frac{1}{10}Q_M$이 된다.

17 시장수요함수   정답 ④

부동산시장에 개별수요자가 100명 존재하므로 $Q_D = 10 - 2P$에 수요자 수를 곱한 시장수요함수는 $Q_M = 1,000 - 200P$가 된다. 이 문제는 개별수요함수를 수요량(Q)에 대해 정리할 필요가 없다.

18 재화의 공급을 결정하는 요인   정답 ②

소득분배의 변화는 수요를 결정하는 요인에 해당한다.

19 공급곡선   정답 ②

공급곡선은 공급자의 한계비용곡선이다. 각각의 가격수준에 대응하는 균형생산량을 나타내보면 한계비용곡선(우상향하는 부분)이 곧 공급곡선임을 알 수 있다.

20 부동산의 수요와 공급곡선　　　　　　정답 ③

① 주택 건축자재 가격의 상승은 주택의 생산비를 상승시켜서 주택의 공급을 감소시킨다.
② 대체재의 가격 상승은 수요 측면에서 해당 재화의 수요를 증가시키지만, 공급 측면에서 해당 재화의 공급을 감소시키는 요인으로 작용한다.
③ 보완재의 가격 상승은 수요 측면에서 해당 재화의 수요를 감소시키지만, 공급 측면에서 해당 재화의 공급을 증가시키는 요인으로 작용한다.
④ 주택공급자의 가격 상승 예상은 가격이 오른 후에 주택을 공급하기 위해 공급을 감소시킨다.
⑤ 대출금리의 상승은 주택의 생산비를 상승시켜 주택의 공급을 감소시킨다.

21 주택공급의 증가요인　　　　　　정답 ②

주택의 공급을 증가시킬 수 있는 요인은 ㉣㉤으로 2개이다.
㉠㉡㉢㉥㉦ 주택의 공급을 감소시킬 수 있는 요인에 해당한다.

22 부동산의 공급　　　　　　정답 ④

건물의 경우 부동산의 생산과 관계되는 사람은 물론 기존 부동산의 보유자 역시 부동산의 공급자에 해당된다. 따라서 부동산공급자에는 생산자뿐만 아니라 기존의 주택이나 건물의 소유주도 포함된다.

23 부동산의 공급곡선　　　　　　정답 ①

용도전환이 용이할수록 공급곡선의 기울기는 더 완만해진다.

24 부동산의 수요와 공급　　　　　　정답 ⑤

① 가격이 상승하면 공급량은 증가한다.
② 수요량은 일정기간 또는 일정시점에 구매하고자 하는 최대수량이다.
③ 공급량은 주어진 가격수준에서 판매하고자 하는 최대수량이다.
④ 건설종사자들의 임금 상승은 생산비를 상승시켜 부동산의 공급이 감소하므로 부동산가격을 상승시킨다.

25 부동산의 수요와 공급　　　　　　정답 ②

㉡ 특정 주거지역에 있는 아파트의 가격을 상승시키는 요인은 해당 아파트에 대한 수요가 증가하거나 공급이 감소하는 경우이다. 그런데 소비에 있어서 해당 아파트의 대체재 가격의 하락은 해당 아파트의 수요가 감소하는 요인이 되므로 아파트 가격이 하락한다.

26 부동산의 수요와 공급, 균형 정답 ⑤

① 부동산의 수요는 부동산을 구입하고자 하는 의사와 능력이 뒷받침된 유효수요를 의미한다.

② 수요자의 소득이 변하여 수요곡선 자체가 이동하는 경우는 수요의 변화에 해당한다.

③ 인구의 증가로 부동산 수요가 증가하는 경우 균형가격은 상승하고, 균형량은 증가한다.

④ 건축비의 하락 등 생산요소가격의 하락은 주택공급곡선을 우측으로 이동시킨다.

27 부동산시장의 균형 정답 ③

균형점에서는 수요량과 공급량이 일치한다. 따라서 주어진 표에서 수요량과 공급량이 일치하는 점에서 균형임대료는 500만원/m², 균형거래량은 600m²이다.

28 부동산시장 균형의 계산 정답 ②

균형점에서는 수요량(Q_D)과 공급량(Q_S)이 일치한다.

따라서 $Q_D = Q_S$

$$2,000 - 6P = -1,000 + 9P$$
$$3,000 = 15P$$

그러므로 균형가격(P)은 200만원, 균형거래량(Q)은 800m²이다.

29 부동산시장 균형의 계산 정답 ⑤

균형가격은 수요량(Q_D)과 공급량(Q_S)이 일치할 때의 가격이다.

따라서 $Q_D = Q_S$

$$1,200 - P = P - 200$$
$$2P = 1,400$$

그러므로 균형가격(P)은 700만원, 균형거래량(Q)은 500m²이다.

30 시장균형의 변동 정답 ①

② 수요는 증가하고 공급은 감소할 때 공급의 감소가 수요의 증가보다 크다면 가격은 상승하고 균형거래량은 감소한다.

③ 수요와 공급이 동시에 감소할 때 수요의 감소가 공급의 감소보다 크다면 가격은 하락하고 균형거래량은 감소한다.

④ 수요와 공급이 동시에 증가할 때 수요와 공급이 동일하게 증가하면 가격은 불변인 채 균형거래량만 증가한다.

⑤ 수요는 감소하고 공급은 증가할 때 가격은 하락하나 균형거래량은 알 수 없다.

31 시장균형의 변동 　　　　　　　　　　　　　　　정답 ③

금리가 인상되면 아파트 수요와 공급이 모두 감소하여 균형거래량은 반드시 감소하나, 균형가격은 수요나 공급의 변화 크기 정도에 따라 상승할 수도 있고 하락할 수도 있다.

32 부동산의 수요와 공급, 균형 　　　　　　　　　　정답 ②

① 부동산수요는 단순히 부동산을 구입하고자 하는 의사만을 의미하는 것이 아니라 구매력이 뒷받침된 유효수요를 의미한다.

② 소비에 있어서 해당 아파트와 대체재의 가격이 하락하면 해당 아파트의 수요가 감소하는 요인이 되므로 아파트 가격이 하락한다.

③ 건축비의 하락 등 생산요소가격의 하락은 주택공급곡선을 우측으로 이동시킨다.

④ 기술의 개발로 부동산공급이 증가하는 경우 수요의 가격탄력성이 작을수록 균형가격의 하락폭은 커지고, 균형량의 증가폭은 작아진다.

⑤ 인구의 증가로 부동산 수요가 증가하는 경우 균형가격은 상승하고, 균형량은 증가한다.

33 시장수요·공급함수와 시장균형의 변동 　　　　정답 ①

1. 수요함수 $Q_{D1} = 1{,}400 - 2P$, 공급함수 $Q_S = 200 + 4P$라면, $1{,}400 - 2P = 200 + 4P$이므로 $6P = 1{,}200$이 된다. 따라서 $P = 200$, $Q = 1{,}000$이다.

2. 소득 감소로 수요함수가 $Q_{D2} = 1{,}100 - 2P$로 변한다면 $1{,}100 - 2P = 200 + 4P$이므로 $6P = 900$이 된다. 따라서 $P = 150$, $Q = 800$이 된다.

34 시장수요·공급함수와 시장균형의 변동 　　　　정답 ①

균형점에서 $Q_d = Q_S$이다.

1. 수요함수가 $Q_d = 800 - 2P$일 때 공급함수가 $Q_{S1} = 200$인 경우 $800 - 2P = 200$ ∴ $P = 300$

2. 수요함수가 $Q_d = 800 - 2P$일 때 공급함수가 $Q_{S2} = 300$인 경우 $800 - 2P = 300$ ∴ $P = 250$

3. 공급함수가 Q_{S1} = 200에서 Q_{S2} = 300으로 변할 경우 균형가격은 300
   에서 250으로 50만큼 감소한다.
   공급량은 200 또는 300으로 고정되어 있으므로 공급곡선은 수직이며 공
   급은 가격에 대하여 완전비탄력적이 된다.

오답 NOTE

35 시장수요·공급함수와 시장균형의 변동   정답 ①

1. 수요함수 Q_d = 150 − 2P, 공급함수 Q_{S1} = 30 + P라면,
   150 − 2P = 30 + P이므로 3P = 120이다.
   따라서 균형가격(P)은 40, 균형량(Q)은 70이다.
   공급함수가 Q_{S2} = 30 + 2P로 변한다면
   150 − 2P = 30 + 2P이므로 4P = 120이다.
   따라서 균형가격(P)은 30, 균형량(Q)은 90이므로 결국 균형가격은 10
   감소한다.
2. 공급함수 Q_{S1} = 30 + P를 P = −30 + Q_{S1}으로 바꾸면 기울기는 1이
   된다.

   또한 공급함수 Q_{S2} = 30 + 2P를 P = −15 + $\frac{1}{2}Q_{S2}$로 바꾸면 기울기는

   $\frac{1}{2}$이 된다. 따라서 기울기는 $\frac{1}{2}$만큼 감소한다.

36 시장수요·공급함수와 시장균형의 변동   정답 ①

1. 기존 시장의 균형상태에서
   수요함수 P = 200 − 2Q_d이고 공급함수 2P = 40 + Q_S라면

   P = 20 + $\frac{1}{2}Q_S$이므로 200 − 2Q_d = 20 + $\frac{1}{2}Q_S$에서,

   $\frac{5}{2}Q$ = 180이므로 Q = 72이다.

   따라서 P = 56만원, Q = 72m^{2}이다.
2. 시장의 수요자 수가 2배로 증가되는 경우
   기존 시장수요함수 P = 200 − 2Q_d를 수요량(Q_d)에 대해 정리하면

   Q_d = 100 − $\frac{1}{2}P$이다.

   그런데 시장의 수요자 수가 2배로 된다면 Q_d^M = 2Q_d이다.
   따라서 Q_d^M = 200 − P이다.
   이것을 다시 가격(P)에 대해 정리하면
   새로운 시장수요함수는 P = 200 − Q_d^M이 된다.

따라서 새로운 시장의 균형상태에서

수요함수 $P = 200 - Q_d^M$ 이고 공급함수 $2P = 40 + Q_S$라면

$P = 20 + \dfrac{1}{2}Q_S$이므로 $200 - Q_d^M = 20 + \dfrac{1}{2}Q_S$에서,

$\dfrac{3}{2}Q = 180$이 되며, $Q = 120$이다.

따라서 $P = 80$만원, $Q = 120\text{m}^2$이다.

3. 새로운 시장의 균형가격과 기존 시장의 균형가격 간의 차액은
   80만원 − 56만원 = 24만원이다.

37 시장수요·공급함수와 시장균형의 변동   정답 ④

최초(단기) 균형점은 A지역 기존 아파트 시장의 수요함수 $P = -Q_d + 40$과

최초의 공급함수 $P = \dfrac{2}{3}Q_s + 20$이 같은 점에서 결정된다. 즉, $-Q_d + 40$

$= \dfrac{2}{3}Q_s + 20$으로 $\dfrac{5}{3}Q_s = 20$이며, $Q = 12\text{m}^2$, $P = 28$만원/m^2이다.

따라서 균형가격은 28만원/m^2, 균형거래량은 12m^2이다.

그런데 아파트 시장의 새로운 공급함수가 $P = \dfrac{2}{3}Q_s + 10$이므로 새로운 균형

점은 수요함수 $P = -Q_d + 40$과 새로운 공급함수 $P = \dfrac{2}{3}Q_s + 10$이 같은

점에서 결정된다.

즉, $-Q_d + 40 = \dfrac{2}{3}Q_s + 10$으로 $\dfrac{5}{3}Q_s = 30$이며, $Q = 18\text{m}^2$, $P = 22$만

원/m^2이다.

따라서 균형가격은 22만원/m^2, 균형거래량은 18m^2이다.

결국 기존 아파트 시장에서 공급함수 변화로 인한 아파트 시장 균형가격은 6만

원/m^2만큼 하락하였다.

① 아파트 공급량 증가에 따른 공급의 변화로 공급곡선이 우측(우하향)으로 이
   동하였다.
② 기존 아파트 시장 균형가격은 28만원/m^2이다.
③ 공급함수 변화 이후의 아파트 시장 균형량은 18m^2이다
⑤ 기존 아파트 시장에서 공급함수 변화로 인한 아파트 시장 균형량은 6m^2만
   큼 증가하였다.

38 수요의 가격탄력성 계산   정답 ③

수요의 가격탄력성$(\varepsilon_d) = \left| \dfrac{\text{수요량변화율}}{\text{가격변화율}} \right| = \left| \dfrac{-5\%}{10\%} \right| = 0.5$

따라서 수요의 가격탄력성이 1보다 작기 때문에 비탄력적이다.

39 수요의 가격탄력성 　　　　　　　정답 ②

① 수요의 가격탄력성은 가격이 변할 때 수요량이 얼마나 변하는지를 나타내는 지표인데, 가격의 변화율보다 수요량의 변화율이 큰 경우를 '탄력적', 가격의 변화율보다 수요량의 변화율이 작은 경우를 '비탄력적'이라 한다.

③ 수요의 가격탄력성에서 아주 미미한 가격변화(즉, 거의 '0'에 가까운 변화)가 아주 큰 수요량의 변화를 초래하여 수요의 가격탄력성이 무한히 큰 값을 갖게 되는 경우를 '완전탄력적'이라 한다.

④ 부동산 수요의 가격탄력성은 단기에서 장기로 갈수록 탄력적으로 변하게 된다.

⑤ 부동산에 대한 종류별로 용도가 다양할수록, 용도전환이 쉬울수록 수요의 가격탄력성은 커진다.

40 수요의 가격탄력성 계산(중간점 이용) 　　　정답 ③

$$
수요의\ 가격탄력성(\varepsilon_d) = \left| \frac{\dfrac{\Delta Q}{Q_1 + Q_2}}{\dfrac{\Delta P}{P_1 + P_2}} \right| = \left| \frac{\dfrac{-100}{300 + 200}}{\dfrac{10}{30 + 40}} \right| = \frac{7}{5} = 1.4
$$

41 수요의 가격탄력성 　　　　　　　정답 ③

일반적으로 부동산 수요에 대한 관찰기간이 짧아질수록 수요의 가격탄력성은 작아지고, 관찰기간이 길어질수록 수요의 가격탄력성은 커진다.

42 수요의 가격탄력성 　　　　　　　정답 ③

생산의 증감에 따른 생산비의 변화는 공급의 가격탄력성을 결정하는 요인에 해당한다.

43 수요의 가격탄력성 　　　　　　　정답 ①

① 수요의 가격탄력성은 대체재의 유무와 밀접한 관련이 있다. 그런데 단기보다 장기에 대체재가 더 많이 만들어지므로 수요의 가격탄력성은 단기보다 장기에 더 커지는 경향이 있다.

② 수요의 가격탄력성은 가격의 변화율에 대한 수요량변화율을 나타낸다.

③ 수요의 가격탄력성은 기간의 장단에 따라 달라진다.

④ 가격의 변화율이 크다고 하여 수요량의 변화율도 크다고 할 수는 없다. 수요의 가격탄력성은 가격의 변화율에 대한 수요량의 변화율 정도에 따라 달라진다.

⑤ 수요곡선이 우하향의 직선일 때 탄력성은 위치에 따라 달라진다.

44 수요의 가격탄력성

정답 ③

① 수요의 가격탄력성이 1보다 작을 경우 비탄력적이므로 전체 수입은 임대료가 상승함에 따라 증가한다.

② 대체재가 있는 경우 수요의 가격탄력성은 대체재가 없는 경우보다 탄력적이 된다.

④ 일반적으로 부동산 수요의 가격탄력성은 단기에서 장기로 갈수록 더 탄력적이 된다.

⑤ 부동산의 용도전환이 용이할수록 수요의 가격탄력성은 커진다.

45 수요의 가격탄력성과 임대료 총수입의 관계

정답 ③

어떤 부동산의 임대료가 하락했는데도 그 부동산의 임대인의 임대료 총수입은 불변이라면 그 부동산의 수요의 가격탄력성은 1, 즉 단위탄력적인 경우이다. 수요의 가격탄력성이 단위탄력적인 경우는 가격(임대료)의 변화율과 수요량의 변화율이 방향만 다르고 크기가 같으므로 임대료가 변한다고 하더라도 임대인의 임대료 총수입이 일정하다.

46 수요의 가격탄력성과 임대료 총수입의 관계

정답 ③

담배 가격의 변화에 관계없이 담배 구매에 일정한 금액을 지출한다는 것은 단위탄력적이라는 것을 의미한다. 즉, 탄력성 값이 1인 수요곡선(직각쌍곡선)에서는 가격의 변화와 관계없이 기업의 총수입(가계의 총지출)은 일정하다.

47 수요의 가격탄력성과 임대료 총수입의 관계

정답 ②

수요의 임대료탄력성과 임대료 총수입의 관계에서 임대료를 인상하면 수요의 임대료탄력성이 1보다 작은 경우는 임대료 총수입이 증가하고, 수요의 임대료탄력성이 1보다 큰 경우는 임대료 총수입이 감소하며, 수요의 임대료탄력성이 1인 경우는 임대료 총수입이 불변이다.

48 수요의 가격탄력성과 임대료 총수입의 관계

정답 ①

어느 부동산에 대한 수요가 가격에 대해 탄력적인 경우 가격변화율보다 수요량 변화율이 더 크므로 부동산가격이 하락하면 해당 부동산에 대한 지출액(임대인의 임대료 총수입)은 증가한다.

49 수요의 가격탄력성과 임대료 총수입의 관계   정답 ②

부동산의 수요의 임대료탄력성이 1.5라면 수요가 탄력적인 경우이다. 수요의 임대료탄력성이 탄력적인 경우 해당 부동산의 임대료가 상승하면 임대인의 임대료 총수입은 감소한다.

50 수요의 가격탄력성과 임대료 총수입의 관계   정답 ④

수요의 임대료탄력성(ε_d) $= \left| \dfrac{\dfrac{-500}{1,000}}{\dfrac{500}{2,000}} \right| = 2$이므로 탄력적이다.

따라서 수요의 임대료탄력성이 탄력적일 때, 임대료가 인상되면 임대인의 임대료 총수입은 감소한다.

51 수요의 가격탄력성과 임대료 총수입의 관계   정답 ②

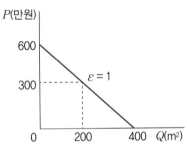

문제에서 주어진 수요함수는 우하향의 선분인 수요곡선($Q_d = 400 - \dfrac{2}{3}P$)이다. 그런데 우하향의 선분인 수요곡선인 경우 임대사업자의 임대료 총수입은 수요의 가격탄력성이 1일 때 극대가 된다. 따라서 임대료 총수입을 극대화하기 위해서는 우하향의 선분인 수요곡선상의 한가운데 점, 즉 수요의 가격탄력성이 1인 점에서 임대료를 설정해야 한다. 문제에서 주어진 수요함수를 P에 대해 정리하면 $P = 600 - \dfrac{3}{2}Q_d$이다. 따라서 임대사업자가 임대료 총수입을 극대화하려면 임대료를 300만원으로 설정해야 한다.

52 수요의 소득탄력성   정답 ①

수요의 소득탄력성($\varepsilon_{d,\,I}$) $= \dfrac{\text{수요량변화율}}{\text{소득변화율}} = \dfrac{5\%}{10\%} = 0.5$

수요의 소득탄력성이 양(+)의 값 0.5이므로 소득의 증가에 따라 수요가 증가하는 재화인 정상재를 의미한다.

53 수요의 소득탄력성

수요의 소득탄력성$(\varepsilon_{d, I})$ = $\dfrac{수요량변화율}{소득변화율}$ = $\dfrac{-5\%}{10\%}$ = -0.5

수요의 소득탄력성이 음(−)의 값을 가지므로 열등재이다.

54 수요의 교차탄력성

아파트(X재) 가격에 대한 빌라(Y재) 수요의 교차탄력성$(\varepsilon_{d, YX})$

= $\dfrac{Y재의\ 수요량변화율}{X재의\ 가격변화율}$ = $\dfrac{\dfrac{\Delta Q_Y}{Q_Y}}{\dfrac{\Delta P_X}{P_X}}$

= $\dfrac{\dfrac{240}{1,200}}{\dfrac{400}{1,600}}$ = 0.8

55 수요의 가격탄력성과 수요의 소득탄력성

A부동산에 대한 수요의 임대료탄력성(ε_d) = $\left| \dfrac{A부동산\ 수요량변화율}{A부동산\ 임대료변화율} \right|$

= $\left| \dfrac{-x\%}{10\%} \right|$ = 0.8이므로 A부동산가격이 10% 상승하면 수요량은 8% 감소한

다. 그런데 A부동산은 정상재이며, 수요의 소득탄력성$(\varepsilon_{d, I})$ = $\dfrac{수요량변화율}{소득변화율}$

= $\dfrac{x\%}{5\%}$ = 2이므로 소득이 5% 증가하면 수요량은 10% 증가한다. 따라서 수

요의 가격탄력성과 관련하여 수요량은 8% 감소하고, 수요의 소득탄력성과 관

련하여 수요량은 10% 증가하므로 수요량은 전체적으로 2%만큼 증가한다.

56 수요의 가격탄력성과 수요의 소득탄력성

아파트에 대한 수요의 임대료탄력성(ε_d) = $\left| \dfrac{아파트\ 수요량변화율}{아파트\ 임대료변화율} \right|$ = $\left| \dfrac{-5\%}{10\%} \right|$

= 0.5이므로 임대료가 10% 상승하면 수요량은 5% 감소한다. 그런데 아파트

의 수요량이 이전과 같다면 소득 증가에 따른 수요량 증가가 5%라는 의미이다.

따라서 수요의 소득탄력성$(\varepsilon_{d, I})$ = $\dfrac{수요량변화율}{소득변화율}$ = $\dfrac{5\%}{x\%}$ = 1이므로

소득의 증가율(x)은 5%이다.

즉, 아파트의 수요량이 이전과 같기 위해서는 소득이 5% 증가해야 한다.

57 수요의 소득탄력성과 수요의 교차탄력성 정답 ⑤

주거용 오피스텔 수요의 소득탄력성$(\varepsilon_{d,\,I})$ = $\dfrac{수요량변화율}{소득변화율}$ = $\dfrac{x\%}{5\%}$ = 0.8이

므로 소득이 5% 상승하면 주거용 오피스텔 수요량은 4% 증가한다.

그런데 주거용 오피스텔의 수요량이 7% 증가한다고 했으므로 소형아파트에 대한 주거용 오피스텔 수요의 교차탄력성에서 소형아파트 가격 상승에 따른 주거용 오피스텔의 수요량 증가는 3%라는 의미이다. 주거용 오피스텔과 소형아파트는 대체관계이므로 소형아파트 가격이 상승하면 주거용 오피스텔의 수요량은 증가하기 때문이다.

그런데 소형아파트 가격이 6% 상승했다고 하였으므로 소형아파트에 대한 주거용 오피스텔 수요의 교차탄력성$(\varepsilon_{d,\,YX})$ = $\dfrac{주거용\ 오피스텔\ 수요량변화율}{소형아파트\ 가격변화율}$ =

$\dfrac{3\%}{6\%}$ 이므로 소형아파트에 대한 주거용 오피스텔 수요의 교차탄력성은 0.5이다.

58 수요의 가격탄력성, 수요의 소득탄력성, 수요의 교차탄력성 정답 ③

- A부동산에 대한 수요의 가격탄력성(ε_d) = $\left|\dfrac{A부동산\ 수요량변화율}{A부동산\ 가격변화율}\right|$ = $\left|\dfrac{-x\%}{1\%}\right|$

  = 0.7이므로 A부동산가격이 1% 상승하면 수요량은 0.7% 감소한다.

- 소득탄력성$(\varepsilon_{d,\,I})$ = $\dfrac{수요량변화율}{소득변화율}$ = $\dfrac{x\%}{2\%}$ = 0.3이므로 소득이 2% 증가하

  면 수요량은 0.6% 증가한다.

- A부동산 수요의 B부동산가격에 대한 교차탄력성$(\varepsilon_{d,\,AB})$

  = $\dfrac{A부동산\ 수요량변화율}{B부동산\ 가격변화율}$ = $\dfrac{x\%}{2\%}$ = 0.4이므로

  B부동산가격이 2% 상승하면 수요량은 0.8% 증가한다.

따라서 A부동산 수요량은 (−0.7%) + 0.6% + 0.8% = 0.7%이므로 0.7% 증가한다.

59 수요의 가격탄력성, 수요의 소득탄력성, 수요의 교차탄력성 정답 ①

아파트 수요의 가격탄력성 = $\left|\dfrac{수요량변화율}{가격변화율}\right|$ = $\left|\dfrac{-6\%}{5\%}\right|$ = 1.2이므로 가격이

5% 상승하면 수요량은 6% 감소한다.

그런데 소득도 5% 증가한다고 했으므로

수요의 소득탄력성 = $\dfrac{수요량변화율}{소득변화율}$ = $\dfrac{3\%}{5\%}$ = 0.6이므로 수요량은 3% 증가

한다.

그러므로 수요의 가격탄력성과 관련하여 가격이 5% 상승하면 아파트의 수요량은 6% 감소하고, 수요의 소득탄력성과 관련하여 소득이 5% 상승하면 수요량은 3% 증가하므로 종합적으로 수요량은 3% 감소한다.

전체 아파트의 수요량이 1% 감소하려면 단독주택 가격에 대한 교차탄력성에서 수요량은 2%가 증가해야 한다.

그런데 단독주택 가격에 대한 교차탄력성이 0.8이므로 아파트 수요량이 2% 증가하기 위해서는 아파트 수요의 단독주택 가격에 대한 교차탄력성

$$= \frac{\text{아파트 수요량변화율}}{\text{단독주택 가격변화율}} = \frac{2\%}{x\%} = 0.8$$

따라서 단독주택 가격이 2.5% 상승해야 한다.

정리하면, 아파트 수요의 가격탄력성에서 수요량은 −6%, 수요의 소득탄력성에서 수요량은 +3%, 단독주택 가격에 대한 교차탄력성에서 수요량은 +2%이므로 전체 아파트의 수요량은 −6% + 3% + 2% = −1%가 되어 1% 감소하게 된다. 따라서 아파트 수요의 단독주택 가격에 대한 교차탄력성에서 단독주택 가격은 2.5%(= 2% ÷ 0.8) 상승해야 된다.

60 수요의 가격탄력성과 수요의 교차탄력성   정답 ⑤

- 수요의 가격탄력성 $= \left| \dfrac{-7\%}{10\%} \right| = 0.7$

  A부동산의 수요의 가격탄력성은 0.7이며, 1보다 작기 때문에 비탄력적이다.

- 수요의 교차탄력성 $= \dfrac{5\%}{10\%} = 0.5$

  수요의 교차탄력성은 0.5로 양(+)의 값을 가지므로, A부동산과 B부동산의 관계는 대체재 관계이다.

61 공급의 가격탄력성과 수요의 교차탄력성   정답 ③

- 아파트 공급의 가격탄력성 $= \dfrac{4\%}{5\%} = 0.8$

  아파트 공급의 가격탄력성(A)은 0.8이며, 비탄력적이다.

- 연립주택 수요의 교차탄력성 $= \dfrac{3\%}{5\%} = 0.6$

  연립주택 수요의 교차탄력성은 0.6으로 양(+)의 값을 가지며, 아파트와 연립주택의 관계(B)는 대체재 관계이다.

➕ 참고로 아파트 수요의 가격탄력성 $= \left| \dfrac{-7\%}{5\%} \right| = 1.4$

  아파트 수요의 가격탄력성은 1.4이며, 탄력적이다.

62 수요의 가격탄력성과 수요의 교차탄력성

정답 ③

㉠ A부동산 수요의 소득탄력성은 양수(1.2)이므로 A부동산은 정상재이다.

㉡ A부동산 수요의 B부동산가격에 대한 교차탄력성은 양수(0.8)이므로 A부동산과 B부동산은 대체재이다.

㉢ A부동산 수요의 C부동산가격에 대한 교차탄력성은 음수(−1.4)이므로 A부동산과 C부동산은 보완재이다.

㉣ A부동산 수요의 가격탄력성은 탄력적(1.5)이므로 다른 조건이 불변일 때 A부동산가격이 상승하면 A부동산 공급자의 총수입은 감소한다.

63 수요와 공급의 탄력성

정답 ①

옳은 것은 ㉠으로 1개이다.

㉡ 우하향하는 직선의 수요곡선상의 측정지점에 따라 가격탄력성은 다르다.

㉢ 가격탄력성이 1보다 크면 수요든 공급이든 탄력적이다.

㉣ 수요의 소득탄력성이 0보다 작으면 해당 재화는 열등재이다.

㉤ 수요의 교차탄력성이 0보다 작으면 두 상품은 보완재 관계이다.

64 탄력성과 균형의 이동

정답 ③

해당 부동산의 공급이 가격에 대하여 완전비탄력적인 경우는 공급곡선이 수직선이라는 의미이다. 따라서 수요가 증가할 때 가격은 상승하고 균형거래량은 불변이다.

65 탄력성과 균형의 이동

정답 ②

① 공급이 가격에 대해 탄력적일수록 수요가 증가하면 균형가격은 작게 상승하고 균형거래량은 크게 증가한다.

③ 공급이 가격에 대해 비탄력적일수록 수요가 감소하면 균형가격은 크게 하락하고 균형거래량은 작게 감소한다.

④ 공급이 가격에 대해 완전비탄력적인 경우 수요가 증가하면 균형가격만 상승하고 균형거래량은 변하지 않는다.

⑤ 수요가 가격에 대해 완전탄력적인 경우 공급이 증가하면 균형가격은 변하지 않고 균형거래량만 증가한다.

66 탄력성과 균형의 이동

정답 ③

① 수요가 증가할 때 공급의 가격탄력성이 탄력적일수록 가격은 덜 오른다.

② 공급이 증가할 때 수요의 가격탄력성이 비탄력적일수록 가격이 더 많이 내린다.

④ 수요가 가격에 대해 완전탄력적일 때 공급이 증가해도 가격은 변하지 않는다.
⑤ 공급이 가격에 대해 완전비탄력적일 때 수요가 증가하면 가격은 상승하고, 균형거래량은 변하지 않는다.

67 부동산경기변동 ··· 정답 ④

부동산경기는 일반경기에 비하여 민감하게 대응하지 못하나, 통상적으로는 주거용 부동산의 경기변동이 일반경기와 역순환을 띤다.

68 부동산경기변동 ··· 정답 ④

상향시장에서는 가격 상승이 점차 높아지므로 매도인은 거래를 미루려는 반면, 매수인은 구매를 앞당기려 하므로 부동산중개활동에 있어서 매도인 중시 현상이 나타난다.

69 부동산경기변동 ··· 정답 ②

부동산경기는 지역별·유형별로 개별적으로 나타나는 것이 특징이다. 따라서 부동산경기는 도시마다 달리 변동하고, 같은 도시라 하여도 그 도시 내의 지역에 따라 각각 다른 변동 양상을 보인다.

70 부동산경기변동 ··· 정답 ④

회복시장과 상향시장에서는 매도자 주도 시장이, 후퇴시장과 하향시장에서는 매수자 주도 시장이 형성된다. 건축허가 신청건수는 회복시장에서는 증가하고 상향시장에서는 최대가 되며, 후퇴시장에서는 감소하고 하향시장에서는 최저가 된다. 공실률은 회복시장에서 감소, 상향시장에서 최저가 되고, 후퇴시장에서는 증가, 하향시장에서는 최대가 된다.

71 부동산경기변동 ··· 정답 ③

건축허가 신청건수는 회복시장에서는 증가, 상향시장에서는 최대, 후퇴시장에서는 감소, 하향시장에서는 최저가 된다. 공실률은 회복시장에서는 감소, 상향시장에서는 최저, 후퇴시장에서는 증가, 하향시장에서는 최대가 된다. 금리는 회복시장에서는 하락, 상향시장에서는 최저, 후퇴시장에서는 상승, 하향시장에서는 최고가 된다. 회복시장과 상향시장에서는 매도자 주도 시장이, 후퇴시장과 하향시장에서는 매수자 주도 시장이 형성된다. 회복시장에서 중개활동은 매수인 중시 현상에서 매도인 중시 현상으로 변화하며, 과거의 사례가격은 새로운 거래의 기준가격이 되거나 하한선이 된다.

72 부동산경기변동

정답 ②

상향시장에서 직전 국면의 거래사례가격은 현재 시점에서 새로운 거래가격의 하한이 되는 경향이 있다.

73 부동산경기변동

정답 ⑤

계절적 변동이란 계절적 특성에 따라 나타나는 경기변동 현상을 말하며, 이는 계절이 가지는 속성과 그에 따른 사회적 관습 때문에 나타나는 경기변동이다. 예기치 못한 사태로 초래되는 비순환적 경기변동 현상은 불규칙적(무작위적·우발적) 변동이다.

74 다른 형태의 부동산경기변동

정답 ⑤

총부채상환비율(DTI) 규제 완화 후 주택거래 증가는 경기변동요인 중 불규칙 변동요인에 속한다.

75 다른 형태의 부동산경기변동

정답 ⑤

①② 불규칙(우발적, random) 변동에 해당한다.
③ 순환(cyclical) 변동에 해당한다.
④ 주세(trend) 변동에 해당한다.
⑤ 계절(seasonal) 변동이란 계절적 특성에 따라 나타나는 경기변동 현상을 말하며, 이는 계절이 가지는 속성과 그에 따른 사회적 관습 때문에 나타나는 경기변동이다.

76 거미집이론

정답 ②

현실적으로 가격이 변동하면 수요는 즉각적으로 영향을 받지만 공급량은 일정한 생산기간이 경과한 후에 변동이 가능하다. 따라서 현재의 수요결정은 현재가격에 의해, 미래의 수요결정은 미래가격에 의해 결정된다. 그러나 공급자의 미래의 공급결정은 현재의 가격에만 의존한다는 것을 전제로 하며, 전기(前期)의 시장에서 성립한 가격을 기준으로 해서 금기(今期)의 생산량을 결정한다고 전제한다.

77 거미집이론

정답 ③

수요곡선의 기울기의 절댓값이 공급곡선의 기울기의 절댓값보다 클 경우, 가격과 수요량은 진동하면서 균형수준으로부터 멀어진다.

78 거미집이론

거미집이론은 수요곡선의 탄력성과 공급곡선의 탄력성에 따라 가격의 변동 모양이 달라진다. A부동산의 경우는 공급의 가격탄력성(1.2)이 수요의 가격탄력성(0.8)보다 크므로 발산형이며, B부동산의 경우는 수요의 가격탄력성(1.5)이 공급의 가격탄력성(0.9)보다 크므로 수렴형이다.

79 거미집이론

거미집이론에서 수렴형 모형이 되기 위한 조건은 수요의 가격탄력성이 공급의 가격탄력성보다 큰 경우, 즉 공급곡선의 기울기의 절댓값보다 수요곡선의 기울기의 절댓값이 작은 경우가 이에 해당한다.

80 거미집이론

거미집모형은 수요곡선의 탄력성과 공급곡선의 탄력성에 따라 가격의 변동 모양이 달라진다. 그런데 탄력성과 기울기는 반비례한다.
- A시장 : 수요곡선의 기울기 절댓값(0.8)보다 공급곡선의 기울기 절댓값(1.5)이 크므로, 수요의 가격탄력성이 공급의 가격탄력성보다 크다는 의미이며, 수렴형이 된다.
- B시장 : 수요곡선의 기울기 절댓값(0.5)과 공급곡선의 기울기 절댓값(0.5)이 같으므로, 수요의 가격탄력성과 공급의 가격탄력성이 같다는 의미이며, 순환형이 된다.
- C시장 : 수요곡선의 기울기 절댓값(0.9)이 공급곡선의 기울기 절댓값(0.7)보다 크므로, 수요의 가격탄력성보다 공급의 가격탄력성이 크다는 의미이며, 발산형이 된다.

81 거미집이론

1. A부동산시장에서는 수요함수가 $P = 500 - Q_d$,
   공급함수가 $P = 300 + 2Q_s$로 주어졌다.
   따라서 수요곡선의 기울기 절댓값(1)보다 공급곡선의 기울기 절댓값(2)이 크므로, 수요의 가격탄력성이 공급의 가격탄력성보다 크다는 의미이며, 수렴형이 된다.
2. B부동산시장에서는 수요함수가 $P = 400 - 3Q_d$,
   공급함수가 $P = 100 + 2Q_s$로 주어졌다.
   따라서 수요곡선의 기울기의 절댓값(3)이 공급곡선의 기울기의 절댓값(2)보다 크므로, 수요의 가격탄력성보다 공급의 가격탄력성이 크다는 의미이며, 발산형이 된다.

82 거미집이론

1. A부동산시장에서는 수요함수가 $Q_d = 200 - P$,

   공급함수가 $Q_S = 10 + \dfrac{1}{2}P$로 주어졌다.

   기울기를 구하기 위해 이를 P에 대해 정리하면
   수요함수는 $P = 200 - Q_d$, 공급함수는 $P = -20 + 2Q_S$이다.
   따라서 수요곡선의 기울기 절댓값(1)보다 공급곡선의 기울기 절댓값(2)이
   크므로, 수요의 가격탄력성이 공급의 가격탄력성보다 크다는 의미이며, 수
   렴형이 된다.

2. B부동산시장에서는 수요함수가 $Q_d = 400 - \dfrac{1}{2}P$,

   공급함수가 $Q_S = 50 + 2P$로 주어졌다.
   기울기를 구하기 위해 이를 P에 대해 정리하면

   수요함수는 $\dfrac{1}{2}P = 400 - Q_d$이며, $P = 800 - 2Q_d$이다.

   공급함수는 $2P = -50 + Q_S$이며, $P = -25 + \dfrac{1}{2}Q_S$이다.

   따라서 수요곡선의 기울기의 절댓값(2)이 공급곡선의 기울기의 절댓값

   $\left(\dfrac{1}{2}\right)$보다 크므로, 수요의 가격탄력성보다 공급의 가격탄력성이 크다는 의

   미이며, 발산형이 된다.

83 거미집이론

1. A주택시장은 수요함수가 $Q_d = 500 - 3P$, 공급함수가 $Q_S = -20 + 5P$
   로 주어졌다. 기울기를 구하기 위해 이를 P에 대해 정리하면

   수요함수는 $3P = 500 - Q_d$이며, $P = \dfrac{500}{3} - \dfrac{1}{3}Q_d$이다.

   공급함수가 $5P = 20 + Q_S$이며, $P = 4 + \dfrac{1}{5}Q_S$이다.

   따라서 수요곡선의 기울기의 절댓값 $\left(\dfrac{1}{3}\right)$이 공급곡선의 기울기의 절대값 $\left(\dfrac{1}{5}\right)$

   보다 크므로, 수요의 가격탄력성보다 공급의 가격탄력성이 크다는 의미이
   며, 발산형이 된다.

2. B주택시장은 수요함수가 $Q_d = 100 - P$, 공급함수가 $Q_S = -5 + \dfrac{1}{2}P$로

   주어졌다. 기울기를 구하기 위해 이를 P에 대해 정리하면
   수요함수는 $P = 100 - Q_d$, 공급함수가 $P = 10 + 2Q_S$이다.
   따라서 수요곡선의 기울기의 절댓값(1)보다 공급곡선의 기울기의 절댓값
   (2)이 크므로, 수요의 가격탄력성이 공급의 가격탄력성보다 크다는 의미이
   며, 수렴형이 된다.

CHAPTER 01 부동산경제론 **33**

CHAPTER 02 부동산시장론

01	③	02	③	03	①	04	②	05	①
06	①	07	①	08	①	09	①	10	①
11	①	12	②	13	⑤	14	④	15	④
16	③	17	②	18	③	19	①	20	④
21	③	22	③	23	②	24	①	25	⑤
26	⑤	27	②	28	③	29	④	30	⑤
31	③	32	③	33	①	34	③	35	⑤
36	①	37	④	38	①	39	②	40	④
41	③	42	④	43	⑤	44	⑤	45	⑤
46	④	47	④	48	④	49	①	50	②
51	⑤	52	③	53	⑤	54	④	55	②
56	③	57	③	58	③	59	③	60	⑤
61	④	62	⑤	63	③	64	⑤	65	③
66	④								

01 부동산시장의 특성 정답 ③

부동산의 개별성과 부동성으로 인해 부동산상품의 표준화가 불가능하여 대량생산이 곤란하며, 일물일가의 법칙이 적용되지 않게 한다.

02 부동산시장의 특성 정답 ③

부동산시장은 부동산의 부동성으로 인하여 지역시장성과 개별성으로 인해 비표준화성을 갖는다. 아파트·연립주택 등의 표준화는 건물 자체의 표준화일 뿐 토지와 결합된 표준화가 아니다.

03 부동산시장의 특성 정답 ①

② 거래정보의 비대칭성으로 인하여 정보수집이 어렵고 은밀성(거래의 비공개성)이 확대된다.
③ 부동산은 일반상품의 시장과 달리 국지성·거래의 비공개성 및 개별성 등으로 인하여 비조직성을 갖고 지역을 국지적으로 만드는 특성이 있다.
④ 부동산은 매매의 장기성으로 인하여 단기적 거래가 어려운 경우가 많아 유동성과 환금성 면에서 곤란을 가져온다.
⑤ 토지의 자연적 특성인 개별성으로 인하여 개별화된다.

04 부동산시장의 특성

정답 ②

다수의 판매자와 다수의 구매자가 존재한다는 것은 완전경쟁시장의 성립조건에 해당한다. 부동산시장은 불완전경쟁시장에 해당하므로 판매자와 구매자가 한정되어 있다.

05 부동산시장의 기능

정답 ①

부동산시장의 기능에는 자원배분의 기능, 교환의 기능, 가격창조의 기능, 정보제공의 기능, 양과 질의 조정 기능 등이 있다.

수요·공급의 창조 기능은 부동산시장의 기능과 특성 중 어느 것에도 해당되지 않는다. 다만, 수급조절의 곤란성은 부동산시장의 특성에 해당한다.

06 주택의 여과 과정

정답 ①

저소득(하위)계층이 사용하던 주택이 고소득(상위)계층의 사용으로 전환되는 현상은 상향여과(filtering-up)이다. 하향여과(filtering-down)는 상위소득계층이 사용하던 기존주택이 하위소득계층의 사용으로 전환되는 것이다.

07 여과 과정과 주거분리

정답 ①

주거분리란 고소득층의 주거지역과 저소득층의 주거지역이 분리되는 현상을 말한다.

08 여과 과정과 주거분리

정답 ①

주택의 하향여과 과정이 원활하게 작동하면 저급주택의 공급량이 증가한다.

09 효율적 시장이론

정답 ①

'오늘 아침 뉴스'는 현재의 정보이다. 현재의 정보로 초과이윤을 얻을 수 있는 시장은 약성 효율적 시장이다. 약성 효율적 시장이란 현재의 부동산가격은 과거의 부동산가격 및 거래량 변동 등과 같은 역사적 정보를 완전히 반영하고 있는 시장을 의미한다. 따라서 투자자가 과거의 부동산가격 및 거래량 등에 관한 정보를 이용하여 미래의 부동산가격을 예측하는 것은 불가능하다. 그러나 약성 효율적 시장에서 현재 공표된 정보를 기초로 시장가치의 변동을 분석하는 기본적 분석(fundamental analysis)과 미래의 정보를 분석하면 초과이윤을 획득할 수 있다.

10 효율적 시장이론

정답 ①

강성 효율적 시장에서는 공표된 정보나 공표되지 않은 어떠한 정보가 이미 시장가치에 반영되어 있으므로 투자자가 투자분석을 잘할지라도 초과이윤을 얻을 수 없다.

11 효율적 시장이론

정답 ①

약성 효율적 시장이란 현재의 부동산가격이 과거의 부동산가격 및 거래량 변동 등과 같은 역사적 정보를 완전히 반영하고 있는 시장을 의미한다. 과거와 현재의 정보, 즉 공표된 정보를 기초로 투자분석을 하는 것을 기본적 분석이라 하는데, 준강성 효율적 시장에서는 기본적 분석을 통해 초과이윤을 얻을 수 없으나 약성 효율적 시장에서는 기본적 분석을 통해서 초과이윤을 얻을 수 있다. 따라서 투자자 甲이 기본적 분석을 하여 초과이윤을 얻었다면 그 시장은 약성 효율적 시장이라고 볼 수 있다.

12 효율적 시장이론

정답 ②

투자자 甲이 기본적 분석을 하여 초과이윤을 얻었다면 그 시장은 약성 효율적 시장이라고 볼 수 있다. 즉, 약성 효율적 시장에서 대부분의 투자자는 기술적 분석을 할 때 기본적 분석을 하였다면 초과이윤을 얻을 수도 있다.

13 효율적 시장이론

정답 ⑤

부동산시장은 주식시장이나 일반상품시장보다 더 불완전하고 비효율적이지만, 정보가치와 정보비용이 같다면 할당 효율적일 수 있다.

14 효율적 시장이론

정답 ④

① 약성 효율적 시장에서는 과거의 역사적 정보를 통해 정상이윤을 초과하는 이윤을 획득할 수 없다. 그러나 약성 효율적 시장에서 현재나 미래의 정보를 통해 정상이윤을 초과하는 이윤을 획득할 수 있다.
② 강성 효율적 시장에 대한 설명이다. 준강성 효율적 시장은 과거의 추세적 정보뿐만 아니라 현재 새로 공표되는 정보가 지체 없이 시장가치에 반영된다.
③ 완전경쟁시장에서는 초과이윤이 발생할 수 없다.
⑤ 할당 효율적 시장은 완전경쟁시장을 의미하는 것은 아니며 불완전경쟁시장도 할당 효율적 시장이 될 수 있다.

15 할당 효율적 시장

소수의 투자자가 시장을 패배시키는 경우는 정보가 일부 사람에게 비공개적으로 독점되어 있을 경우이며, 이 경우는 할당 효율적 시장이 되지 못한다.

16 할당 효율적 시장

정답 ③

할당 효율적 시장에서는 어떤 투자자라도 다른 사람보다 값싸게 정보를 획득할 수 없다. 따라서 소수의 투자자가 다른 사람보다 값싸게 정보를 획득할 수 있는 시장은 할당 효율적 시장이 되지 못한다.

17 할당 효율적 시장

정답 ②

완전경쟁시장은 항상 할당 효율적 시장이지만, 할당 효율적 시장이 완전경쟁시장을 의미하는 것은 아니다.

18 부동산시장의 효율성

정답 ③

① 강성 효율적 시장에서는 우수한 정보가 존재하지 않으며, 정보비용도 존재하지 않는다.
② 불완전경쟁시장도 할당 효율적 시장이 될 수 있다.
④ 할당 효율적 시장에서는 정보비용이 존재할 수도 있고 존재하지 않을 수도 있다.
⑤ 할당 효율적 시장에서는 특정 투자자가 기회비용보다 적은 비용으로 우수한 정보를 획득할 수 없다.

19 정보의 현재가치

정답 ①

• 1년 후 기대수익 = (60억원 × 0.8) + (35억원 × 0.2) = 55억원

• 매입가능 가격(투자가치) = $\dfrac{55억원}{1 + 0.1}$ = 50억원

따라서 50억원 이하로만 토지를 매입하면 투자자의 요구수익률을 충족할 수 있다.

20 정보의 현재가치

정답 ④

부동산시장이 할당 효율적이라면 정보가치와 정보비용은 같다. 따라서 합리적인 투자자가 최대한 지불할 수 있는 정보비용의 현재가치는 정보의 현재가치와 같다.

• 1년 후의 기댓값의 현재가치(불확실성하의 현재가치)

$$= \frac{(2억 7,500만원 \times 0.6) + (9,350만원 \times 0.4)}{1 + 0.1} = 1억 8,400만원$$

• 1년 후 도시·군 계획시설(도로)이 개설될 경우 토지의 현재가치

$$= \frac{2억 7,500만원}{1 + 0.1} = 2억 5,000만원$$

따라서 정보의 현재가치는 2억 5,000만원 − 1억 8,400만원 = 6,600만원이다.

21 정보의 현재가치 정답 ③

• 2년 후 기댓값의 현재가치(불확실성하의 현재가치)

$$= \frac{(5억 4,450만원 \times 0.4) + (2억 4,200만원 \times 0.6)}{(1 + 0.1)^2} = 3억원$$

• 2년 후 신도시가 개발될 경우 현재가치

$$= \frac{5억 4,450만원}{(1 + 0.1)^2} = 4억 5,000만원$$

• 2년 후 신도시의 개발이 확실할 경우의 정보의 현재가치는
4억 5,000만원 − 3억원 = 1억 5,000만원이다.

22 지대 및 지대논쟁 정답 ③

고전학파는 생산요소를 노동·토지·자본으로 구분하고, 지대를 다른 생산요소에 대한 대가를 지불하고 남은 잔여인 잉여로 파악했다.

23 경제지대와 전용수입 정답 ②

① 전용수입에 대한 설명이다.
③ 경제지대는 생산요소가 실제로 얻고 있는 총수입에서 전용수입을 뺀 값이다.
④ 공급의 가격탄력성이 탄력적일수록 전용수입은 커지고 경제지대는 작아진다.
⑤ 경제지대는 생산요소의 공급곡선이 수평인 경우에는 존재하지 않는다. 생산요소의 공급곡선이 수직인 경우에는 경제지대만 존재하고 전용수입은 존재하지 않는다.

24 지대이론 정답 ①

리카도(D. Ricardo)의 차액지대설에 대한 설명이다.

25 마샬의 준지대론 정답 ⑤

마샬(A. Marshall)의 준지대설에 대한 설명이다.

26 지대이론

정답 ⑤

마르크스(K. Marx)의 절대지대설에서 지대는 자본주의하에서의 토지의 사유화로 인해 발생하며, 토지소유자가 토지를 소유하고 있다는 독점적 지위 때문에 받는 수입이므로 토지의 비옥도나 생산력에 관계없이 발생한다는 이론이다. 또한 최열등지(한계지)에서도 토지소유자의 요구로 지대가 발생한다. 절대지대설에 따르면 토지의 소유 자체가 지대의 발생요인이며, 지대의 상승이 곡물가격을 상승시킨다고 주장한다.

27 지대이론

정답 ②

마르크스(K. Marx)의 절대지대설에 따르면 지대는 자본주의하에서의 토지의 사유화로 인해 발생하며, 토지소유자가 토지를 소유하고 있다는 독점적 지위 때문에 받는 수입이므로 토지의 비옥도나 생산력에 관계없이 발생한다.

28 지대이론

정답 ③

마샬(A. Marshall)에 의하면 준지대는 토지 이외의 고정생산요소에 귀속되는 소득으로서 단기간 일시적으로 발생한다.

29 지대이론

정답 ④

위치지대설에서 생산물의 가격과 생산비가 일정하다면 지대는 수송비에 의해서 결정되며, 수송비와 생산비가 일정하다면 지대는 생산물의 가격에 의해서 좌우된다.

30 지대이론

정답 ⑤

절대지대설은 토지의 소유 자체를 지대발생의 원인으로 보며, 차액지대설로는 설명이 불가능한 최열등지에 대한 지대발생의 근거를 제시하고 있다.

31 튀넨의 위치지대설

정답 ③

생산물	생산물 가격	−	생산비	−	수송비	=	이 윤
A	100	−	50	−	5 × 20	=	−50
B	150	−	100	−	3 × 20	=	−10
C	300	−	160	−	4 × 20	=	60

따라서 생산물의 생산지와 소비되는 읍(중심지)까지의 거리가 20km인 지점에서도 이윤을 얻을 수 있는 생산물은 C이다.

32 알론소의 입찰지대이론 정답 ③

지대는 기업주의 정상이윤과 투입 생산비를 지불하고 남은 잉여에 해당하며, 토지이용자에게는 최대지불용의액이라 할 수 있다.

33 알론소의 입찰지대이론 정답 ①

입찰지대이론에서는 가장 높은 지대를 지불할 의사가 있는 용도에 따라 토지이용이 이루어진다.

34 도시공간구조이론 정답 ③

③은 동심원이론에 대한 내용이다. 동심원이론에서의 점이지대는 중심업무지구에 직장 및 생활터전이 있어 중심업무지구에 근접하여 거주하는 지대를 말한다.

35 버제스의 동심원이론 정답 ⑤

동심원이론에 의하면 토지이용의 형성은 도심에서 외곽지역으로 확장되어 가되 '중심업무지구(CBD) ⇨ 천이지대 ⇨ 근로자 주택지대 ⇨ 중산층 주택지대 ⇨ 통근자 지대' 등 5가지의 동심원적인 공간구조를 보이고 있다.

36 도시공간구조이론 정답 ①

선형이론은 호이트(H. Hoyt)가 주장한 것으로 도시공간구조의 성장과 지역분화에 있어 중심업무지구, 도매·경공업지구, 저급주택지구, 중급주택지구, 고급주택지구들이 주요 교통노선을 따라 쐐기형(wedge) 지대 모형으로 확대 배치된다는 이론이다. 선형이론에 따르면 특히 주택가격의 지불능력이 도시주거공간의 유형을 결정하는 중요한 요인이 된다.

37 지대이론 및 도시공간구조이론 정답 ④

버제스(E. W. Burgess)의 동심원이론은 저소득층일수록 고용기회가 많은 도심지역과의 교통이 편리한 지역에 입지하는 경향이 있다고 보았다. 호이트 (H. Hoyt)의 선형이론에 따르면 주택구입능력이 높은 고소득층의 주거지는 주요 간선도로 인근에 입지하는 경향이 있다고 보았다. 즉, 기존의 도심지역과 주요 교통노선을 축으로 하여 접근성이 양호한 지역에 입지하는 경향이 있다고 보았다.

38 도시공간구조이론   정답 ①

버제스(E. W. Burgess)의 동심원이론은 단핵이론이다. 따라서 중심업무지구, 즉 도심(중심핵)을 중심으로 도시 내의 각종 활동의 기능이 5가지 토지이용의 패턴에 따라 이루어진다고 보고 있다. 도시의 공간구조를 도심과 부도심으로 나누어 설명하는 이론은 도시성장에 있어서 도시의 핵심은 하나가 아니라는 다핵이론에서 설명된다.

39 도시공간구조이론   정답 ②

선형이론에 따르면 주택구입능력이 높은 고소득층의 주거지는 주요 간선도로 인근에 입지하는 경향이 있다.

40 도시공간구조이론   정답 ④

동심원이론에서 점이지대는 중심업무지구와 저소득 지대(근로자 주택지대) 사이에 위치하고 있으며, 동심원이론의 한계를 극복하기 위해서 개발된 이론이 해리스(Harris)와 울만(Ullman)의 다핵심이론과 호이트(Hoyt)의 선형이론이다.

41 도시공간구조이론   정답 ③

㉠ 동심원이론에 따르면 주택지불능력이 낮을수록 고용기회가 많은 도심지역과 접근성이 양호한 지역에 주거입지를 선정하는 경향이 있다. 선형이론에서는 주택지불능력이 높을수록 기존의 도심지역과 주요 교통노선을 축으로 하여 접근성이 양호한 지역에 입지하는 경향이 있다고 주장한다.
㉢ 다핵심이론에서는 상호편익을 가져다주는 활동(들)의 집적지향성(집적이익)을 다핵입지 발생 요인 중 하나로 본다.
㉣ 동심원이론에 따르면 중심지에서 멀어질수록 지대 및 인구밀도가 낮아진다.

42 입지와 입지선정   정답 ④

토지이용의 결정 측면에서 볼 때 입지론(용지 선정)과 적지론(용도 선정) 모두 입지선정활동의 범주에 속한다.

43 크리스탈러의 중심지이론   정답 ⑤

중심지가 유지되기 위한 조건은 최소 요구치보다 재화의 도달범위(거리)가 커야 한다.

44 크리스탈러의 중심지이론   정답 ⑤

중차원 중심지가 포용하는 저차원 중심지의 수는 고차원 중심지로 갈수록 그 분포도가 줄어들며, 저차원 중심지에서 고차원 중심지로 갈수록 중심지의 수는 적어져서 피라미드형을 이룬다.

45 상업지의 입지선정   정답 ⑤

크리스탈러(W. Christaller)의 중심지이론에서 중심지가 유지되기 위해서는 재화의 도달거리가 최소 요구치보다 커야 한다.

46 상권에 관한 이론   정답 ④

허프(D. L. Huff)의 확률적 상권모형에서 소비자가 특정 점포를 이용할 확률은 경쟁점포의 수, 점포와의 거리, 점포의 면적에 의해 결정된다.

47 레일리의 소매인력법칙   정답 ④

레일리(W. J. Reilly)의 B도시에 대한 A도시의 구매지향비율$\left(\dfrac{B_A}{B_B}\right)$은

$$\frac{B_A}{B_B} = \frac{P_A}{P_B} \times \left(\frac{D_B}{D_A}\right)^2 = \frac{\text{A도시의 인구}}{\text{B도시의 인구}} \times \left(\frac{\text{B도시까지의 거리}}{\text{A도시까지의 거리}}\right)^2 \text{이므로}$$

$$\frac{6}{36} \times \left(\frac{12}{4}\right)^2 = \frac{1}{6} \times 9 = \frac{3}{2}$$

따라서 A도시로의 인구유인비율 : B도시로의 인구유인비율은 3 : 2, 즉 60% : 40%이다. 그런데 C도시 인구가 10,000명이므로 A도시 6,000명, B도시 4,000명이 된다.

48 레일리의 소매인력법칙   정답 ④

레일리의 B시에 대한 A시의 구매지향비율$\left(\dfrac{B_A}{B_B}\right)$은

$$\frac{B_A}{B_B} = \frac{P_A}{P_B} \times \left(\frac{D_B}{D_A}\right)^2 = \frac{\text{A시의 인구}}{\text{B시의 인구}} \times \left(\frac{\text{B시까지의 거리}}{\text{A시까지의 거리}}\right)^2 \text{이므로}$$

$$\frac{10,000}{30,000} \times \left(\frac{6}{2}\right)^2 = \frac{1}{3} \times 9 = 3\text{이다.}$$

따라서 A시로의 인구유인비율 : B시로의 인구유인비율은 3 : 1이다.
그런데 마을 C의 인구가 1,000명이므로 A시 750명, B시 250명이 된다.

1. 작년기준

- A도시의 고객유인력 $= \dfrac{18{,}000}{3^2} = 2{,}000$

- B도시의 고객유인력 $= \dfrac{50{,}000}{5^2} = 2{,}000$

- B도시의 시장점유율(%) $= \dfrac{2{,}000}{2{,}000 + 2{,}000} \times 100(\%) = 50\%$

- B도시의 이용객 수 $= 20{,}000$명 $\times\ 0.5 = 10{,}000$명

2. 금년기준

- A도시의 고객유인력 $= \dfrac{18{,}000}{3^2} = 2{,}000$

- B도시의 고객유인력 $= \dfrac{75{,}000}{5^2} = 3{,}000$

- B도시의 시장점유율(%) $= \dfrac{3{,}000}{2{,}000 + 3{,}000} \times 100(\%) = 60\%$

- B도시의 이용객 수 $= 30{,}000$명 $\times\ 0.6 = 18{,}000$명

3. 작년에 비해 금년에 C도시로부터 B도시의 구매활동에 유인되는 인구수의 증가는 8,000명이다.

50 컨버스의 분기점모형   정답 ②

컨버스(P. D. Converse)의 분기점모형에서

쇼핑센터 A로부터의 분기점 $= \dfrac{\text{쇼핑센터 A와 B의 거리}}{1 + \sqrt{\dfrac{\text{B의 크기}}{\text{A의 크기}}}}$ 이다.

따라서 쇼핑센터 A로부터의 분기점 $= \dfrac{9}{1 + \sqrt{\dfrac{8{,}000}{2{,}000}}}$

$= \dfrac{9}{1 + \sqrt{4}} = \dfrac{9}{1 + 2} = 3\text{km}$이다.

51 컨버스의 분기점모형   정답 ⑤

컨버스(P. D. Converse)의 분기점모형에서

A로부터의 분기점 $= \dfrac{\text{A와 B의 거리}}{1 + \sqrt{\dfrac{\text{B의 크기}}{\text{A의 크기}}}}$ 이다.

따라서 A로부터의 분기점 $= \dfrac{18\text{km}}{1 + \sqrt{\dfrac{40{,}000\text{명}}{160{,}000\text{명}}}} = \dfrac{18\text{km}}{1 + \dfrac{1}{2}} = 12\text{km}$이다.

52 허프의 상권분석모형
정답 ③

허프(D. L. Huff)의 상권분석모형에서 공간마찰계수가 2이므로

- 대형할인점 A의 시장점유율(%) = $\dfrac{\dfrac{5,000}{1^2}}{\dfrac{5,000}{1^2} + \dfrac{20,000}{2^2}}$ = 50%

- 대형할인점 A의 이용객 수 = 10만명 × 0.7 × 0.5 = 35,000명

53 허프의 상권분석모형
정답 ⑤

- 쇼핑센터 A의 고객유인력 = $\dfrac{42,000}{10^2}$ = 420

- 쇼핑센터 B의 고객유인력 = $\dfrac{7,000}{5^2}$ = 280

- 쇼핑센터 A의 시장점유율(%) = $\dfrac{420}{420 + 280}$ ×100(%) = 60%

- 쇼핑센터 A의 이용객 수 = 10,000명 × 0.6 = 6,000명

54 허프의 상권분석모형
정답 ④

허프(D. L. Huff)의 상권분석모형에서 공간마찰계수를 2로 적용하여 계산하면 다음과 같다.

- A점포의 시장점유율(%) = $\dfrac{\dfrac{2,500}{5^2}}{\dfrac{2,500}{5^2} + \dfrac{900}{3^2}}$ = 50%

- A점포의 이용객 수 = 소비자 거주지 인구 × 시장점유율
  = 3만명 × 0.5 = 15,000명

55 허프의 상권분석모형
정답 ②

허프(D. L. Huff)의 상권분석모형에서 거리마찰계수를 2로 적용하여 계산하면 다음과 같다.

- A할인점의 시장점유율(%) = $\dfrac{\dfrac{8,000}{8^2}}{\dfrac{8,000}{8^2} + \dfrac{2,000}{2^2}}$ = 20%

- A할인점의 이용객 수 = 20만명 × 0.5 × 0.2 = 20,000명
따라서 C도시 인구 20만명 중 20,000명이 A할인점을 이용하므로 10%이다.

56 허프의 상권분석모형

정답 ③

오답 NOTE

허프(D. L. Huff)의 상권분석모형에서 거리마찰계수를 2로 적용하여 계산하면 다음과 같다.

- A할인점의 시장점유율(%) = $\dfrac{\dfrac{2,500}{5^2}}{\dfrac{2,500}{5^2} + \dfrac{900}{3^2}}$ = 50%

- A할인점의 이용객 수 = 10만명 × 0.6 × 0.5 = 30,000명

따라서 C도시 인구 10만명 중 30,000명이 A할인점을 이용하므로 30%이다.

57 허프의 상권분석모형

정답 ③

A쇼핑센터의 유인력 = $\dfrac{4,000}{10^2}$ = 40, B쇼핑센터의 유인력 = $\dfrac{10,000}{5^2}$ = 400,

C쇼핑센터의 유인력 = $\dfrac{20,000}{10^2}$ = 200이고, D도시 60만명 중 40%인 24만명이 쇼핑센터를 이용한다.

- A쇼핑센터의 유인비율 = $\dfrac{40}{640}$ × 100(%) = 6.25%

  ⇨ 24만명 × 0.0625 = 15,000명

- B쇼핑센터의 유인비율 = $\dfrac{400}{640}$ × 100(%) = 62.5%

  ⇨ 24만명 × 0.625 = 150,000명

- C쇼핑센터의 유인비율 = $\dfrac{200}{640}$ × 100(%) = 31.25%

  ⇨ 24만명 × 0.3125 = 75,000명

58 허프의 상권분석모형

정답 ③

- 할인점 A의 유인력 = $\dfrac{1,000}{5^2}$ = 40 , B의 유인력 = $\dfrac{700}{10^2}$ = 7,

  C의 유인력 $\dfrac{675}{15^2}$ = 3

- 할인점 A의 시장점유율(%) = $\dfrac{40}{40 + 7 + 3}$ = 0.8(80%)

- 할인점 A의 이용객 수 = 5,000명 × 0.8 = 4,000명

- 할인점 A의 월 추정매출액 = 20만원 × 4,000명 = 8억원

59 허프의 상권분석모형

1. 마찰계수가 1인 경우(잘못 추정한 경우)

- 점포 A의 유인력 = $\frac{1,500}{5}$ = 300, B의 유인력 = $\frac{4,000}{10}$ = 400,

  C의 유인력 = $\frac{4,500}{15}$ = 300

- 점포 A의 시장점유율(%) = $\frac{300}{400 + 300 + 300}$ = 0.3(30%)

- 점포 A의 이용객 수 = 10,000명 × 0.3 = 3,000명이다.

- 점포 A의 월 추정매출액 = 20만원 × 3,000명 = 6억원이다.

2. 마찰계수가 2인 경우(올바르게 추정한 경우)

- 점포 A의 유인력 = $\frac{1,500}{5^2}$ = 60, B의 유인력 = $\frac{4,000}{10^2}$ = 40,

  C의 유인력 = $\frac{4,500}{15^2}$ = 20

- 점포 A의 시장점유율(%) = $\frac{60}{60 + 40 + 20}$ = 0.5(50%)

- 점포 A의 이용객 수 = 10,000명 × 0.5 = 5,000명이다.

- 점포 A의 월 추정매출액 = 20만원 × 5,000명 = 10억원이다.

따라서 올바르게 추정한 점포 A의 월 매출액은 잘못 추정한 점포 A의 월 매출액보다 4억원 증가한다.

60 허프의 상권분석모형

일상용품점보다 전문품점의 경우가 공간(거리)마찰계수가 더 작다.

61 상업지의 입지특성과 구매습관

① 집심성 점포는 배후지의 중심지(CBD)에 입지하여야 하는 점포를 말한다.
② 선매품점은 고객이 상품의 가격·스타일·품질 등을 여러 상점을 통해서 비교한 후 구매하는 상품을 주로 판매하는 상점이다.
③ 집재성 점포는 동일 업종의 점포가 서로 한 곳에 모여서 입지하여야 하는 유형의 점포이다. 동일 업종의 점포끼리 국부적 중심지에 입지해야 유리한 유형의 점포는 국부적 집중성 점포이다.
⑤ 전문품점은 고객이 특수한 매력을 찾으려는 상품으로서 구매를 위한 노력을 아끼지 않고, 가격수준도 높으며, 광고된 유명상표 상품을 갖춘 상점을 말한다.

62 공업지의 입지선정   정답 ⑤

생산과정에서 소요되는 비용을 항목별로 세분화한 하나하나의 비용항목을 '입지단위'라 한다.

63 공업입지   정답 ③

베버에 의하면 산업입지에서 중요한 것은 수송비(운송비)·노동비·집적력 등인데, 그중에서 수송비(운송비)가 가장 중요한 요소이다.

이론+ 원료지수와 입지중량

1. 원료지수 : 베버(A. Weber)는 원료를 보편원료와 국지원료로 구분하여 원료지수를 도출하였는데, 원료지수란 제품중량에 대한 국지원료중량의 비율을 말한다.

$$원료지수 = \frac{국지원료중량}{제품중량} \quad \begin{array}{l} >1 \cdots 원료지향형\ 입지 \\ =1 \cdots 자유입지형\ 산업 \\ <1 \cdots 시장지향형\ 입지 \end{array}$$

2. 입지중량 : 제품 1단위의 이동에 필요한 중량으로서 제품중량에 대한 국지원료중량에 제품중량을 더한 값의 비율을 말한다.

$$입지중량 = \frac{국지원료중량 + 제품중량}{제품중량} \quad \begin{array}{l} >2 \cdots 원료지향형\ 입지 \\ =2 \cdots 자유입지형\ 산업 \\ <2 \cdots 시장지향형\ 입지 \end{array}$$

$$= 원료지수 + 1$$

64 공장부지의 입지요인   정답 ⑤

국지원료를 많이 사용하는 공장은 원료지향형 입지를 하는 경향이 있다.

65 공장부지의 입지요인   정답 ③

운송비의 비중이 낮고, 기술 연관성이 높으며 계열화된 산업의 경우, 집적지역에 입지함으로써 비용절감효과를 얻을 수 있다.

66 공업입지이론   정답 ④

뢰쉬(A. Lösch)는 이윤 극대화를 꾀하기 위해 공장의 입지는 시장확대가능성이 가장 풍부한 곳에 이루어져야 한다는 최대수요이론을 주장하였다.

CHAPTER 03 부동산정책론

01	⑤	02	①	03	③	04	①	05	③
06	④	07	③	08	④	09	④	10	④
11	①	12	④	13	③	14	③	15	②
16	④	17	①	18	①	19	②	20	①
21	②	22	④	23	⑤	24	⑤	25	④
26	③	27	④	28	①	29	①	30	⑤
31	⑤	32	⑤	33	③	34	②	35	④
36	①	37	⑤	38	⑤	39	③	40	⑤
41	①	42	④	43	⑤	44	④	45	③
46	①	47	⑤	48	④	49	⑤	50	④
51	⑤								

01 지가고
정답 ⑤

지가고는 물가 및 산업의 원가 상승요인이 되며, 기업의 신규 투자를 어렵게 하여 경기부양에 악영향을 준다.

02 주택문제
정답 ①

질적 주택문제란 주택가격이나 주거비의 부담능력이 낮고 주거수준도 낮은 데에서 비롯되는 불만과 관련된 문제이다. 대표적 원인은 저소득 수준이며, 양적 주택문제가 해결된 후의 일이다. 주택이 절대적으로 부족한 현상은 양적 주택문제이다.

03 소득 대비 주택가격비율과 소득 대비 주택임대료비율
정답 ③

소득 대비 주택가격비율(PIR ; price to income ratio)이 증가할수록 개별가구의 주택마련기간은 그만큼 길어진다는 의미이다.

04 시장실패의 요인
정답 ①

시장의 실패는 불완전경쟁(독과점)의 존재, 규모의 경제, 외부효과의 존재, 공공재의 부족, 정보의 불완전성 및 비대칭성 등에 의해 나타난다. 시장에서 외부효과나 공공재가 존재하지 않는다면 완전경쟁시장에서는 효율적인 자원배분이 달성되며 시장실패가 나타나지 않는다.

05 정부의 부동산시장 개입
정답 ③

저소득층을 위한 임대주택의 공급은 사회적 목표를 달성하기 위한 정치적 기능이다.

06 정부의 부동산시장 개입
정답 ④

공공재는 시장기구에 맡겨둘 경우 비경합성과 비배제성으로 인하여 무임승차(free ride)현상이 발생할 수 있다.

07 공공재
정답 ③

생산을 시장에 맡길 경우 사회적 적정생산량보다 과소생산되는 경향이 있다.

08 정부의 부동산시장 개입
정답 ④

부동산에 대한 조세부과나 보조금제도는 정부의 부동산시장에 대한 간접개입 방식이다.

09 외부효과
정답 ④

정(+)의 외부효과든 부(−)의 외부효과든 외부효과가 존재하면 사적 비용과 사회적 비용이 달라져 자원배분의 왜곡이 발생한다. 따라서 정(+)의 외부효과든 부(−)의 외부효과든 외부효과가 존재하면 시장기구는 자원을 효율적으로 배분할 수 없게 되며, 이로 인해 시장의 실패가 나타난다.

10 외부효과
정답 ④

① 외부효과란 거래당사자가 아닌 제3자에게 시장메커니즘을 통하지 않고 의도하지 않게 미치는 유리하거나 불리한 효과를 말한다.
② 부(−)의 외부효과는 의도되지 않은 손해를 주면서 그 대가를 지불하지 않는 외부불경제라고 할 수 있다.
③ 부(−)의 외부효과는 사회적 최적생산량보다 시장생산량이 많은 과다생산을 초래한다.
⑤ 부(−)의 외부효과에는 조세부과, 환경부담금 부과, 지역지구제 실시 등의 규제정책이 필요하다.

오답 NOTE

11 외부효과

정답 ①

외부효과란 어떤 경제주체의 경제활동의 의도하지 않은 결과가 시장(기구)을 통하지 않고 거래당사자가 아닌 제3자(bystander)에게 의도하지 않은 이익이나 손해를 가져다주는데도 이에 대한 대가를 받지도 지불하지도 않는 상태를 말한다.

12 외부효과

정답 ④

① 정(+)의 외부효과가 나타나는 경우 정부가 보조금을 지급하면 사적 비용을 감소시켜 사적 비용이 사회적 비용보다 커서 적정생산량보다 과소생산되는 문제를 해결하게 된다. 즉, 정부의 보조금 지급은 결과적으로 공급곡선을 우측으로 이동시키게 되므로 정(+)의 외부효과로 인한 시장실패 문제가 해결된다.
② 부(−)의 외부효과를 야기하는 주체에게 세금을 부과하는 것은 부(−)의 외부효과를 야기하는 기업의 사적 비용을 증가시켜 사적 비용이 사회적 비용보다 작아서 적정생산량보다 과다생산되는 문제를 해결하게 된다.
③ 사적 시장에서 부(−)의 외부효과가 나타나면 사적 비용이 사회적 비용보다 작아서 적정생산량보다 과다생산의 결과를 초래한다.
④ 부(−)의 외부효과가 존재하면 사적 비용이 사회적 비용보다 작아서 적정생산량보다 과다생산되는 결과를 초래한다. 따라서 부(−)의 외부효과를 야기하는 주체에게 세금을 부과하여 사회적 비용과 사적 비용을 일치시켜야 한다.
⑤ 부(−)의 외부효과가 나타날 경우 정부는 조세를 부과하거나 환경부담금 부과 등을 통해 사적 비용과 사회적 비용을 일치시키는 정책을 사용할 수는 있으나, 생산을 중단시키는 것은 바람직한 정책이 아니다.

13 외부효과

정답 ③

주택공급 부족으로 주택가격이 급등하는 것은 시장에서 수요에 비해 공급이 부족하여 가격이 상승하는 현상으로 시장적 현상이다. 따라서 외부효과에 의한 시장실패라고 볼 수 없다.

14 토지정책의 수단

정답 ③

직접적 개입 방법에는 도시재개발, 토지수용, 토지은행제도, 공공소유제도, 공영개발 등이 있다. 지역지구제는 토지이용규제에 해당한다.

15 토지정책의 수단

정답 ②

정부나 공공기관이 토지시장에 직접 개입하여 수요자와 공급자의 역할을 적극적으로 수행하는 방법은 직접적인 개입에 해당한다. 이는 토지시장의 기능을 부분적으로 정부가 인수하는 방법으로 도시재개발, 토지수용, 토지은행제도, 공공소유제도, 공영개발 등을 들 수 있다.

16 정부의 부동산시장 개입

정답 ④

정부의 부동산시장 개입 유형 중 **공영개발사업(ⓛ), 공공임대주택(ⓒ), 공공토지비축(토지은행)(ⓗ), 토지수용(ⓢ)은** 직접개입에 해당하며, 임대료보조(ⓐ), 종합부동산세(ⓔ), 개발부담금(ⓜ), 총부채상환비율(DTI)(ⓞ) 등은 간접개입에 해당한다.

17 정부의 부동산시장 개입

정답 ①

정부의 부동산시장 개입 방법 중 개발부담금 부과제도는 정부의 간접적 시장 개입 수단이다.

18 부동산정책

정답 ①

부동산에 대한 부담금제도나 보조금제도는 정부의 부동산시장에 대한 간접개입 방식이다.

19 부동산정책

정답 ②

②는 「택지소유상한에 관한 법률」에 관한 내용으로, 이는 폐지된 법률에 해당한다.

20 부동산정책

정답 ①

택지소유상한제는 사유재산권 침해 이유로, 토지초과이득세제는 실현되지 않은 이익에 대해 과세한다는 논란 등으로 1998년 폐지되어 현재 시행되고 있지 않다.

21 토지정책

정답 ②

토지정책의 수단 중 토지은행제도는 직접적 개입에 해당한다.

22 부동산정책

정답 ④

① 개발이익환수제에서 개발이익이란 개발사업의 시행이나 토지이용계획의 변경, 그 밖에 사회적·경제적 요인에 따라 정상지가(正常地價) 상승분을 초과하여 개발사업을 시행하는 자(사업시행자)나 토지소유자에게 귀속되는 토지가액의 증가분을 말한다(개발이익 환수에 관한 법률 제2조 제1호).

② 도시·군관리계획이란 특별시·광역시·특별자치시·특별자치도·시 또는 군의 개발·정비 및 보전을 위하여 수립하는 토지이용, 교통, 환경, 경관, 안전, 산업, 정보통신, 보건, 복지, 안보, 문화 등에 관한 계획을 말한다(국토의 계획 및 이용에 관한 법률 제2조 제4호). 특별시·광역시·특별자치시·특별자치도·시 또는 군의 관할구역에 대하여 기본적인 공간구조와 장기발전방향을 제시하는 종합계획으로서 도시·군관리계획 수립의 지침이 되는 계획은 도시·군기본계획에 해당한다(국토의 계획 및 이용에 관한 법률 제2조 제3호).

③ 개발손실보상제는 토지이용계획의 결정 등으로 종래의 용도규제가 강화됨으로 인해 발생한 손실을 보상하는 제도로 대표적인 것 중에 개발권양도제도가 있다. 개발부담금제도는 손실을 보상하는 제도가 아니라 개발사업의 시행으로 이익을 얻은 사업시행자로부터 개발이익의 일정액을 환수하는 제도이다.

⑤ 재건축부담금은 재건축사업 및 소규모재건축사업(이하 '재건축사업')에서 발생되는 초과이익을 환수하기 위한 제도로「재건축초과이익 환수에 관한 법률」에 의해 시행되고 있다(재건축초과이익 환수에 관한 법률 제1조). '재건축초과이익'이라 함은 재건축사업으로 인하여 정상주택가격상승분을 초과하여 귀속되는 주택가액의 증가분을 말하며, '재건축부담금'이라 함은 재건축초과이익 중 국토교통부장관이 부과·징수하는 금액을 말한다(재건축초과이익 환수에 관한 법률 제2조 제1호·제3호).

이론 ➕ 주택조합

> 주택조합이란 많은 수의 구성원이 사업계획의 승인을 받아 주택을 마련하거나 리모델링하기 위하여 결성하는 조합을 말하는데, 지역주택조합, 직장주택조합, 리모델링주택조합이 있다(주택법 제2조 제11호).
> 1. 지역주택조합 : 지역(서울특별시·인천광역시 및 경기도, 대전광역시·충청남도 및 세종특별자치시, 충청북도, 광주광역시 및 전라남도, 전북특별자치도, 대구광역시 및 경상북도, 부산광역시·울산광역시 및 경상남도, 강원특별자치도, 제주특별자치도)에 거주하는 주민이 주택을 마련하기 위하여 설립한 조합
> 2. 직장주택조합 : 같은 직장의 근로자가 주택을 마련하기 위하여 설립한 조합
> 3. 리모델링주택조합 : 공동주택의 소유자가 그 주택을 리모델링하기 위하여 설립한 조합

23 토지비축제도

정답 ⑤

공공토지비축제도는 정부가 직접적으로 부동산시장에 개입하는 정책수단이다.

24 토지비축제도

「공공토지의 비축에 관한 법률」에서 비축토지는 한국토지주택공사가 토지은행 사업으로 취득하여 관리한다.

25 토지정책

정답 ④

④는 환지방식이 아니라 수용방식에 대한 설명이다. 환지방식은 택지개발 후 개발된 토지를 토지소유자에게 재분배하는 방식이다.

26 부동산제도와 근거법률

정답 ③

개발부담금제의 근거법률은 「개발이익 환수에 관한 법률」이다.

27 부동산정책

정답 ④

개발권양도제도(TDR)는 개발제한으로 인해 규제되는 보전지역에서 발생하는 토지소유자의 손실을 보전하기 위한 제도로서 우리나라에서는 현재 시행되고 있지 않다.

28 임대료 규제정책

정답 ①

정부의 규제임대료가 시장균형임대료보다 높을 경우 시장에는 아무런 변화가 일어나지 않으며 이전의 균형을 그대로 유지한다. 따라서 초과수요나 초과공급이 존재하지 않는다.

29 임대료 규제정책

정답 ①

임대료 상한제는 최고가격제의 일환이므로 임대료 상한제를 실시하면 초과수요를 발생시킨다.

30 임대료 규제정책

정답 ⑤

임대료의 상한이 시장균형임대료보다 낮다면, 단기에는 장기보다 초과수요가 작아서 정책효과는 크며, 장기에는 단기보다 초과수요는 커져 정책효과는 작아진다.

31 임대료 규제 계산

정답 ⑤

시장수요함수 $Q_D = 1,000 - 7P$, 시장공급함수 $Q_S = 200 + 3P$라면,
$1,000 - 7P = 200 + 3P$이므로 $10P = 800$이므로
$P = 80$만원, $Q = 440$호이다.
그런데 시장균형임대료에서 30만원 낮추었을 경우 규제임대료는 50만원
(= 80만원 − 30만원)이다.
따라서 수요량(Q_D)은 $1,000 - (7 \times 50) = 650$호이고
공급량(Q_S)은 $200 + (3 \times 50) = 350$호이다.
따라서 300호의 초과수요(= 650호 − 350호)가 발생한다.

32 임대료 규제 계산

정답 ⑤

균형임대료는 수요량(Q_D)과 공급량(Q_S)이 일치할 때의 임대료이다. 따라서
균형임대료는 $500 - 4P = -100 + 2P$에서 $6P = 600$, $P = 100$이므로
균형임대료는 100이며, 이를 수요함수나 공급함수에 대입하면 균형거래량은
100이다.
그런데 정부가 임대주택의 임대료를 균형임대료(100원)보다 20원 낮은 80원
으로 규제했으므로 $P = 80$을 수요함수와 공급함수에 대입하면
수요량은 $500 - (4 \times 80) = 180$, 공급량은 $-100 + (2 \times 80) = 60$이므로
120의 초과수요가 발생한다.
이때에는 정부가 자료조사를 잘못하여 균형임대료보다 높게 임대료를 규제했
으므로 시장에는 아무런 변화가 나타나지 않고, 현재의 시장(균형)임대료 수준
을 계속 유지한다.

33 주택 보조금정책

정답 ③

가격보조가 소득보조에 비해 주택소비 증대라는 정책목표달성 측면에서 효과
적이다.

34 임대주택정책

정답 ②

정부의 규제임대료가 시장균형임대료보다 높을 경우 시장에는 아무런 변화가
일어나지 않으며 이전의 균형을 그대로 유지한다. 따라서 초과수요나 초과공급
이 존재하지 않는다.

35 임대주택정책

정답 ④

임대료 규제는 임대부동산을 질적으로 저하시키고 기존 세입자의 주거 이동을
감소시킨다.

36 임대주택정책

정답 ①

①은 행복주택에 관한 설명이다. 국민임대주택은 국가나 지방자치단체의 재정이나 「주택도시기금법」에 따른 주택도시기금의 자금을 지원받아 저소득 서민의 주거안정을 위하여 30년 이상 장기간 임대를 목적으로 공급하는 공공임대주택을 말한다.

37 분양가상한제

정답 ⑤

분양가상한제로 인해 분양가격과 시장가격의 차이 때문에 단기적으로 투기적 수요가 증가할 수 있으며, 분양주택에 대한 프리미엄이 형성되면 분양권을 불법으로 전매하는 등의 현상이 나타날 수 있다. 따라서 분양주택의 전매제한을 강화해야 한다.

38 분양가상한제

정답 ⑤

분양가상한제로 인해 분양주택에 대한 프리미엄이 형성되면 분양권을 불법으로 전매하는 등의 현상이 나타날 수 있으므로 분양주택의 전매제한을 강화해야 한다.

39 분양가 규제

정답 ③

분양가를 자율화할 경우 신규주택가격의 상승을 가져오고, 대형주택 위주의 공급이 이루어지므로 일정수준 이하의 저소득층의 주거안정을 도모하기가 어렵다.

40 주택선분양제도와 주택후분양제도

정답 ⑤

⑤는 주택후분양제도의 특징이다.

41 부동산 조세의 전가와 귀착

정답 ①

정부가 임대주택에 재산세를 부과하면 임대주택의 공급이 감소하고 임대료는 상승할 것이다.

42 부동산 조세의 전가와 귀착

정답 ④

임대인에게 재산세가 부과되면 일반적으로 임대인과 임차인이 함께 세금을 부담한다. 즉, 재산세의 일부만 임대인이 부담하고, 일부는 전가를 통하여 임차인이 조세를 부담하므로 임대료는 재산세 부과액보다 적게 상승한다.

43 부동산 조세의 전가와 귀착

정답 ⑤

공급이 완전탄력적이면 임대인의 조세부담액은 0이 되며, 임차인에게 전액 전가
된다.

44 부동산 조세의 전가와 귀착

정답 ④

탄력성과 조세부담은 반비례한다. 따라서 비탄력적인 주체일수록 불리하며, 탄
력적인 주체일수록 덜 불리하다. 그러므로 수요곡선이 탄력적일수록 임차인 부
담이 작아지고, 비탄력적일수록 임차인 부담이 커진다. 또한 공급곡선이 탄력
적일수록 임대인 부담이 작아지고, 비탄력적일수록 임대인 부담이 커진다. 그
러므로 공급이 탄력적일수록 임차인에게 전가되는 부분이 크다.

45 부동산 조세의 전가와 귀착

정답 ③

공급함수는 Q_S = 3,000이므로 공급곡선은 수직이며,
수요함수는 Q_D = 5,000 − 20P이므로 수요곡선은 우하향하는 직선이다.
이때 정부가 매도인에게 양도소득세를 부과하면 가격은 불변이고, 균형거래량
은 불변이다. 따라서 매도인이 전액을 부담한다.

46 부동산 조세의 전가와 귀착

정답 ①

임대용 부동산의 공급곡선이 완전탄력적이므로 임대용 부동산에 재산세가 부
과되면 임대인이 전혀 부담하지 않으며, 임대료는 재산세 부과액만큼 오르고
임차인이 전액을 부담한다.

47 부동산 조세

정답 ⑤

종합부동산세와 재산세의 과세기준일은 매년 6월 1일이다.

48 부동산 조세

정답 ④

① 임대주택에 재산세를 부과하면 임대주택의 공급이 감소하고 임대료는 상승
할 것이다.
② 재산세는 지방세로서 보유단계에 부과하는 조세이다.
③ 양도소득세는 양도로 인해 발생하는 소득에 대해 부과되는 것으로 타인에게
전가될 수 있다.
⑤ 조세 부과는 수요자와 공급자 모두에게 세금을 부담하게 하나, 상대적으로
가격탄력성이 낮은 쪽이 세금을 더 많이 부담하게 된다.

49 양도소득세의 경제적 효과   정답 ⑤

① 양도소득세는 매수인과 매도인 모두 부담하므로 양도소득세 납부 후 매도인 (공급자)이 받는 대금은 양도소득세가 중과되기 전보다 낮아질 것이다.

② 조세전가로 인해 양도소득세의 중과 후에 매수인(수요자)이 지불하는 가격 은 양도소득세가 중과되기 전보다 높아진다.

③ 양도소득세의 전가로 가격이 올랐으므로 양도소득세가 중과되기 전보다 중 과 후 주택거래량이 감소할 것이다.

④ 가격탄력성이 비탄력적인 매수인(수요자)은 가격변화에 민감하게 반응하지 않는 반면, 가격탄력성이 탄력적인 매도인(공급자)은 매우 민감하게 반응할 것이다.

⑤ 세금의 전가 문제는 수요와 공급의 상대적 탄력성의 크기에 따라 다르다. 그런데 문제에서 주택수요의 가격탄력성이 비탄력적이고 공급의 가격탄력 성이 탄력적이라고 했으므로 양도세 중과는 비탄력적인 수요자가 더 많이 부담한다. 따라서 양도소득세의 중과효과는 매수인에게 더 크게 나타날 것 이다.

50 탄력성과 조세부담   정답 ④

임대인과 임차인의 조세부담의 상대적 배분은 다음의 식으로 표현할 수 있다.

$$\frac{수요의\ 가격탄력성}{공급의\ 가격탄력성} = \frac{임대인\ 부담}{임차인\ 부담}$$

즉, 탄력성과 조세부담은 반비례한다. 문제에서 수요의 임대료탄력성은 2, 공 급의 임대료탄력성은 3이므로 총조세부담액 중 임차인이 3/5, 임대인이 2/5를 부담한다. 따라서 총조세부담액 10만원 중 임차인이 6만원을, 임대인이 4만원 을 부담하게 될 것이다. 그러므로 주택의 임대료는 6만원 오른 106만원이 될 것이다.

51 토지단일세론   정답 ⑤

헨리 조지(H. George)의 주장이다. 그는 토지에서 발생하는 지대수입을 100% 징세할 경우, 토지세 수입만으로 재정을 충당할 수 있기 때문에 토지세를 제외 한 다른 모든 조세를 없애고 정부의 재정은 토지세만으로 충당하는 토지단일세 를 주장하였다.

CHAPTER 04 부동산투자론

01	④	02	③	03	②	04	④	05	①
06	③	07	③	08	③	09	③	10	⑤
11	①	12	①	13	①	14	②	15	①
16	④	17	②	18	④	19	④	20	③
21	⑤	22	①	23	④	24	①	25	⑤
26	①	27	④	28	④	29	④	30	③
31	③	32	③	33	②	34	③	35	③
36	②	37	⑤	38	⑤	39	②	40	⑤
41	③	42	②	43	②	44	③	45	③
46	②	47	①	48	②	49	③	50	⑤
51	④	52	③	53	②	54	①	55	④
56	①	57	④	58	①	59	②	60	③
61	②	62	⑤	63	②	64	②	65	①
66	⑤	67	③	68	⑤	69	③	70	②
71	③	72	①	73	③	74	③	75	④
76	③	77	③	78	②	79	⑤	80	①
81	①								

01 부동산투자

정답 ④

부동산 보유기간 동안의 임대료수입 등을 소득이득(income gains)이라고 하고, 처분 시 가치 상승으로 발생하는 양도차익을 자본이득(capital gains)이라고 한다.

02 부동산투자의 레버리지효과

정답 ③

지분수익률에서 총자본수익률을 차감하여 정(+)의 수익률이 나오는 경우에는 정(+)의 레버리지가 발생한다.

03 부동산투자의 레버리지효과

정답 ②

㉠ 지분수익률에서 총자본수익률을 차감하여 정(+)의 수익률이 나오는 경우에는 정(+)의 레버리지가 발생한다.
㉣ 총자본수익률은 총투자액에 대한 총자본수익의 비율로 차입이자율과 부채비율의 변화 모두 총자본수익률에 영향을 미치지 않는다.

04 자기자본수익률

전체 투자액을 1억원이라고 가정하면 총자본수익은 1,200만원이 된다. 그런데 부채비율이 4이면 자기자본이 2,000만원, 타인자본이 8,000만원이 된다.

$$\therefore \text{자기자본수익률} = \frac{\text{총자본수익} - \text{이자지급액}}{\text{자기자본(지분투자액)}} \times 100(\%)$$

$$= \frac{1,200\text{만원} - (8,000\text{만원} \times 0.1)}{2,000\text{만원}} \times 100(\%)$$

$$= 20\%$$

05 자기자본수익률

정답 ①

전체 투자액을 1억원이라고 가정하면 총자본수익은 1,000만원이 된다.
- 대부비율이 50%이면 자기자본이 5,000만원, 타인자본이 5,000만원이 된다.

$$\therefore \text{자기자본수익률} = \frac{\text{총자본수익} - \text{이자지급액}}{\text{자기자본(지분투자액)}} \times 100(\%)$$

$$= \frac{1,000\text{만원} - (5,000\text{만원} \times 0.08)}{5,000\text{만원}} \times 100(\%)$$

$$= 12\%$$

- 대부비율이 60%이면 자기자본이 4,000만원, 타인자본이 6,000만원이 된다.

$$\therefore \text{자기자본수익률} = \frac{\text{총자본수익} - \text{이자지급액}}{\text{자기자본(지분투자액)}} \times 100(\%)$$

$$= \frac{1,000\text{만원} - (6,000\text{만원} \times 0.08)}{4,000\text{만원}} \times 100(\%)$$

$$= 13\%$$

따라서 대부비율이 50%에서 60%로 높아진다면 자기자본수익률은 12%에서 13%로 1%p 상승한다.

06 자기자본수익률

정답 ③

만일 A부동산에 대한 총투자액이 1억원이라고 가정하면, 투자수익률이 15%이므로 총자본수익은 1,500만원이다. 차입금이 투자액의 60%라면 자기자본이 4,000만원, 타인자본이 6,000만원이며, 대출금리가 10%이므로 이자지급액은 600만원이다.

$$\therefore \text{자기자본수익률} = \frac{1,500\text{만원} - 600\text{만원}}{4,000\text{만원}} \times 100(\%)$$

$$= \frac{900\text{만원}}{4,000\text{만원}} \times 100(\%) = 22.5\%$$

07 자기자본수익률   정답 ③

1년간 순영업소득(소득이득)은 3,000만원이고, 1년간 부동산가격 상승률이 2%로 자본이득이 2,000만원 존재하므로 총자본수익은 5,000만원이 된다. 그런데 연 이자율 5%로 타인자본을 60% 활용하는 경우는 부동산가격 10억원 중 자기자본이 4억원이고 타인자본이 6억원이다.

따라서 자기자본수익률 = $\dfrac{5{,}000만원 - (6억원 \times 0.05)}{4억원} \times 100(\%) = 5\%$ 이다.

08 자기자본수익률   정답 ③

㉠ 타인자본을 활용하지 않는 경우

1년간 순영업소득(소득이득)은 3,000만원이고, 1년간 부동산가격 상승률이 2%로 자본이득이 2,000만원 존재하므로 총자본수익은 5,000만원이 된다. 타인자본을 활용하지 않는 경우는 부동산가격 10억원을 전액 자기자본으로 충당해야 한다.

∴ 자기자본수익률 = $\dfrac{5{,}000만원(= 3{,}000만원 + 2{,}000만원)}{10억원} \times 100(\%)$

$= 5\%$

㉡ 타인자본을 50% 활용하는 경우

타인자본을 50% 활용하는 경우는 부동산가격 10억원 중 자기자본이 5억원이고 타인자본이 5억원이며 대출이자율은 4%이다.

∴ 자기자본수익률 = $\dfrac{5{,}000만원 - (5억원 \times 0.04)}{5억원} \times 100(\%) = 6\%$

09 부동산투자의 위험   정답 ③

금융위험(financial risk)이란 자기자본에 대한 부채의 비율이 클수록 자기자본수익률은 증가할 수 있지만 부담해야 할 위험이 증대되어 파산의 위험도 아울러 증가하게 되는 것을 말한다.

10 부동산투자 분석   정답 ⑤

① 투자로부터 기대되는 장래의 예상수익률로서 내부수익률로 표현할 수도 있는 것은 기대수익률이다.
② 투자에 대한 위험이 주어졌을 때, 투자자가 투자부동산에 대하여 자금을 투자하기 위해 충족되어야 할 최소한의 수익률은 요구수익률이다.
③ 투자가 이루어진 후 현실적으로 달성된 수익률은 실현수익률이며, 실제수익률 또는 사후수익률이라고도 한다.
④ 기대수익률과 요구수익률은 사전수익률이며, 실현수익률은 사후수익률이다.

11 부동산투자 분석   정답 ①

ⓒ 투자사업에 대한 순현가가 0(영)보다 크거나 같을 경우에 투자를 채택한다. 투자사업에 대한 순현가가 0(영)보다 작을 경우에는 투자를 기각한다.

ⓒⓔ 실현수익률은 사후수익률이므로 투자결정 시의 투자판단의 지표가 아니다.

12 부동산투자의 기대수익률   정답 ①

상가의 기대수익률이 6%라고 주어졌으므로 정상적 경제상황의 경우 예상수익률을 x%라고 가정하면

기대수익률 = Σ(각 경제상황별 추정수익률 × 발생확률)
               = (4% × 0.2) + (x% × 0.3) + (8% × 0.5) = 6%
               = 0.8% + (x% × 0.3) + 4% = 6%

따라서 x% × 0.3 = 1.2%에서 x = 4가 된다.

13 부동산투자의 기대수익률과 분산   정답 ①

• 기대수익률 = Σ(각 경제상황별 추정수익률 × 발생확률)
                = (0.1 × 0.3) + (0.2 × 0.4) + (0.3 × 0.3) = 0.2(20%)

• 분산 = Σ[(각 경제상황별 추정수익률 − 기대수익률)^2 × 발생확률]
     = (0.1 − 0.2)^2 × 0.3 + (0.2 − 0.2)^2 × 0.4 + (0.3 − 0.2)^2 × 0.3
     = 0.006(0.6%)

14 부동산투자의 위험과 수익   정답 ②

어떤 부동산에 대한 투자자의 요구수익률이 기대수익률보다 큰 경우에는 대상부동산에 대한 기대수익률도 점차 상승하게 되어 요구수익률과 같게 되는 수준에서 균형을 이루게 된다.

15 부동산투자의 위험과 수익   정답 ①

위험회피적인 투자자라고 할지라도 피할 수 없는 위험이나 대가가 주어지는 위험은 감수할 수 있다.

16 부동산투자의 위험과 수익   정답 ④

위험회피형 투자자 중에서 공격적인 투자자는 보수적인 투자자에 비해 위험이 높더라도 기대수익률이 높은 투자안을 선호한다.

17 부동산투자의 기대수익률과 위험　　　정답 ②

① 부동산투자안이 채택되기 위해서는 기대수익률이 요구수익률보다 커야 한다.
③ 투자자가 위험을 회피할수록 위험(표준편차, X축)과 기대수익률(Y축)의 관계를 나타낸 투자자의 무차별곡선의 기울기는 급해진다.
④ 투자위험(표준편차)과 기대수익률은 정(+)의 상관관계를 가진다.
⑤ 무위험(수익)률의 상승은 투자자의 요구수익률을 상승시키는 요인이다.

18 부동산투자의 위험과 수익　　　정답 ④

투자자의 요구수익률은 개인으로서 피할 수 없는 위험이 증대됨에 따라 상승한다.

19 부동산투자의 위험과 수익　　　정답 ④

④ 만일 투자자가 위험추구형 투자자라면 C부동산처럼 기대수익률도 높고 표준편차(위험)도 큰 투자대안에 투자할 수도 있다. 그러나 문제에서 모든 투자자가 위험회피적이라고 했고, 그중 보수적인 투자자라면 C부동산에 우선적으로 투자한다고 볼 수 없으며, 오히려 기대수익률이 낮더라도 표준편차(위험)도 작은 A부동산과 같은 투자대안을 선택할 것이다.

⑤ $A = \dfrac{3.54}{15} = 0.236$, $B = \dfrac{8.02}{18.52} \fallingdotseq 0.433$, $C = \dfrac{9.68}{20} = 0.484$

20 투자자의 요구수익률　　　정답 ③

요구수익률은 무위험률 + 위험할증률 + 예상인플레율이다.
따라서 특정 부동산시장에서의 요구수익률은 4% + 2% + 1% = 7%이다.

21 부동산의 투자가치　　　정답 ⑤

무위험률이 4%이고, 위험할증률이 2%, 예상인플레이션율이 1%이므로 투자자의 요구수익률은 7%이다.

따라서 투자가치 $= \dfrac{\text{순수익}}{\text{요구수익률}} = \dfrac{3{,}500\text{만원}}{0.07} = 5$억원이다.

22 부동산투자의 위험과 위험분석　　　정답 ①

요구수익률을 결정하는 데 있어 감수해야 할 위험의 정도에 따라 위험할증률을 더한다.

23 포트폴리오 이론

정답 ④

위험회피도의 차이에 따라 무차별곡선의 모양이나 기울기가 달라지는데, 투자자가 위험을 회피할수록 위험(표준편차, X축)과 기대수익률(Y축)의 관계를 나타낸 투자자의 무차별곡선의 기울기는 급해지게 된다.

24 포트폴리오 이론

정답 ①

② 시장의 전반적인 상황과 관련이 있는 위험으로 분산투자를 하여도 제거할 수 없는 위험은 체계적 위험(systematic risk)이다.

③ 부동산투자의 위험에는 피할 수 있는 위험과 피할 수 없는 위험이 있는데, 전자는 비체계적 위험이고, 후자는 체계적 위험이다.

④ 상관계수가 +1의 값을 갖는 경우를 제외하면, 구성자산의 수를 많이 하여 포트폴리오를 구성한다면 비체계적 위험은 감소될 수 있다.

⑤ 최적 포트폴리오는 효율적 프론티어와 투자자의 무차별곡선이 접하는 점에서 결정된다.

25 포트폴리오 이론

정답 ⑤

위험자산으로 구성된 부동산투자의 최적 포트폴리오는 효율적 프론티어(efficient frontier)와 투자자의 무차별곡선이 접하는 점에서 결정되는데, 투자자가 보수적 투자자일 경우 최적 포트폴리오는 공격적 투자자에 비해 저위험－저수익 포트폴리오가 된다.

26 포트폴리오의 기대수익률

정답 ①

전체 구성자산의 기대수익률, 즉 포트폴리오의 기대수익률은 포트폴리오를 구성하는 개별자산들의 기대수익률을 구성비율로 가중평균한 값이다.
• A부동산의 기대수익률 = (20% × 0.6) + (−10% × 0.4) = 8%
• B부동산의 기대수익률 = (10% × 0.6) + (5% × 0.4) = 8%
따라서 포트폴리오의 기대수익률 = (8% × 0.5) + (8% × 0.5) = 8%이다.

27 포트폴리오의 기대수익률

정답 ④

포트폴리오의 기대수익률은 포트폴리오를 구성하는 개별자산들의 기대수익률을 구성비율로 가중평균한 값이다.
개별자산의 기대수익률 = Σ(각 경제상황별 추정수익률 × 발생확률)이며, 포트폴리오의 기대수익률 = Σ(개별자산의 기대수익률 × 개별자산의 구성비율)이므로,
• A부동산의 기대수익률 = (6% × 0.4) + (4% × 0.6) = 4.8%
• B부동산의 기대수익률 = (10% × 0.4) + (5% × 0.6) = 7%

• C부동산의 기대수익률 = (8% × 0.4) + (3% × 0.6) = 5%
따라서 포트폴리오의 기대수익률 = (4.8% × 0.2) + (7% × 0.4) + (5% × 0.4) = 5.76%이다.

28 평균–분산결정법   정답 ④

기대수익률도 크고 표준편차도 큰 투자대안에 대해서는 평균–분산결정법으로 결정할 수 없다.

29 포트폴리오 이론   정답 ④

③ 빌딩 A의 변이계수 = $\frac{5}{8}$ = 0.625, 빌딩 B의 변이계수 = $\frac{7}{10}$ = 0.7,

빌딩 C의 변이계수 = $\frac{12}{15}$ = 0.8

④ 공격적인 투자자라면 기대수익률이 가장 높은 것으로 추정된 빌딩 C에 우선적으로 투자할 것이다. 그러나 보수적인 투자자라면 기대수익률이 가장 낮고 위험도 가장 낮은 빌딩 A에 투자할 것이다.

⑤ 빌딩 A보다 빌딩 C가 기대수익률도 크고 표준편차도 크므로 평균–분산지배원리를 기준으로는 투자우선순위 결정기준을 제시하지 못한다.

30 포트폴리오 이론   정답 ③

평균–분산지배원리로 투자 선택을 할 수 없을 때 변동계수(변이계수)를 활용하여 투자안의 우위를 판단할 수 있다.

31 포트폴리오 이론   정답 ③

① 인플레이션, 경기변동 등의 시장 전체와 관련된 위험, 즉 체계적 위험은 분산투자를 통해 제거가 불가능하다.

② 포트폴리오에 편입되는 투자자산 수를 늘림으로써 비체계적 위험을 줄여나갈 수 있으며, 그 결과로 총위험은 줄어들게 된다.

④ 상관계수가 +1의 값을 갖는 경우를 제외하면, 구성자산 수를 많이 하여 포트폴리오를 구성한다면 비체계적 위험은 감소될 수 있다.

⑤ 효율적 프론티어(efficient frontier)와 투자자의 무차별곡선이 접하는 지점에서 최적 포트폴리오가 결정된다.

32 화폐의 시간가치
정답 ③

③은 원금균등상환방식이 아니라 **원리금균등상환방식**이다. 즉, 원리금균등상환방식으로 주택저당대출을 받은 경우 저당대출의 매 기간 원리금 상환액은 저당상수를 이용하여 계산한다.

33 화폐의 시간가치
정답 ②

① 원리금균등분할상환방식에서 매 기간의 상환액을 계산할 경우 저당상수를 사용한다.
③ 기말에 일정누적액을 만들기 위해 매 기간마다 적립해야 할 금액을 계산할 경우 **감채기금계수 또는 연금의 미래가치계수**를 사용한다.
④ 연금의 미래가치계수에 일시불의 현재가치계수를 곱하면 **연금의 현재가치계수**가 된다.
⑤ 저당상수에 연금의 현재가치계수를 곱하면 **1이 된다**.

34 화폐의 시간가치
정답 ③

㉠ 일시불의 미래가치계수는 이자율이 상승할수록 **커진다**.
㉢ 3년 후에 주택자금 5억원을 만들기 위해 매 기간 납입해야 할 금액을 계산하는 경우, **감채기금계수**를 곱하여 구한다.

35 화폐의 시간가치
정답 ③

부동산가격이 매년 전년 대비 10%씩 상승한다고 가정하면 정기예금의 이자율이 복리로 연 10%일 때 3년 후 정기예금을 찾는 금액과 같은 원리이다. 따라서 해당 부동산가격의 미래가치는 일시불의 미래가치계수를 사용하여 계산할 수 있다.
그런데 일시불의 내가계수는 $(1+r)^3$이므로 $(1+0.1)^3 = 1.331$이다.
따라서 해당 부동산가격의 미래가치는 1억원 × 1.331 = 133,100,000원이다.

36 일시불의 현재가치 계산
정답 ②

5년 후 5,000만원의 현재가치는 일시불의 현가계수를 통해 계산한다.
따라서 5,000만원 × 일시불의 현가계수(5년)로 구한다.

$$일시불의 \ 현가계수(5년) = (1+0.05)^{-5} = \frac{1}{(1+0.05)^5} ≒ 0.783526$$

따라서 5,000만원 × 0.783526 ≒ 39,176,308원이다. 그런데 최종 현재가치 금액은 십만원 자리 반올림하라고 했으므로 3,900만원이 된다.

37 연금의 미래가치 계산

정답 ⑤

정기적금을 찾는 금액은 연금의 내가계수를 통해 계산하므로, 200만원 × 연금의 내가계수(3년)로 구한다.

연금의 내가계수는 $\dfrac{(1+r)^n-1}{r}$ 이므로,

이자율 10%와 기간 3년을 대입하여 표현하면

연금의 내가계수(3년) $= \dfrac{(1+0.1)^3-1}{0.1} ≒ 3.31$

따라서 200만원 × 3.31 = 6,620,000원이다.

38 연금의 현재가치 계산

정답 ⑤

해당 금융상품이 3년 동안 매년 연말 3,000원씩 불입하는 투자상품인데, 이것의 현재가치를 구하는 것이므로 연금의 현가계수가 사용된다. 즉, 3,000원에 연금의 현가계수(3년)를 곱하면 되므로 3,000원 × 연금의 현가계수(3년)로 구한다.

$(1+0.05)^{-3} = \dfrac{1}{(1+0.05)^3} ≒ 0.86383375985$이므로

연금의 현가계수(3년) $= \dfrac{1-(1+0.05)^{-3}}{0.05} ≒ 2.72324803$이다.

따라서 3,000원 × 2.72324803 ≒ 8,169.7441원이다.
그런데 십원 단위 이하는 절사하라고 했으므로 8,100원이다.

39 연금의 미래가치 계산

정답 ②

적금의 미래가치를 계산하기 위한 식은 연금의 미래가치계수이다. 그런데 '매년' 불입이 아닌 '매월' 불입하는 조건이므로 월로 환산하여야 한다.
따라서 이자율(3%)은 12개월로 나누어야 하고, 5년은 12개월을 곱하여 월로 환산하여야 한다. 즉, 이자율은 r%이고, 기간이 n년인 매년 연말 불입의 적금의

미래가치를 계산하기 위한 연금의 내가계수는 $\dfrac{(1+r)^n-1}{r} = \dfrac{(1+0.03)^5-1}{0.03}$

이며, 이를 매월 말 불입의 적금의 미래가치를 계산하기 위한 연금의 내가계수로

바꾸면 $\left\{ \dfrac{\left(1+\dfrac{0.03}{12}\right)^{5\times12}-1}{\dfrac{0.03}{12}} \right\}$ 이다.

따라서 문제에서의 적금의 미래가치를 계산하기 위한 식은

$500,000 \times \left\{ \dfrac{\left(1+\dfrac{0.03}{12}\right)^{5\times12}-1}{\dfrac{0.03}{12}} \right\}$ 이다.

40 저당상수 계산

정답 ⑤

고정금리부 원리금균등분할상환조건의 주택저당대출을 받은 경우 매월 상환해야 하는 원리금을 구하는 식은 저당상수이다. 그런데 '매년' 상환이 아닌 '매월' 상환하는 조건이므로 월로 환산하여야 한다. 따라서 이자율(5%)은 12개월로 나누어야 하고 10년은 12개월을 곱하여 월로 환산하여야 한다.

즉, 이자율은 r%이고, 융자기간이 n년인 매년 연말 상환하는 원리금을 계산하기 위한 저당상수는 $\dfrac{r}{1-(1+r)^{-n}} = \dfrac{0.05}{1-(1+0.05)^{-10}}$ 이며, 이를 매월 말 상환하는 원리금을 계산하기 위한 저당상수로 바꾸면

$$\left\{ \frac{\dfrac{0.05}{12}}{1-\left(1+\dfrac{0.05}{12}\right)^{-10\times12}} \right\} \text{이다.}$$

따라서 고정금리부 원리금균등분할상환조건의 주택저당대출을 받은 경우 매월 상환해야 하는 원리금을 계산하기 위한 식은

$$1억원 \times \left\{ \frac{\dfrac{0.05}{12}}{1-\left(1+\dfrac{0.05}{12}\right)^{-10\times12}} \right\} \text{이다.}$$

41 미상환저당잔금의 계산

정답 ③

저당대부액 × 저당상수(10년) = (매 기간) 저당지불액이므로,
(매 기간) 저당지불액 = 1억원 × 0.16 = 1,600만원이다.
또한 (매 기간) 저당지불액 × 연금의 현가계수(6년) = 미상환저당잔금이므로,
미상환저당잔금 = 1,600만원 × 4.35 = 6,960만원이다.

42 현재가치

정답 ②

1. 연간 임대료는 1년 차 5,000만원에서 매년 200만원씩 증가하고 연간 영업경비는 1년 차 2,000만원에서 매년 100만원씩 증가하므로
   • 1년 차 순영업소득 = 5,000만원 − 2,000만원 = 3,000만원
   • 2년 차 순영업소득 = 5,200만원 − 2,100만원 = 3,100만원
   • 3년 차 순영업소득 = 5,400만원 − 2,200만원 = 3,200만원
2. 매년 순영업소득의 현재가치는 각각의 일시불의 현가계수를 곱하여 구한다.
   • 3,000만원 × 1년 후 일시불의 현가계수(0.95) = 2,850만원
   • 3,100만원 × 2년 후 일시불의 현가계수(0.90) = 2,790만원
   • 3,200만원 × 3년 후 일시불의 현가계수(0.85) = 2,720만원
3. 3년간 순영업소득의 현재가치 합계는
   2,850만원 + 2,790만원 + 2,720만원 = 8,360만원이다.

43 현금흐름의 측정

정답 ②

현금흐름분석은 보유기간만을 대상으로 한다.

44 현금흐름의 측정

정답 ③

세전현금흐름은 지분투자자에게 귀속되는 세전소득을 말하는 것으로, 순영업소득에서 부채서비스액(원리금 상환액)을 차감한 소득이다.

45 현금흐름의 측정

정답 ③

영업의 현금흐름계산에서 순영업소득을 추정할 때 순영업소득 아래에 있는 것은 필요한 항목이 아니다. 따라서 이자비용은 부채서비스액에 해당하므로 순영업소득의 추정에 필요한 항목이 아니다.

> **이론+** 영업의 현금흐름계산

단위당 예상임대료
× 임대단위 수
가능총소득(PGI)
− 공실 및 불량부채
+ 기타 소득
유효총소득(EGI)
− 영업경비
순영업소득(NOI)
− 부채서비스액
세전현금흐름
− 영업소득세
세후현금흐름

46 현금흐름의 측정

정답 ②

지분복귀액은 영업의 현금흐름계산이 아닌 복귀액의 현금흐름계산(지분복귀액의 계산)과 관련이 있다.

47 현금흐름의 측정

정답 ①

순영업소득은 유효총소득에서 영업경비를 공제하여 구한다. 단, 영업경비에는 취득세, 공실·대손충당금, 부채서비스액, 영업소득세, 감가상각비 등은 포함되지 않는다.

즉, 부채서비스액 10,000,000원과 영업소득세 8,000,000원, 감가상각비 3,000,000원을 뺀 나머지 2,400만원(= 9,000,000원 + 2,000,000원 + 2,000,000원 + 3,000,000원 + 8,000,000원)이 영업경비가 된다. 따라서 순영업소득은 5,000만원 − 2,400만원 = 2,600만원이다.

48 현금흐름의 측정   정답 ②

유효총소득은 가능총소득에서 공실손실상당액과 불량부채액(충당금)을 **차감하고**, 기타 수입을 **가산하여** 구한 소득이다.

49 현금흐름의 측정   정답 ③

건물 수선유지비는 영업경비에 해당한다. 공실 및 불량부채는 유효총소득을 구할 때 가능총소득에서 이미 빼낸 것이므로 영업경비에는 포함되지 않는다. 또한 부채서비스액은 순영업소득에서 세전현금흐름을 구할 때 뺄 것이고, 영업소득세는 세전현금흐름에서 세후현금흐름를 구할 때 뺄 것이므로 계산하지 않는다. 감가상각비는 운영과 관련하여 지출된 비용이 아니므로 영업경비(운영경비)에 포함되지 않는다.

50 현금흐름의 측정   정답 ⑤

영업의 현금흐름계산 과정은 다음과 같다.

$$\begin{array}{r} \text{단위당 예상임대료} \\ \times \text{ 임대단위 수} \\ \hline \text{가능총소득} \\ - \text{ 공실 및 불량부채액} \\ + \text{ 기타 소득} \\ \hline \text{유효총소득} \\ - \text{ 영업경비} \\ \hline \text{순영업소득} \\ - \text{ 부채서비스액} \\ \hline \text{세전현금흐름} \\ - \text{ 영업소득세} \\ \hline \text{세후현금흐름} \end{array}$$

51 현금흐름의 측정   정답 ④

과세대상 소득이 적자가 아니고 투자자가 과세대상이라면 세전현금흐름은 세후현금흐름보다 **크다.**

52 현금흐름(현금수지)의 측정 정답 ③

단위당 임대료	500만원
× 임대가능 단위 수	× 20실
가능총소득	1억원
− 공실 및 대손충당금	− 500만원(= 1억원 × 0.05)
유효총소득	9,500만원
− 영업경비	− 3,800만원(= 9,500만원 × 0.4)
순영업소득	5,700만원
− 부채서비스액	− 700만원
세전현금흐름	5,000만원

53 현금흐름(현금수지)의 측정 정답 ②

호당 임대료	5,000,000원
× 임대가능 호수	× 40호
가능총소득	200,000,000원
− 공실·불량부채	− 10,000,000원(= 2억원 × 0.05)
+ 기타 수입	+ 6,000,000원(= 2억원 × 0.03)
유효총소득	196,000,000원
− 영업경비	− 78,400,000원(= 196,000,000원 × 0.4)
순영업소득	117,600,000원

54 현금흐름(현금수지)의 측정 정답 ①

단위면적 당 월 임대료	20,000원
× 임대면적	× 100m^2
× 개월	× 12개월
가능총소득	24,000,000원
− 공실 및 대손충당금	− 1,200,000원(= 24,000,000원 × 0.05)
유효총소득	22,800,000원
− 영업경비	− 9,120,000원(= 22,800,000원 × 0.4)
순영업소득	13,680,000원
− 부채서비스액	− 6,000,000원
세전현금흐름	7,680,000원
− 영업소득세	− 1,536,000원
세후현금흐름	6,144,000원

➕ 영업소득세 계산

	순영업소득	13,680,000원
−	이자지급분	− 4,000,000원
−	감가상각액	− 2,000,000원
	과세소득	7,680,000원
×	세율	× 0.2
	영업소득세	1,536,000원

55 부동산투자 분석기법 정답 ④

화폐의 시간가치를 고려한 투자분석기법에는 순현가법(㉠), 내부수익률법(㉢), 수익성지수법(㉣) 등의 할인현금수지분석법과 현가회수기간법이 있다. 그리고 화폐의 시간가치를 고려하지 않은 투자분석기법에는 승수법, 수익률법 등의 어림셈법과 비율분석법, 단순회수기간법(㉡), 회계적 수익률법(㉤) 등이 있다.

56 부동산투자 분석기법 정답 ①

② 순현재가치(NPV)가 0인 단일 투자안의 경우, 수익성지수(PI)는 1이 된다.

③ 부동산투자자는 투자성향이나 투자목적에 따라 타당성 분석기법에서 도출된 값에 대해 서로 다른 판단을 내릴 수 있다.

④ 순현가법에서는 모든 예상되는 미래 현금흐름이 요구수익률로 재투자된다는 가정을 하고 있지만, 내부수익률법은 내부수익률로 재투자된다는 가정을 하고 있다.

⑤ 부채감당률(DSCR)이 1보다 작다는 것은 순영업소득이 부채의 할부금을 상환하기에는 부족하다는 의미이며, 부채감당률(DSCR)이 1보다 크다는 것은 순영업소득이 부채의 할부금을 상환하고도 잔여액이 있다는 의미이다.

57 부동산투자 분석기법 정답 ④

순현가법을 이용하여 투자안의 경제성을 평가하는 것이 기업의 부(富)의 극대화에 부합되는 의사결정방법이 된다.

58 부동산투자 분석기법 정답 ①

할인현금수지(discounted cash flow)법은 부동산투자기간 동안의 현금흐름을 모두 반영한다.

59 부동산투자 분석기법   정답 ②

ⓒ 내부수익률(IRR)은 투자로부터 발생하는 현금흐름의 순현재가치를 0으로
만드는 할인율을 말한다.
ⓒ 순현가법에서는 재투자율로 요구수익률을 사용하고, 내부수익률법에서는
내부수익률을 사용한다.

60 부동산투자 분석기법   정답 ③

① 투자규모가 상이한 투자안에서 수익성지수(PI)가 큰 투자안이 순현재가치
(NPV)는 작을 수도 있다.
② 순현재가치법과 수익성지수법에서는 모두 화폐의 시간가치를 고려한다.
④ 서로 다른 투자안 A, B를 결합한 새로운 투자안의 내부수익률(IRR)은 A의
내부수익률과 B의 내부수익률을 합한 값이 가치의 가산원칙이 성립하지 않
으므로 다를 수 있다.
⑤ 투자안에 따라 복수의 내부수익률이 존재할 수도 있다.

61 부동산투자 분석기법   정답 ②

㉠ 현금유출의 현가합이 4,000만원이고 현금유입의 현가합이 5,000만원이
라면, 수익성지수는 $\dfrac{5{,}000만원}{4{,}000만원}$ = 1.25이다.
ⓒ 내부수익률은 투자로부터 발생하는 현재와 미래현금흐름의 순현재가치를 0
으로 만드는 할인율을 말한다.
ⓜ 재투자율로 내부수익률법에서는 내부수익률을 사용하지만, 순현재가치법
에서는 요구수익률을 사용한다.

62 부동산투자 분석기법   정답 ⑤

일반적으로 순현가법이 내부수익률법보다 투자판단의 준거로서 선호된다.

63 부동산투자 분석기법   정답 ②

현금유출의 현재가치 = 현금유입의 현재가치

$$1{,}000만원 = \dfrac{1{,}200만원}{1+r}, \ 1 + r = \dfrac{1{,}200만원}{1{,}000만원}$$

$$r = \dfrac{1{,}200만원 - 1{,}000만원}{1{,}000만원} = \dfrac{200만원}{1{,}000만원} = 0.2$$

따라서 내부수익률은 20%이다.

64 수익성지수(PI)

현금유입의 현가합은 3,000만원 × 0.95 + 3,100만원 × 0.9 + 3,200만원 × 0.85 = 8,360만원이다. 현금유출은 현금유입의 80%이므로 현금유출의 현가합은 8,360만원 × 0.8 = 6,688만원이다.

따라서 수익성지수 = $\dfrac{\text{현금유입의 현가합}}{\text{현금유출의 현가합}}$ = $\dfrac{8,360\text{만원}}{6,688\text{만원}}$ = 1.25이다.

65 부동산투자 분석기법

정답 ①

7년 차의 현금흐름 1,420만원을 120만원 + 1,300만원으로 구분한다. 그러면 현금흐름이 120만원씩 7년간 발생하는 금액의 현재가치는 연금의 현가계수를 이용하여 구하고 7년 후에 발생하는 1,300만원의 현재가치는 일시불의 현가계수를 이용하여 구한다.

구 분	현금유출		현금유입						
기간(년)	0		1	2	3	4	5	6	7
현금흐름	−1,100	운영소득	120	120	120	120	120	120	120
		처분소득							1,300

• 120만원 × 연금의 현가계수(7년) = 120만원 × 3.5 = 420만원
• 1,300만원 × 일시불의 현가계수(7년) = 1,300만원 × 0.6 = 780만원
따라서 현금유입의 현가합은 420만원 + 780만원 = 1,200만원이므로 순현가는 1,200만원 − 1,100만원 = 100만원이다.

66 부동산투자 분석기법

정답 ⑤

사 업	초기 현금지출	말기 현금유입	현금유입의 현가	순현가 (유입현가− 유출현가)	수익성지수 $\left(\dfrac{\text{유입현가}}{\text{유출현가}}\right)$
A	3,000만원	6,300만원	$\dfrac{6,300\text{만원}}{1+0.05}$=6,000만원	3,000만원	2
B	1,000만원	3,675만원	$\dfrac{3,675\text{만원}}{1+0.05}$=3,500만원	2,500만원	3.5
C	1,000만원	2,625만원	$\dfrac{2,625\text{만원}}{1+0.05}$=2,500만원	1,500만원	2.5
D	2,000만원	5,250만원	$\dfrac{5,250\text{만원}}{1+0.05}$=5,000만원	3,000만원	2.5

따라서 C의 수익성지수(PI)와 D의 수익성지수(PI)는 같다.

67 부동산투자 분석기법

정답 ⑤

사 업	초기 현금지출	말기 현금유입	현금유입의 현가	순현가 (유입현가 – 유출현가)	수익성지수 $\left(\dfrac{유입현가}{유출현가}\right)$
A	1,000만원	2,675만원	$\dfrac{2,675}{1+0.07}=2,500$만원	1,500만원	2.5
B	1,500만원	4,815만원	$\dfrac{4,815}{1+0.07}=4,500$만원	3,000만원	3
C	1,500만원	3,210만원	$\dfrac{3,210}{1+0.07}=3,000$만원	1,500만원	2

① 수익성지수(PI)가 가장 큰 사업은 B이다.
② 순현재가치(NPV)가 가장 큰 사업은 B이다.
③ 수익성지수(PI)가 가장 작은 사업은 C이다.
④ A의 순현재가치(NPV)는 B의 순현재가치(NPV)의 0.5배이다.

68 부동산투자 분석기법

정답 ⑤

연평균 순현가의 계산은 전체 순현가에 저당상수를 곱하거나 연금의 현가계수로 나누면 된다.

69 회수기간법

정답 ③

회수기간은 투자시점에서 발생한 비용을 회수하는 데 걸리는 기간을 말하며, 회수기간법에서는 투자안 중에서 회수기간이 가장 단기인 투자안을 선택한다.

70 회수기간법

정답 ②

(자본)회수기간이란 최초로 투자된 금액을 전액 회수하는 데 걸리는 기간을 의미한다. 표를 보면 초기에 1억원을 투자하고 1기에 3,000만원, 2기에 3,000만원, 3기에 2,000만원이 회수되므로 전부 합하면 8,000만원이 회수된 것이며, 2,000만원만 더 회수되면 된다. 그런데 4기에 6,000만원이 회수되므로 이것까지 합하면 1억 4,000만원이 된다. 이는 4기에 한 해 동안 6,000만원이 회수되므로 4개월에 2,000만원씩 회수한 것을 의미한다. 따라서 투자액 1억원을 회수하는 데 걸리는 기간은 3년하고 4개월이 걸린다고 할 수 있다. 그러므로 부동산투자안에 대한 단순회수기간법의 회수기간은 3년 4개월이다.

71 재무비율과 승수

정답 ③

부채감당률(debt coverage ratio)은 부채서비스액에 대한 순영업소득의 비율로 '1'보다 작으면 원리금 지불능력이 부족하다고 판단할 수 있다.

72 재무비율과 승수

정답 ①

동일한 투자안의 경우, 일반적으로 순소득승수가 총소득승수보다 크다.

73 부채감당률

정답 ③

부채서비스액은 매월 또는 매년 지불하는 원금 상환액과 이자지급액을 합한 것을 말한다.

74 비율분석법

정답 ③

부채비율은 타인자본(부채)을 자기자본(지분)으로 나눈 비율, 즉 자기자본(지분)에 대한 타인자본(부채)의 비율이다. 그런데 대부비율은 부동산가치에 대한 융자액의 비율이므로 대부비율이 50%라면 부채비율은 100%가 된다.

75 비율분석법

정답 ④

가능총소득	4,000만원
− 공실손실상당액 및 대손충당금	− 1,000만원(= 4,000만원 × 0.25)
유효총소득	3,000만원
− 영업경비	− 2,000만원(= 4,000만원 × 0.5)
순영업소득	1,000만원

주택담보대출의 연간 원리금 상환액은 부채서비스액을 의미하므로 부채서비스액은 1,000만원이다.

① 담보인정비율(LTV) $= \dfrac{\text{부채잔금(융자액)}}{\text{부동산가치}} = \dfrac{2억원}{4억원} = 0.5(50\%)$

② 부채감당률(DCR) $= \dfrac{\text{순영업소득}}{\text{부채서비스액}} = \dfrac{1{,}000만원}{1{,}000만원} = 1.0$

③ 총부채상환비율(DTI) $= \dfrac{\text{연간 부채상환액}}{\text{연간소득액}} = \dfrac{1{,}000만원}{5{,}000만원} = 0.2$

④ 영업경비비율(OER, 유효총소득 기준) $= \dfrac{\text{영업경비}}{\text{유효총소득}} = \dfrac{2{,}000만원}{3{,}000만원} \fallingdotseq 0.67$

⑤ 채무불이행률(DR) $= \dfrac{\text{영업경비 + 부채서비스액}}{\text{유효총소득}}$

$= \dfrac{2{,}000만원 + 1{,}000만원}{3{,}000만원} = 1.0$

76 비율분석법

① 유효총소득 $= \dfrac{\text{총투자액}}{\text{유효총소득승수}} = \dfrac{10억원}{4} = 2억\ 5,000만원$

② 부채비율 $= \dfrac{\text{부채총계}}{\text{자본총계}} = \dfrac{5억원}{5억원} \times 100(\%) = 100\%$

③ 지분배당률 $= \dfrac{\text{세전현금흐름}}{\text{지분투자액}} = \dfrac{1억\ 5,000만원}{5억원} \times 100(\%) = 30\%$

④ 순소득승수 $= \dfrac{\text{총투자액}}{\text{순영업소득}} = \dfrac{10억원}{2억원} = 5$

⑤ 종합환원율 $= \dfrac{\text{순영업소득}}{\text{총투자액}} = \dfrac{2억원}{10억원} \times 100(\%) = 20\%$

77 비율분석법

• 저당대부액(대출액) = 5억원 × 0.6 = 3억원
• 부채서비스액(원리금상환액) = 3억원 × 0.1 = 3,000만원

가능총소득	6,000만원
－ 공실손실상당액 및 대손충당금	－ 300만원(= 6,000만원 × 0.05)
유효총소득	5,700만원
－ 영업경비	－ 2,280만원(= 5,700만원 × 0.4)
순영업소득	3,420만원

부채감당률(DCR) $= \dfrac{\text{순영업소득}}{\text{부채서비스액}} = \dfrac{3,420만원}{3,000만원} = 1.14$

78 종합자본환원율과 부채감당률

1. 순영업소득 = 세전현금수지(세전현금흐름) + 부채서비스액 = 6,000만원 + 4,000만원 = 1억원

   종합자본환원율 $= \dfrac{\text{순영업소득}}{\text{총투자액}} = \dfrac{1억원}{10억원} \times 100(\%) = 10\%$

2. 부채감당률 $= \dfrac{\text{순영업소득}}{\text{부채서비스액}} = \dfrac{1억원}{4,000만원} = 2.5$

79 영업경비율과 부채감당률 정답 ⑤

1. 유효총소득 $= \dfrac{총투자액}{유효총소득승수} = \dfrac{10억원}{5} = 2억원$

   순영업소득 $=$ 세전현금흐름 $+$ 부채서비스액
   $$= 6,000만원 + 4,000만원 = 1억원$$

   영업경비 $=$ 유효총소득 $-$ 순영업소득
   $$= 2억원 - 1억원 = 1억원$$

   영업경비비율 $= \dfrac{영업경비}{유효총소득} = \dfrac{1억원}{2억원} \times 100(\%) = 50\%$

2. 부채감당률 $= \dfrac{순영업소득}{부채서비스액} = \dfrac{1억원}{4천만원} = 2.5$

80 어림셈법과 비율분석법 정답 ①

가능총소득	20,000,000원
− 공실·불량부채	− 1,000,000원
+ 기타 소득	+ 500,000원
유효총소득	19,500,000원
− 영업경비	− 7,500,000원
순영업소득	12,000,000원

자본환원율(종합환원율) $= \dfrac{순영업소득}{총투자액(부동산가치)}$

$$= \dfrac{12,000,000원}{3억원} \times 100(\%) = 4\%$$

81 어림셈법과 비율분석법 정답 ①

- 순소득승수 $= \dfrac{총투자액}{순영업소득} = \dfrac{1억원}{x} = 5$에서 순영업소득$(x) = 2,000만원$

- 부채감당률 $= \dfrac{순영업소득}{부채서비스액}$에서 부채서비스액 $= \dfrac{순영업소득}{부채감당률}$

부채서비스액 $= \dfrac{2,000만원}{2} = 1,000만원$

CHAPTER 05 부동산금융론(부동산금융 · 증권론)

01	⑤	02	③	03	②	04	⑤	05	⑤
06	④	07	⑤	08	④	09	③	10	①
11	①	12	①	13	⑤	14	④	15	③
16	③	17	④	18	①	19	①	20	④
21	②	22	②	23	①	24	①	25	②
26	③	27	①	28	②	29	⑤	30	①
31	③	32	④	33	②	34	⑤	35	①
36	②	37	①	38	①	39	⑤	40	⑤
41	⑤	42	①	43	①	44	④	45	②
46	②								

01 주택금융 정답 ⑤

㉠ 주택소비금융은 주택을 구입하려는 사람이 주택을 담보로 제공하고, 자금을 제공받는 형태의 금융을 의미한다.

㉡ 주택개발금융은 주택건설을 촉진하려는 목적으로 건설활동에 필요한 자금을 주택건설업자에게 대출해 주는 금융이다.

02 부동산금융 정답 ③

대출기관이 고정이자율로 대출을 하는 경우 융자상환 도중에 시장이자율이 저당이자율보다 하락할 경우 차입자들은 기존의 융자를 조기에 상환하려고 할 것이며, 이 경우 대출자는 조기상환(만기 전 변제) 위험에 직면하게 된다.

03 부동산금융 정답 ②

총부채원리금상환비율(DSR)은 차주의 소득을 중심으로 대출규모와 채무불이행위험을 측정하는 지표이다. 그러나 담보인정비율(LTV)은 담보가치를 중심으로 대출규모와 채무불이행위험을 측정하는 지표이다.

04 부동산금융 정답 ⑤

변동금리 주택담보대출은 이자율 변동으로 인한 위험을 차입자에게 전가하는 방식으로 금융기관의 이자율 변동위험을 줄일 수 있는 장점이 있다.

05 고정금리대출과 변동금리대출 정답 ⑤

① 일반적으로 대출일 기준 시 이자율은 고정금리대출이 변동금리대출보다 높다.
② 변동금리대출은 시장상황에 따라 이자율을 변동시킬 수 있으며, 대출금리는 기준금리에 가산금리를 가산하여 결정된다.
③ 변동금리대출의 경우 시장이자율 상승 시 이자율 조정주기가 짧을수록 대출기관에게 유리하다.
④ 예상치 못한 인플레이션이 발생할 경우 대출기관에게 유리한 유형은 변동금리대출이다. 고정금리대출은 차입자에게 유리한 유형이다.

06 변동이자율저당 정답 ④

융자기간 동안 시장상황의 변동에 따라 예상치 못한 인플레이션이 발생하면 그만큼 명목이자율이 변동하므로 대출자의 실질이자율은 불변이다.

07 실질이자율 정답 ⑤

실질이자율 = 명목이자율 − 인플레율

08 명목이자율과 실질이자율 정답 ④

甲이 은행에 100만원을 예금하고 1년 후에 105만원을 받게 되면 명목이자율로 표시된 예금이자율은 5%가 된다. 같은 기간에 소비자물가상승률은 2%이므로 명목이자율은 5%, 물가상승률은 2%이다. 따라서 실질이자율 = 명목이자율 − 인플레이션율(물가상승률)이므로 실질이자율은 3%가 된다.

09 저당의 상환방법 정답 ③

대출 초기에 대출자의 원금회수 위험은 원리금균등상환저당이 원금균등상환저당보다 크다.

10 저당의 상환방법 정답 ①

ⓒ 차입자가 대출액을 중도상환할 경우 원금균등상환방식은 원리금균등상환방식보다 대출잔액이 적다.
ⓔ 전체 대출기간 만료 시 차입자의 누적 원리금 상환액의 크기는 '점증(체증)상환방식>원리금균등상환방식>원금균등상환방식' 순이다.

11 저당의 상환방법 정답 ①

저당상환방법 중 융자기간 동안 원리금 상환액은 동일하나 원금 상환액은 점차 증가하고 이자지급액은 점차 감소하는 상환방식은 원리금균등분할상환방식 이다.

12 저당의 상환방법 정답 ①

동일한 대출조건이라면 원금균등상환방식이 원리금균등상환방식보다 1회 차월 불입액이 더 크다. 그러나 원금균등상환방식과 원리금균등상환방식은 동일한 대출조건으로 융자원금이 같으므로 첫 회 이자지급액은 동일하다.

13 저당의 상환방법 정답 ⑤

대출조건이 동일할 경우 원금균등상환방법과 원리금균등상환방법의 첫 회 이자지급액은 동일하다.

14 저당의 상환방법 정답 ④

대출기간 만기까지 대출기관의 총이자수입 크기는 '점증(체증)상환방식 > 원리금균등상환방식 > 원금균등상환방식' 순이다.

15 저당의 상환방법 정답 ③

원리금균등분할상환방식의 원리금은 대출금에 저당상수를 곱하여 산출한다.

16 저당의 상환방법 정답 ③

① 원리금균등상환방식에 대한 설명이다.
② 초기에는 지불금이 낮은 수준이나, 차입자의 수입이 증가함에 따라 지불금도 점진적으로 증가하는 방식이다. 따라서 대출 초기에는 원리금 상환부담이 작다.
④ 인플레율에 따라 이자율이 변동하지 않고 저당잔금을 조정하는 것은 가격수준조정저당방식에 대한 설명이다.
⑤ 대출기간 중에는 이자만 변제하고 원금은 만기에 상환하는 방법은 만기일시상환방식이다.

17 원금균등상환방식에서의 상환액 정답 ④

- 매 기간 원금 상환액 : 5억원 ÷ 20년 = 2,500만원
- 1년 말까지의 원금 상환액 : 2,500만원 × 1 = 2,500만원
- 1년 말의 대출잔액(저당잔금) : 5억원 − 2,500만원 = 4억 7,500만원
- 2년 말의 이자지급액 : 4억 7,500만원 × 0.05 = 2,375만원

따라서 2회 차의 원리금 상환액은 2,500만원 + 2,375만원 = 4,875만원
이다.

18 원금균등상환방식에서의 상환액 정답 ①

- 매 기간 원금 상환액 : 3억원 ÷ 10년 = 3,000만원
- 2년 말까지의 원금 상환액 : 3,000만원 × 2 = 6,000만원
- 2년 말의 대출잔액(저당잔금) : 3억원 − 6,000만원 = 2억 4,000만원
- 3년 말의 이자지급액 : 2억 4,000만원 × 0.05 = 1,200만원

따라서 3년 말의 원리금 상환액은 3,000만원 + 1,200만원 = 4,200만원
이다.

19 원금균등상환방식에서의 상환액 정답 ①

1. 9회 차에 상환할 원리금 상환액
   - 매 기간 원금 상환액 : 5억원 ÷ 20년 = 2,500만원
   - 8회 차까지의 원금 상환액 : 2,500만원 × 8회 = 2억원
   - 8회 차의 대출잔액(저당잔금) : 5억원 − 2억원 = 3억원
   - 9회 차의 이자지급액 : 3억원 × 0.05 = 1,500만원

   따라서 9회 차의 원리금 상환액은 2,500만원 + 1,500만원 = 4,000만원
   이다.
2. 13회 차에 상환할 이자납부액
   - 12회 차까지의 원금 상환액 : 2,500만원 × 12회 = 3억원
   - 12회 차의 대출잔액(저당잔금) : 5억원 − 3억원 = 2억원

   따라서 13회 차의 이자지급액은 2억원 × 0.05 = 1,000만원이다.

20 원리금균등상환방식의 계산 정답 ④

- 매회의 원리금(저당지불액) : 2억원 × 0.102963 = 20,592,600원
- 1회 지급해야 할 이자 : 2억원 × 0.06 = 12,000,000원
- 1회 상환해야 할 원금 : 20,592,600원 − 12,000,000원 = 8,592,600원
- 1회 대출잔액(저당잔금) : 2억원 − 8,592,600원 = 191,407,400원
- 2회 지급해야 할 이자 : 191,407,400원 × 0.06 = 11,484,444원
- 2회 상환해야 할 원금 : 20,592,600원 − 11,484,444원 = 9,108,156원

21 원리금균등상환방식의 계산

정답 ②

⊙ 원리금균등상환에서 원리금은 저당대부액에 저당상수를 곱하여 구한다.
즉, 원리금(저당지불액) = 저당대부액 × 저당상수이다.
따라서 매회의 원리금(저당지불액)은 3억원 × 0.09 = 2,700만원이다.
또한 1회 차 상환해야 할 원금은 900만원이므로 2,700만원 − 이자지급액
= 900만원이며, 이자지급액은 1,800만원이다.
따라서 1회 차 지급해야 할 이자지급액은 3억원 × 대출금리(x) = 1,800
만원이며, 대출금리(x)는 1,800만원 ÷ 3억원 = 0.06(6%)이다.
ⓒ 1회 차 대출잔액(저당잔금)은 3억원 − 900만원 = 2억 9,100만원이며, 2
회 차 지급해야 할 이자지급액은 2억 9,100만원 × 0.06 = 1,746만원
이다.
따라서 2회 차 상환해야 할 원금은 2,700만원 − 1,746만원 = 954만원
이다.

22 원리금균등상환방식의 계산

정답 ②

⊙ 원리금균등상환에서 원리금은 저당대부액에 저당상수를 곱하여 구한다.
즉, 원리금(저당지불액) = 저당대부액 × 저당상수이다.
따라서 매회의 원리금(저당지불액)은 5억원 × 0.087 = 4,350만원이다.
또한 1회 차에 상환해야 할 원금은 1,350만원이므로 4,350만원 − 이자지
급액 = 1,350만원이며, 이자지급액은 3,000만원이다.
따라서 1회 차에 지급해야 할 이자지급액은 5억원 × 대출금리(x) = 3,000
만원이며, 대출금리(x)는 3,000만원 ÷ 5억원 = 0.06(6%)이다.
ⓒ 1회 차 대출잔액(저당잔금)은 5억원 − 1,350만원 = 4억 8,650만원이며,
2회 차에 지급해야 할 이자지급액은 4억 8,650만원 × 0.06 = 2,919만원
이다.
따라서 2회 차에 상환해야 할 원금은 4,350만원 − 2,919만원 = 1,431만
원이다.

23 부채금융

정답 ①

자금조달방법 중 ⊙ 주택상환사채, ⓒ 담보금융 등은 부채금융에 해당하고,
ⓒ 부동산투자회사(REITs), ⓔ 공모(public offering)에 의한 증자, ⑩ 부동
산 신디케이트(syndicate) 등은 지분금융에 해당한다.

24 지분금융

정답 ①

⊙ 저당금융, ⓒ 신탁증서금융, ⓔ 자산유동화증권(ABS)은 부채금융에 해당하
고, ⓒ 부동산 신디케이트(syndicate)는 지분금융에 해당하며, ⑩ 신주인수권
부사채는 메자닌금융(mezzanine financing)에 해당한다.

25 메자닌금융

정답 ②

㉠ 후순위대출, ㉡ 전환사채, ㉣ 신주인수권부사채 등은 메자닌금융에 해당하며, ㉢ 주택상환사채는 부채금융, ㉤ 보통주는 지분금융에 해당한다.

26 프로젝트 금융

정답 ③

개발사업주와 개발사업의 현금흐름을 분리시킬 수 있어 개발사업주의 파산이 개발사업에 영향을 미치지 못하게 할 수 있으며, 개발사업에 참여한 모기업에 대한 소구권 행사가 적용되지 않으므로 대출받은 모기업의 신용도 및 재무구조에 영향을 미치지 않는다.

27 프로젝트 금융

정답 ①

㉠ 사업 자체의 현금흐름을 근거로 자금을 조달하고, 원리금상환도 해당 사업에서 발생하는 미래의 현금흐름에 근거한다.
㉡ 프로젝트 사업주는 기업 또는 개인일 수 있으며, 법인도 될 수 있다.
㉢ 프로젝트 금융은 프로젝트 사업주의 재무상태표에 해당 부채가 표시되지 않는다.
㉣ 프로젝트 회사가 파산 또는 청산할 경우, 채권자들은 프로젝트 회사에 대해 원리금상환을 청구할 수 있다.

28 저당과 역저당

정답 ②

역저당(reverse mortgage)은 대출자가 차입자에게 매 기간마다 정기적으로 일정액을 지급하며, 기간 말에 그동안 지급한 원금과 누적이자를 일시불로 지급받는다.

29 주택연금제도

정답 ⑤

종신지급방식에서 가입자가 사망할 때까지 지급된 주택연금 대출원리금이 담보주택 처분가격을 초과하더라도 초과 지급된 금액을 법정상속인이 상환하지 않는다.

30 주택연금제도

정답 ①

단독주택, 공동주택, 주거목적 오피스텔, 「노인복지법」상의 분양형 노인복지주택 등이 연금의 대상주택이 되며, 상가주택과 같은 복합용도의 주택은 전체 면적 중 주택이 차지하는 면적이 1/2 이상인 경우 가입이 가능하다.

PART 2

31 한국주택금융공사의 업무   정답 ③

한국주택금융공사는 2005년 2학기부터 2009년 1학기까지 정부의 학자금대출사업을 주관해왔다. 이를 위해 채권시장에 학자금대출증권(SLBS)을 발행해 학자금대출 자금을 조달하였다. 그러나 2009년 5월 한국장학재단이 설립되면서 학자금대출신용보증 등의 업무가 이관되어 공사의 업무가 종료되었다. 「한국주택금융공사법」 제46조에 공사는 학자금대출증권을 발행할 수 있다는 규정이 있으나 현재 해당 업무는 수행하고 있지 않다.

32 주택저당증권(MBS)의 발행효과   정답 ④

주택저당증권(MBS)을 발행한다는 것은 저당의 유동화가 이루어지기 때문에 차입자 측면에서는 대출기회가 증가하며, 금융기관 측면에서는 유동성 위험과 금리위험이 감소되고, 투자자 측면에서는 자산포트폴리오의 범위가 넓어진다. 그러나 장기적으로 주택가격안정에 도움이 될 수 있으나, 단기적으로 주택가격이 하락하지는 않는다.

33 저당의 유동화   정답 ②

제2차 저당시장은 원래의 저당차입자의 신용과는 관계없이 운영된다.

34 저당의 유동화   정답 ⑤

주택금융기관의 대출자금의 장기고정화에 따른 유동성 위험과 금리변동에 따른 금리위험이 감소된다.

35 부동산증권   정답 ①

② MPTB(mortgage pay-through bond)의 주택저당채권 집합물은 발행자가 보유하고 원리금 수취권은 투자자에게 이전된다.

③ MBB(mortgage backed bond)의 조기상환위험과 채무불이행위험은 발행자가 부담한다.

④ CMO(collateralized mortgage obligations)는 MPTS와 MBB를 혼합한 성격의 주택저당증권이다. 따라서 지분형과 채권형이 혼합된 성격의 주택저당증권이다.

⑤ MBB는 주택저당대출차입자의 채무불이행이 발생하더라도 MBB에 대한 원리금을 발행자가 투자자에게 지급하여야 한다.

36 부동산증권

주택저당담보부채권(MBB ; mortgage backed bond)의 경우는 대출금의 조기상환에 따른 위험을 발행기관이 부담한다.

37 부동산증권 　　정답 ①

MPTS(mortgage pass-through securities)는 원리금수취권과 주택저 당채권 집합물에 대한 소유권을 투자자에게 모두 매각하는 방식으로 조기상환 위험은 투자자가 부담한다.

38 부동산증권 　　정답 ①

저당담보부채권(MBB)의 경우 채무불이행위험은 발행자가 부담한다.

39 부동산투자회사 　　정답 ④

부동산투자회사의 주식에 투자한 자는 투자원금의 손실이 발생할 수 있고, 배당에 따른 이익과 주식매매차익을 향유할 수도 있다.

40 부동산투자회사 　　정답 ⑤

① 자기관리 부동산투자회사는 그 설립등기일부터 10일 이내에 대통령령으로 정하는 바에 따라 설립보고서를 작성하여 국토교통부장관에게 제출하여야 한다.
② 자기관리 부동산투자회사의 설립자본금은 5억원 이상으로 한다.
③ 위탁관리 부동산투자회사는 본점 외의 지점을 설치할 수 없으며, 직원을 고용하거나 상근 임원을 둘 수 없다.
④ 위탁관리 부동산투자회사 및 기업구조조정 부동산투자회사의 설립자본금은 3억원 이상으로 한다.

41 부동산투자회사 　　정답 ⑤

자금차입 및 사채발행은 자기자본의 2배를 초과할 수 없다. 다만, 주주총회의 특별결의를 한 경우에는 그 합계가 자기자본의 10배를 넘지 아니하는 범위에서 자금차입 및 사채발행을 할 수 있다.

42 LTV와 DTI 제약하의 대출가능액

정답 ①

1. LTV조건에 의한 대출가능액 : 부동산가치 × LTV = 5억원 × 0.5 = 2억 5,000만원

   대출비율(LTV)이 50%일 경우의 월 불입액(원리금 상환액) : 저당대부액 × 월저당상수 = 2억 5,000만원 × 0.007265 = 1,816,250원

2. DTI조건에 의한 대출가능액 : (연간소득액 × DTI ÷ 12개월) ÷ 월 저당상수 = (6,000만원 × 0.4 ÷ 12개월) ÷ 0.007265 ≒ 275,292,498원

   총부채상환비율(DTI)이 40%일 경우 월 불입액(원리금 상환액) : 연간소득액 × DTI ÷ 12개월 = 6,000만원 × 0.4 ÷ 12개월 = 2,000,000원

3. 적은 금액이 기준이 되므로 대출가능액은 2억 5,000만원이 되며, 월 불입액(원리금 상환액)은 1,816,250원이 된다.

43 LTV와 DTI 제약하의 대출가능액

정답 ①

1. 담보인정비율(LTV) = $\dfrac{융자액}{부동산가치}$ 이므로, 50% = $\dfrac{x}{4억원}$

   따라서 담보인정비율(LTV)에 의한 대출가능액(x)은 2억원이다. 즉, 부동산가치가 4억원이므로 LTV 50%를 적용할 경우 대출가능금액은 2억원이다.

2. 총부채상환비율(DTI) = $\dfrac{연간\ 부채상환액}{연간소득액}$ = $\dfrac{x}{4,000만원}$ = 40%

   따라서 연간 부채상환액(x) = 4,000만원 × 0.4 = 1,600만원이다. 즉, 甲의 연간소득이 4,000만원이고 DTI를 40% 적용할 경우 총부채의 연간 원리금 상환액이 1,600만원을 초과하지 않도록 대출규모가 제한된다.

   따라서 연간 부채상환액 1,600만원을 우선 부채서비스액으로 간주한다면 저당대부액 × 저당상수 = 부채서비스액이므로

   DTI조건에 의한 대출가능액(저당대부액) = $\dfrac{부채서비스액}{저당상수}$ = $\dfrac{1,600만원}{0.1}$

   = 1억 6,000만원이 된다.

3. 두 가지의 대출승인기준을 모두 충족시켜야 하므로 LTV조건의 2억원과 DTI조건의 1억 6,000만원 중 적은 1억 6,000만원이 최대 대출가능금액이 된다. 그런데 기존 부동산담보대출이 6,000만원 존재하므로 추가로 대출가능한 최대금액은 1억 6,000만원에서 기존 부동산담보대출 6,000만원을 뺀 금액이 된다. 따라서 추가로 대출가능한 최대금액은 1억 6,000만원 − 6,000만원 = 1억원이다.

44 LTV와 DTI 제약하의 대출가능액   정답 ④

1. 담보인정비율(LTV) = $\dfrac{\text{융자액}}{\text{부동산가치}}$ 이므로, $50\% = \dfrac{x}{\text{4억원}}$

   따라서 담보인정비율(LTV)에 의한 대출가능액(x)은 2억원이다. 즉, 부동산 가치가 4억원이므로 LTV 50%를 적용할 경우 최대 대출가능금액은 2억원이다.

2. 총부채상환비율(DTI) = $\dfrac{\text{연간 부채상환액}}{\text{연간소득액}}$ 이므로, $40\% = \dfrac{x}{\text{6,000만원}}$

   따라서 연간 부채상환액(원리금 상환액)(x) = 6,000만원 × 0.4 = 2,400만원이다. 즉, 甲의 연간 소득이 6,000만원이고 DTI를 40% 적용할 경우 총부채의 연간 원리금 상환액(부채상환)이 2,400만원을 초과하지 않도록 대출규모가 제한된다.

   따라서 저당대부액 × 저당상수 = 부채서비스액이므로

   DTI조건에 의한 대출가능액(저당대부액) = $\dfrac{\text{부채서비스액}}{\text{저당상수}} = \dfrac{\text{2,400만원}}{0.1}$

   = 2억 4,000만원이 된다.

3. 두 가지의 대출승인기준을 모두 충족시켜야 하는데, 다른 부채가 없다고 가정하므로 LTV조건의 2억원과 DTI조건의 2억 4,000만원 중 적은 2억원이 최대 대출가능금액이 된다.

45 LTV와 DCR 제약하의 대출가능액   정답 ②

1. 대부비율 = $\dfrac{\text{융자액}}{\text{부동산가치}} = \dfrac{x}{\text{5억원}} \times 100(\%) = 60\%$ 이다.

   따라서 대출가능액(x) = 3억원이다.

2. 부채감당률 = $\dfrac{\text{순영업소득}}{\text{부채서비스액}} = \dfrac{\text{1억원}}{x} = 2$

   부채서비스액(x) = 5,000만원이다.

   그런데 저당대부액 × 저당상수 = 부채서비스액이므로

   대출가능액(x) = $\dfrac{\text{부채서비스액}}{\text{저당상수}} = \dfrac{\text{5,000만원}}{0.2}$ = 2억 5,000만원이 된다.

3. 두 가지의 대출승인기준을 모두 충족시켜야 하므로 LTV조건과 DCR조건의 대출가능액 중 적은 2억 5,000만원이 최대 대출가능금액이 된다. 그런데 상가의 기존 저당대출금이 1억 2,000만원 존재하므로 추가로 대출가능한 최대 금액은 2억 5,000만원에서 1억 2,000만원을 뺀 1억 3,000만원이 된다.

46 LTV와 DCR 제약하의 대출가능액

정답 ②

1. 대부비율 $= \dfrac{융자액}{부동산가치} = \dfrac{x}{10억원} \times 100(\%) = 60\%$이다.

   따라서 대출가능액(x) = 6억원이다.

2. 부채감당률 $= \dfrac{순영업소득}{부채서비스액} = \dfrac{1억원}{x} = 2$

   부채서비스액(x) = 5,000만원이다.

   그런데 저당대부액 × 저당상수 = 부채서비스액이므로

   대출가능액$(x) = \dfrac{부채서비스액}{저당상수} = \dfrac{5,000만원}{0.1} = 5억원$이 된다.

3. 두 가지의 대출승인기준을 모두 충족시켜야 하므로 LTV조건과 DCR조건의 대출가능액 중 적은 5억원이 최대 대출가능금액이 된다. 그런데 상가의 기존 저당대출금이 2억원 존재하므로 추가로 대출가능한 최대금액은 5억원에서 2억원을 뺀 3억원이 된다.

CHAPTER 06 부동산개발 및 관리론

01	①	02	④	03	①	04	①	05	③
06	③	07	④	08	④	09	③	10	③
11	①	12	①	13	④	14	⑤	15	⑤
16	⑤	17	②	18	②	19	⑤	20	②
21	⑤	22	①	23	④	24	④	25	③
26	④	27	⑤	28	④	29	③	30	③
31	①	32	⑤	33	①	34	②	35	⑤
36	⑤	37	②	38	②	39	④	40	④
41	③	42	②	43	③	44	⑤	45	⑤
46	①	47	②	48	②	49	④	50	②
51	①	52	①	53	③	54	③	55	③
56	⑤	57	⑤	58	④				

01 토지이용의 집약도

정답 ①

토지이용에는 집약한계와 조방한계가 있는데, 집약한계란 투입의 한계비용이 한계수입과 일치되는 선까지 투입이 추가되는 경우의 집약도로서 이윤극대화를 가져오는 토지이용의 집약도이고, 조방한계는 최적의 조건하에서 겨우 생산비를 감당할 수 있는 산출밖에 얻을 수 없는 집약도로서 손익분기점에서의 토지이용의 집약도이다.

02 직·주분리의 원인

정답 ④

도심의 주거용 건물의 고층화는 직·주접근의 결과이다.

이론+ **직·주분리의 원인**

> 1. 도심의 지가 상승
> 2. 도심의 환경 악화
> 3. 도심의 재개발(주택의 철거)
> 4. 공적 규제
> 5. 교통의 발달

03 도심공동화 현상

정답 ①

도심공동화(doughnut) 현상이란 인구의 시 외곽 이주로 도심의 상주인구가 감소하면서 낮에만 사람이 북적대어 상업·업무지구화되는 현상이다.

04 도시스프롤 현상

정답 ①

도시스프롤 현상은 도시의 성장이 무질서하고 불규칙하게 평면적으로 확산되는 것을 말한다.

05 침입적 토지이용

정답 ③

지가수준이 낮은 곳에 침입적 이용을 함으로써 지가수준을 끌어올릴 수 있다.

06 토지가격

정답 ③

도시지역의 토지가격이 정상지가 상승분을 초과하여 급격히 상승한 경우 토지의 집약적 이용을 촉진하고, 주거지의 외연적 확산을 조장한다.

07 부동산개발

정답 ④

부동산개발이란 다음의 어느 하나에 해당하는 행위를 말한다. 다만, 시공을 담당하는 행위는 제외한다(부동산개발업의 관리 및 육성에 관한 법률 제2조 제1호).

> 1. 토지를 건설공사의 수행 또는 형질변경의 방법으로 조성하는 행위
> 2. 건축물을 건축·대수선·리모델링 또는 용도변경하거나 공작물을 설치하는 행위. 이 경우 '건축', '대수선', '리모델링'은 「건축법」 제2조 제1항 제8호부터 제10호까지의 규정에 따른 '건축', '대수선' 및 '리모델링'을 말하고, '용도변경'은 같은 법 제19조에 따른 '용도변경'을 말한다.

08 부동산개발

정답 ④

① 택지개발은 민간부문에도 허용이 된다.
② 시장위험은 시장조사를 통해 감소시킬 수 있다.
③ 토지소유자조합은 사적 주체에 해당한다.
⑤ 개발과정은 일반적으로 '계획 단계 ⇨ 협의 단계 ⇨ 계획인가 단계 ⇨ 시행 단계 ⇨ 처분 단계'의 순으로 구분할 수 있다.

09 부동산개발의 과정

정답 ③

부동산개발의 단계는 '아이디어(구상) 단계(ⓐ) ⇨ 예비적 타당성(전실행가능성) 분석 단계(ⓑ) ⇨ 부지 모색 및 확보(구입) 단계(ⓒ) ⇨ 타당성 분석(실행가능성 분석) 및 디자인 단계(ⓒ) ⇨ 금융 단계(ⓐ) ⇨ 건설 단계(ⓒ) ⇨ 마케팅 단계(ⓐ)'의 순서를 거친다.

10 부동산개발

정답 ③

용적률의 감소는 수익을 감소시키므로 시행사의 예상 사업이익에 부정적인 영향을 끼치는 요인이 된다.

11 부동산개발방식

정답 ①

환지방식은 수용방식에 비해 종전 토지소유자에게 개발이익이 귀속될 가능성이 큰 편이다. 수용방식은 공적 주체가 토지를 전부 수용하기 때문에 종전 토지소유자의 권리는 모두 소멸된다. 따라서 종전 토지소유자에게 개발이익이 귀속될 가능성이 적다.

12 부동산개발방식

정답 ①

도시개발사업의 시행방식 중 대지로서의 효용증진과 공공시설의 정비를 위하여 토지의 교환·분할·합병, 그 밖의 구획변경, 지목 또는 형질의 변경이나 공공시설의 설치·변경이 필요한 경우, 도시개발사업을 시행하는 지역의 지가가 인근의 다른 지역에 비하여 현저히 높아 수용 또는 사용방식으로 시행하는 것이 어려운 경우는 환지방식으로 할 수 있다(도시개발법 시행령 제43조 제1항 제1호).

13 부동산개발의 위험

정답 ④

도시개발사업의 시행방식 중 대지로서의 효용증진과 공공시설의 정비를 위하여 토지의 교환·분합, 그 밖의 구획변경, 지목 또는 형질의 변경이나 공공시설의 설치·변경이 필요한 경우, 도시개발사업을 시행하는 지역의 지가가 인근의 다른 지역에 비하여 현저히 높아 수용 또는 사용방식으로 시행하는 것이 어려운 경우는 환지방식으로 할 수 있다(도시개발법 시행령 제43조 제1항 제1호).

14 부동산개발의 위험

정답 ⑤

부실공사 하자에 따른 책임위험은 부동산개발사업의 진행 과정에서 시행사 또는 시공사가 스스로 관리할 수 있는 위험에 해당한다.

15 부동산개발

정답 ⑤

재무적 사업타당성 분석에서 사용했던 주요 변수들의 투입 값을 낙관적·비관적 상황으로 적용하여 수익성을 예측하는 것은 민감도 분석에 해당한다. 흡수율 분석은 일정기간에 특정한 지역에 공급된 부동산이 얼마의 비율로 흡수되었는가를 분석하는 것을 말하는데, 부동산시장의 추세를 파악하는 데 많은 도움을 준다.

16 부동산개발의 위험

정답 ⑤

후분양제도는 선분양제도에 비해 개발업자의 부도 가능성이 확대되어 개발업자의 시장위험부담이 증가하는 문제가 발생할 수 있다. 반면에 개발부동산의 선분양제도는 준공 전 분양대금의 유입으로 개발업자의 초기자금부담을 완화할 수 있는 등 후분양제도에 비해 개발업자가 부담하는 시장위험을 줄일 수 있다.

17 부동산분석 과정

정답 ②

부동산분석의 단계별 분석 과정은 '지역경제분석 ⇨ 시장분석 ⇨ 시장성 분석 ⇨ 타당성 분석 ⇨ 투자분석'의 순서이다.

18 부동산개발의 타당성 분석

정답 ②

시장분석에서 시장세분화는 수요자의 특성에 따라, 시장차별화는 공급상품의 특성에 따라 시장을 구분하는 것이다.

19 부동산개발의 타당성 분석

정답 ⑤

흡수율 분석은 부동산시장의 추세파악에 많은 도움을 주는데, 단순히 과거의 추세를 파악하는 것만이 아니라 이를 기초로 개발사업의 미래의 흡수율을 파악하는 데 목적이 있다.

20 부동산개발의 타당성 분석

정답 ②

부동산개발사업의 타당성 분석에서 시장분석의 구성요소에는 지역분석, 근린분석, 부지분석, 수요·공급분석 등이 있으며, 현금흐름분석은 경제성 분석에 해당한다.

21 부동산개발

정답 ⑤

흡수율 분석은 부동산시장의 추세파악에 많은 도움을 주는데, 단순히 과거의 추세를 파악하는 것만이 아니라 이를 기초로 개발사업의 미래의 흡수율을 파악하는 데 목적이 있다.

22 도시재개발

정답 ①

①은 개량재개발에 대한 설명이다. 수복재개발은 도시시설 및 건물의 불량·노후 상태가 관리나 이용의 부실로 발생된 경우, 본래의 기능을 회복하기 위하여 현재의 대부분 시설을 그대로 보존하면서 노후·불량화의 요인만을 제거시키는 형태이다.

23 도시재개발

정답 ⑤

도시재개발은 시행방법, 대상, 법에 의해 분류되는데 수복재개발, 개량재개발, 보전재개발, 철거재개발은 도시재개발 시행방법에 의한 분류에 해당된다. 그러나 주거지재개발은 도시재개발 대상에 의한 분류에 해당된다.

24 개발권양도제

정답 ④

지가수준이 높고 개발지역에서 토지이용밀도가 강하면 양도 가능한 개발권(TDR)에 대한 수요가 많을 것이다.

25 민간의 부동산개발방식   정답 ③

㉠ 토지소유자가 제공한 토지에 개발업자가 공사비를 부담하여 부동산을 개발하고, 개발된 부동산을 제공된 토지가격과 공사비의 비율에 따라 나누는 방식은 등가교환방식에 해당된다.

㉡ 토지소유자로부터 형식적인 소유권을 이전받은 신탁회사가 토지를 개발·관리·처분하여 그 수익을 수익자에게 돌려주는 방식은 신탁개발방식에 해당한다.

26 민간의 부동산개발방식   정답 ④

공사비 대물변제형은 토지소유자가 건설공사의 도급발주 시에 개발업자가 토지소유자의 토지에 건축시공 후 공사비의 변제를 준공된 건축물의 일부로 받는 방식으로 자금조달과 건축시공은 개발업자가 하고, 사업시행은 토지소유자가 한다.

27 민간의 부동산개발방식   정답 ⑤

토지신탁개발방식에 대한 설명이다. 우선 토지소유자는 신탁회사에 토지소유권을 신탁을 원인으로 이전하고, 신탁회사는 토지소유자와의 약정에 의해 신탁수익증권을 발행한다. 신탁회사는 금융기관으로부터 자금을 차입하여 건설회사에 공사를 발주한다. 건물이 준공되면 신탁회사가 입주자를 모집하고, 임대수익금에서 제세공과금을 제한 후에 수익증권의 소유자에게 수익을 배당한다.

28 부동산신탁   정답 ②

부동산관리신탁은 위탁자가 수탁자와 신탁계약을 체결한 후 부동산을 수탁자에게 소유권 이전 및 신탁등기를 하고 나면 수탁자는 신탁재산으로 인수한 부동산을 관리(보존·개량·임대 등)하고 발생한 수익을 수익자에게 교부하는 신탁이다. 따라서 법률상 부동산 소유권을 이전하여 신탁회사가 부동산의 관리업무를 수행하게 된다.

29 부동산신탁   정답 ③

㉡ 부동산신탁의 수익자란 신탁행위에 따라 신탁이익을 받는 자를 말하며, 위탁자가 지정한 제3자가 될 수도 있다.

㉢ 부동산신탁계약에서의 소유권 이전은 실질적 이전이 아니라 등기부상의 형식적 소유권 이전이다.

㉣ 부동산담보신탁은 저당권 설정보다 소요되는 경비가 적고, 채무불이행 시 부동산 처분 절차가 단순하다.

30 민간투자사업방식

정답 ③

㉠ 사회기반시설의 준공과 동시에 해당 시설의 소유권이 국가 또는 지방자치단체에 귀속되며, 사업시행자에게 일정기간의 시설관리운영권을 인정하는 방식은 BTO(build-transfer-operate)방식이다.

㉡ 사회기반시설의 준공과 동시에 해당 시설의 소유권이 국가 또는 지방자치단체에 귀속되며, 사업시행자에게 일정기간의 시설관리운영권을 인정하되, 그 시설을 국가 또는 지방자치단체 등이 협약에서 정한 기간 동안 임차하여 사용·수익하는 방식은 BTL(build-transfer-lease)방식이다.

㉢ 사회기반시설의 준공 후 일정기간 동안 사업시행자에게 해당 시설의 소유권이 인정되며 그 기간이 만료되면 시설소유권이 국가 또는 지방자치단체에 귀속되는 방식은 BOT(build-operate-transfer)방식이다.

㉣ 사회기반시설의 준공과 동시에 소유권 및 관리운영권이 사업시행자에게 귀속되는 방식은 BOO(build-own-operate)방식이다.

31 민간투자사업방식

정답 ①

㉠ 민간사업자가 시설준공 후 소유권을 공공에게 귀속시키고, 그 대가로 일정기간 동안 시설운영권을 받아 운영수익을 획득하는 방식은 BTO(build-transfer-operate)방식이다.

㉡ 민간사업자가 시설준공 후 소유권을 공공에게 귀속시키고, 그 대가로 받은 시설운영권으로 그 시설을 공공에게 임대하여 임대료를 획득하는 방식은 BTL(build-transfer-lease)방식이다.

㉢ 민간사업자가 시설준공 후 소유권을 취득하여 일정기간 동안 운영을 통해 운영수익을 획득하고, 그 기간이 만료되면 공공에게 소유권을 이전하는 방식은 BOT(build-operate-transfer)방식이다.

㉣ 민간사업자가 시설준공 후 소유권을 취득하여 그 시설을 운영하는 방식으로, 소유권이 민간사업자에게 계속 귀속되는 방식은 BOO(build-own-operate)방식이다.

32 민간투자사업방식

정답 ⑤

① BLT방식에 대한 설명이다. BTL(build-transfer-lease)방식은 민간사업자가 스스로 자금을 조달하여 시설을 건설하고, 국가 또는 지방자치단체 등에 시설의 소유권을 이전하는 대신 일정기간 동안 시설의 사용·수익권한을 획득하게 되며, 시설을 공공에 임대하고 그 임대료를 받아 시설투자비를 회수하는 방식이다.

② BTL방식에 대한 설명이다. BLT(build-lease-transfer)방식은 민간사업자가 사회간접자본시설을 준공한 후 일정기간 동안 운영권을 정부에 임대하여 투자비를 회수하며, 약정 임대기간 종료 후 시설물을 정부 또는 지방자치단체에 이전하는 방식이다.

③ BOT방식에 대한 설명이다. BTO(build-transfer-operate)방식은 사회간접자본시설의 준공과 동시에 해당 시설의 소유권이 정부 또는 지방자치단체에 귀속되며, 민간사업자에게 일정기간의 시설관리 운영권을 부여하는 방식이다.

④ BTO방식에 대한 설명이다. BOT(build-operate-transfer)방식은 민간사업자가 스스로 자금을 조달하여 시설을 건설하고, 일정기간 소유·운영한 후, 사업이 종료한 때 국가 또는 지방자치단체 등에 시설의 소유권을 이전하는 방식이다.

33 경제기반이론   정답 ①

경제기반이론이란 어떤 지역의 기반산업이 활성화되면 비기반산업도 함께 활성화됨으로써 지역경제의 성장과 발전이 유도된다는 이론이다.

34 입지계수   정답 ②

$$입지계수(LQ) = \cfrac{\dfrac{A지역\ X산업의\ 고용자\ 수}{A지역\ 전체\ 산업의\ 고용자\ 수}}{\dfrac{전국\ X산업의\ 고용자\ 수}{전국\ 전체\ 산업의\ 고용자\ 수}}$$

식에 대입하여 두 도시의 입지계수를 계산하면 다음과 같다.

구 분	A도시	B도시
제조업의 입지계수	$LQ = \dfrac{\frac{200}{1,000}}{\frac{1,200}{3,000}} = 0.5$	$LQ = \dfrac{\frac{1,000}{2,000}}{\frac{1,200}{3,000}} = 1.25$
금융업의 입지계수	$LQ = \dfrac{\frac{800}{1,000}}{\frac{1,800}{3,000}} \fallingdotseq 1.3$	$LQ = \dfrac{\frac{1,000}{2,000}}{\frac{1,800}{3,000}} \fallingdotseq 0.83$

금융업의 경우 A도시의 입지계수가 1보다 크므로 B도시보다 특화되어 있다. 반면, 제조업의 경우는 A도시의 입지계수가 1보다 작으므로 B도시보다 전문화되어 있지 못하다. 즉, 제조업의 경우 B도시의 입지계수가 1보다 크므로 A도시보다 특화되어 있다.

35 입지계수

정답 ⑤

구 분	전자산업	섬유산업
A도시	$LQ = \dfrac{\frac{150}{400}}{\frac{1,000}{2,000}} = 0.75$	$LQ = \dfrac{\frac{250}{400}}{\frac{1,000}{2,000}} = 1.25$
B도시	$LQ = \dfrac{\frac{250}{500}}{\frac{1,000}{2,000}} = 1$	$LQ = \dfrac{\frac{250}{500}}{\frac{1,000}{2,000}} = 1$
C도시	$LQ = \dfrac{\frac{600}{1,100}}{\frac{1,000}{2,000}} \fallingdotseq 1.09$	$LQ = \dfrac{\frac{500}{1,100}}{\frac{1,000}{2,000}} \fallingdotseq 0.9$

따라서 전자산업의 입지계수가 높은 도시는 C > B > A 순이다.

36 입지계수

정답 ⑤

$$입지계수(LQ) = \dfrac{\dfrac{A지역\ X산업의\ 고용자\ 수}{A지역\ 전체\ 산업의\ 고용자\ 수}}{\dfrac{전국\ X산업의\ 고용자\ 수}{전국\ 전체\ 산업의\ 고용자\ 수}}$$

식에 대입하여 두 지역의 각 산업의 입지계수를 계산하면 다음과 같다.

구 분	A지역	B지역
X산업의 입지계수	$LQ = \dfrac{\frac{30}{90}}{\frac{80}{190}} \fallingdotseq 0.79$	$LQ = \dfrac{\frac{50}{100}}{\frac{80}{190}} \fallingdotseq 1.19$
Y산업의 입지계수	$LQ = \dfrac{\frac{30}{90}}{\frac{60}{190}} \fallingdotseq 1.06$	$LQ = \dfrac{\frac{30}{100}}{\frac{60}{190}} = 0.95$
Z산업의 입지계수	$LQ = \dfrac{\frac{30}{90}}{\frac{50}{190}} \fallingdotseq 1.27$	$LQ = \dfrac{\frac{20}{100}}{\frac{50}{190}} = 0.76$

A지역에서 입지계수(LQ)에 따른 기반산업은 Y산업과 Z산업이며, B지역에서 입지계수(LQ)에 따른 기반산업은 X산업이다. 따라서 A지역과 B지역에서 입지계수(LQ)에 따른 기반산업의 개수는 A지역 2개, B지역 1개이다.

37 입지계수

$$\text{입지계수(LQ)} = \cfrac{\cfrac{\text{A지역 X산업의 고용자 수}}{\text{A지역 전체 산업의 고용자 수}}}{\cfrac{\text{전국 X산업의 고용자 수}}{\text{전국 전체 산업의 고용자 수}}}$$

식에 대입하여 두 지역의 각 산업의 입지계수를 계산하면 다음과 같다.

구 분	X지역	Y지역
A산업	$LQ = \cfrac{\frac{30}{80}}{\frac{320}{540}} \fallingdotseq 0.63$	$LQ = \cfrac{\frac{50}{80}}{\frac{220}{540}} \fallingdotseq 1.53$
B산업	$LQ = \cfrac{\frac{50}{90}}{\frac{320}{540}} \fallingdotseq 0.94$	$LQ = \cfrac{\frac{40}{90}}{\frac{220}{540}} \fallingdotseq 1.09$
C산업	$LQ = \cfrac{\frac{60}{110}}{\frac{320}{540}} \fallingdotseq 0.92$	$LQ = \cfrac{\frac{50}{110}}{\frac{220}{540}} \fallingdotseq 1.12$
D산업	$LQ = \cfrac{\frac{100}{120}}{\frac{320}{540}} \fallingdotseq 1.41$	$LQ = \cfrac{\frac{20}{120}}{\frac{220}{540}} \fallingdotseq 0.41$
E산업	$LQ = \cfrac{\frac{80}{140}}{\frac{320}{540}} \fallingdotseq 0.96$	$LQ = \cfrac{\frac{60}{140}}{\frac{220}{540}} \fallingdotseq 1.05$

X지역에서 입지계수(LQ)에 따른 기반산업은 D산업이다. 따라서 X지역에서 입지계수(LQ)에 따른 기반산업의 개수는 1개이다. 참고로 Y지역에서 입지계수(LQ)에 따른 기반산업은 A, B, C, E산업이며, 기반산업의 개수는 4개이다.

38 경제기반이론

정답 ⑤

경제기반승수를 통해, 기반산업 수출부문분의 고용인구변화가 지역의 전체 고용인구에 미치는 영향을 예측할 수 있다.

CHAPTER 06 부동산개발 및 관리론 **97**

39 경제기반이론 정답 ④

지역 전체의 인구 증가 = 경제기반승수 × 기반산업의 인구 증가이며,

$$경제기반승수 = \frac{1}{기반산업비율} = \frac{1}{1 - 비기반산업비율}$$

$$= \frac{지역사회\ 전체의\ 인구증가분}{기반산업의\ 인구증가분}$$

∴ A지역의 경제기반승수 $= \frac{1}{0.25} = \frac{1}{1 - 0.75} = 4$

따라서 A지역 전체의 예상되는 총고용인구 증가는 100명 × 4 = 400명이다.

40 부동산관리 정답 ③

부동산관리는 시설관리, 재산관리(건물 및 임대차관리), 자산관리 등으로 구분할 수 있는데, 그중 자산관리가 가장 중요하다.

41 부동산관리 정답 ③

대상부동산의 물리적·기능적 하자의 유무를 판단하여 필요한 조치를 취하는 것은 기술적 측면의 부동산관리에 해당한다.

42 부동산관리 정답 ②

부동산관리는 자산관리(asset management), 건물 및 임대차관리(property management), 시설관리(facility management)로 나눌 수 있다. 그중에서 부동산의 매입과 매각관리는 자산관리에 해당한다.

43 부동산관리 정답 ④

건물과 부지의 부적응을 개선시키는 활동은 기술적 관리에 해당한다.

44 부동산관리 정답 ⑤

단독주택의 자가소유 비중 확대는 자가관리와 관련이 있다.

45 부동산관리 정답 ⑤

관리방식 중 기밀유지 및 보안관리 측면에서는 자가관리가 위탁관리보다 더 효과적이다.

46 부동산관리의 방식   정답 ①

부동산소유자가 직접관리하지 않고 전문업자에게 위탁하여 관리하는 방식을 위탁(간접)관리방식이라고 한다. 이는 관리업무의 전문성과 합리성을 제고할 수 있으며, 관리업무의 안일화를 방지할 수 있다는 장점이 있으나 기밀유지 및 보안관리 측면에서 취약하며, 관리요원들의 부동산설비에 대한 애호정신이 낮을 수 있다는 단점이 있다.

47 부동산관리의 방식   정답 ②

① 위탁관리방식은 자가관리방식에 비해 관리 업무의 전문성과 효율성을 제고할 수 있다.
③ 자가관리방식은 위탁관리방식에 비해 기밀유지가 유리한 측면이 있다.
④ 혼합관리방식은 문제발생 시 관리의 책임소재가 불명확해지는 단점이 있다.
⑤ 건물의 고층화와 대규모화가 진행되면서 자가관리방식에서 위탁관리방식으로 바뀌는 경향이 있다.

48 부동산관리의 방식   정답 ②

위탁관리방식은 부동산관리의 전문성을 통하여 노후화의 최소화 및 효율적 관리가 가능하며, 관리업무의 타성(惰性)을 방지할 수 있다.

49 임대차유형   정답 ④

순임대차(net lease)는 공업용 부동산에 일반적으로 적용되는데, 1차, 2차, 3차 순임대차 등으로 구분된다. 1차 순임대차란 임차인이 순수한 임대료와 편익시설 비용, 부동산세금 등을 지불하는 것을 의미하며, 2차 순임대차란 1차 순임대차에서 지불하는 항목 외에도 보험료까지 지불하는 것을 의미한다. 3차 순임대차란 2차 순임대차에서 지불하는 항목 외에 수선유지비까지 지불하는 것을 의미하는데, 공업용 부동산은 3차 순임대차가 가장 일반적으로 적용된다.

50 임대차유형   정답 ②

- 예상매출액 = 20만원/m^2 × 500m^2 = 1억원
- 기본임대료 = 4만원/m^2 × 500m^2 = 2,000만원
- 추가임대료는 손익분기점 매출액 초과 매출액(5,000만원 = 1억원 − 5,000만원)에 대한 임대료율의 5%이므로 5,000만원 × 0.05 = 250만원이다.

따라서 연 임대료는 기본임대료(2,000만원)와 추가임대료(250만원)를 합한 2,250만원이다.

51 임대차유형 정답 ①

- 예상매출액 = 20만원/m^2 × 1,000m^2 = 2억원
- 기본임대료 = 3만원/m^2 × 1,000m^2 = 3,000만원
- 연 임대료 3,500만원은 기본임대료 3,000만원과 추가임대료를 합한 금액이므로 추가임대료는 500만원이다.
- 손익분기점 매출액 초과 매출액에 대한 임대료율이 5%이므로 손익분기점 초과 매출액(x) × 0.05 = 500만원이며, 손익분기점 초과 매출액(x)은 1억원이 된다.

따라서 손익분기점 매출액은 매출액 2억원에서 손익분기점 초과 매출액 1억원을 뺀 1억원이다.

52 임대차유형 정답 ①

- 기본임대료 = 15만원/m^2 × 500m^2 = 7,500만원
- 매출액 = 100만원/m^2 × 500m^2 = 5억원
- 손익분기점 매출액 = 60만원/m^2 × 500m^2 = 3억원
- 연 임대료 1억원은 기본임대료 7,500만원과 추가임대료를 합한 금액이므로 추가임대료는 2,500만원이다.
- 손익분기점 매출액 초과 매출액은 2억원(= 5억원 − 3억원)이므로 2억원 × 추가임대료율(x) = 2,500만원이다.
- 따라서 추가임대료율(x)은 2,500만원 ÷ 2억원 = 0.125(12.5%)이다.

53 대상부동산의 유지활동 정답 ③

부동산 유지·관리상의 문제가 발생한 후 처리하면 고비용의 지출, 임차인의 불편 등을 야기하므로 예방적 유지활동을 강화할 필요가 있다.

54 건물의 생애주기 정답 ③

주변 건물의 임대상황이나 유사성이 있는 건물의 신축동향은 전개발단계에서 특히 유의해야 한다.

55 부동산마케팅 전략 정답 ③

부동산마케팅은 부동산시장이 공급자 주도 시장에서 구매자 주도 시장으로 전환됨에 따라 더욱 중요하게 되었다.

1. 개념 : 상품으로서 부동산이 지니는 여러 특징 중 구매자(고객)의 욕망을 만족시켜 주는 특징을 말한다.
2. 내용 – 복합개념의 접근
   - 법률적 측면 : 소유권의 진정성, 토지이용의 공법상 규제 내용, 세법 내용 등
   - 경제적 측면 : 부동산의 가격이나 임대료의 적정성, 부동산에 대한 수급 동향, 경기순환 등
   - 기술적 측면 : 주택의 설비, 기초 등의 양호 여부, 동선(動線)의 합리성 여부

56 부동산마케팅 전략　　　　　　　　　　정답 ⑤

① AIDA원리에 기반을 두면서 소비자의 욕구를 파악하여 마케팅효과를 극대화하는 전략은 고객점유 마케팅 전략에 해당한다.
② 공급자 중심의 마케팅 전략으로 표적시장을 선정하거나 틈새시장을 점유하는 전략은 시장점유 마케팅 전략에 해당한다.
③ STP 전략은 시장세분화(segmentation), 표적시장 선정(targeting), 포지셔닝(positioning)으로 구성된다.
④ 4P Mix 전략은 제품(product), 가격(price), 유통경로(place), 판매촉진(promotion)으로 구성된다.

57 부동산마케팅 전략　　　　　　　　　　정답 ⑤

① 목표시장에서 고객의 욕구를 파악하여 경쟁 제품과 차별성을 가지도록 제품 개념을 정하고 소비자의 지각 속에 적절히 위치시키는 것은 포지셔닝(positioning)이다.
② 세분화된 시장 중 가장 좋은 시장기회를 제공해 줄 수 있는 특화된 시장은 표적시장(target market)이다.
③ 4P에 의한 마케팅 믹스 전략의 구성요소는 제품(product), 유통경로(place), 판매촉진(promotion), 가격(price)이다.
④ STP란 시장세분화(segmentation), 표적화(targeting), 포지셔닝(positioning)을 표상하는 약자이다.

58 부동산마케팅 전략　　　　　　　　　　정답 ④

시장점유 마케팅 전략에 해당되는 4P MIX 전략은 유통경로(place), 제품(product), 가격(price), 판매촉진(promotion)으로 구성된다.

PART 3 부동산 감정평가론

CHAPTER 01 감정평가의 기초이론

01	⑤	02	④	03	⑤	04	④	05	②
06	①	07	⑤	08	③				

01 기준시점
정답 ⑤

기준시점은 대상물건에 대한 가격조사를 완료한 날짜로 하는 것을 원칙으로 하되, 기준시점을 미리 정하였을 때에는 그 날짜에 가격조사가 가능한 경우에만 기준시점으로 할 수 있다. 기준시점은 감정평가의 기준이 되는 시점이며, 감정평가를 행한 일자는 현지조사를 완료하여 감정평가서를 작성한 날짜이다. 양자는 서로 일치하는 경우도 있으나 개념상으로는 구분된다.

02 기준시점
정답 ④

과거 어느 시점을 기준시점으로 하여 부동산가치를 평가하는 것은 소급평가에 해당한다.

03 감정평가의 분류
정답 ⑤

① 현황평가, ② 조건부평가, ③ 소급평가에 대한 설명이다.
④ 구분평가에 대한 설명이다. 부분평가는 예를 들면 건물과 토지로 구성된 부동산에 있어서 건물과 결합하여 이용되는 경우 물건 전체를 기준으로 한 토지만의 평가를 말한다.

04 감정평가에 관한 규칙
정답 ④

감정평가법인등은 감정평가조건을 붙일 때에는 감정평가조건의 합리성, 적법성 및 실현가능성을 검토해야 한다. 다만, 법령에 다른 규정이 있는 경우에는 그렇지 않다(감정평가에 관한 규칙 제6조 제3항).

05 감정평가의 기법

둘 이상의 대상물건이 일체로 거래되거나 대상물건 상호간에 용도상 불가분의 관계가 있는 경우에는 일괄하여 감정평가할 수 있다. 특히 하나의 획지가 여러 개의 필지가 되는 경우나 물건 상호간에 용도상 불가분의 관계가 있는 주물과 종물, 토지와 건물이 일체로 거래가 되는 경우에는 일괄하여 감정평가할 수 있다.

06 감정평가에 관한 규칙

시장가치란 대상물건이 통상적인 시장에서 충분한 기간 동안 거래를 위하여 공개된 후 그 대상물건의 내용에 정통한 당사자 사이에 신중하고 자발적인 거래가 있을 경우 성립될 가능성이 가장 높다고 인정되는 대상물건의 가액(價額)을 말한다(감정평가에 관한 규칙 제2조 제1호).

07 감정평가에 관한 규칙

「감정평가에 관한 규칙」에서 직접 규정하고 있는 사항으로는 시장가치기준 원칙, 현황기준 원칙, 개별물건기준 원칙, 원가방식, 비교방식, 수익방식 등이 있다. 최유효이용 원칙은 「감정평가에 관한 규칙」에서 직접 규정하고 있지 않다.

08 감정평가에 관한 규칙

① 가치형성요인에 대한 정의이다. 가치발생요인은 부동산의 효용, 부동산의 상대적 희소성, 부동산의 유효수요, 부동산의 이전성을 말한다.
② 인근지역에 관한 설명이다. 유사지역이란 대상부동산이 속하지 아니하는 지역으로서 인근지역과 유사한 특성을 갖는 지역을 말한다.
④ 수익환원법에 대한 정의이다. 수익분석법이란 일반기업 경영에 의하여 산출된 총수익을 분석하여 대상물건이 일정한 기간에 산출할 것으로 기대되는 순수익에 대상물건을 계속하여 임대하는 데에 필요한 경비를 더하여 대상물건의 임대료를 산정하는 감정평가방법을 말한다.
⑤ 임대사례비교법에 대한 정의이다. 거래사례비교법이란 대상물건과 가치형성요인이 같거나 비슷한 물건의 거래사례와 비교하여 대상물건의 현황에 맞게 사정보정, 시점수정, 가치형성요인 비교 등의 과정을 거쳐 대상물건의 가액을 산정하는 감정평가방법을 말한다.

CHAPTER 01 감정평가의 기초이론 **103**

CHAPTER 02 부동산가격이론

01	①	02	③	03	②	04	③	05	③
06	④	07	③	08	④	09	②	10	⑤
11	②	12	④						

01 부동산가치

정답 ①

부동산가치는 부동산의 소유에서 비롯되는 장래의 이익에 대한 현재가치이다.

02 부동산의 가치발생요인

정답 ③

부동산의 가치형성요인은 가치발생요인에 영향을 미치나, 가치발생요인은 가치형성요인에 영향을 미치지 않는다.

03 부동산가치의 종류

정답 ②

투자가치란 대상부동산이 특정한 투자자에게 부여하는 주관적 가치이다. 근대 평가이론에서 사용되고 있는 시장가치(market value)는 애덤 스미스(Adam Smith)의 교환가치에, 투자가치(investment value)는 그의 사용가치에 이론적 기반을 두고 있다.

04 지역분석

정답 ③

인근지역이란 대상부동산이 속한 지역으로서 부동산의 이용이 동질적이고 가치형성요인 중 지역요인을 공유하는 지역을 말한다.

05 인근지역

정답 ③

인근지역과 유사지역은 지리적 위치는 다르나 물리적·경제적 및 인구상태로 보아 용도적·기능적으로 유사하여 지역 구성요소가 동질적인 것으로 볼 수 있다. 이는 거리의 원근개념이 아니라 용도적 관점과 지가형성의 일반적 여러 요인이 유사하여 대체성이 있고 상호 경쟁관계가 있는 것을 말한다. 따라서 유사지역과 인접하고 대체성이 있어야 한다는 것은 인근지역의 조건이 되지 못한다.

06 인근지역

정답 ④

인근지역이란 대상부동산이 속해 있는 용도적 지역으로, 대상부동산의 가치형성에 직접적으로 영향을 미치는 지역적 특성을 갖는 지역을 말한다.

07 인근지역의 수명현상

정답 ③

성숙기란 지역개발이 점차 진행됨에 따라 지역은 점차 안정되어 가고, 지역특성의 기능이 자리잡혀 가는 단계를 말한다. 신축부동산의 거래가 부동산시장의 중심을 이루는 것은 성장기이다.

08 동일수급권

정답 ④

후보지의 동일수급권은 일반적으로 전환 후의 토지의 종별 동일수급권과 일치하는 경향이 있다.

09 부동산가치(가격)의 제 원칙

정답 ②

ⓒ 부동산의 유용성이 최고도로 발휘되기 위해서는 부동산이 외부환경과 균형을 이루어야 한다는 것은 적합의 원칙이다. 균형의 원칙이란 부동산의 유용성(수익성 또는 쾌적성)이 최고도로 발휘되기 위해서는 그 내부구성요소의 결합상태가 균형을 이루고 있어야 한다는 원칙이다.

10 부동산가치(가격)의 제 원칙

정답 ⑤

부동산의 가치는 그것을 특정용도로 사용함으로써 희생된 대안적 이용에 지불하려는 대가에 의해 결정된다는 평가원칙은 기회비용의 원칙이다. 대체의 원칙이란 부동산의 가치는 대체관계에 있는 유사부동산의 영향을 받아서 결정된다는 평가원칙이다.

11 부동산가치(가격)의 제 원칙

정답 ②

㉠ 부동산의 유용성이 최고도로 발휘되기 위해서는 그 구성요소의 결합에 균형이 있어야 한다는 원칙은 균형의 원칙이다.
㉡ 부동산의 가치형성요인은 변동하므로, 감정평가에 있어서 기준시점이 중요시되는 근거를 제공하는 원칙은 변동의 원칙이다.
㉢ 부동산의 인문적 특성 중 용도의 다양성과 가장 관련이 깊은 원칙은 최유효이용의 원칙이다.

PART 3

12 부동산가치(가격)의 제 원칙

정답 ④

적합의 원칙은 부동산의 유용성이 최고도로 발휘되기 위해서는 그 부동산이 속한 지역의 환경에 적합하여야 한다는 원칙이다. ④는 균형의 원칙에 대한 설명이다. 즉, 부동산의 유용성이 최고도로 발휘되기 위해서는 그 내부구성요소의 결합상태가 균형을 이루고 있어야 한다는 원칙은 균형의 원칙이다.

CHAPTER 03 감정평가의 방식

01	③	02	①	03	②	04	③	05	②
06	⑤	07	④	08	③	09	②	10	③
11	③	12	④	13	②	14	③	15	②
16	③	17	⑤	18	③	19	③	20	①
21	②	22	④	23	③	24	③	25	④
26	②	27	③	28	⑤	29	③	30	①
31	④	32	③	33	⑤	34	⑤	35	②
36	④	37	④	38	③	39	③	40	⑤
41	②	42	⑤	43	①						

01 감정평가방법

정답 ③

- 원가방식 : 비용성의 원리에 근거를 두며, 가액을 구하는 방법을 원가법, 임료를 구하는 방법을 적산법이라고 한다.
- 비교방식 : 시장성의 원리에 근거를 두며, 가액을 구하는 방법을 거래사례비교법, 임료를 구하는 방법을 임대사례비교법이라고 한다.
- 수익방식 : 수익성의 원리에 근거를 두며, 가액을 구하는 방법을 수익환원법, 임료를 구하는 방법을 수익분석법이라고 한다.

따라서 빈칸에 들어가야 할 내용은 ⊙ 비용성, ⓒ 거래사례비교법, ⓒ 수익환원법이다.

02 감정평가방법

정답 ①

- 원가법은 대상물건의 재조달원가에 감가수정을 하여 대상물건의 가액을 산정하는 감정평가방법이다.
- 거래사례비교법을 적용할 때 사정보정, 시점수정, 가치형성요인 비교 등의 과정을 거친다.

- 수익환원법에서는 장래 산출할 것으로 기대되는 순수익이나 미래의 현금흐름을 환원하거나 **할인**하여 가액을 산정한다.

따라서 빈칸에 들어가야 할 내용은 ㉠ 감가수정, ㉡ 사정보정, ㉢ 할인이다.

03 재조달원가 정답 ②

대치원가를 이용하여 재조달원가를 산정할 경우 **물리적·경제적 감가수정은 필요하지만 기능적 감가수정은 고려하지 않는다.**

04 감가수정의 방법 정답 ③

원가법이란 대상물건의 재조달원가에 **감가수정(減價修正)**을 하여 대상물건의 가액을 산정하는 감정평가방법을 말한다(감정평가에 관한 규칙 제2조 제5호).

05 감가수정과 감가상각 정답 ②

감가수정은 **재조달원가**를 기초로 하는 데 반하여, 감가상각은 **취득가격**을 기초로 한다.

06 감가의 요인 정답 ⑤

물리적·기능적 요인에 의한 감가는 **치유 가능 혹은 치유 불가능한 감가에 해당**하며, 경제적 요인에 의한 감가는 **치유 불가능한 감가에 해당**한다.

07 원가법에서 정액법 정답 ④

재조달원가 5억원, 준공시점부터 기준시점까지 경과연수 5년, 경제적 내용연수 50년, 내용연수 만료 시 잔존가치율은 10%이므로 잔존가액은 5,000만원이다. 따라서

- 매년의 감가액은 $\dfrac{5억원 - 5,000만원}{50년}$ = 900만원이다.
- 감가누계액은 900만원 × 5년(경과연수) = 4,500만원이다.
- 적산가액은 5억원 − 4,500만원 = 4억 5,500만원이다.

08 원가법에서 정액법 정답 ③

경과연수가 5년이고 사용승인시점의 신축공사비는 200,000,000원
(=1,000,000원 × 200m²)이며, 건축비지수에 의한 시점수정치가 1.1
(=110 / 100)이므로

- 재조달원가 = 200,000,000원 × 1.1 = 220,000,000원
- 내용연수 만료 시 잔존가치는 없으므로

  매년의 감가액 $= \dfrac{220,000,000원}{40년} = 5,500,000원$

- 감가누계액 = 5,500,000원 × 5년(경과연수) = 27,500,000원

따라서 적산가액 = 220,000,000원 − 27,500,000원 = 192,500,000원이다.

09 원가법에서 정액법   정답 ②

실제경과연수와 잔존내용연수의 합을 전체 내용연수로 삼아 감가수정을 행하는 문제이다. 경과연수가 2년이며 건축비가 매년 10% 상승했으므로
재조달원가는 100,000,000원 × $(1 + 0.1)^2$ = 121,000,000원이고,
잔존가치율은 10%이므로 잔존가액은 12,100,000원이다.

- 매년 감가액 $= \dfrac{121,000,000원 - 12,100,000원}{(2년 + 48년)} = 2,178,000원$
- 감가누계액 = 2,178,000원 × 2년 = 4,356,000원

따라서 적산가액 = 121,000,000원 − 4,356,000원 = 116,644,000원이다.

10 원가법에서 정액법   정답 ③

경과연수가 2년이며 공사비가 매년 5%씩 상승했으며, 내용연수 만료 시 잔존가치율은 10%이다.

- 재조달원가는 4억원 × $(1 + 0.05)^2$ = 441,000,000원
  잔존가치율은 10%이므로 잔존가액은 44,100,000원이다.
- 매년 감가액 $= \dfrac{441,000,000원 - 44,100,000원}{(2년 + 48년)} = 7,938,000원$
- 감가누계액 = 7,938,000원 × 2년(경과연수) = 15,876,000원

따라서 적산가액 = 441,000,000원 − 15,876,000원 = 425,124,000원이다.

11 원가법에서 정액법   정답 ③

경과연수가 5년이고 사용승인일의 신축공사비는 1,000,000원/m²이므로
250,000,000원(= 1,000,000원 × 250m²)이고, 건축비지수에 의한 시점수정치가 1.2(= 120/100)이므로

- 재조달원가 = 250,000,000원 × 1.2 = 300,000,000원
- 내용연수 만료 시 잔존가치는 없으므로

  매년의 감가액 $= \dfrac{300,000,000원}{50년} = 6,000,000원$

- 감가누계액 = 6,000,000원 × 5년(경과연수) = 30,000,000원

따라서 적산가액 = 300,000,000원 − 30,000,000원 = 270,000,000원이다.

12 원가법에서 정률법

정답 ④

재조달원가를 구하기 위해서는 기준시점으로 시점수정을 하여야 한다.
따라서 먼저 시점수정치를 구하면

$$시점수정치 = \frac{150}{100} = 1.5$$

따라서 재조달원가는 = 2억원 × 1.5 = 3억원이다.
그런데 정률법에 의한 적산가액을 구하는 식은 다음과 같다.

- 적산가액 = 재조달원가 × (1 − 감가율)^m
- 적산가액 = 재조달원가 × (전년 대비 잔가율)^m (m : 경과연수)

따라서 적산가액 = 3억원 × 0.6^2 = 1억 800만원이다.

13 감가수정의 방법

정답 ②

상환기금법은 대상부동산의 내용연수가 만료되는 때에 감가누계상당액과 그에 대한 복리계산의 이자상당액을 포함하여 해당 내용연수로 상환하는 방법이다.

14 적산법

정답 ③

기초가액은 계약내용·조건에 따라 미달된 때에는 이에 따른 계약감가가 고려된 가액이며, **최유효이용을 전제로 하지 않는다.**

15 거래사례비교법

정답 ②

거래사례는 위치에 있어서 동일성 내지 유사성이 있어야 하며, 인근지역에 소재하는 경우에는 대상부동산과 지역요인이 동일하므로 지역요인을 비교하지 않아도 된다.

16 시점수정

정답 ③

표준지공시지가를 기준으로 평가하는 경우에도 시점수정은 필요하다.

17 사정보정치

정답 ⑤

사례토지가 대상토지보다 20% 저가로 거래된 경우

$$사정보정치 = \frac{대상부동산}{사례부동산} = \frac{100}{80} = 1.25$$

18 개별요인 비교치

정답 ③

가로의 폭·구조 등의 상태에서 대상부동산이 5% 우세하므로 $\frac{105}{100}$, 고객의

유동성과의 적합성에서 대상부동산이 4% 열세하므로 $\frac{96}{100}$, 형상 및 고저는

동일하므로 $\frac{100}{100}$, 행정상의 규제정도에서 대상부동산이 3% 우세하므로 $\frac{103}{100}$

이 된다.

$$\therefore \frac{105}{100} \times \frac{96}{100} \times \frac{103}{100} = 1.05 \times 0.96 \times 1.03 = 1.03824$$

그런데 결과값은 소수점 넷째자리에서 반올림하라고 했으므로 1.038이다.

19 거래사례비교법의 계산

정답 ③

사례부동산은 어제 거래되었으므로 시점수정치는 고려하지 않아도 된다.

지역요인 비교치 $= \frac{90}{100}$, 개별요인 비교치 $= \frac{115}{100}$, 사정보정치 $= \frac{100}{115}$이므

로 비준가액은 10억원 $\times \frac{90}{100} \times \frac{115}{100} \times \frac{100}{115} = 9$억원이다.

20 거래사례비교법의 계산

정답 ①

거래사례비교법에서 대상부동산의 시산가액은 다음과 같이 구한다.
대상부동산의 시산가액 = 사례가액 × 지역요인 비교치 × 개별요인 비교치

그런데 개별요인 비교치 $= \frac{105}{100}$, 지역요인 비교치 $= \frac{90}{100}$이므로

1억원 $\times \frac{105}{100} \times \frac{90}{100} = 9{,}450$만원이다.

21 거래사례비교법의 계산

정답 ②

거래사례가격은 2억원에 거래되었으며, 사례토지의 면적이 100m²이고, 대상
토지의 면적은 130m²이므로 1.3이다. 사정보정요인은 없으므로 사정보정은
하지 않아도 되며, 지가상승률은 5%이므로 시점수정치는 1.05이다. 대상토지
는 거래사례의 인근지역에 위치하므로 지역요인은 비교하지 않아도 되며, 대상
토지는 거래사례에 비해 3% 열세하므로 개별요인 비교치는 0.97이다.
따라서 2억원 × 1.3 × 1.05 × 0.97 = 264,810,000원이다.

22 거래사례비교법의 계산   정답 ④

거래사례가격은 5억원에 거래되었으며, 사례토지의 면적이 100m²이고, 대상토지의 면적은 130m²이므로 $\frac{130}{100}$이다. 사정보정요인은 없으므로 사정보정은 하지 않아도 되며, 지가상승률은 4%이므로 시점수정치는 $\frac{104}{100}$이다. 대상토지는 거래사례의 인근지역에 위치하므로 지역요인은 비교하지 않아도 되며, 대상토지는 거래사례에 비해 6% 우세하므로 개별요인 비교치는 $\frac{106}{100}$이다.

따라서 5억원 $\times \frac{130}{100} \times \frac{104}{100} \times \frac{106}{100}$ = 5억원 $\times 1.3 \times 1.04 \times 1.06$ = 716,560,000원이다.

23 토지의 감정평가   정답 ③

ⓒ 공시지가기준법 적용에 따른 시점수정 시 지가변동률을 적용하는 것이 불가능하거나 적절하지 아니한 경우에는 「한국은행법」 제86조에 따라 한국은행이 조사·발표하는 생산자물가지수에 따라 산정된 생산자물가상승률을 적용해야 한다(감정평가에 관한 규칙 제14조 제2항 제2호 나목).

24 공시지가기준법   정답 ③

표준지공시지가를 기준으로 평가하므로 사정보정은 필요가 없다. 제시된 자료에 의하면 표준지공시지가는 6,000,000원/m², 시점수정치는 $\frac{102}{100}$, 개별요인 비교치 중 가로조건은 $\frac{105}{100}$, 환경조건은 $\frac{90}{100}$이다. 그 밖의 요인으로 50% 증액 보정하면 $\frac{150}{100}$이다. 이를 계산하면

6,000,000원/m² $\times \frac{102}{100} \times \frac{105}{100} \times \frac{90}{100} \times \frac{150}{100}$ = 8,675,100원/m² 이 된다.

25 공시지가기준법

정답 ④

표준지공시지가를 기준으로 평가하므로 사정보정은 필요가 없다. 제시된 자료에 의하면 표준지공시지가는 2,000,000원/m², 시점수정치는 $\frac{105}{100}$, 개별요인 비교치 중 가로조건은 $\frac{95}{100}$, 환경조건은 $\frac{120}{100}$ 이다. 주어진 조건 이외의 기타 조건은 계산할 필요가 없으며, 대상토지는 표준지의 인근지역에 소재하므로 지역요인을 비교할 필요가 없다. 이를 계산하면

$2,000,000원/m^2 \times \frac{105}{100} \times \frac{95}{100} \times \frac{120}{100} = 2,394,000원/m^2$이 된다.

26 공시지가기준법

정답 ②

표준지공시지가를 기준으로 평가하므로 사정보정은 필요가 없다. 제시된 자료에 의하면 표준지공시지가는 10,000,000원/m², 시점수정치는 2024.1.1. ~ 2024.4.30. 동안 − 5%이므로 0.95, 2024.5.1. ~ 2024.7.20. 동안 − 2% 이므로 0.98이다. 개별요인 비교치 중 가로조건은 1.1, 환경조건은 0.97이다. 그 밖의 요인으로 20% 증액 보정하면 1.2이다.
이를 계산하면 $10,000,000원/m^2 \times 0.95 \times 0.98 \times 1.1 \times 0.97 \times 1.2$ $= 11,920,524원/m^2$이 되는데, 천원 미만은 버리라고 했으므로 $11,920,000$ 원/m²이 된다.

27 공시지가기준법

정답 ③

먼저 표준지는 대상토지와 동일한 기호2 일반상업지역의 공시지가 10,000,000 원/m²으로 한다. 표준지공시지가를 기준으로 평가하므로 사정보정은 필요가 없다. 제시된 자료에 의하면 표준지공시지가는 10,000,000원/m², 시점수정치는 상업지역 지가상승률이 5%이므로 $\frac{105}{100} = 1.05$이며, 대상토지는 표준지의 인근지역에 소재하므로 지역요인을 비교할 필요가 없다.
개별요인 비교치는 대상부동산의 용도지역이 일반상업지역이므로 표준지공시지가도 기호2로 $\frac{95}{100} = 0.95$이다. 주어진 조건 이외의 그밖의 요인은 20% 증액 보정을 하므로 1.2이다.
따라서 $10,000,000원/m^2 \times 1.05 \times 0.95 \times 1.2 = 11,970,000원/m^2$이 된다.

28 수익환원법

수익환원법에서 순영업소득을 구할 때는 계산과정에서 순영업소득보다 아래에 있는 부채서비스액이나 영업소득세는 고려하지 않는다.

29 수익환원법

정답 ③

순영업소득을 계산할 때 영업경비에 포함되지 않는 항목은 취득세, 공실 및 대손충당금(㉠), 부채서비스액(㉣), 소득세(㉤)·법인세, 감가상각비(㉥) 등이다.

30 환원이율

정답 ①

자본환원율(환원이율) = 자본수익률 + 자본회수율
　　　　　　　　　　 = (상각 후) 환원이율 + 상각률

31 환원이율

정답 ④

가능총소득	2,000만원
－ 공실 및 불량부채	－　 100만원(= 2,000만원 × 0.05)
＋ 기타 소득	＋　 100만원
유효총소득	2,000만원
－ 영업경비	－　 800만원(= 2,000만원 × 0.4)
순영업소득	1,200만원

따라서 환원이율 = $\dfrac{순영업소득}{부동산가치}$ = $\dfrac{1,200만원}{1억원}$ = 0.12(12%)이다.

32 환원이율을 구하는 방법

정답 ③

환원이율을 구하는 방법에는 시장추출법, 조성법, 투자결합법, 엘우드(Ellwood) 법, 부채감당법 등이 있다. 관찰감가법은 원가법에서 감가수정의 방법에 해당한다.

33 환원이율을 구하는 방법

정답 ⑤

부채감당법(Gettel법)은 저당투자자 입장에서 환원이율을 구하는 방법이다.

34 환원이율을 구하는 방법

정답 ⑤

부채감당법(debt coverage method)은 환원이율을 객관적이고 간편하게 구할 수 있다는 장점이 있으나, 저당투자자의 입장에 지나치게 치우치고 있다는 비판이 있다.

35 환원이율을 구하는 방법

정답 ②

부채감당법(Gettel법)에 의한 환원이율 = 부채감당률 × 대부비율 × 저당상수로 나타낼 수 있다.

36 수익환원법

정답 ④

주어진 자료로부터 순영업소득을 계산한 후 부채감당률을 구하면 부채감당법에 의한 환원이율을 구할 수 있다. 그런데 영업경비에는 영업소득세, 부채서비스액은 제외된다.

유효총소득	100,000,000원
− 영업경비	− 10,000,000원
순영업소득	90,000,000원

(영업경비는 재산세 300만원, 화재보험료 200만원, 재산관리 수수료 100만원, 수선유지비 100만원, 관리직원 인건비 300만원을 합한 1,000만원이 된다)
부채감당법에 의한 환원이율(자본환원율)은 '부채감당률 × 대부비율 × 저당상수'를 통해 구한다.

$$부채감당률 = \frac{순영업소득}{부채서비스액} = \frac{90,000,000원}{45,000,000원} = 2$$

대부비율이 40%(0.4)이며, 저당상수가 0.087이므로
∴ 부채감당법에 의한 환원이율(자본환원율)
　　= 2 × 0.4 × 0.087 = 0.0696(6.96%)

37 수익환원법

정답 ④

가능총소득	19,500,000원
− 공실 및 불량부채	− 500,000원
+ 기타 소득	+ 1,000,000원
유효총소득	20,000,000원
− 영업경비	− 8,000,000원(= 20,000,000원 × 0.4)
순영업소득	12,000,000원

따라서 수익가액 $= \dfrac{순영업소득}{환원이율} = \dfrac{12,000,000원}{0.1} = 120,000,000원$이다.

38 수익환원법

1. 순영업소득

가능총소득	2,000만원
− 공실 및 대손충당금	− 200만원(= 2,000만원 × 0.1)
유효총소득	1,800만원
− 영업경비	− 540만원(= 1,800만원 × 0.3)
순영업소득	1,260만원

2. 환원이율

물리적 투자결합법으로 환원이율을 구하면

환원이율 = (토지환원율 × 토지가격구성비) + (건물환원율 × 건물가격구성비)

= (5% × 0.5) + (7% × 0.5) = 2.5% + 3.5% = 6%(0.06)

3. 수익가격 $= \dfrac{\text{순영업소득}}{\text{환원이율}} = \dfrac{12,600,000원}{0.06} = 210,000,000원$

39 수익환원법

1. 순영업소득

가능총소득	1억원
− 공실 및 대손충당금	− 500만원(= 1억원 × 0.05)
유효총소득	9,500만원
− 영업경비	− 500만원(= 300만 + 200만원)
순영업소득	9,000만원

영업소득세, 건물주 개인업무비는 영업경비에 포함되지 않는다.

2. 환원이율

물리적 투자결합법으로 환원이율을 구하면

환원이율 = (토지환원율 × 토지가격구성비) + (건물환원율 × 건물가격구성비)

= (5% × 0.4) + (10% × 0.6) = 8%

3. 수익가액 $= \dfrac{\text{순영업소득}}{\text{환원이율}} = \dfrac{9,000만원}{0.08} = 1,125,000,000원$

40 시산가액의 조정

감정평가법인등은 대상물건의 감정평가액을 결정하기 위하여 시산가액을 감정평가방식 중 다른 감정평가방식에 속하는 하나 이상의 감정평가방법으로 산출한 시산가액과 비교하여 합리성을 검토해야 한다. 산술평균은 잘 사용하지 않는다.

41 물건별 감정평가

정답 ②

「감정평가에 관한 규칙」상 주된 감정평가방법으로 ㉠ 토지는 공시지가기준법, ㉣ 임대료는 임대사례비교법, ㉤ 광업재단은 수익환원법, ㉧ 자동차와 ㉨ 동산은 거래사례비교법을 적용한다.

42 물건별 감정평가

정답 ⑤

감정평가법인등은 과수원을 감정평가할 때에 거래사례비교법을 적용해야 한다.

43 물건별 감정평가

정답 ①

「감정평가에 관한 규칙」상 선박의 주된 감정평가방법은 원가법이다.

CHAPTER 04 부동산가격공시제도

01	③	02	②	03	④	04	②	05	①
06	②	07	⑤	08	②	09	①	10	②
11	③	12	①	13	①	14	④		

01 표준지 선정기준

정답 ③

① 대표성 : 표준지는 표준지 선정 단위구역의 지가수준을 대표할 수 있는 토지이어야 한다.
② 중용성 : 표준지는 해당 인근지역 내에서 토지의 이용상황·형상·면적 등이 표준적인 토지가 되어야 한다.
④ 확정성 : 표준지는 다른 토지와 구분이 명확하고 용이하게 확인할 수 있는 토지이어야 한다.
⑤ 안정성 : 표준지는 가능한 한 표준지 선정 단위구역의 일반적인 용도에 적합한 토지로서 그 이용상태가 일시적이 아니어야 한다.

02 표준지 선정기준

정답 ②

표준지 선정의 기준은 지가의 대표성, 토지특성의 중용성, 토지용도의 안정성, 토지 구별의 확정성이다. 즉, ㉠ 대표성, ㉡ 중용성, ㉢ 안정성, ㉣ 확정성이 들어가야 한다.

03 표준지공시지가 정답 ④

표준지에 건물 또는 그 밖의 정착물이 있거나 지상권 또는 그 밖의 토지의 사용·수익을 제한하는 권리가 설정되어 있을 때에는 그 정착물 또는 권리가 존재하지 아니하는 것으로 보고 표준지공시지가를 평가하여야 한다.

04 개별공시지가 정답 ②

표준지로 선정된 토지, 조세 또는 부담금 등의 부과대상이 아닌 토지, 그 밖에 대통령령으로 정하는 토지에 대하여는 개별공시지가를 결정·공시하지 아니할 수 있다. 이 경우 표준지로 선정된 토지에 대하여는 해당 토지의 표준지공시지가를 개별공시지가로 본다(부동산 가격공시에 관한 법률 제10조 제2항).

05 개별공시지가 정답 ①

개별공시지가는 토지가격비준표 작성의 기준이 되지 못하며, 이는 표준지공시지가를 기준으로 한다. 따라서 개별공시지가의 활용 범위에 해당하지 않는다.

06 개별공시지가 정답 ②

표준지로 선정된 토지는 개별공시지가를 결정·공시하지 않아도 된다.

07 주택가격공시제도 정답 ⑤

개별주택가격에 대하여 이의가 있는 주택소유자 등이 개별주택가격 공시일부터 30일 이내에 주택소재지 시장·군수·구청장에게 이의신청을 할 수 있다.

08 주택가격공시제도 정답 ②

공동주택가격은 표준주택과 개별주택으로 구분하지 않는다.

09 부동산가격공시제도 정답 ①

국토교통부장관은 표준주택을 선정할 때에는 일반적으로 유사하다고 인정되는 일단의 단독주택 중에서 해당 일단의 단독주택을 대표할 수 있는 주택을 선정하여야 한다. 공동주택은 표준주택과 개별주택으로 구분하지 않는다.

10 부동산가격공시제도

개별공시지가에 대하여 이의가 있는 자는 개별공시지가의 결정·공시일부터 30일 이내에 서면으로 시장·군수 또는 구청장에게 이의를 신청할 수 있다(부동산 가격공시에 관한 법률 제11조 제1항).

11 부동산가격공시제도

① 개별공시지가란 시장·군수 또는 구청장이 절차에 따라 대상토지의 가격을 산정한 후 시·군·구 부동산가격공시위원회의 심의를 거쳐 결정·공시한 공시기준일 현재 관할구역 안의 개별토지의 단위면적당 가격을 의미한다.
② 공동주택가격은 표준주택과 개별주택으로 구분하지 않는다.
④ 개별공시지가 및 개별주택가격에 대하여 이의가 있는 자는 공시일부터 30일 이내에 시장·군수 또는 구청장에게 이의를 신청할 수 있다.
⑤ 개별주택 및 공동주택의 가격은 주택시장의 가격정보를 제공하고, 국가·지방자치단체 등이 과세 등의 업무와 관련하여 주택의 가격을 산정하는 경우에 그 기준으로 활용될 수 있다.

12 부동산가격공시제도

② 표준지공시지가와 개별공시지가 모두 이의신청을 할 수 있다.
③ 시장·군수 또는 구청장은 공시기준일 이후에 분할·합병 등이 발생한 토지에 대하여는 대통령령으로 정하는 날을 기준으로 하여 개별공시지가를 결정·공시하여야 한다.
④ 표준주택에 전세권 또는 그 밖에 단독주택의 사용·수익을 제한하는 권리가 설정되어 있을 때에는 그 권리가 존재하지 아니하는 것으로 보고 적정가격을 산정하여야 한다.
⑤ 공동주택가격은 표준주택가격과 개별주택가격으로 구분하지 않는다.

13 비주거용 부동산가격공시제도

시장·군수 또는 구청장은 시·군·구 부동산가격공시위원회의 심의를 거쳐 매년 비주거용 표준부동산가격의 공시기준일 현재 관할구역 안의 비주거용 개별부동산의 가격을 결정·공시할 수 있다.

14 비주거용 부동산가격공시제도

국토교통부장관은 공시기준일 이후에 토지의 분할·합병이나 건축물의 신축 등이 발생한 경우에는 대통령령으로 정하는 날을 기준으로 하여 비주거용 집합부동산가격을 결정·공시하여야 한다.

2024 에듀윌 공인중개사 1차 기출응용 예상문제집 부동산학개론

발 행 일	2024년 4월 15일 초판
편 저 자	이영방
펴 낸 이	양형남
펴 낸 곳	(주)에듀윌
등록번호	제25100-2002-000052호
주 소	08378 서울특별시 구로구 디지털로34길 55
	코오롱싸이언스밸리 2차 3층

www.eduwill.net

대표전화 1600-6700

여러분의 작은 소리
에듀윌은 크게 듣겠습니다.

본 교재에 대한 여러분의 목소리를 들려주세요.
공부하시면서 어려웠던 점, 궁금한 점,
칭찬하고 싶은 점, 개선할 점, 어떤 것이라도 좋습니다.

에듀윌은 여러분께서 나누어 주신 의견을
통해 끊임없이 발전하고 있습니다.

에듀윌 도서몰 book.eduwill.net
· 부가학습자료 및 정오표: 에듀윌 도서몰 → 도서자료실
· 교재 문의: 에듀윌 도서몰 → 문의하기 → 교재(내용, 출간) / 주문 및 배송